汽车构造与拆装

骆莉莉 胡波勇 主编

電子工業出版社
Publishing House of Electronics Industry
北京 • BEIJING

内容简介

本书根据汽车类专业教学标准及从事相关职业的在岗人员对基础知识、基本技能和基本素质的需求，结合汽车类专业人才培养的目的编写，其内容主要包括汽车发动机构造与拆装、汽车底盘构造与拆装、汽车电器构造与拆装。

本书适合作为职业院校汽车类专业的教材，也可作为汽车售后服务站专业技术人员的培训教材。

图书在版编目（CIP）数据

汽车构造与拆装 / 骆莉莉，胡波勇主编 . -- 北京 : 电子工业出版社，2022.1

ISBN 978-7-121-42888-3

Ⅰ . ①汽… Ⅱ . ①骆… ②胡… Ⅲ . ①汽车－构造－职业教育－教材②汽车－装配（机械）－职业教育－教材

Ⅳ . ① U463 ② U472

中国版本图书馆 CIP 数据核字（2022）第 022059 号

责任编辑：张 凌
印　　刷：北京天宇星印刷厂
装　　订：北京天宇星印刷厂
出版发行：电子工业出版社
　　　　　北京市海淀区万寿路 173 信箱　邮编 100036
开　　本：787 × 1 092　1/16　印张：19.25　字数：492.8 千字
版　　次：2022 年 1 月第 1 版
印　　次：2026 年 1 月第 5 次印刷
定　　价：68.00 元

凡所购买电子工业出版社图书有缺损问题，请向购买书店调换。若书店售缺，请与本社发行部联系，联系及邮购电话：（010）88254888，88258888。

质量投诉请发邮件至 zlts@phei.com.cn，盗版侵权举报请发邮件至 dbqq@phei.com.cn。

本书咨询联系方式：（010）88254583，zling@phei.com.cn。

前言 Preface

随着汽车工业的发展，汽车技术日新月异，特别是大量新技术的应用促使汽车的结构和性能发生了变化，新的结构原理和电子控制装置不断出现。它们在大幅提高汽车综合性能的同时，也使得汽车的故障诊断与维修问题日益突出。为提高职业院校汽车类专业学生及本行业技术人员的维修及故障诊断水平，提高汽车维修行业的整体工作效率，特编写本书。

为了适应新形势的发展需要，为汽车服务企业培养可用人才，本书力求贴近企业实际作业情况，融合编者多年教学与实践经验，力图体现学习与工作的完美结合。编者本着突出实践技能、理论知识够用的原则，在内容的编排上突出重点，力求构建具有职业教育特色的精品教材。

“汽车构造与拆装”在汽车运用与维修专业教学中是一门理论性与实践性都很强的专业核心课程。本书分为三个项目，共15个任务，系统介绍了汽车发动机构造与拆装、汽车底盘构造与拆装、汽车电器构造与拆装等知识。通过本课程的学习，学生应具备一定的汽车构造与拆装知识，并具有一定的分析问题和解决问题的能力。同时，为了打造“互联网+”新型教材，本书在传统纸质教材的基础上，加入数字化教学资源，顺应了新形态一体化教材的建设趋势，为使用本书的师生、读者提供了更多的便利。

此外，本书以任务目标为标准，以任务引入及相关知识贯穿知识体系，注重对学生操作能力和操作规范化的培养，突出理论与实践一体化教学的特点。

由于编者水平有限，书中难免存在不妥与疏漏之处，恳请读者批评指正。

编者

目录 Contents

项目一

汽车发动机构造与拆装

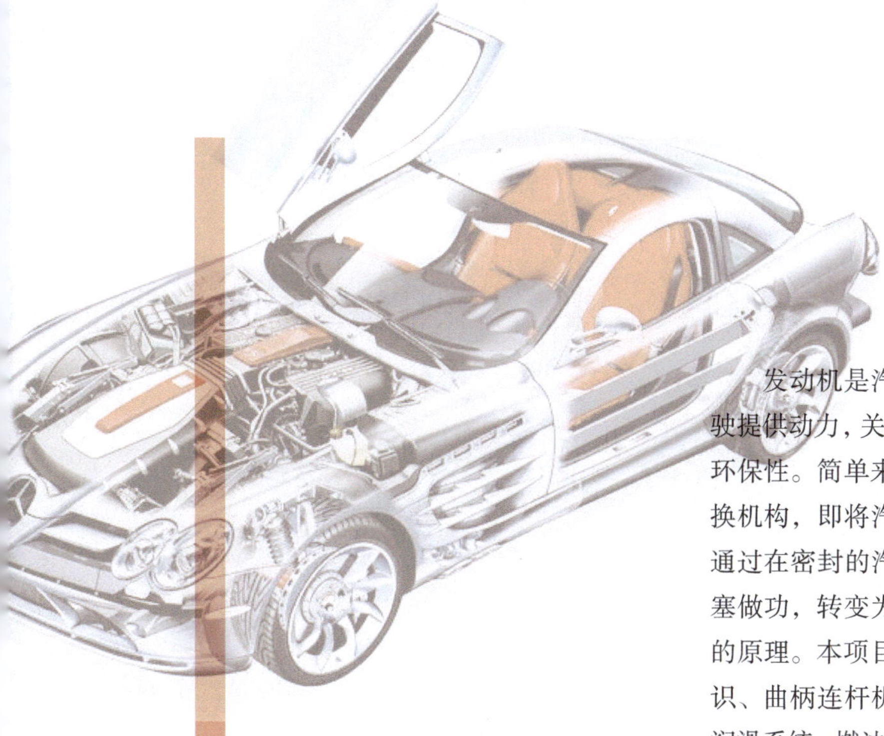

项目描述

发动机是汽车的“心脏”，为汽车的行驶提供动力，关系着汽车的动力性、经济性、环保性。简单来说，发动机就是一个能量转换机构，即将汽油、柴油或天然气的内能，通过在密封的汽缸内燃烧气体膨胀，推动活塞做功，转变为机械能，这是发动机最基本的原理。本项目主要介绍汽车发动机基础知识、曲柄连杆机构、配气机构、冷却系统、润滑系统、燃油供给系统、启动系统等知识。

任务一 汽车发动机基础知识

任务目标

完成本学习任务后，学生在基础知识和基本技能方面应达到以下要求。

●知识目标

（1）熟悉发动机的结构组成。

（2）熟知发动机的分类。

（3）掌握发动机的工作原理。

（4）掌握发动机的常用术语及含义。

●能力目标

（1）能够叙述发动机的工作原理。

（2）能够判断发动机的类型。

任务引入

将内能转化成机械能的机构称为发动机，汽车发动机的形式主要是以汽缸和活塞作为转换机构的内燃机。根据燃料及点火方式的不同可分为汽油发动机，柴油发动机，以氢气、天然气、石油气为燃料的发动机，第三种发动机的燃烧形式与汽油发动机差异较小。下面进入汽车发动机基础知识的学习。

相关知识

一、发动机的总体构造

发动机是将某种形式的能量转换为机械能的机器，其作用是将液体或气体燃烧的化学能转化为热能，再把热能通过膨胀转化为机械能并对外输出动力。发动机是由许多结构和系统组成的复杂机器，其形式多种多样，但基本工作原理相同，所以其基本结构也就大同小异，发动机的总体构造如图 1–1 所示。

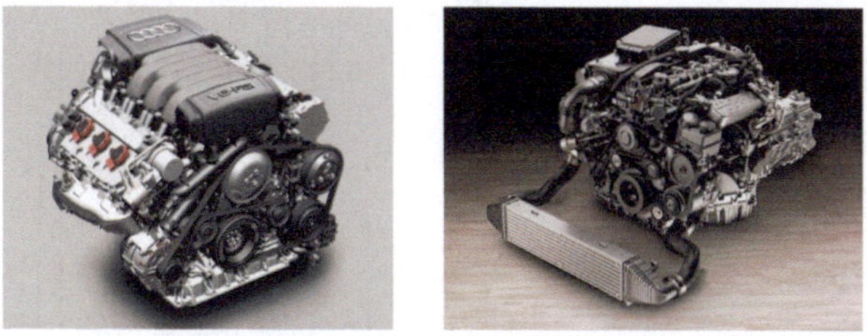

（a）汽油发动机　（b）柴油发动机

图 1–1　发动机的总体构造

汽油发动机通常由曲柄连杆机构、配气机构（两大机构）和启动系统、点火系统、燃油供给系统、润滑系统、冷却系统（五大系统）组成。柴油发动机通常由两大机构和四大系统组成（无点火系统）。

1. 曲柄连杆机构

曲柄连杆机构的作用是提供燃烧场所，把燃料燃烧后气体作用在活塞顶上的膨胀压力转换为曲轴旋转的转矩，不断输出动力。曲柄连杆机构是发动机实现工作循环、完成能量转换的主要运动部件。在做功冲程，它将燃料燃烧产生的热能转换为机械能，对外输出动力；在其他冲程，则依靠曲轴和飞轮的转动惯性，通过连杆带动活塞上下运动，为下一次做功创造条件。曲柄连杆机构由机体组、活塞连杆组、曲轴飞轮组三部分组成，如图 1–2 所示。

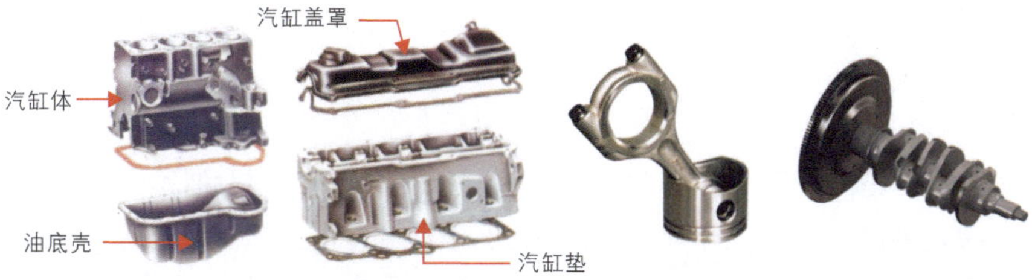

（a）机体组　（b）活塞连杆组　（c）曲轴飞轮组

图 1–2　曲柄连杆机构

2. 配气机构

配气机构的功用是按照发动机每一汽缸内所进行的工作循环和点火顺序的要求，定时开启和关闭各汽缸的进、排气门，使新鲜气体及时进入汽缸，废气得以及时从汽缸排出；在压缩与做功冲程，保证燃烧室的密封性。新鲜气体对于汽油发动机而言是汽油和空气的混合气，对于柴油发动机而言是纯空气。配气机构一般由气门组和气门传动组组成，如图 1-3 所示。

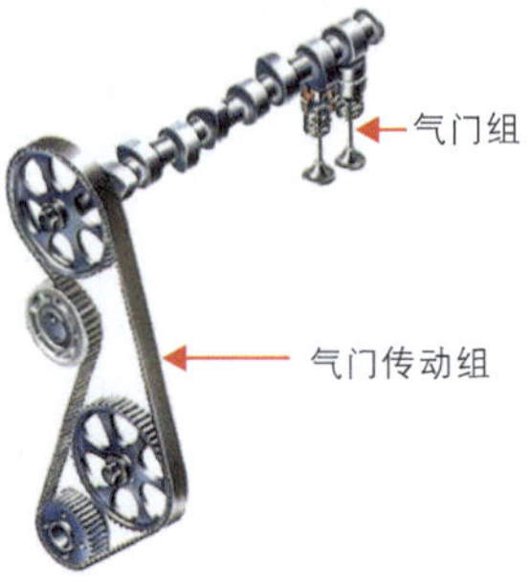

图 1-3 配气机构

3. 燃油供给系统

汽油发动机燃油供给系统的作用是根据发动机不同工况的要求，配制出一定数量和浓度的可燃混合气供入汽缸，使之在临近压缩终了时点火燃烧而膨胀做功。最后，燃油供给系统还应将燃烧产物——废气排入大气中。燃油供给系统一般包括燃油箱、燃油泵、燃油滤清器、喷油器、燃油管道等，如图 1-4 所示。

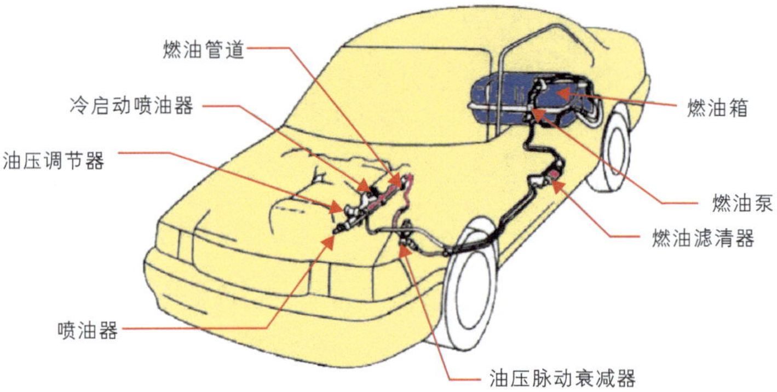

图 1-4 发动机燃油供给系统

4. 冷却系统

冷却系统的功用是将受热零件吸收的部分热量及时散发出去，保证发动机在最适宜的温度状态下工作。发动机的冷却系统有风冷和水冷之分。以空气作为冷却介质的冷却系统称为风冷系统，以冷却液作为冷却介质的冷却系统称为水冷系统。水冷系统主要零部件有水泵、散热器、电动风扇等，如图 1-5 所示。

5. 润滑系统

润滑系统的功用是向做相对运动的零件表面输送定量的清洁润滑油，以实现液体摩擦，减小摩擦阻力，减轻机件的磨损，并对零件表面进行清洗和冷却。润滑系统通常由润滑油道、机油泵、机油滤清器、机油集滤器和机油冷却器等组成，如图 1-6 所示。

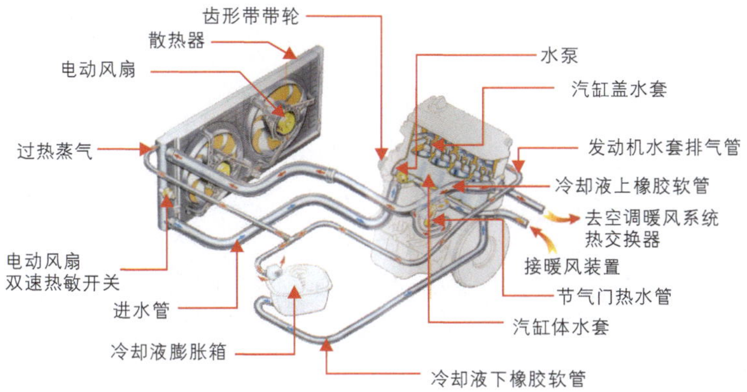

图 1-5　水冷系统

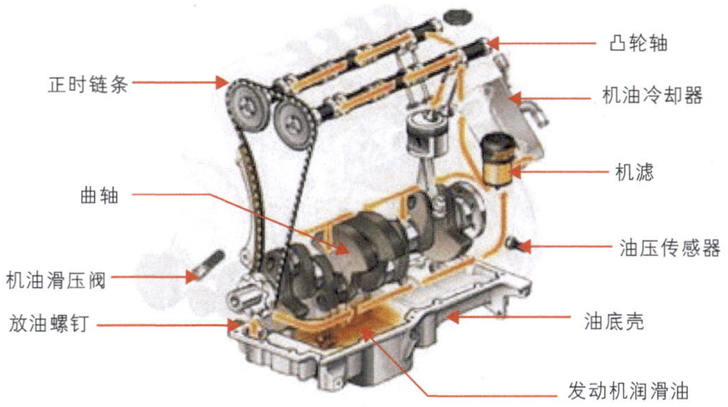

图 1-6　润滑系统

6. 启动系统

要使发动机由静止状态过渡到工作状态，必须先用外力转动发动机的曲轴，使活塞做往复运动，汽缸内的可燃混合气燃烧膨胀做功，推动活塞向下运动使曲轴旋转，发动机才能自行运转，工作循环才能自动进行。从曲轴在外力作用下开始转动到发动机开始自动地怠速运转的全过程，称为发动机的启动过程。完成启动过程所需的装置，称为发动机的启动系统。启动系统由蓄电池、点火开关、启动继电器、起动机等组成，如图 1-7 所示。启动系统的功用是通过起动机将蓄电池的电能转换成机械能，启动发动机。

7. 点火系统

在汽油发动机中，汽缸内的可燃混合气是靠电火花点燃的，为此在汽油发动机的汽缸盖上装有火花塞，火花塞头部伸入燃烧室内。能够按时在火花塞电极间产生电火花的全部设备称为点火系统。点火系统的作用是根据发动机的工作需要，及时地点燃汽缸内的混合气。点火系统通常包括蓄电池、分电器、断电器、点火线圈和火花塞等，如图 1-8 所示。

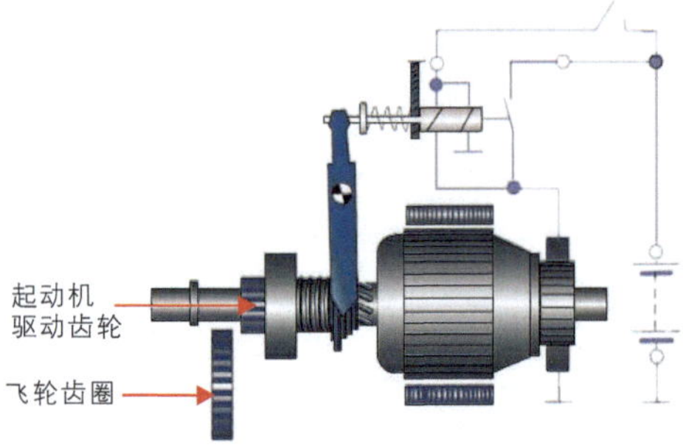

图 1-7　启动系统

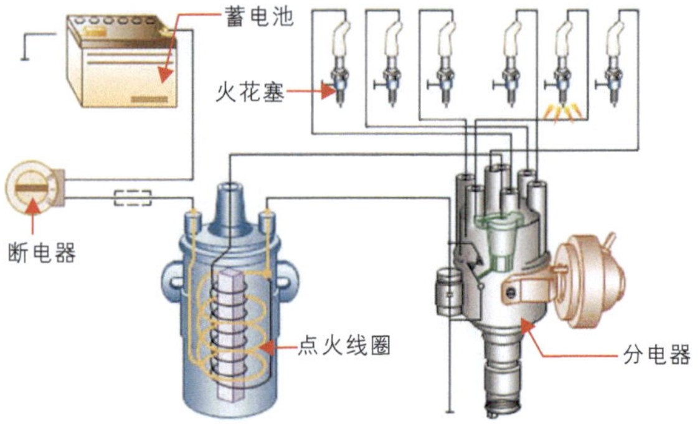

图 1-8　点火系统

二、发动机的分类

现代汽车发动机一般都属于内燃机，具有热效率高、体积小、便于移动、启动性能好等优点，从而被广泛应用。发动机种类繁多，根据不同特点有不同分类。

1. 按照冲程数分类

发动机按照完成一个工作循环所需的冲程数可分为四冲程发动机和二冲程发动机。把曲轴转两圈（720°），活塞在汽缸内上下往复运动四个冲程，完成一个工作循环的发动机称为四冲程发动机，如图 1-9 所示；而把曲轴转一圈（360°），活塞在汽缸内上下往复运动两个冲程，完成一个工作循环的发动机称为二冲程发动机，如图 1-10 所示。汽车发动机广泛使用四冲程发动机。

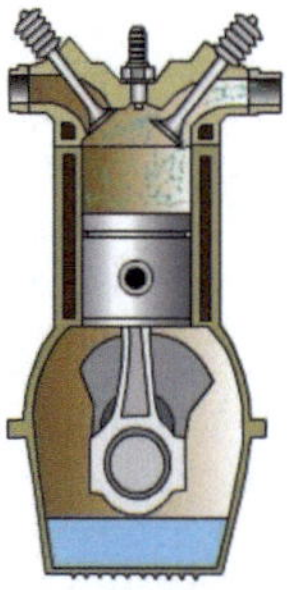

图 1-9　四冲程发动机

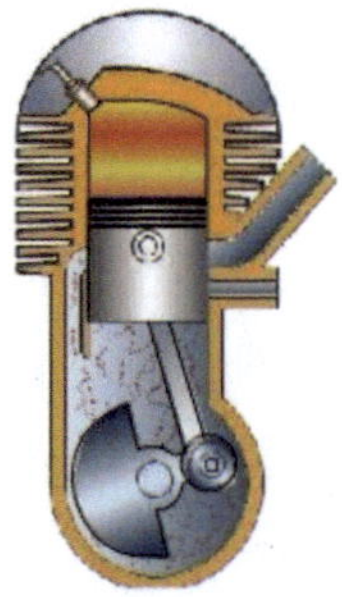

图 1-10　二冲程发动机

2. 按照冷却方式分类

发动机按照冷却方式不同可以分为水冷发动机和风冷发动机。水冷发动机利用在汽缸体和汽缸盖冷却水套中进行循环的冷却液作为冷却介质进行冷却，而风冷发动机利用流动于汽缸体与汽缸盖外表面散热片之间的空气作为冷却介质进行冷却。水冷发动机冷却均匀，工作可靠，冷却效果好，被广泛应用于现代汽车。

3. 按照汽缸数目分类

发动机按照汽缸数目不同可以分为单缸发动机和多缸发动机。仅有一个汽缸的发动机称为单缸发动机；有两个及以上汽缸的发动机称为多缸发动机，如双缸、三缸、四缸、五缸、六缸、八缸、十二缸、十六缸等。现代车用发动机多采用三缸、四缸、六缸、八缸发动机，如图 1–11 所示。

（a）直列三缸

（b）直列四缸

（c）直列五缸

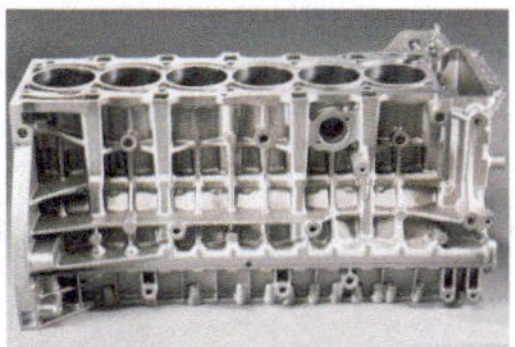
（d）直列六缸

（e）V型六缸

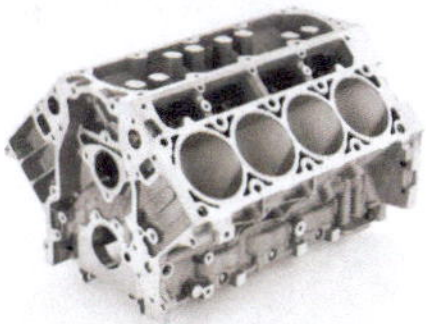
（f）V型八缸

（g）W型十二缸

图 1–11　不同汽缸数目的发动机

4. 按照所用燃料分类

发动机按照所使用燃料的不同可以分为汽油发动机和柴油发动机。使用汽油作为燃料的发动机称为汽油发动机，使用柴油作为燃料的发动机称为柴油发动机。汽油发动机与柴油发动机各有特点：汽油发动机转速高，质量小，噪声小，启动容易，制造成本低；柴油发动机压缩比大，热效率高，经济性能和排放性能都比汽油发动机好。另外，还有以液化石油气或天然气作为燃料的其他代用燃料发动机，如图 1–12 所示。

（a）汽油发动机

（b）柴油发动机

（c）天然气（CNG）发动机

（d）液化石油气（LPG）发动机

图 1–12　使用不同燃料的发动机

5. 按照进气系统分类

发动机按照进气系统是否采用增压方式可以分为自然吸气（非增压）式发动机和强制进气（增压）式发动机（图 1–13）。若进气是在接近大气状态下进行的，则为非增压式发动机；若利用增压器使进气压力增高，进气密度增大，则为增压式发动机。增压可以提高发动机功率。

（a）自然吸气式发动机　（b）强制进气式发动机

图 1–13　不同进气形式的发动机

6. 按照活塞运动方式分类

活塞式发动机可分为往复活塞式和旋转活塞式两种。前者活塞在汽缸内做往复直线运动，后者活塞在汽缸内做旋转运动，如图 1–14 所示。

（a）往复活塞式　（b）旋转活塞式

图 1–14　不同活塞运动方式的发动机

7. 按照汽缸布置方式分类

发动机按照汽缸布置方式的不同可分为直列、斜置、对置、V 型等，如图 1–15 所示。

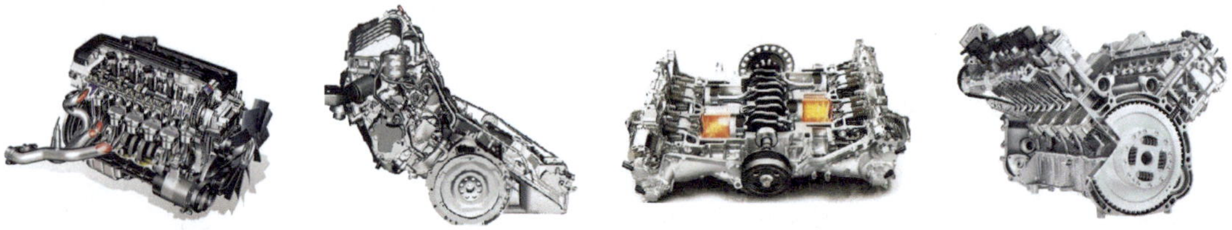
（a）直列发动机　（b）斜置发动机　（c）对置发动机　（d）V型发动机

图 1–15　不同汽缸布置方式的发动机

三、发动机的工作原理

1. 四冲程汽油发动机

四冲程汽油发动机的工作循环是一个复杂的过程，它由进气、压缩、做功、排气四个冲程组成，如图 1–16 所示。

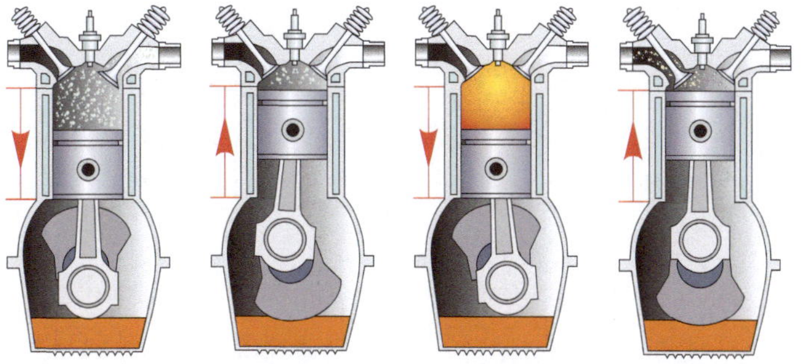
（a）进气冲程 （b）压缩冲程 （c）做功冲程 （d）排气冲程

图 1-16 四冲程汽油发动机工作过程

1）进气冲程

曲轴带动活塞从上止点向下止点运动，同时，进气门开启，排气门关闭。进气冲程开始时活塞位于上止点，当活塞由上止点向下止点移动时，活塞上方的容积增大，汽缸内的气体压力下降，形成一定的真空度。由于进气门开启，汽缸与进气管相通，混合气被吸入汽缸，直至活塞向下运动至下止点。当活塞移动到下止点时，汽缸内充满了新鲜混合气和上一个工作循环未排净的废气。

在进气冲程中，受空气滤清器、进气管道、进气门的影响，进气终了时汽缸内气体压力略低于大气压力，为 0.075~0.09MPa，同时受到残余废气和高温机件加热的影响，气体温度达到 97~127℃。实际上，汽油发动机的进气门在活塞到达上止点之前打开，并且延迟到下止点之后关闭，以便吸入更多的可燃混合气。

2）压缩冲程

活塞由下止点向上止点运动，进、排气门都关闭。汽缸内形成一个封闭空间，曲轴在飞轮惯性力的作用下旋转，通过连杆推动活塞向上移动，汽缸容积逐渐减小，可燃混合气受到压缩，压力和温度不断升高，当活塞到达上止点时压缩冲程结束。

压缩冲程中，可燃混合气压力可达 0.6~1.2MPa，温度可达 327~427℃。压缩比越大，压缩终了时汽缸内的气体压力和温度越高，则燃烧速度越快，发动机功率也越大。但压缩比太高，容易引起爆燃。所谓爆燃就是由于气体压力和温度过高，可燃混合气在没有点燃的情况下自行燃烧，且火焰以高于正常燃烧数倍的速度向外传播，造成尖锐的敲缸声。爆燃会使发动机过热，功率下降，汽油消耗量增加，机件损坏。轻微爆燃是允许的，但强烈爆燃对发动机是有害的。

3）做功冲程

当活塞位于压缩冲程接近上止点（即点火提前角）位置时，火花塞产生电火花点燃可燃混合气，此时进气门和排气门仍然保持关闭，高温高压气体膨胀，推动活塞从上止点向下止点运动，通过连杆使曲轴旋转并输出机械能。

在做功冲程中，可燃混合气燃烧后放出大量的热，使汽缸内气体温度和压力急剧升高，最高压力可达 3~5MPa，最高温度可达 1927~2527℃。随着活塞向下运动，汽缸容积增大，气体压力和温度降低。当活塞运动到下止点时，做功冲程结束，气体压力降低到 0.3~0.5MPa，气体温度降低到 1027~1327℃。

4）排气冲程

当做功接近终了时，排气门开启，进气门仍然关闭，靠废气的压力先进行自由排气，活塞到达下止点再向上止点运动时，继续把废气强制排到大气中去，活塞越过上止点后，排气门关闭，排气冲程结束。实际上，汽油发动机的排气冲程也是排气门提前打开、延迟关闭，以便排出更多的废气。

排气冲程终止时，由于燃烧室容积的存在，不可能将废气全部排出汽缸，气体压力仍高于大气压力，为 0.105~0.115MPa，温度为 627~927℃。曲轴继续旋转，活塞从上止点向下止点运动，又开始了下一个新的循环过程。

可见，四冲程汽油发动机经过进气、压缩、做功、排气四个冲程完成一个工作循环，这期间活塞在上、下止点之间往复运动了四个冲程，曲轴相应地旋转了两圈。

2. 四冲程柴油发动机

四冲程柴油发动机和四冲程汽油发动机的工作过程相同，每个工作循环同样包括进气、压缩、做功和排气四个冲程，但由于柴油发动机使用的燃料是柴油，柴油与汽油有较大的差别，柴油黏度大，不易蒸发，自燃温度低，故可燃混合气的形成、着火方式、燃烧过程，以及气体温度和压力的变化都和汽油发动机不同。如图 1–17 所示为四冲程柴油发动机工作原理。

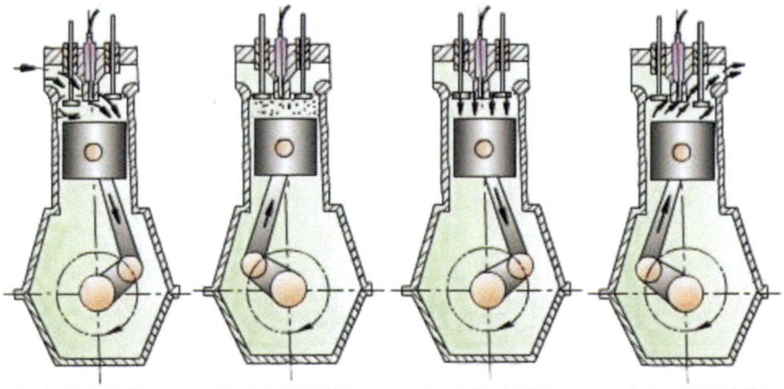

（a）进气冲程　（b）压缩冲程　（c）做功冲程　（d）排气冲程

图 1–17　四冲程柴油发动机工作原理

1）进气冲程

四冲程柴油发动机在进气冲程中吸入汽缸的是纯空气，而不是可燃混合气。进气终了时气体压力为 0.0785~0.0932MPa，气体温度为 27~97℃。

2）压缩冲程

四冲程柴油发动机压缩冲程压缩的也是纯空气，在活塞接近上止点时，喷油器将高压柴油以雾状喷入燃烧室，柴油和空气在汽缸内形成可燃混合气并着火燃烧。压缩终了时，气体压力为 3.5~4.5MPa，气体温度为 477~727℃。

3）做功冲程

柴油喷入汽缸后，在很短的时间内与空气混合后便立即着火燃烧，柴油发动机的可燃混合气是在汽缸内部形成的，而不像汽油发动机那样，混合气主要是在汽缸外部形成的。柴油发动机燃烧过程中汽缸内出现的最高压力要比汽油发动机高得多，可达 6~9MPa，最高温度达 1727~2227℃。做功终了时，气体压力为 0.2~0.4MPa，气体温度为 927~1227℃。

4）排气冲程

柴油发动机的排气冲程和汽油发动机一样，废气同样经排气管排入大气。排气终了时，汽缸内气体压力为 0.105~0.125MPa，气体温度为 527~727℃。与汽油发动机相比，柴油发动机压缩比高、热效率高、燃油消耗率低，同时柴油价格较低。因此，柴油发动机的燃料经济性能好，而且柴油发动机的排气污染少，排放性能较好。但它的主要缺点是转速低、质量大、噪声大、振动大、制造和维修费用高。在其发展过程中，柴油发动机不断发扬优点，克服缺点，提高速度，有望得到更广泛的应用。

四冲程发动机只有一个冲程是做功的，其他三个冲程是做功的准备冲程。因此，曲轴的转速是不均匀的。为了解决这个问题，第一是安装飞轮，第二是采用多缸四冲程发动机。在多缸四冲程发动机的每个汽缸内，所有的工作过程都是相同的，但各个汽缸的做功冲程并不是同时发生的，而是按照一定的工作顺序进行的。汽缸数越多，发动机工作越平稳，但结构越复杂，尺寸和质量也会增加。

四、发动机的常用术语及其含义

发动机基本术语示意图如图 1–18 所示。

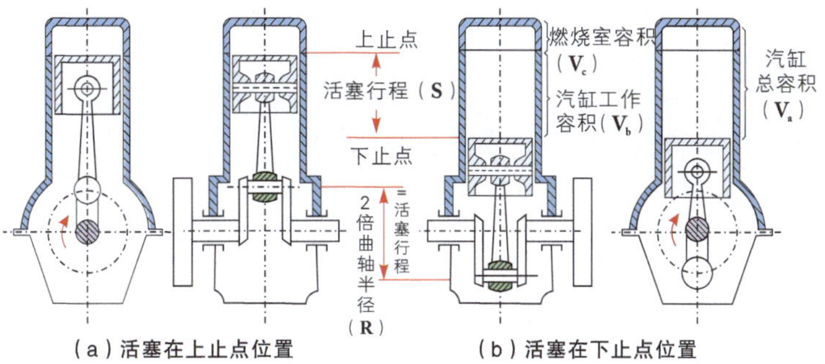

（a）活塞在上止点位置　　（b）活塞在下止点位置

图 1–18　发动机基本术语示意图

1. 上止点

活塞在汽缸中做往复直线运动，活塞向上运动到最高位置，即活塞顶部距离曲轴旋转中心最远的极限位置，称为上止点。

2. 下止点

活塞在汽缸中做往复直线运动，活塞向下运动到最低位置，即活塞顶部距离曲轴旋转中心最近的极限位置，称为下止点。

3. 活塞行程

活塞从一个止点运动到另一个止点的距离，即上、下止点之间的距离称为活塞行程，一般用 S 表示，对应一个活塞行程，曲轴旋转 180°。

4. 曲轴半径

曲轴旋转中心与曲柄销中心之间的距离称为曲轴半径，一般用 R 表示。通常，活塞行程为曲轴半径的 2 倍，即 $S=2R$。

5. 汽缸工作容积

活塞从一个止点运动到另一个止点所扫过的容积，称为汽缸工作容积。

6. 燃烧室容积

活塞位于上止点时，其顶部与汽缸盖之间的容积称为燃烧室容积。

7. 汽缸总容积

活塞位于下止点时，其顶部与汽缸盖之间的容积称为汽缸总容积。汽缸总容积就是汽缸工作容积和燃烧室容积之和。

8. 发动机排量

多缸发动机各汽缸工作容积的总和，称为发动机排量。

9. 压缩比

压缩比是发动机中一个非常重要的概念，压缩比表示气体的压缩程度，它是气体压缩前的容积与气体压缩后的容积之比，即汽缸总容积与燃烧室容积之比。通常，汽油机的压缩比为 6~10，柴油机的压缩比较高，一般为 16~22。

10. 工作循环

每个工作循环包括进气、压缩、做功和排气冲程，即完成进气、压缩、做功和排气四个冲程叫一个工作循环。

任务练习

一、填空题

1. 汽油发动机通常由____________、____________和____________、____________、____________、____________、____________组成。

2. 曲柄连杆机构由____________、____________、____________三部分组成。

3. 活塞在汽缸中做____________运动，活塞向下运动到____________位置，即活塞顶部距离____________中心最近的极限位置，称为____________。

4.____________汽油发动机的工作循环是一个复杂的过程，它由____________、____________、____________、____________四个冲程组成。

二、选择题

1. 对于四冲程往复式发动机，活塞在汽缸中移动四个冲程，曲轴旋转（ ）。

A.180° B.360°

C.540° D.720°

2. 自然吸气四冲程汽油发动机在进气冲程中，进入汽缸的是（ ）。

A. 纯空气 B. 氧气

C. 可燃混合气 D. 纯燃料

3. 所有汽缸的工作容积之和称为发动机的（ ）。

A. 燃烧室容积 B. 汽缸工作容积

C. 汽缸总容积 D. 排量

4. 活塞处于下止点时活塞上方的容积称为（ ）。

A. 燃烧室容积 B. 汽缸工作容积

C. 汽缸总容积 D. 排量

三、问答题

1. 简述四冲程汽油发动机的工作原理。
2. 简述压缩比、燃烧室容积、活塞行程的含义。
3. 简述发动机的结构组成。

任务二

曲柄连杆机构

任务目标

完成本学习任务后，学生在基础知识和基本技能方面应达到以下要求。

●知识目标

（1）掌握机体组的功用与组成。

（2）掌握活塞连杆组的功用与组成。

（3）掌握曲轴飞轮组的功用与组成。

（4）熟知发动机的常用术语及含义。

●能力目标

能够独立完成曲轴飞轮组的拆装。

任务引入

曲柄连杆机构是发动机实现工作循环、完成能量转换，用来传递力和改变运动方式的传动机构，在发动机的发展史上曲柄连杆机构始终是发动机的基础。随着科学技术的不断发展和发动机的日益广泛使用，对发动机曲柄连杆机构的要求也越来越高。曲柄连杆机构的工作条件相当恶劣，它要承受高温、高压、高速和化学腐蚀，曲柄连杆机构的性能直接影响发动机的综合性能。下面进入曲柄连杆机构的学习。

相关知识

一、曲柄连杆机构的功用与组成

1. 曲柄连杆机构的功用

曲柄连杆机构的功用是提供燃烧场所，把燃料燃烧后气体作用在活塞顶上的膨胀压力转换为曲轴旋转的转矩，不断输出动力。曲柄连杆机构是发动机实现工作循环、完成能量转换的主要运动部件。在做功冲程，它将燃料燃烧产生的热能转换为机械能，对外输出动力；在其他冲程，则依靠曲轴和飞轮的转动惯性，通过连杆带动活塞上下运动，为下一次做功创造条件。

2. 曲柄连杆机构的组成

曲柄连杆机构由机体组、活塞连杆组、曲轴飞轮组三部分组成，如图 1-19 所示。

（1）机体组：包括机体、汽缸盖、汽缸盖罩、油底壳、汽缸衬垫等。

（2）活塞连杆组：包括活塞、活塞环、活塞销、连杆等。

（3）曲轴飞轮组：包括曲轴、飞轮、扭转减振器、平衡轴等。

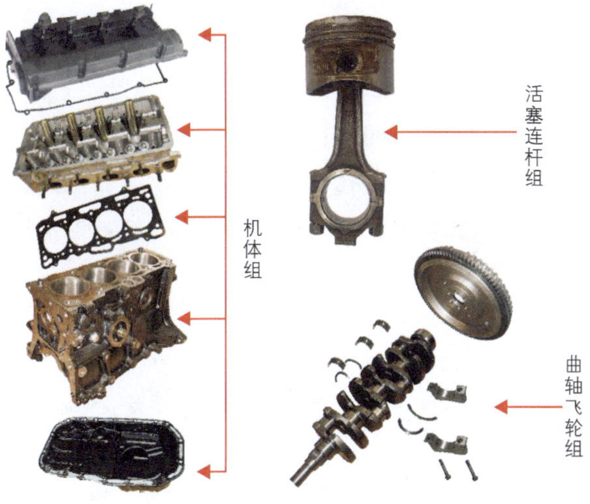

图 1-19　曲柄连杆机构

二、机体组

1. 机体组的功用与组成

功用：机体组是发动机的基础，是曲柄连杆机构、配气机构和发动机各系统主要零部件的装配基体。汽缸盖用来封闭汽缸顶部，并与活塞顶和汽缸壁一起形成燃烧室。另外，汽缸盖和机体内的水套和油道以及油底壳又分别是冷却系统和润滑系统的组成部分。

组成：发动机机体组主要由机体、汽缸盖、汽缸盖罩、汽缸衬垫、油底壳等组成，如图 1-19 所示。镶汽缸套的发动机机体组还包括干式汽缸套和湿式汽缸套。

2. 汽缸盖

1）汽缸盖的工作条件及要求

汽缸盖承受气体压力和紧固汽缸盖螺栓所造成的机械负荷，同时还由于与高温燃气接触而承受很高的热负荷。为了保证汽缸良好密封，汽缸盖既不能损坏，也不能变形。为此，汽缸盖应具有足够的强度和刚度。为了使汽缸盖的温度分布尽可能均匀，避免进、排气门座之间产生热裂纹，应对汽缸盖进行良好的冷却。汽缸盖一般用优质灰铸铁或合金铸铁铸造，轿车用的汽油发动机多采用铝合金汽缸盖。

2）汽缸盖的作用与构造

汽缸盖用来封闭汽缸顶部，并与活塞顶和汽缸壁一起形成燃烧室。另外，汽缸盖内的水套和油道也是冷却系统和润滑系统的组成部分。

汽缸盖（图 1-20）是结构复杂的箱形零件。其上加工有进、排气门座孔，气门导管孔，火花塞安装孔（汽油发动机）或喷油器安装孔（柴油发动机）。在汽缸盖内还铸有水套、进气道排气道和燃烧室的一部分。若凸轮轴安装在汽缸盖上，则汽缸盖上还加工有凸轮轴承孔或凸轮轴承座及其润滑油道。

图 1-20　汽缸盖

3）汽缸盖的结构形式

水冷发动机的汽缸盖有整体式、分块式和单体式三种结构形式。在多缸发动机中，若全部汽缸共用一个汽缸盖，则称该汽缸盖为整体式汽缸盖；若每两缸一盖或三缸一盖，则称该汽缸盖为分块式汽缸盖；若每缸一盖，则为单体式汽缸盖。风冷发动机均采用单体式汽缸盖。

4）燃烧室

当活塞位于上止点时，活塞顶面以上、汽缸盖底面以下所形成的空间称为燃烧室。在汽油发动机汽缸盖底面通常铸有形状各异的凹坑，习惯上称这些凹坑为燃烧室。汽油发动机燃烧室如图 1-21 所示，柴油发动机燃烧室如图 1-22 所示。

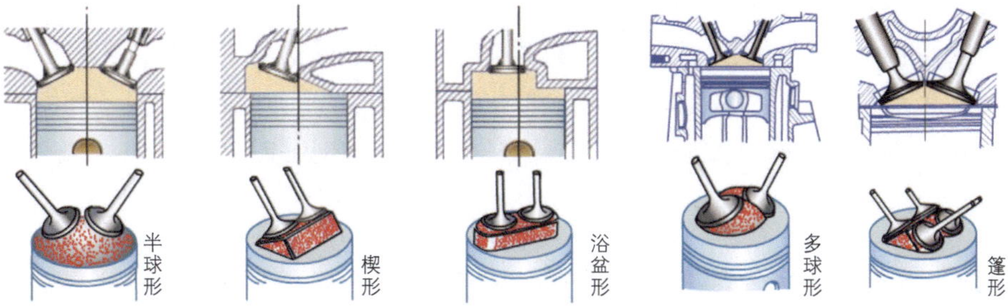

图 1-21 汽油发动机燃烧室

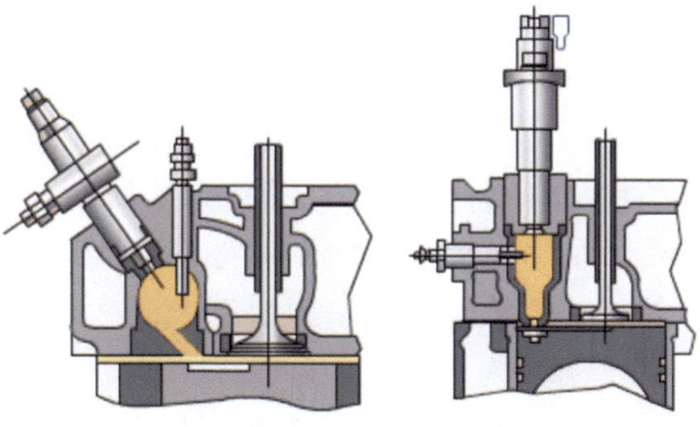

（a）涡流室燃烧室 （b）预燃室燃烧室

图 1-22 柴油发动机燃烧室

半球形燃烧室：结构最紧凑，燃烧室表面积与其容积之比（面容比）最小。进、排气门呈两列倾斜布置，气门直径较大，气道较平直。火焰传播距离较短，不能产生挤气涡流。

楔形燃烧室：结构比较紧凑，气门相对汽缸轴线倾斜，进气道比较平直，进气阻力小。压缩冲程终了时能产生挤气涡流。

浴盆形燃烧室：结构简单，气门与汽缸轴线平行，进气道弯度较大。压缩冲程终了时能产生挤气涡流。

多球形燃烧室：由两个以上半球形凹坑组成，其结构紧凑，面容比小，火焰传播距离短，气门直径较大，气道比较平直，且能产生挤气涡流。

篷形燃烧室：近年来在高性能多气门轿车发动机上广泛应用的燃烧室。

涡流室燃烧室：其主、副燃烧室之间的连接通道与副燃烧室切向连接，在压缩冲程中，空气从主燃烧室经连接通道进入副燃烧室，在其中形成强烈的有组织的压缩涡流，因此称副燃烧室为涡流室。燃油顺气流方向喷射。

预燃室燃烧室：其主、副燃烧室之间的连接通道不与副燃烧室切向连接，且截面积较小。在压缩冲程中，空气在副燃烧室内形成强烈的无组织的紊流。燃油迎着气流方向喷射，并在副燃烧室顶部预先发火燃烧，故称副燃烧室为预燃室。

3. 机体

1）机体的工作条件及要求

发动机工作时，机体承受拉、压、弯、扭等不同形式的机械负荷，同时还因为汽缸壁面与高温燃气直接接触而承受很大的热负荷。因此，机体应具有足够的强度和刚度，且耐磨损和耐腐蚀，并应对汽缸进行适当的冷却，以免机体损坏和变形。机体也是最重的零件之一，应该力求结构紧凑、质量小，以减小整机的尺寸和质量。

2）机体的构造

机体是汽缸体与曲轴箱的连铸体。绝大多数水冷发动机的汽缸体与曲轴箱连铸在一起，而且多缸发动机的各个汽缸也合铸成一个整体，如图 1-23 所示。

风冷发动机几乎无一例外地将汽缸体与曲轴箱分别铸制，而且汽缸体为单体的，如图 1-24 所示。

机体一般用高强度灰铸铁或铝合金铸造。在机体的前后壁和缸间横隔板上铸有支承曲轴的主轴承座或主轴承座孔，以及满足润滑需要的纵、横油道。在水冷发动机汽缸的外壁铸有冷却水套和分布水室，以增强散热。

风冷发动机汽缸体结构：由于金属对空气的换热系数仅是金属对水的换热系数的 1/33，因此必须在风冷汽缸的外壁铸制散热片，以增加散热面积，增强散热能力。

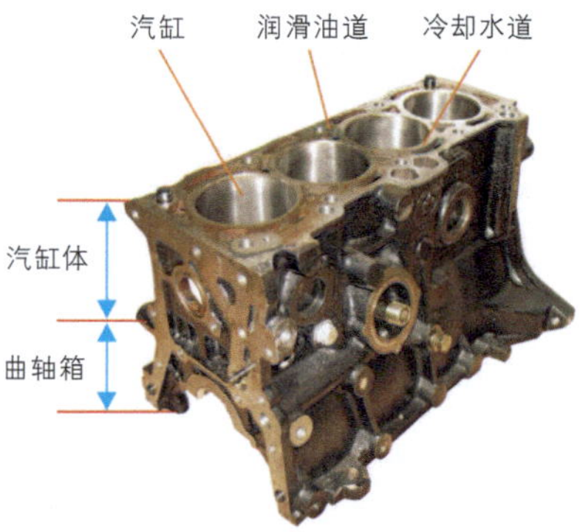

图 1-23 水冷发动机的机体

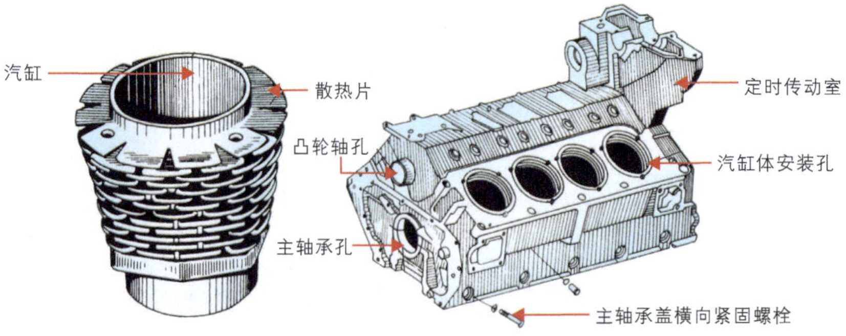

图 1-24 风冷发动机的汽缸体与曲轴箱

3）机体的分类

机体的构造与汽缸排列形式、汽缸结构形式和曲轴箱结构形式有关。

按汽缸排列形式不同，机体分为三种：直列式、V 型和水平对置式。

按汽缸结构形式不同，机体分为三种（图 1–25）：无汽缸套式、干汽缸套式和湿汽缸套式。汽缸内表面由于受高温高压燃气的作用并与高速运动的活塞接触而极易磨损，为了提高汽缸的耐磨性和延长汽缸的使用寿命而有不同的汽缸结构形式和表面处理方法。

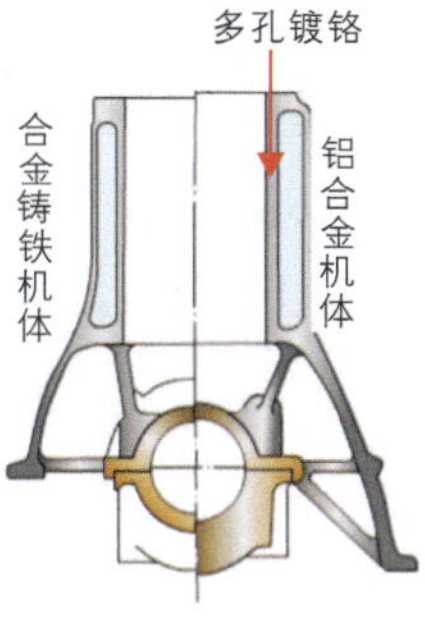

（a）无汽缸套式机体

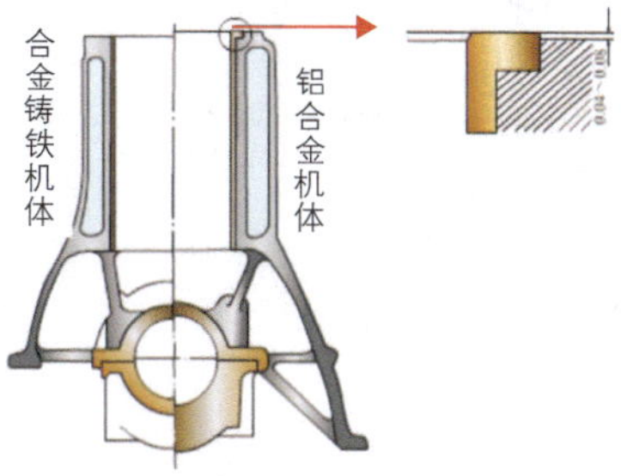

（b）干汽缸套式机体

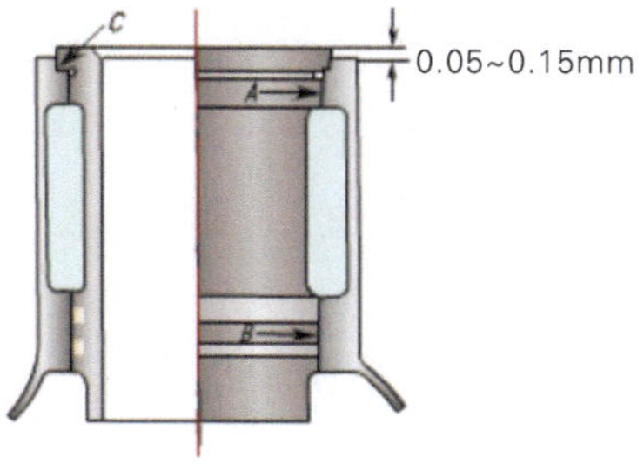

（c）湿汽缸套式机体

图 1–25　不同汽缸结构形式的机体

无汽缸套式机体即不镶嵌任何汽缸套的机体，在机体上直接加工出汽缸。

干汽缸套式机体是在一般灰铸铁机体的汽缸套座孔内压入或装入干式汽缸套。汽缸套不与冷却液接触。干式汽缸套的外圆表面和汽缸套座孔内表面均须精加工，以保证必要的几何精度和便于拆装。

湿汽缸套式机体的汽缸套外壁与冷却液直接接触。用合金铸铁制造的湿式汽缸套的壁厚一般为 5~8mm。湿式汽缸套下部用 1~3 道耐热耐油的橡胶密封圈进行密封，防止冷却液泄漏。湿式汽缸套上部的密封利用的是汽缸套装入机体后，汽缸套顶面高出机体顶面 0.05~0.15mm。

按曲轴箱结构形式不同，机体分为三种（图 1–26）：平底式、龙门式和隧道式。

平底式机体的底平面与曲轴轴线齐平。这种机体高度小、质量小、加工方便，但与另外两种机体相比刚度较差。

龙门式机体是指底平面下沉到曲轴轴线以下的机体。机体底平面到曲轴轴线的距离称为龙门高度。龙门式机体由于高度增加，其弯曲刚度和扭转刚度均比平底式机体有显著提高。机体底平面与油底壳之间的密封也比较简单。

隧道式机体是指主轴承孔不剖分的机体结构。这种机体配以窄型滚动轴承可以缩短机体长度。隧道式机体的刚度大，主轴承孔的同轴度好，但是由于大直径滚动轴承的圆周速度不能太大，而且滚动轴承价格较贵，因此限制了隧道式机体在高速发动机上的应用。

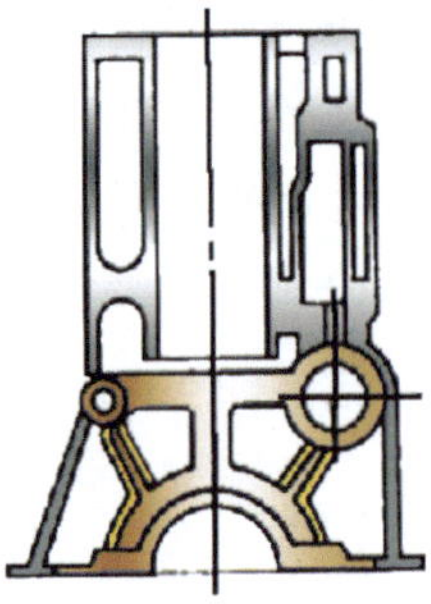
（a）平底式

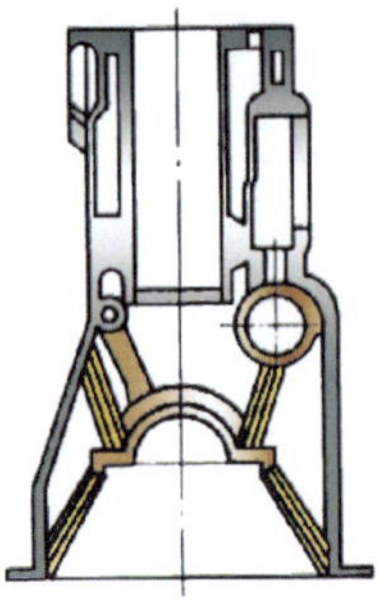
（b）龙门式

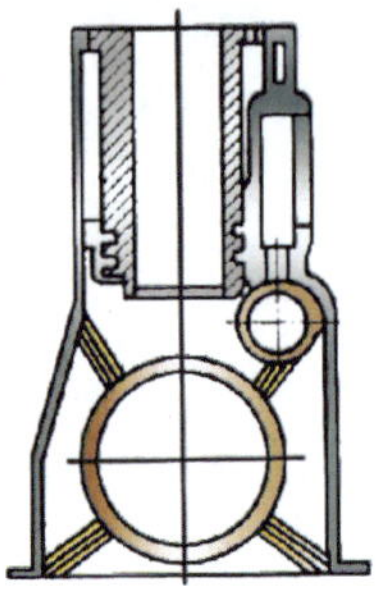
（c）隧道式

图 1–26　不同曲轴箱结构形式的机体

4. 汽缸衬垫

1）汽缸衬垫的功用

汽缸衬垫是机体顶面与汽缸盖底面之间的密封件。其作用是保持汽缸密封不漏气，保持由机体流向汽缸盖的冷却液和机油不泄漏。汽缸衬垫承受拧紧汽缸盖螺栓时产生的压力，并受到汽缸内燃烧气体高温、高压的作用，以及机油和冷却液的腐蚀。汽缸衬垫应具有足够的强度，并且要耐压、耐热和耐腐蚀。另外，还需要有一定的弹性，以补偿机体顶面和汽缸盖底面的粗糙度和不平度，以及发动机工作时反复出现的变形。

2）汽缸衬垫的分类及结构

按所用材料的不同，汽缸衬垫可分为多种。汽缸衬垫的类别与结构如图 1–27 所示。

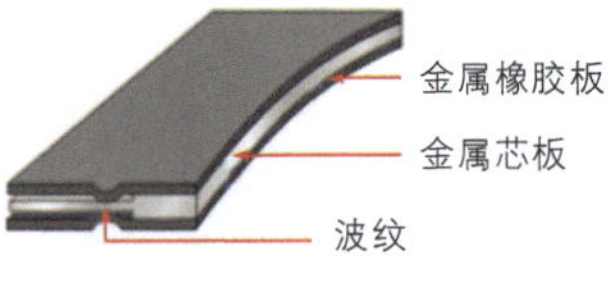

（a）金属型橡胶汽缸衬垫

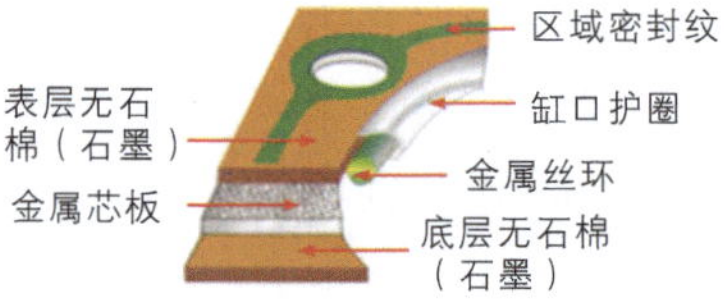

（b）复合型汽缸衬垫

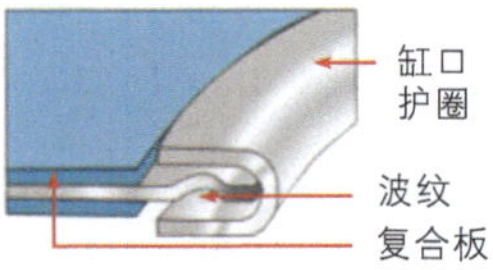

（c）黏结型汽缸衬垫

（d）全金属型汽缸衬垫

（e）采用巧取纤维结构的汽缸衬垫

图 1–27　汽缸衬垫的类别与结构

采用巧取纤维结构的汽缸衬垫是在钢片上压制许多直径约 1.5mm 的通孔，将纤维与液体混合物在钢片上过滤而形成的，在巧取板的两侧喷涂密封胶，在关键部位还涂有密封线。

3）汽缸衬垫的更换

发动机大修时必须更换汽缸衬垫。汽缸衬垫安装在汽缸体、汽缸盖之间，汽缸体、汽缸盖接触面都要涂上密封胶，以保证燃烧室良好密封。汽缸衬垫的安装如图 1–28 所示，将新的汽缸衬垫放到缸体上，注意正确的安装方向。

5. 油底壳

1）油底壳的功用

油底壳的主要功用是储存机油和封闭机体或曲轴箱。

2）油底壳的构造

油底壳用薄钢板冲压或用铝铸制而成。油底壳内设有挡板，用以减轻汽车颠簸时油面的振荡。此外，为了保证汽车倾斜时机油泵能正常吸油，通常将油底壳局部做得较深。油底壳底部设有放油螺塞。有的放油螺塞带磁性（图 1–29），可以吸引机油中的铁屑。

图 1–28　汽缸衬垫的安装

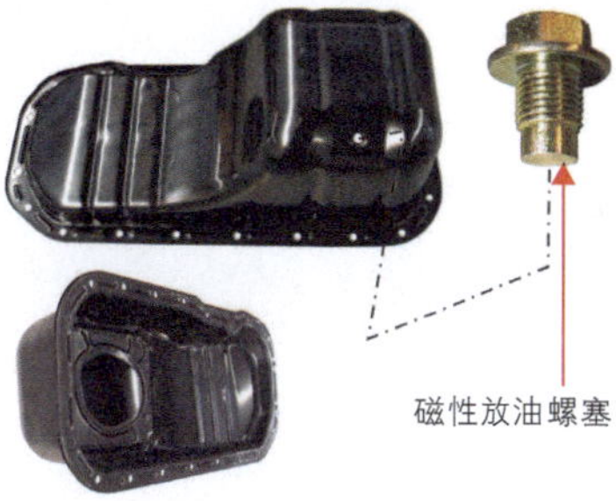

图 1–29　油底壳的放油螺塞

三、活塞连杆组

1. 活塞连杆组的功用与组成

功用：将燃烧过程中获得的动力传递给曲轴。

组成：由活塞、卡环、活塞销、连杆体、连杆轴承瓦、连杆轴承盖、连杆螺栓、连杆螺母等组成，如图 1–30 所示。

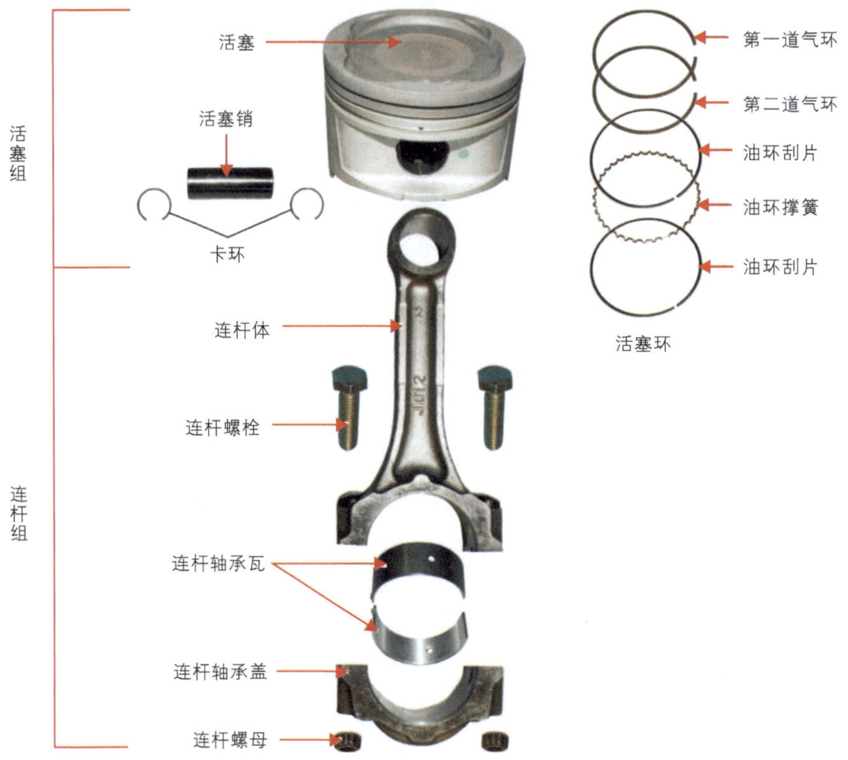

图 1-30 活塞连杆组

2. 活塞组

1）活塞

（1）活塞的功用及工作条件。

活塞的主要功用是承受燃烧气体的压力，并将此力通过活塞销传给连杆以推动曲轴旋转。此外，活塞顶部与汽缸盖、汽缸壁共同组成燃烧室。

活塞是发动机中工作条件最严酷的零件。作用在活塞上的有气体压力和往复惯性力。活塞顶与高温燃气直接接触，使活塞顶的温度很高。活塞在侧压力的作用下沿汽缸壁面高速滑动，由于润滑条件差，因此摩擦损失大，磨损严重。

现代汽车发动机不论是汽油发动机还是柴油发动机均广泛采用铝合金活塞，只在极少数汽车发动机上采用铸铁或耐热钢活塞。

（2）活塞的构造。

活塞可视为由顶部、头部和裙部三部分构成，如图 1-31 所示。

活塞顶部：汽油发动机活塞顶部的形状与燃烧室形状和压缩比大小有关，如图 1-32 所示。柴油发动机活塞顶部形状取决于混合气形成方式和

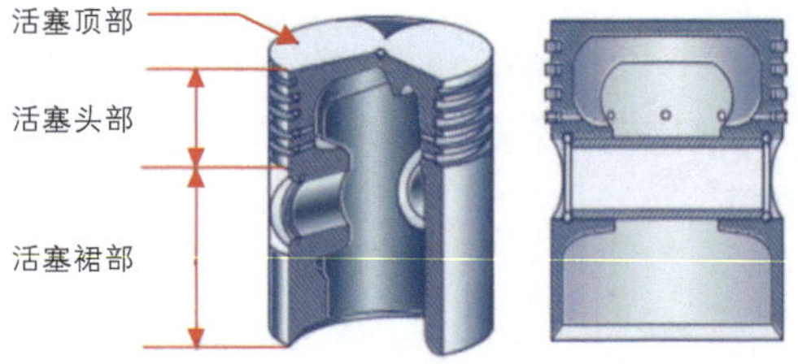

图 1-31 活塞的构造

燃烧室形状，如图 1–33 所示。

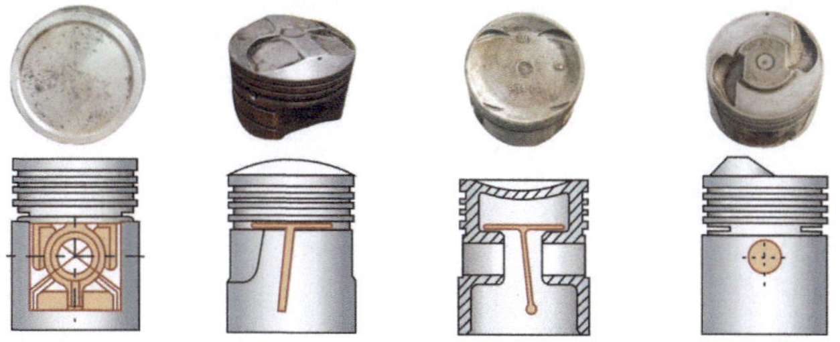

平顶活塞　凸顶活塞　凹顶活塞　成形顶活塞

图 1–32　汽油发动机活塞

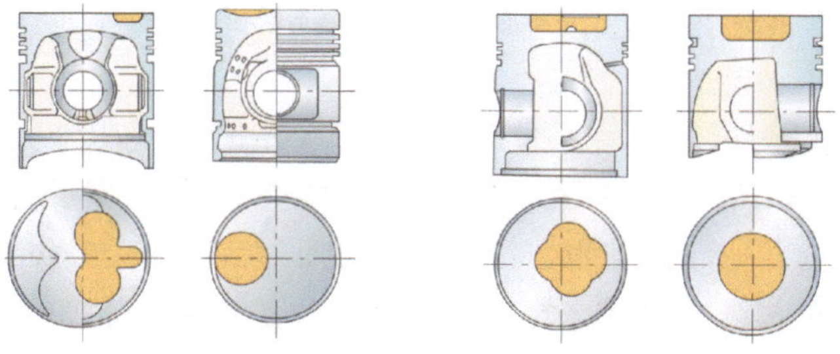

（a）分隔式燃烧室柴油发动机活塞　（b）直喷式燃烧室柴油发动机活塞

图 1–33　柴油发动机活塞

大多数汽油发动机采用平顶活塞，其优点是受热面积小，加工简单。采用凹顶活塞，可以通过改变活塞顶上凹坑的尺寸来调节发动机的压缩比。

分隔式燃烧室柴油发动机的活塞顶部设有形状不同的浅凹坑，以便在主燃烧室内形成二次涡流，增进混合气形成与燃烧；直喷式燃烧室全部容积都集中在汽缸内，且在活塞顶部设有深浅不一、形状各异的燃烧室凹坑，喷油器将燃油直接喷入燃烧室凹坑内，使其与运动气流相混合，形成可燃混合气并燃烧。

活塞头部：由活塞顶至油环槽下端面之间的部分称为活塞头部。在活塞头部加工有用来安装气环和油环的气环槽和油环槽。在油环槽底部还加工有回油孔或横向切槽，油环从汽缸壁上刮下来的多余机油，经回油孔或横向切槽流回油底壳。

活塞裙部：活塞头部以下的部分为活塞裙部。裙部的形状应该保证活塞在汽缸内得到良好的导向，汽缸与活塞之间在任何工况下都应保持均匀、适宜的间隙。间隙过大，活塞敲缸；间隙过小，活塞可能被汽缸卡住。

2）活塞环

（1）活塞环的功用。

活塞环分为气环和油环（图 1–34）。

气环的主要功用是密封和传热，保证活塞与汽缸壁间的密封性，防止汽缸内的可燃混合气和高温燃气漏入曲轴箱，并将活塞顶部接收的热量传给汽缸壁，避免活塞过热。

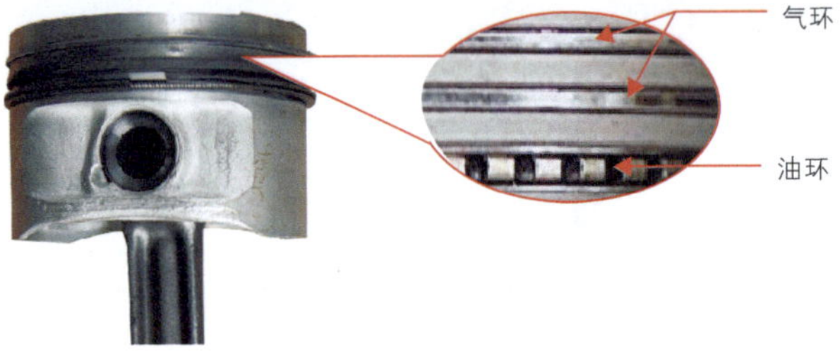

图 1–34 活塞环

油环的主要功用是刮除飞溅到汽缸壁上的多余的机油，并在汽缸壁上涂布一层均匀的油膜。活塞环工作时受到汽缸中高温、高压燃气的作用，并在润滑不良的条件下在汽缸内高速滑动。由于汽缸壁面的形状误差，活塞环在上下滑动的同时还在环槽内产生径向移动。这不仅加重了环与环槽的磨损，还使活塞环因受到交变弯曲应力的作用而容易折断。

（2）气环。

气环的密封原理（图 1–35）：活塞环在自由状态下不是正圆形，其外廓尺寸比汽缸直径大。当活塞环装入汽缸后，在其自身的弹力作用下环的外圆面与汽缸壁贴紧形成第一密封面，汽缸内的高压气体不可能通过第一密封面泄漏。高压气体可能通过活塞顶部与汽缸壁之间的间隙进入活塞环的侧隙和径向间隙中。进入侧隙中的高压气体使环的下侧面与环槽的下侧面贴紧形成第二密封面，高压气体也不可能通过第二密封面泄漏。进入径向间隙中的高压气体只能使环的外圆面与汽缸壁更加贴紧。这时漏气的唯一通道就是活塞环的开口端隙。如果几道活塞环的开口相互错开，就形成了迷宫式漏气通道。由于侧隙、径向间隙和端隙都很小，气体在通道内的流动阻力很大，致使气体压力迅速下降，最后漏入曲轴箱内的气体就很少了，一般仅为进气量的 0.2% ~1.0%。

气环开口形状（图 1–36）：开口形状对漏气量有一定影响。直开口工艺性好，但密封性差；阶梯形开口密封性好，工艺性差；斜开口的密封性和工艺性介于前两种开口之间，斜角一般为 30° 或 45° 。

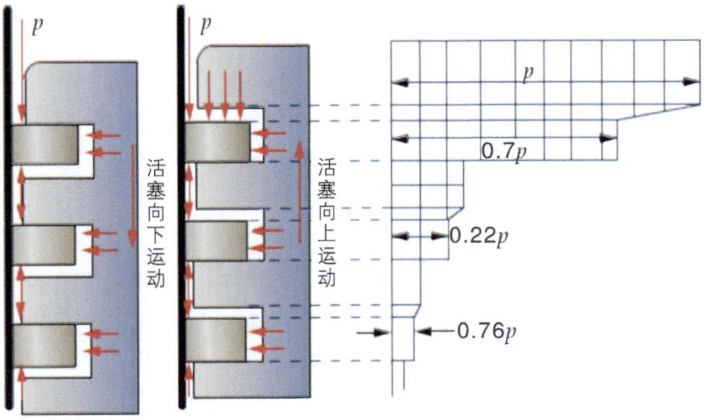

图 1–35 气环的密封原理

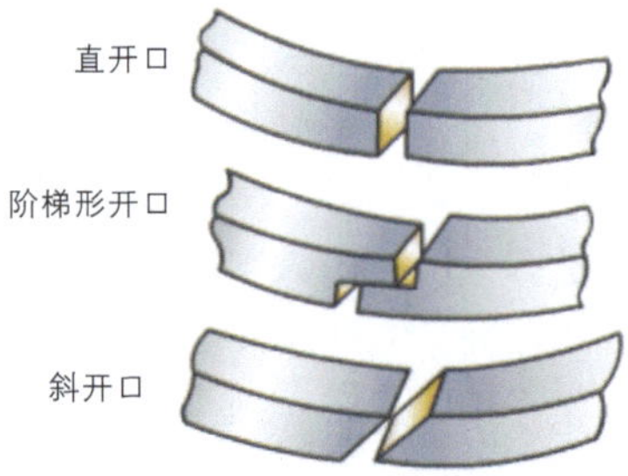

图 1–36 气环开口形状

气环断面形状：气环断面形状多种多样（图 1–37），根据发动机的结构特点和强化程度，选择不同断面形状的气环组合，可以得到最佳的密封效果和使用性能。

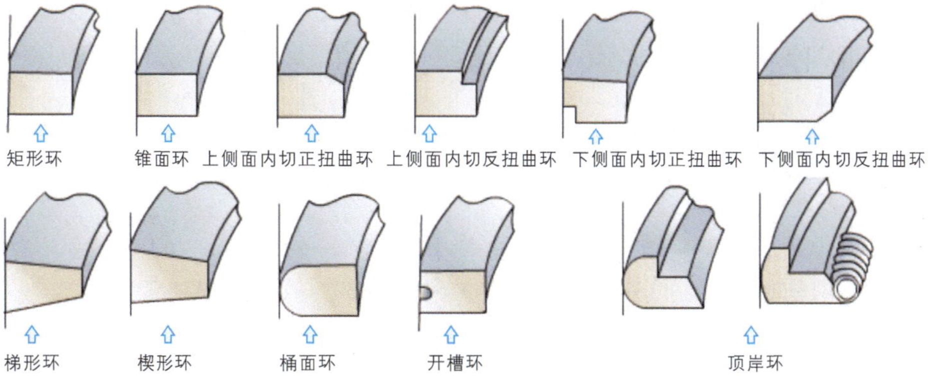

图 1–37　气环断面形状

矩形环：断面为矩形，形状简单，加工方便，与汽缸壁接触面积大，有利于活塞散热，但磨合性差，且会产生“泵油作用”，使机油消耗量增加，活塞顶及燃烧室壁面积炭。

锥面环：环的外圆面为锥角很小的锥面，与汽缸壁为线接触，磨合性好，传热性差，所以不用作第一道气环，由于锥角很小，一般不易识别，为避免装错，在环的上侧面标有向上的记号。

扭曲环：断面不对称的气环装入汽缸后，由于弹性内力的作用使断面发生扭转，故称扭曲环。

正扭曲环：将内圆面的上边缘或外圆面的下边缘切掉一部分，整个气环将扭曲成碟子形，消除了泵油现象，减轻了环对环槽的冲击所引起的磨损。

反扭曲环：将内圆面的下边缘切掉一部分，气环将扭曲成盖子形，消除了泵油现象，减轻了环对环槽的冲击所引起的磨损。

梯形环：断面为梯形，优点是抗黏结性好，多用作柴油机的第一道气环。

桶面环：环的外圆面为外凸圆弧形，密封性、磨合性及对汽缸壁表面形状的适应性都比较好。

开槽环：在外圆面上加工出环形槽，在槽内填充能吸附机油的多孔性氧化铁，有利于润滑、磨合和密封。

顶岸环：断面为“L”形，顶岸环距活塞顶面近，在做功冲程中，燃气压力能迅速作用于环的上侧面和内圆面，使环的下侧面与环槽的下侧面、外圆面与汽缸壁面贴紧，有利于密封，可以减少汽车尾气 HC 的排放量。

（3）油环。

油环有槽孔式、槽孔撑簧式和钢带组合式三种类型。

槽孔式油环：因为油环的内圆面基本上没有气体压力的作用，所以槽孔式油环的刮油能力主要靠油环自身的弹力。为了减小环与汽缸壁的接触面积，增大接触压力，在环的外圆面上加工出环形集油槽，形成上、下两道刮油唇，在集油槽底加工有回油孔（图 1–38）。由上、下刮油唇刮下来的机油经回油孔和活塞上的回油孔流回油底壳。这种油环结构简单，加工容易，成本低。

槽孔撑簧式油环：在槽孔式油环的内圆面加装撑簧。一般作为油环撑簧的有螺旋弹簧、板形弹簧和轨形弹簧三种。这种油环由于增大了环与汽缸壁的接触压力，从而使环的刮油能力和耐久性有所提高。

钢带组合式油环：其结构形式很多，钢带组合式油环由上、下刮片和轨形撑簧组合而成（图 1–39）。撑簧不仅使刮片与汽缸壁贴紧，还使刮片与环槽侧面贴紧。这种组合油环的优点是接触压力大，既可增强刮油能力，又能防止上窜机油。另外，上、下刮片能单独动作，因此对汽缸失圆和活塞变形的适应能力强。但钢带组合式油环须用优质钢制造，成本高。

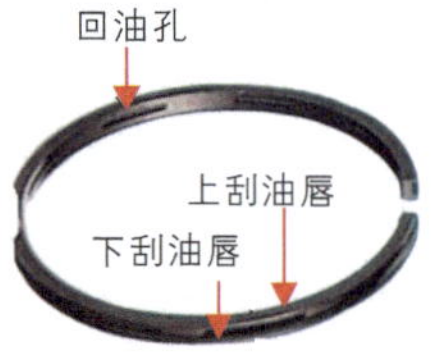

图 1–38　槽孔式油环

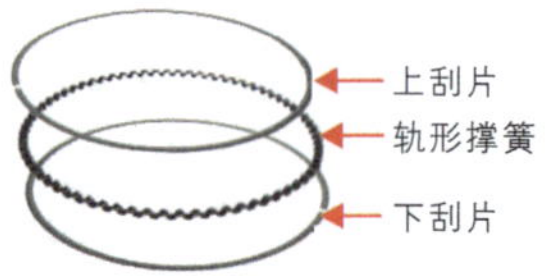

图 1–39　钢带组合式油环

3）活塞销

（1）活塞销的功用。

活塞销用来连接活塞和连杆，并将活塞承受的力传给连杆。活塞销在高温条件下承受很大的周期性冲击负荷，且由于活塞销在销孔内摆动角度不大，难以形成润滑油膜，因此润滑条件较差。为此，活塞销必须有足够的刚度、强度和耐磨性，质量尽可能小，销与销孔应该有适当的配合间隙和良好的表面质量。一般情况下，活塞销的刚度尤为重要，如果活塞销发生弯曲变形，可能使活塞销座损坏。

（2）活塞销的结构。

活塞销的结构很简单，基本上是一个厚壁空心圆柱。其内孔形状有圆柱形、两段截锥形和组合形。圆柱形孔加工容易，但活塞销的质量较大；两段截锥形孔的活塞销质量较小，且因为活塞销所受的弯矩在其中部最大，所以接近于等强度梁，但锥孔加工较难。

（3）活塞销的连接。

活塞销与活塞销座孔和连杆小头的连接方式一般有全浮式和半浮式两种，如图 1–40 所示。

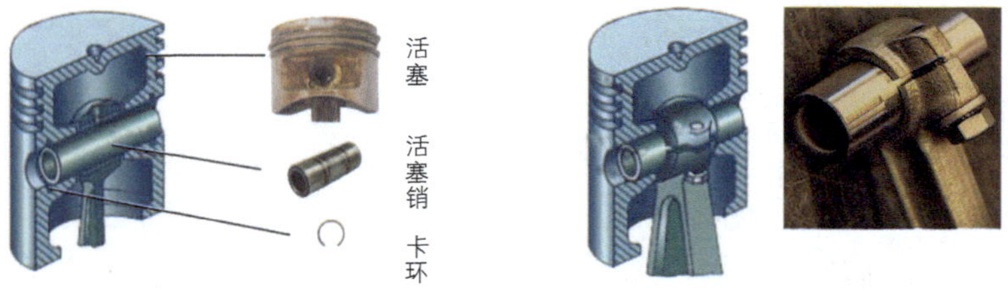

（a）全浮式　　（b）半浮式

图 1–40　活塞销的连接方式

全浮式：在发动机正常工作温度下，活塞销能在连杆衬套和活塞销座孔中自由转动，减小了磨损且使磨损均匀。活塞上的活塞销孔两端有卡环槽，用来装卡环以固定活塞销。此种活塞销应用广泛。

半浮式：活塞销中部与连杆小头采用紧固螺栓连接，活塞只能在两端销座内做自由摆动。这种连接方式省去了连杆小头衬套。

3. 连杆组

1）连杆组的功用与组成

（1）连杆组的功用及工作条件。

连杆组的功用是将活塞承受的力传给曲轴，并将活塞的往复运动转换为曲轴的旋转运动。连杆小头与活塞销连接，同活塞一起做往复运动；连杆大头与曲柄销连接，同曲轴一起做旋转运动，因此在发动机工作时连杆做复杂的平面运动。连杆组主要受压缩、拉伸和弯曲等交变载荷。最大压缩载荷出现在做功冲程上止点附近，最大拉伸载荷出现在进气冲程上止点附近。在压缩载荷和连杆组做平面运动时产生的横向惯性力的共同作用下，连杆体可能发生弯曲变形。

（2）连杆组的组成。

连杆组包括连杆体、连杆盖、连杆螺栓和连杆轴承等零件。习惯上把连杆体、连杆盖和连杆螺栓合起来称为连杆，有时也称连杆体为连杆。

2）连杆的构造

连杆由连杆小头、杆身和连杆大头构成。连杆组件如图 1–41 所示。

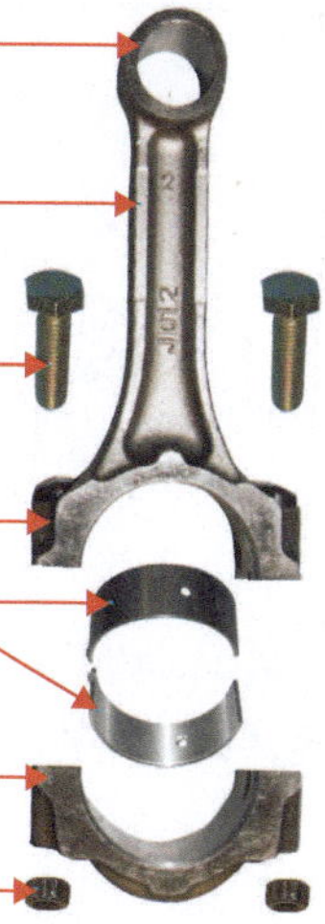

图 1–41 连杆组件

（1）连杆小头。

连杆小头是用来安装活塞销的圆形座孔。连杆小头与活塞销的连接方式有两种，即全浮式和半浮式。全浮式活塞销工作时，在连杆小头孔和活塞销孔中转动，可以保证活塞销沿圆周磨损均匀。为防止活塞销两端刮伤汽缸壁，在活塞销孔外侧装有活塞销挡圈。半浮式活塞销用螺栓将活塞销夹紧在连杆小头孔内，这时活塞销只在活塞销孔内转动，在小头孔内不转动。小头孔不装衬套，销孔中也不装活塞销挡圈。

（2）杆身。

杆身通常做成“工”字形断面，抗弯强度好，质量小。有的连杆在杆身内加工有油道，用来润滑小头衬套和冷却活塞（须在小头顶部加工出喷油孔）。

（3）连杆大头。

连杆大头与曲轴的连杆轴颈相连，有整体式和分开式两种。一般采用分开式，连杆盖用螺栓或螺柱紧固，为使结合面在任何转速下都能紧密结合，连杆螺栓的拧紧力矩必须足够大。连杆盖装合到连杆体上时须严格定位，以防止连杆盖横向位移。分开式又分为平分和斜分两种，即连杆大头的切口形式有平切口（图 1–42）和斜切口（图 1–43）。

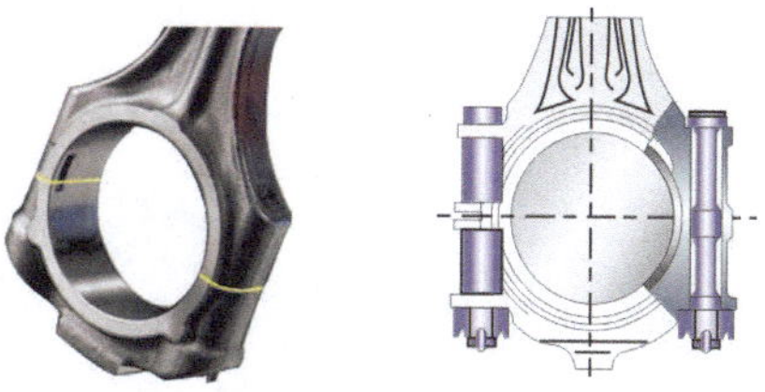
图 1–42 平切口连杆大头

平切口连杆大头的剖分面垂直于连杆轴线。一般汽油发动机连杆大头尺寸都小于汽缸直径，可以采用平切口。

斜切口连杆大头的剖分面与连杆轴线呈 30°~60° 夹角。柴油发动机连杆既有平切口的，也有斜切口的。一般柴油发动机由于曲柄销直径较大，因此连杆大头的外形尺寸相应较大，为保证拆卸时能从汽缸上端取出连杆体，必须采用斜切口连杆。

斜切口连杆可保证连杆轴承及连杆端盖的位置稳定。此外，考虑到连杆螺栓由于承受较大的剪切力而容易发生疲劳破坏，为此，应该采用能够承受横向力的定位方法。定位方法主要有止口定位、套筒定位、锯齿定位（图 1–43）。锯齿定位在斜切口连杆上应用最广泛。

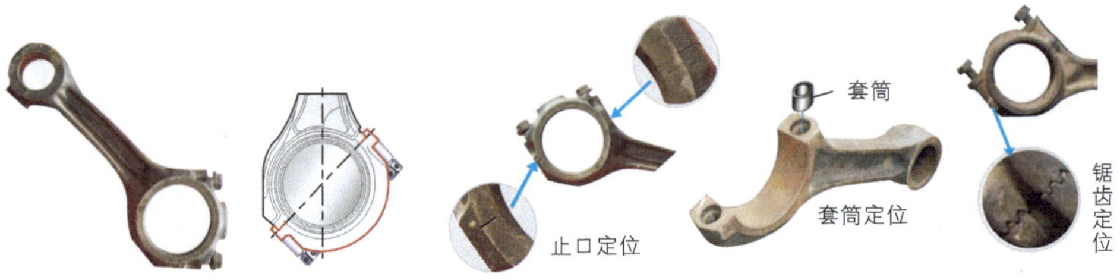

图 1–43　斜切口连杆大头及定位方法

四、曲轴飞轮组

1. 曲轴飞轮组的功用与组成

功用：把活塞、连杆传来的气体压力转换为转矩，用以驱动汽车的传动系统和发动机的配气机构以及其他辅助装置。

组成：由曲轴、飞轮及装在曲轴上的各零件（正时齿轮、扭转减振器、主轴承瓦、止推片等）组成，如图 1–44 所示。

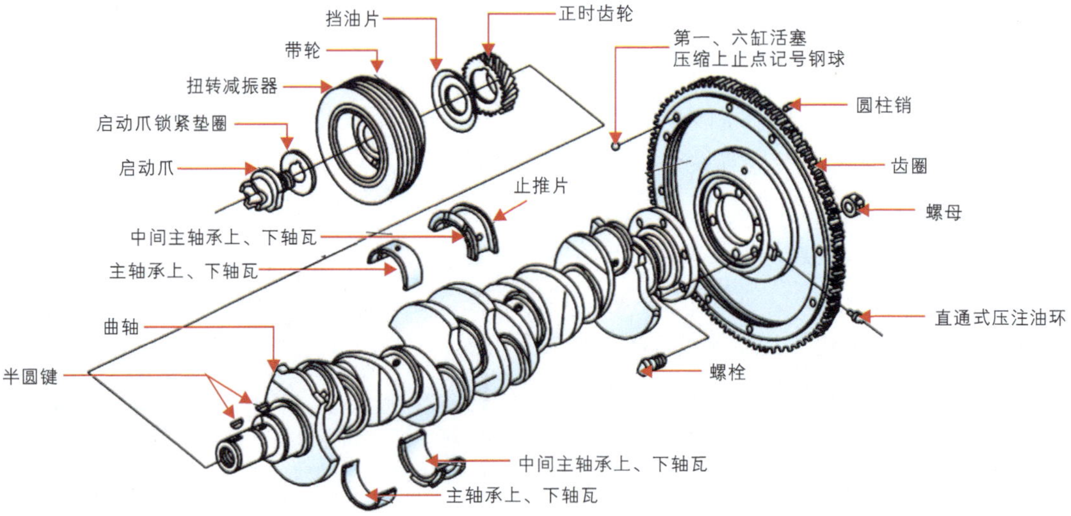

图 1–44　曲轴飞轮组

2. 曲轴

1）曲轴的功用及工作条件

曲轴的功用是把活塞、连杆传来的气体压力转换为转矩，带动飞轮（用以驱动汽车的传动系统）和正时齿轮、带轮（用以驱动发动机的配气机构及其他辅助装置）。曲轴在周期性变化的气体压力、惯性力及其力矩的共同作用下工作，承受弯曲和扭转交变载荷，因此，曲轴应有足够的抗弯曲、抗扭转的疲劳强度和刚度，轴颈应有足够大的承压表面和耐磨性，曲轴的质量应尽量小，对各轴颈的润滑应该充分。

2）曲轴的构造

曲轴基本上由若干个单元曲拐构成。一个连杆轴颈、左右两个曲柄和左右两个主轴颈构成一个单元曲拐。单缸发动机的曲轴只有一个曲拐，多缸直列式发动机曲轴的曲拐数与汽缸数相同，V 型发动机曲轴的曲拐数等于汽缸数的一半。将若干个单元曲拐按照一定的相位连接起来再加上曲轴前、后端便构成一根曲轴。多数发动机的曲轴在其曲柄上装有平衡重。曲轴的构造如图 1–45 所示。

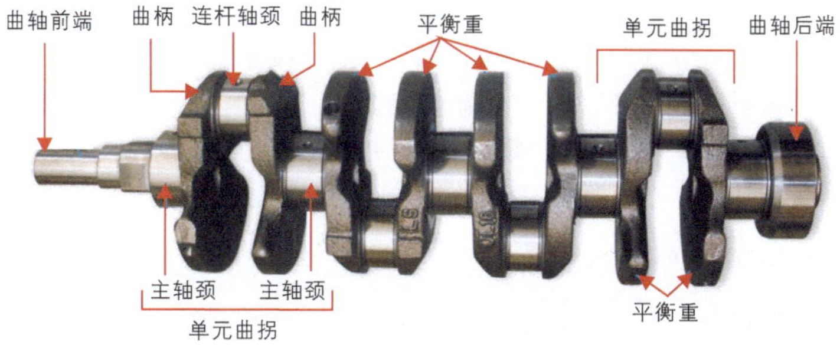

图 1–45　曲轴的构造

主轴颈是曲轴的支撑部分。每个连杆轴颈两边都有一个主轴颈的，称为全支撑曲轴；主轴颈数等于或少于连杆轴颈数的，称为非全支撑曲轴。

连杆轴颈是曲轴与连杆的连接部分，直列发动机的连杆轴颈数和汽缸数相等，V 型发动机的连杆轴颈数等于汽缸数的一半。

曲柄是主轴颈和连杆轴颈的连接部分，断面为椭圆形，为了平衡惯性力，曲柄处铸有（或紧固有）平衡重。

平衡重用来平衡发动机不平衡的离心力，有时还用来平衡一部分往复惯性力，从而使曲轴旋转平稳。

曲轴前端装有正时齿轮、驱动风扇、水泵的带轮及启动爪等。为了防止机油沿曲轴轴颈外漏，在曲轴前端装有一个甩油盘，在齿轮室盖上装有油封，防止机油外漏。

曲轴后端用来安装飞轮，在后轴颈与飞轮凸缘之间制成挡油凸缘与回油螺纹，以阻止机油向后窜漏。

3）曲拐布置与多缸发动机的工作顺序

各曲拐的相对位置或曲拐布置取决于汽缸数、汽缸排列形式和发动机工作顺序。当汽缸数和汽缸排列形式确定之后，曲拐布置就只取决于发动机工作顺序。在选择发动机工作顺序时，应注意以下几点。

应该使接连做功的两个汽缸相距尽可能远，以减轻主轴承载荷和避免在进气冲程中发生抢气现象。

各汽缸点火的间隔时间应该相同。点火间隔时间若以曲轴转角计则称点火间隔角。在发动机完成一个工作循环的曲轴转角内，每个汽缸都应点火做功一次。对于汽缸数为 i 的四冲程发动机，其点火间隔角应为 720°/i，即曲轴每转 720°/i，就有一缸点火做功，以保证发动机运转平稳。

V 型发动机左右两列汽缸应交替点火。

（1）四冲程直列四缸发动机的点火顺序和曲拐布置。

四冲程直列四缸发动机的点火间隔角为 720°/4 = 180°，四个曲拐在同一平面内，点火顺序为 1-2-4-3（表 1-1）或 1-3-4-2（表 1-2），其曲拐布置与工作循环如图 1-46 所示。

表 1-1　点火顺序为 1-2-4-3 的工作循环表

曲轴转角 /（°）	第一缸	第二缸	第三缸	第四缸
0~180	做功	压缩	排气	进气
180~360	排气	做功	进气	压缩
360~540	进气	排气	压缩	做功
540~720	压缩	进气	做功	排气

表 1-2　点火顺序为 1-3-4-2 的工作循环表

曲轴转角 /（°）	第一缸	第二缸	第三缸	第四缸
0~180	做功	排气	压缩	进气
180~360	排气	进气	做功	压缩
360~540	进气	压缩	排气	做功
540~720	压缩	做功	进气	排气

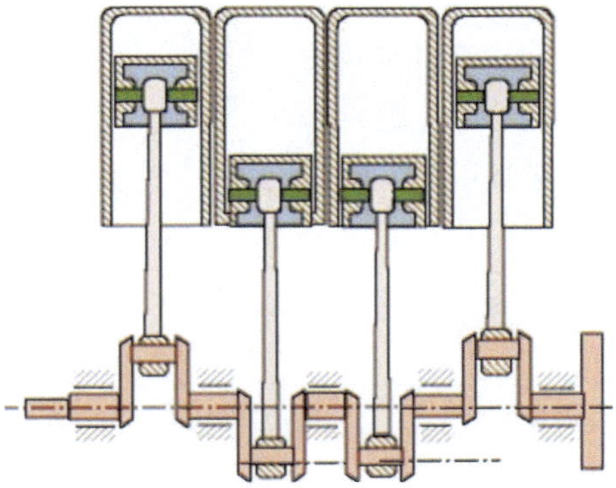

图 1-46　四冲程直列四缸发动机曲拐布置与工作循环

（2）四冲程直列六缸发动机的点火顺序和曲拐布置。

四冲程直列六缸发动机点火间隔角为 720°/6=120°，六个曲拐分别布置在三个平面内，其曲拐布置与工作循环如图 1-47 所示，点火顺序为 1-5-3-6-2-4（表 1-3）。

（3）四冲程 V 型六缸发动机的点火顺序和曲拐布置。

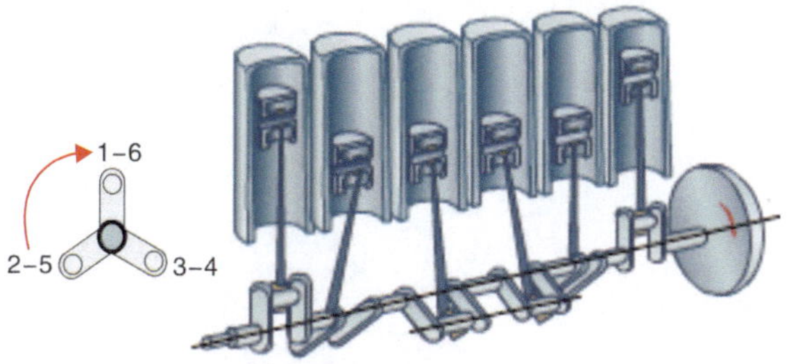

图 1-47　四冲程直列六缸发动机曲拐布置与工作循环

表 1-3　点火顺序为 1-5-3-6-2-4 的工作循环表

<table>
<tr><th colspan="2">曲轴转角 / (°)</th><th>第一缸</th><th>第二缸</th><th>第三缸</th><th>第四缸</th><th>第五缸</th><th>第六缸</th></tr>
<tr><td rowspan="3">0~180</td><td>0~60</td><td rowspan="3">做功</td><td rowspan="2">排气</td><td>进气</td><td>做功</td><td rowspan="2">压缩</td><td rowspan="3">进气</td></tr>
<tr><td>60~120</td><td rowspan="3">压缩</td><td rowspan="3">排气</td></tr>
<tr><td>120~180</td><td rowspan="3">进气</td><td rowspan="3">做功</td></tr>
<tr><td rowspan="3">180~360</td><td>180~240</td><td rowspan="3">排气</td><td rowspan="3">压缩</td></tr>
<tr><td>240~300</td><td rowspan="3">做功</td><td rowspan="3">进气</td></tr>
<tr><td>300~360</td><td rowspan="3">压缩</td><td rowspan="3">排气</td></tr>
<tr><td rowspan="3">360~540</td><td>360~420</td><td rowspan="3">进气</td><td rowspan="3">做功</td></tr>
<tr><td>420~480</td><td rowspan="3">排气</td><td rowspan="3">压缩</td></tr>
<tr><td>480~540</td><td rowspan="3">做功</td><td rowspan="3">进气</td></tr>
<tr><td rowspan="3">540~720</td><td>540~600</td><td rowspan="3">压缩</td><td rowspan="3">排气</td></tr>
<tr><td>600~660</td><td rowspan="2">进气</td><td rowspan="2">做功</td></tr>
<tr><td>660~720</td><td>排气</td><td>压缩</td></tr>
</table>

四冲程 V 型六缸发动机的点火间隔角仍为 120°，三个曲拐互成 120°，点火顺序为 R1-L3-R3-L2-R2-L1（表 1-4），其曲拐布置与工作循环如图 1-48 所示。面对发动机的冷却风扇，右列汽缸用 R 表示，由前向后汽缸号分别为 R1、R2、R3；左列汽缸用 L 表示，汽缸号分别为 L1、L2 和 L3。

表 1-4　点火顺序为 R1-L3-R3-L2-R2-L1 的工作循环表

<table>
<tr><th colspan="2">曲轴转角 / (°)</th><th>R1</th><th>R2</th><th>R3</th><th>L1</th><th>L2</th><th>L3</th></tr>
<tr><td rowspan="3">0~180</td><td>0~60</td><td rowspan="3">做功</td><td rowspan="2">排气</td><td>进气</td><td>做功</td><td rowspan="3">进气</td><td rowspan="2">压缩</td></tr>
<tr><td>60~120</td><td rowspan="3">压缩</td><td rowspan="3">排气</td></tr>
<tr><td>120~180</td><td rowspan="3">进气</td><td rowspan="3">做功</td></tr>
<tr><td rowspan="3">180~360</td><td>180~240</td><td rowspan="3">排气</td><td rowspan="3">压缩</td></tr>
<tr><td>240~300</td><td rowspan="3">做功</td><td rowspan="3">进气</td></tr>
<tr><td>300~360</td><td rowspan="3">压缩</td><td rowspan="3">排气</td></tr>
<tr><td rowspan="3">360~540</td><td>360~420</td><td rowspan="3">进气</td><td rowspan="3">做功</td></tr>
<tr><td>420~480</td><td rowspan="3">排气</td><td rowspan="3">压缩</td></tr>
<tr><td>480~540</td><td rowspan="3">做功</td><td rowspan="3">进气</td></tr>
<tr><td rowspan="3">540~720</td><td>540~600</td><td rowspan="3">压缩</td><td rowspan="3">排气</td></tr>
<tr><td>600~660</td><td rowspan="2">进气</td><td rowspan="2">做功</td></tr>
<tr><td>660~720</td><td>排气</td><td>压缩</td></tr>
</table>

（4）四冲程 V 型八缸发动机的点火顺序和曲拐布置。

四冲程 V 型八缸发动机的点火间隔角为 720° /8 = 90°，四个曲拐互成 90°，点火顺序为 R1-L1-R4-L4-L2-R3-L3-R2（表 1-5）或 L1-R4-L4-L2-R3-R2-L3-R1，其曲拐布置与工作循环如图 1-49 所示。

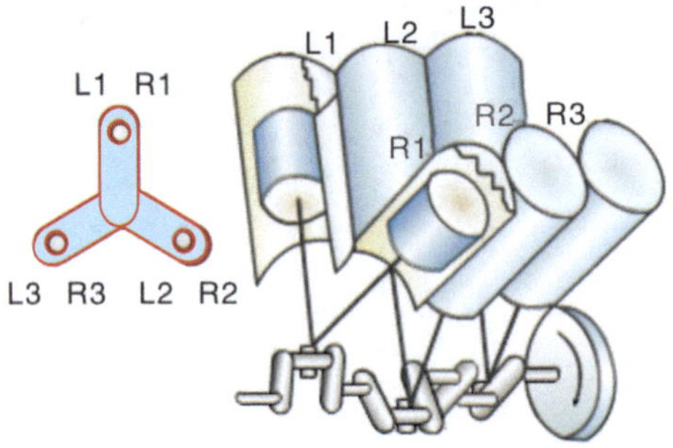

图 1-48　四冲程 V 型六缸发动机曲拐布置与工作循环

表 1-5　点火顺序为 R1-L1-R4-L4-L2-R3-L3-R2 的工作循环表

曲轴转角 / (°)		R1	R2	R3	R4	L1	L2	L3	L4
0~180	0~90	做功	做功	排气	压缩	压缩	进气	排气	进气
	90~180		排气	进气		做功			压缩
180~360	180~270	排气			做功		压缩	进气	
	270~360		进气	压缩		排气			做功
360~540	360~450	进气			排气		做功	压缩	
	450~540		压缩	做功		进气			排气
540~720	540~630	压缩			进气		排气	做功	
	630~720		做功	排气		压缩			进气

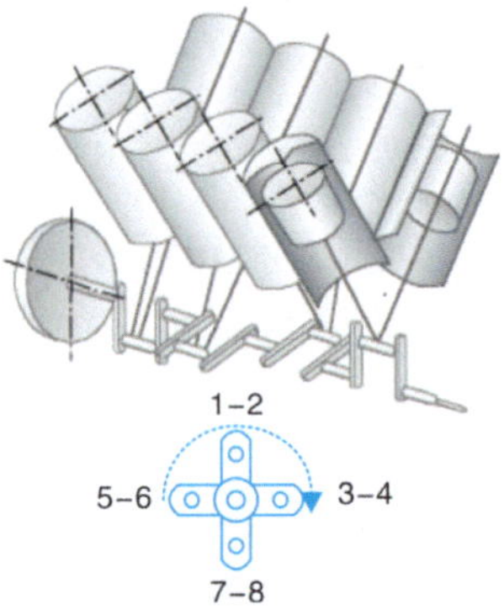

图 1-49　四冲程 V 型八缸发动机曲拐布置与工作循环

3. 飞轮

对于四冲程发动机来说，每四个活塞冲程做功一次，即只有做功冲程做功，而排气、进气和压缩三个冲程都要消耗功，因此，曲轴对外输出的转矩呈周期性变化，曲轴转速也不稳定。为了改善这种状况，在曲轴后端装有飞轮。

飞轮是转动惯量很大的盘形零件，如图 1-50 所示，其作用如同一个能量存储器。在做功冲程中发动机传输给曲轴的能量，除对外输出外，还有部分能量被飞轮吸收，从而使曲轴的转速不会升高太多。在排气、进气和压缩三个冲程中，飞轮将其存储的能量放出来补偿这三个冲程所消耗的功，从而使曲轴转速不致降低太多。

除此之外，飞轮还有下列功用：

（1）飞轮是摩擦式离合器的主动件。

（2）在飞轮轮缘上镶嵌有供启动发动机用的飞轮齿圈。

（3）在飞轮上刻有上止点记号，用来校准点火定时或喷油定时，以及调整气门间隙。

（4）现代电控发动机飞轮上还装有另一齿圈，即产生上止点信号和转速信号的脉冲信号轮。

4. 发动机滑动轴承

汽车发动机滑动轴承有连杆轴承、主轴承和曲轴止推轴承等。

1）连杆轴承和主轴承

连杆轴承和主轴承均承受交变载荷和高速摩擦，因此轴承材料必须具有足够的抗疲劳强度，而且要摩擦小、耐磨损和耐腐蚀。

连杆轴承和主轴承均由上、下两片轴瓦对合而成，如图 1–51 所示。每片轴瓦都由钢背和减摩合金层，或钢背、减摩合金层和软镀层构成，前者称为二层结构轴瓦，后者称为三层结构轴瓦。钢背是轴瓦的基体，由 1~3mm 厚的低碳钢板制造，以保证有较高的机械强度。在钢背上浇铸减摩合金层，减摩合金材料主要有白合金、铜基合金和铝基合金。白合金也叫巴氏合金，应用较多的锡基白合金减摩性好，但疲劳强度低，耐热性差，温度超过 100℃，硬度和强度均明显下降，因此常用于载荷不大的汽油发动机。铜铅合金的突出优点是承载能力大，抗疲劳强度高，耐热性好，但磨合性能和耐腐蚀性差。为了改善其磨合性能和耐腐蚀性，通常在铜铅合金表面电镀一层软金属而形成三层结构轴瓦，多用于高度强化的柴油发动机。铝基合金包括铝锑镁合金、低锡铝合金和高锡铝合金。含锡 20% 以上的高锡铝合金轴瓦因为有较好的承载能力、抗疲劳强度和减摩性能而被广泛地用于汽油发动机和柴油发动机。软镀层是指在减摩合金层上电镀一层锡或锡铅合金，其主要作用是改善轴瓦的磨合性能并作为减摩合金层的保护层。

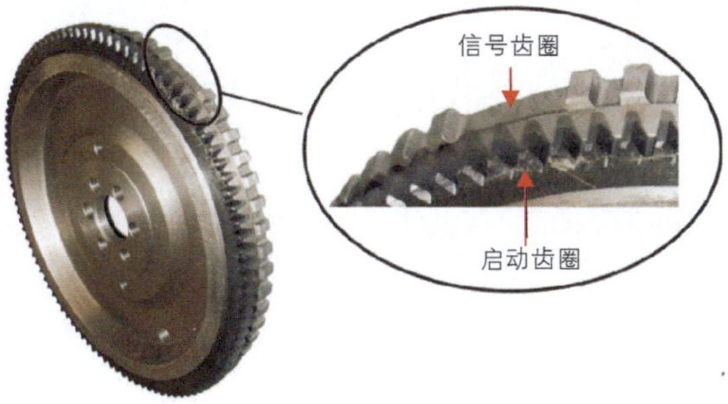

图 1–50　飞轮

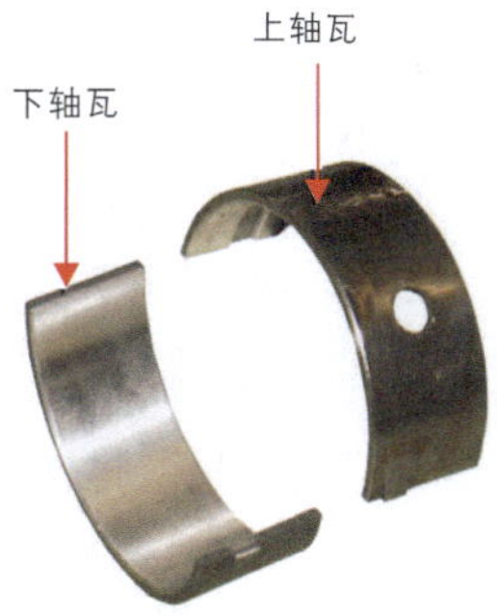

图 1–51　主轴承

轴瓦在自由状态时，两个结合面外端的距离比轴承孔的直径大，其差值称为轴瓦的张开量。在装配时，轴瓦的圆周过盈变成径向过盈，对轴承孔产生径向压力，使轴瓦紧密贴合在轴承孔内，以保证其良好的承载和导热能力，提高轴瓦工作的可靠性和延长其使用寿命。

2）曲轴止推轴承

汽车行驶时由于踩踏离合器而对曲轴施加轴向推力，使曲轴发生轴向窜动。过大的轴向窜动将影响活塞连杆组的正常工作，破坏正确的配气定时和柴油发动机的喷油定时。为了保证曲轴轴向的正确定位，须装设止推轴承，而且只能在一处设置止推轴承，以保证曲轴受热膨胀时能自由伸长。曲轴止推轴承有整体式（翻边轴瓦）和组合式（半圆环止推片和止推轴承环）两种形式，如图 1-52 所示。

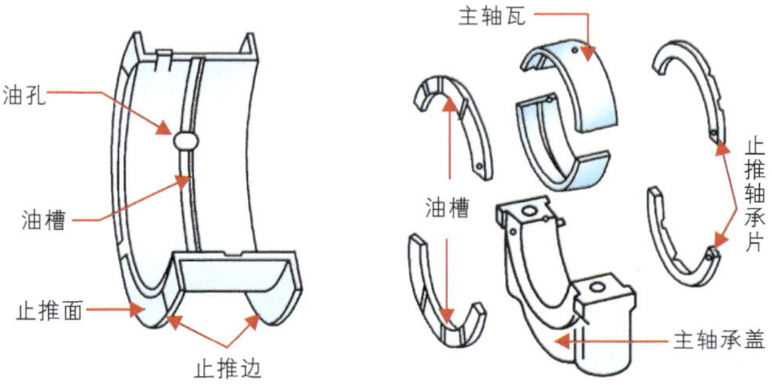

图 1-52 曲轴止推轴承

翻边轴瓦是将轴瓦两侧翻边作为止推面，在止推面上浇铸减摩合金。轴瓦的止推面与曲轴止推面之间留有 0.06~0.25mm 的间隙，从而限制了曲轴轴向窜动量。

半圆环止推片一般为四片，上、下各两片，分别安装在机体和主轴承盖上的浅槽中，用定位舌或定位销定位，防止其转动。装配时，须将有减摩合金层的止推面朝向曲轴的止推面，不能装反。

止推轴承环为两片止推圆环，分别安装在第一主轴承盖的两侧。

5. 曲轴前、后端密封

曲轴前端借助甩油盘和橡胶油封实现密封，如图 1-53 所示。发动机工作时，落在甩油盘上的机油在离心力的作用下被甩到定时传动室盖的内壁上，再沿壁面流回油底壳。即使有少量机油落到甩油盘前面的曲轴上，也会被装在定时传动室盖上的自紧式橡胶油封挡住。

曲轴后端密封如图 1-54 所示。由于近年来橡胶油封耐油、耐热和耐老化性能的提高，在现代汽车发动机上曲轴后端密封越来越多地采用与曲轴前端一样的自紧式橡胶油封。自紧式橡胶油封由金属保持架、氟橡胶密封环和拉紧弹簧构成。

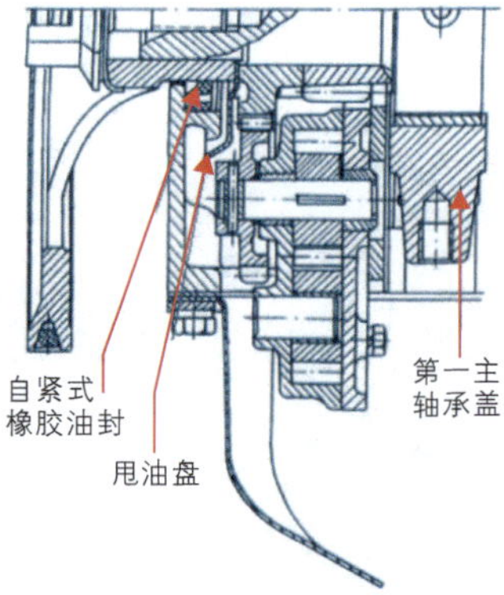

图 1-53 曲轴前端密封

6. 曲轴扭转减振器

扭转减振器安装在曲轴前端。当发动机工作时，曲轴在周期性变化的转矩作用下，各曲拐之间发生周期性相对扭转的现象称为扭转振动，简称扭振。当发动机转矩的变化频率与曲轴扭转的自振频率相同或成整数倍时，就会发生共振。共振时扭转振幅增大，导致传动机构磨损加剧，发动机功率下降，甚至使曲轴断裂。为了消减曲轴的扭转振动，现代汽车发动机多在扭转振幅最大的曲轴前端安装扭转减振器，如图 1-55 所示。

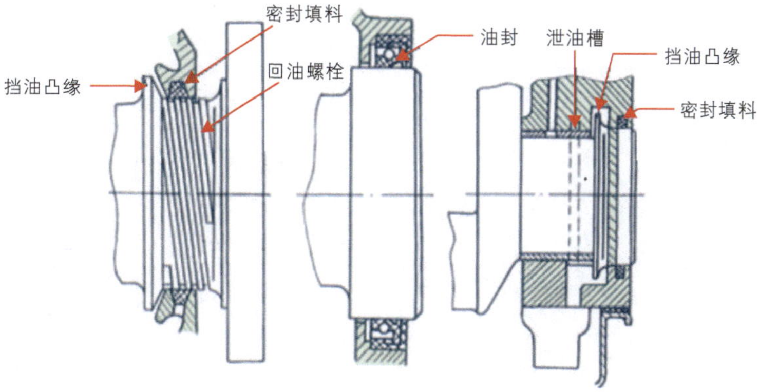

图 1-54　曲轴后端密封

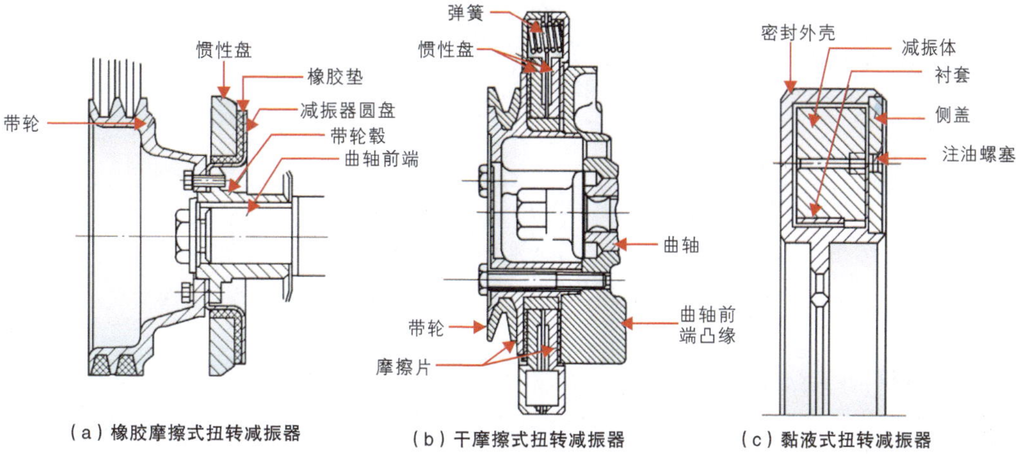

图 1-55　曲轴扭转减振器

7. 平衡机构

现代轿车特别重视乘坐的舒适性和噪声水平，为此必须将引起汽车振动和噪声的发动机不平衡力及不平衡力矩减小到最低限度。在曲轴的曲柄臂上设置的平衡重只能平衡旋转惯性力及其力矩，而往复惯性力及其力矩的平衡则须采用专门的平衡机构，如图 1-56 所示。

对于四冲程直列四缸发动机，平面曲轴的四缸发动机的一阶往复惯性力、一阶往复惯性力矩和二阶往复惯性力矩都平衡，唯有二阶往复惯性力不平衡。为了平衡二阶往复惯性力，须采用双轴平衡机构。两根平衡轴与曲轴平行且与汽缸中心线等距，旋转方向相反，转速相同，都为曲轴转速的 2 倍。两根轴上都装有质量相同的平衡重，其旋转惯性力在垂直于汽缸中心线方向的分力互相抵消，在平行于汽缸中心线方向的分力则合成为沿汽缸中心线方向作用的力，与二阶往复惯性力大小相等、方向相反，从而使二阶往复惯性力得到平衡。

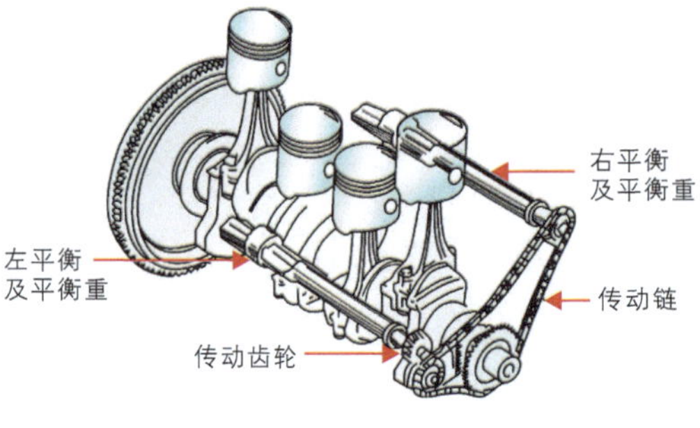

（a）链传动双轴平衡机构

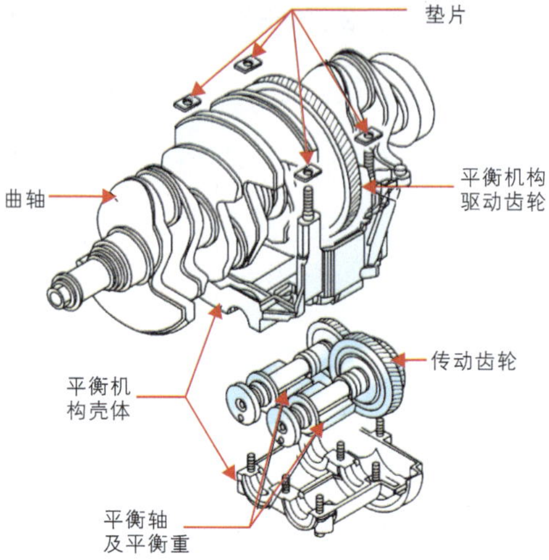

（b）齿轮传动双轴平衡机构

图 1-56 平衡机构

任务实践

1. 实践名称

曲柄连杆机构的拆装。

2. 实践准备

发动机翻转架、橡胶锤、扭力扳手、活塞环拆装钳、常用工具等。

3. 实践要求与注意事项

（1）明确操作规范和职责范围，预防潜在危险。

（2）实践操作过程中保持场地卫生及安全，不嬉戏打闹。

（3）在使用举升机的过程中应上好保险后再开始工作。

（4）使用维修手册时，要注意避免破损，手册与使用车型相对应。

4. 操作步骤及检修

1）汽缸盖的拆装

（1）马自达创驰蓝天 2.0 发动机如图 1-57、图 1-58 所示。

（2）拆下发动机上各传感器、执行器线束，如图 1-59 所示。

（3）取下排气歧管，如图 1-60 所示。

图 1–57　马自达创驰蓝天 2.0 发动机（1）

图 1–58　马自达创驰蓝天 2.0 发动机（2）

图 1–59　拆下发动机上各传感器、执行器线束

图 1–60　取下排气歧管

（4）拧下发动机进气歧管螺栓，取下发动机进气歧管，如图 1–61 所示。

（5）松开水泵固定螺栓，取下水泵总成，如图 1–62 所示。

图 1–61　取下进气歧管

图 1–62　取下水泵总成

（6）松开进气门正时调整电机固定螺栓，取下调整电机，如图 1–63 所示。

（7）拆卸出水管座，如图 1–64 所示。

（8）取下高压油泵，如图 1–65 所示。

图 1-63　取下调整电机

图 1-64　拆卸出水管座

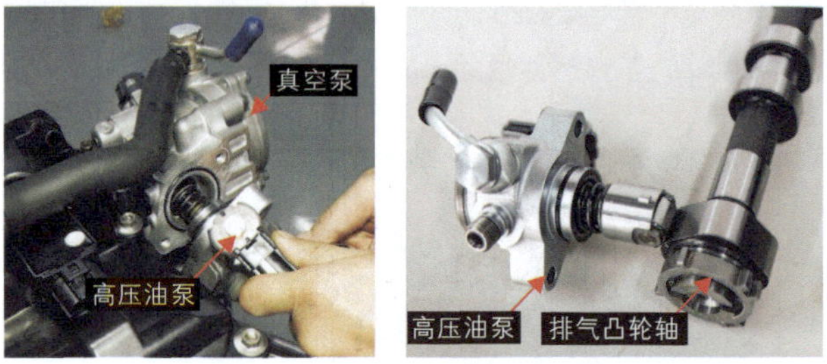

图 1-65　取下高压油泵

（9）松开曲轴箱通风阀螺栓，取下通风阀，如图 1-66 所示。

（10）取下点火线圈，如图 1-67 所示。

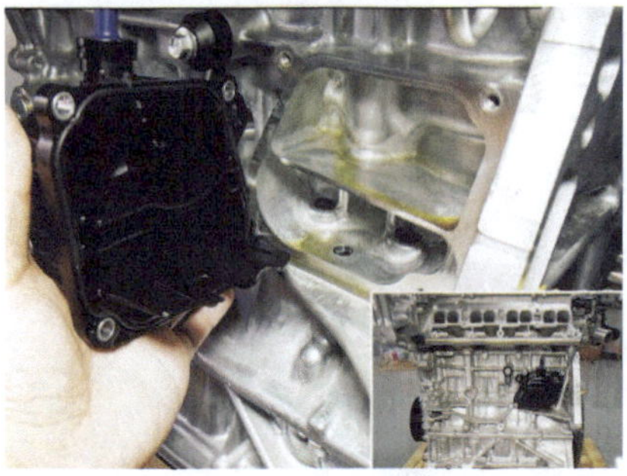

图 1-66　取下通风阀

图 1-67　取下点火线圈

（11）用火花塞套筒拆卸火花塞，如图 1-68 所示。

图 1-68　拆卸火花塞

（12）发动机附件拆解完毕，接着拧下气门室盖固定螺栓，取下气门室盖，如图 1-69 所示。

（13）接下来拆卸的是高压油轨，燃油压力传感器位于油轨左侧，如图 1-70 所示。

图 1–69　取下气门室盖

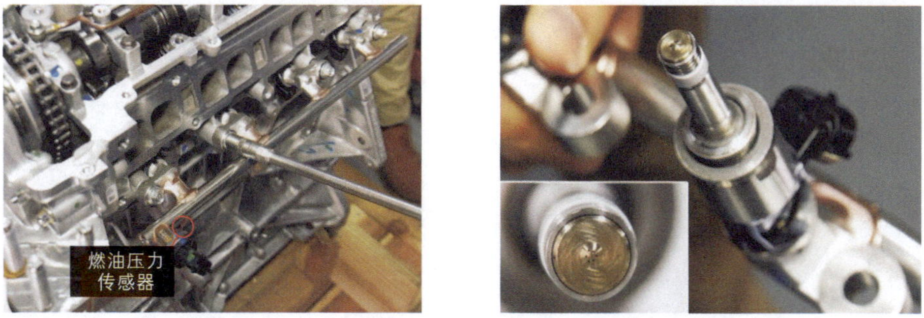

图 1–70　拆卸高压油轨

（14）取下正时电磁阀，如图 1–71 所示。

（15）松开曲轴皮带轮螺栓，取下曲轴皮带轮，如图 1–72 所示。

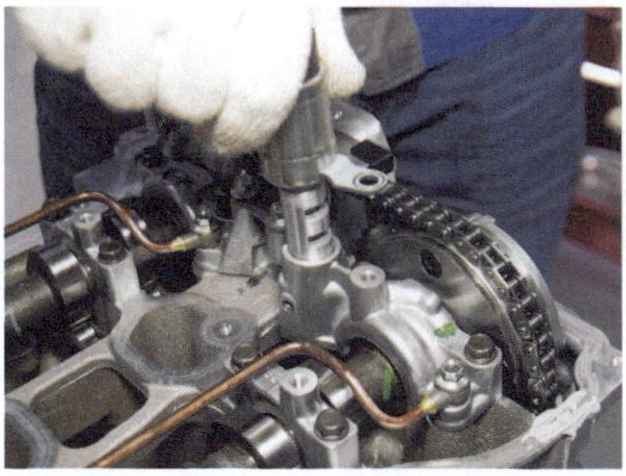

图 1–71　取下正时电磁阀

图 1–72　取下曲轴皮带轮

（16）曲轴皮带轮卸下后，松开时规盖上的全部螺栓，拆卸时规盖，如图 1–73 所示。

（17）卸下正时链条张紧器后，取下正时链条，如图 1–74 所示。

图 1–73　拆卸时规盖

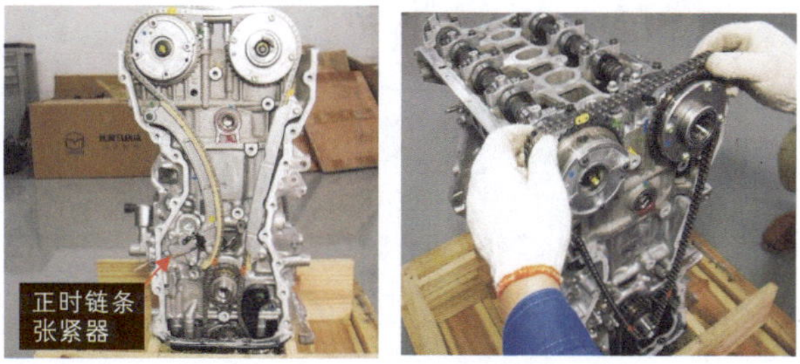

图 1–74　拆卸正时链条

（18）拆卸凸轮轴盖，取下凸轮轴，如图 1–75 所示。

图 1–75 拆卸凸轮轴盖并取下凸轮轴

取下滚子摇臂及液压挺柱，如图 1–76 所示。

图 1–76 取下滚子摇臂及液压挺柱

（19）拧下汽缸盖螺栓，取下汽缸盖，如图 1–77 所示。

（20）安装。按拆卸汽缸盖相反的顺序安装。

图 1–77 取下汽缸盖

2）活塞连杆组的拆装

（1）取下汽缸盖和油底壳，如图 1–78 所示。

（2）用套筒松开固定螺母，取下时规盖，如图 1–79 所示。

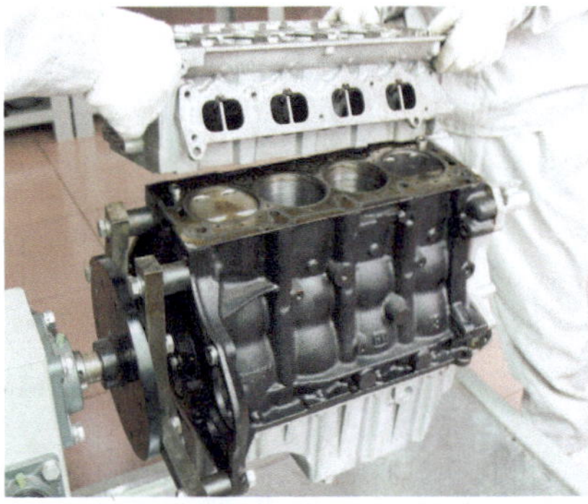

图 1–78 取下汽缸盖和油底壳

（3）取下密封垫片，如图 1–80 所示。

（4）用扭力扳手拧松连杆盖固定螺母，如图 1–81 所示。

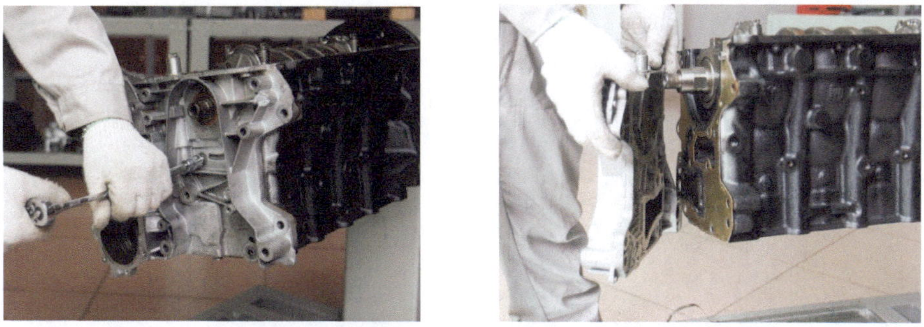

图 1-79　松开固定螺母并取下时规盖

图 1-80　取下密封垫片

图 1-81　拧松连杆盖固定螺母

（5）将机体横置，取下连杆固定螺母及连杆盖，如图 1-82 所示。

图 1-82　取下连杆固定螺母及连杆盖

（6）用橡胶锤轻推连杆本体，将活塞连杆组取出，如图 1-83 所示。

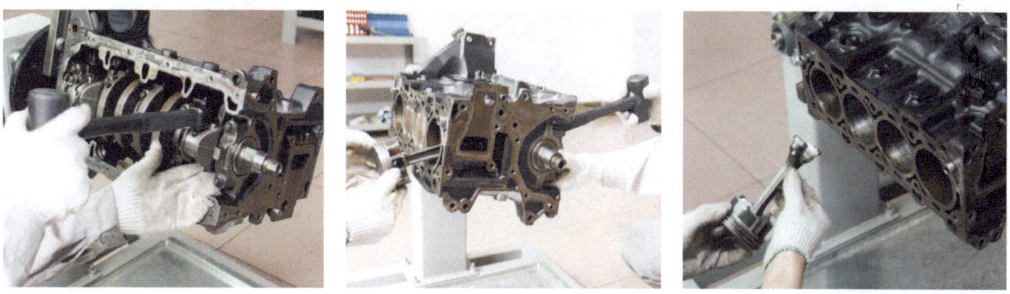

图 1-83　用橡胶锤轻推连杆本体，将活塞连杆组取出

注意：

另一人在对面接住活塞，防止活塞掉落地面。

（7）同理，拆下其他活塞连杆组，如图 1–84 所示。

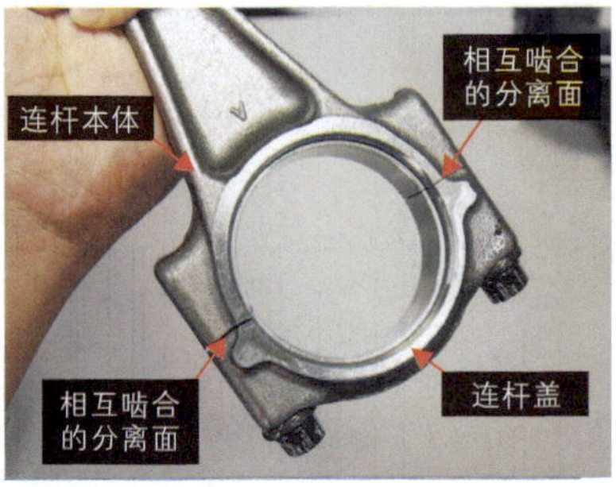

图 1–84 拆下其他活塞连杆组

（8）安装。按拆卸过程的相反步骤安装。

3）活塞连杆组的分解与组装

（1）用活塞环拆装钳拆下第一道气环，如图 1–85 所示。

（2）用活塞环拆装钳拆下第二道气环，如图 1–86 所示。

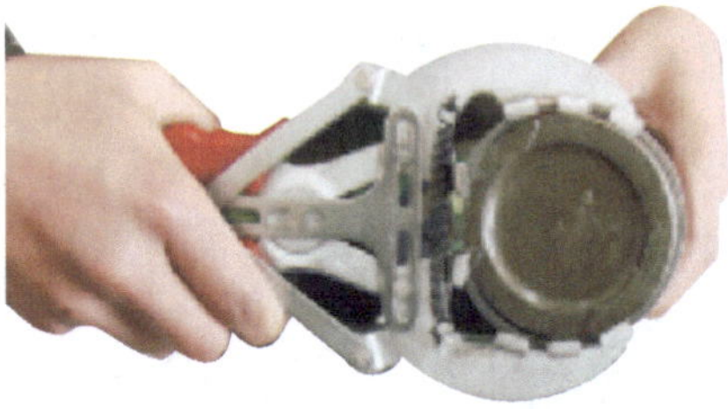

图 1–85 取下第一道气环

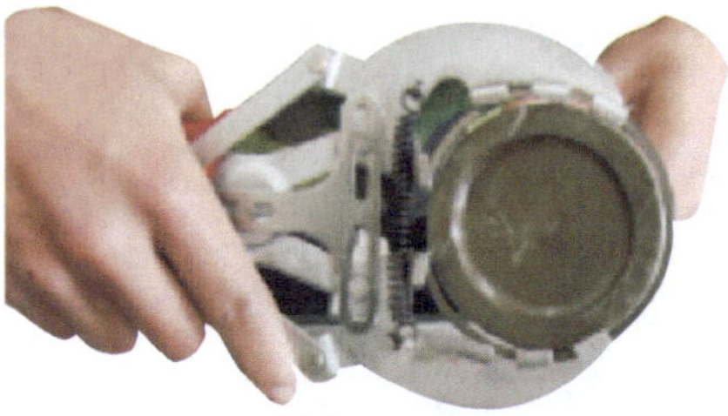

图 1–86 取下第二道气环

（3）拆下组合油环（组合油环包括上刮片、下刮片、衬簧），如图 1–87 所示。

（4）用尖嘴钳拆下活塞销卡环，如图 1–88 所示。

（5）用专用工具拆下活塞销，取出活塞销，如图 1–89 所示。

图 1–87 拆下组合油环

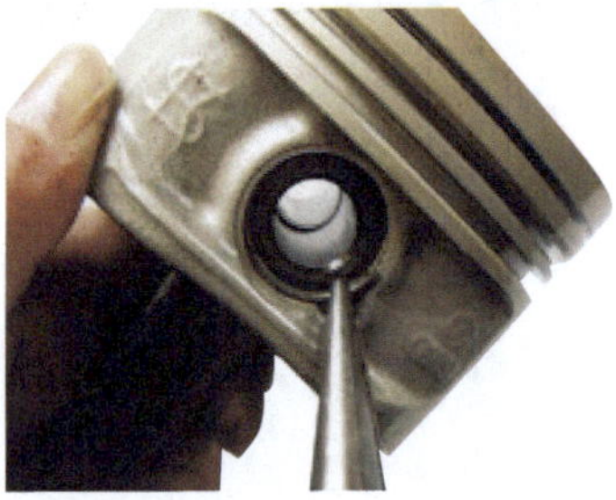

图 1–88 拆下活塞销卡环

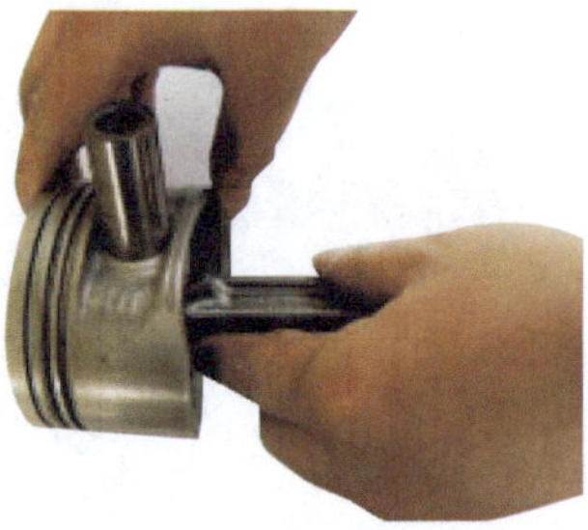

图 1–89 拆下活塞销

（6）安装。按分解过程的相反顺序进行安装。

4）曲轴的拆装

（1）松开曲轴轴承盖螺栓，如图 1–90 所示。

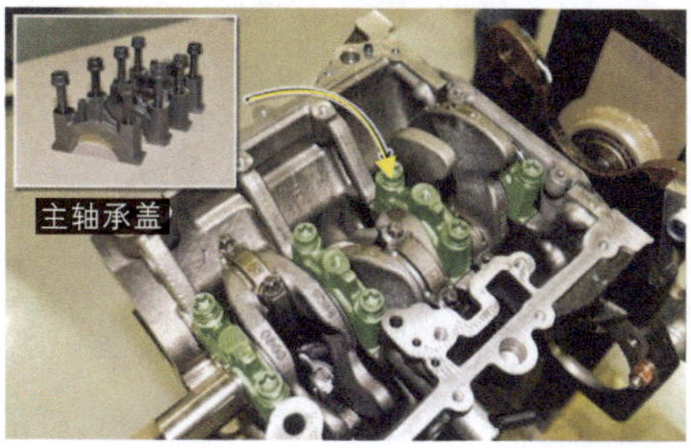

图 1–90 松开曲轴轴承盖螺栓

（2）用橡胶锤轻轻敲击曲轴轴承盖，使轴承盖松动，取下曲轴轴承盖，如图 1–91 所示。

图 1–91 取下曲轴轴承盖

（3）取下曲轴，如图 1–92 所示。

图 1–92 取下曲轴

（4）取下轴瓦和止推垫片，如图 1–93 所示。

（5）将拆下的零件摆放整齐，如图 1–94 所示。

（6）安装。按拆卸过程的相反步骤安装。

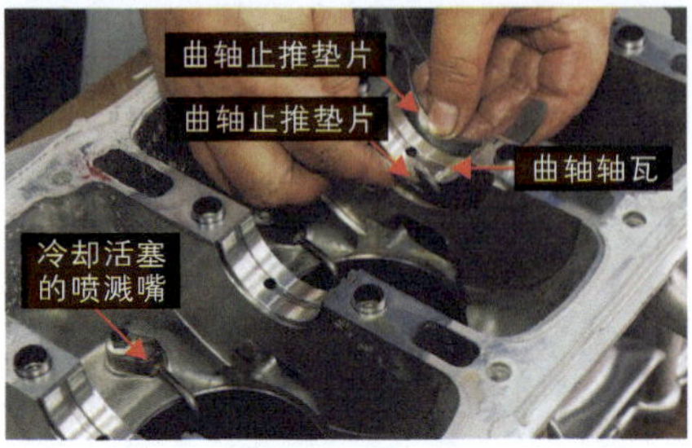

图 1-93 取下轴瓦和止推垫片

图 1-94 拆下的零件

5. 实践总结

任务练习

一、填空题

1.________ 是发动机的基础，是 ___________、___________ 和 ___________ 各系统主要零部件的 ___________。

2. 汽缸盖用来封闭 ___________，并与活塞顶和 ___________ 一起形成 ___________。

3.___________ 将燃烧过程中获得的动力传递给 ___________。

4. 各曲拐的相对位置或曲拐布置取决于 __________、__________ 和发动机 __________。

二、选择题

1. 以下说法正确的是（　　）。

A . 汽缸数越多，发动机的工作越不平稳

B . 曲轴转速不均匀，因而发动机的运转就不平稳

C . 压缩比越大，发动机的燃烧情况越好

D . 二冲程发动机活塞自上止点向下移动，活塞上方进行做功过程，活塞下方进行换气过程

2. 曲轴上的平衡重一般设在（　　）。

A. 曲轴前端　　B. 曲轴后端

C. 曲柄上　　D. 前三项都不是

3. 造成连杆弯曲变形的主要原因是（　　）。

A. 曲轴弯曲　　B. 装配不当

C. 发动机超负荷和爆燃　　D. 不确定

三、问答题

1. 简述机体组的功用与组成。

2. 油环和气环有何区别？两者的功用是什么？

3. 简述飞轮的功用。

任务三
配气机构

任务目标

完成本学习任务后，学生在基础知识和基本技能方面应达到以下要求。

●知识目标

（1）掌握配气机构的功用与组成。

（2）了解配气机构的分类。

（3）掌握气门组的结构与组成。

（4）掌握气门传动组的结构与组成。

（5）掌握气门正时的工作原理。

●能力目标

能够独立完成配气机构的拆装 。

任务引入

配气机构对发动机性能具有重要影响。它的主要功能是实现汽油发动机的换气过程，根据汽缸的工作顺序，定时地开启和关闭进、排气门，以保证汽缸吸入新鲜空气和排出废气。配气机构的性能及密封性直接影响发动机的充气效率、空燃比，乃至影响发动机的性能。下面进入配气机构的学习。

相关知识

一、配气机构的功用与组成

1. 功用

配气机构按照发动机的工作顺序和工作循环的要求，定时开启和关闭各汽缸的进、排气门，使新气进入汽缸，废气从汽缸排出。

进入汽缸内的新气量（进气量）对发动机性能的影响很大。进气量越大，发动机的有效功率和转矩越大。因此，配气机构首先要保证进气充分，进气量尽可能大；同时，废气要排干净，因为汽缸内残留的废气越多，进气量就越小。

2. 组成

目前，四冲程汽车发动机都采用气门式配气机构。气门式配气机构由气门组和气门传动组两部分组成，如图 1–95 所示，每组的零件组成与气门的位置、凸轮轴的位置和气门驱动形式等有关。现代汽车发动机均采用顶置气门，即进、排气门置于汽缸盖内，倒挂在汽缸顶上。

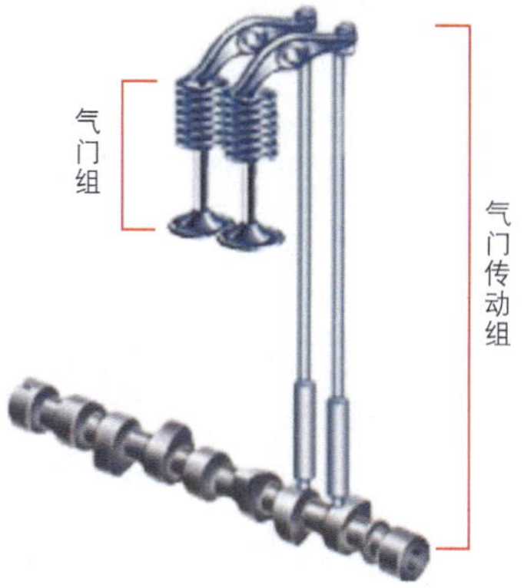

图 1–95　气门式配气机构

二、配气机构的分类

1. 按气门布置位置分类

配气机构按气门布置位置可分为气门侧置式和气门顶置式两种，如图 1–96 所示。

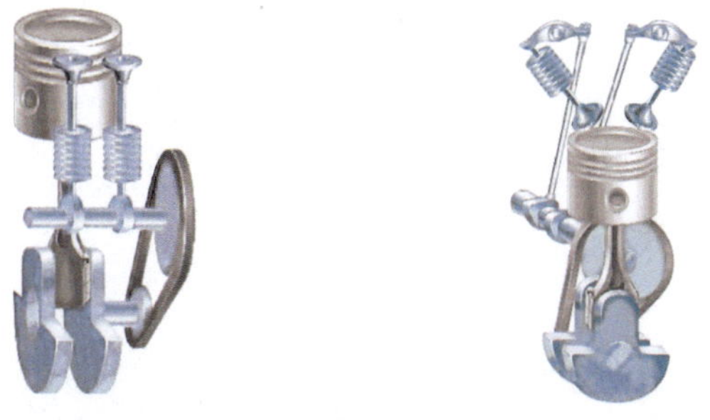

（a）气门侧置式　（b）气门顶置式

图 1–96　按气门布置位置分类

气门侧置式：气门布置在汽缸的一侧。缺点是燃烧室结构不紧凑，热量损失大，这种布置形式已被淘汰。

气门顶置式：进、排气门置于汽缸盖内，倒挂在汽缸顶上。现代汽车发动机均采用气门顶置式布置形式。

2. 按凸轮轴的位置分类

配气机构按凸轮轴布置位置可分为凸轮轴下置式、凸轮轴中置式和凸轮轴上置式三种，如图 1–97 所示。

（a）凸轮轴下置式

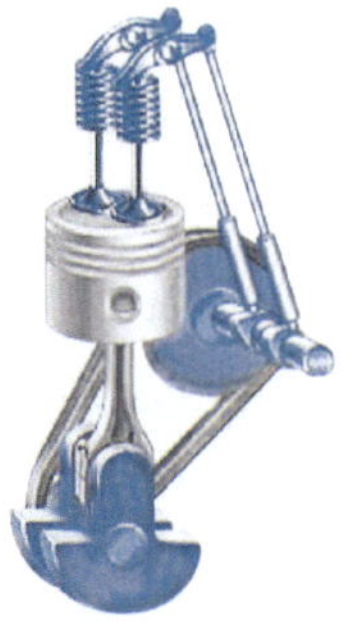

（b）凸轮轴中置式

（c）凸轮轴上置式

图 1–97 按凸轮轴布置位置分类

凸轮轴下置式：凸轮轴位于气门组下方，由一对正时齿轮将曲轴的动力传给凸轮轴。这种配气机构多用于载货汽车和大、中型客车发动机。

凸轮轴中置式：凸轮轴置于机体上部，一般在一对正时齿轮之间加入一个中间齿轮（惰轮）进行传动。这种结构多用于柴油发动机。

凸轮轴上置式：凸轮轴安装在汽缸盖上，采用同步带传动或链条传动。这种结构多用于轿车的高度强化发动机。

3. 按曲轴与凸轮轴的传动方式分类

按曲轴与凸轮轴的传动方式可分为齿轮传动、链条传动、齿形带传动三种，如图 1–98 所示。

（a）齿轮传动

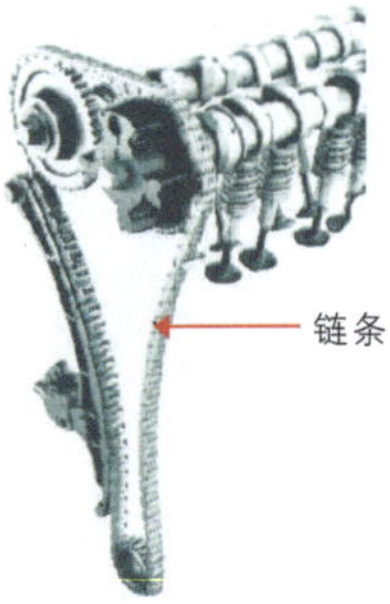

（b）链条传动

（c）齿形带传动

图 1–98 按曲轴与凸轮轴的传动方式分类

齿轮传动：一般运用于凸轮轴下置式、中置式配气机构中。

链条传动：运用于凸轮轴上置式配气机构中。缺点是结构质量及噪声大，可靠性及耐久性差。

齿形带传动：运用于凸轮轴上置式配气机构中，结构质量及噪声小，现代高速发动机广泛采用。

4. 按气门驱动形式分类

配气机构可按气门驱动形式分类，如图 1-99 所示。

摇臂驱动、单凸轮轴上置式配气机构：凸轮轴推动液力挺柱，液力挺柱推动摇臂，摇臂再驱动气门；或凸轮轴直接驱动摇臂，摇臂驱动气门。

摆臂驱动、凸轮轴上置式配气机构：由于摆臂驱动气门的配气机构比摇臂驱动式刚度更大，更有利于高速发动机，因此在轿车发动机上的应用比较广泛。

直接驱动、凸轮轴上置式配气机构：在这种形式的配气机构中，凸轮通过吊杯形机械挺柱驱动气门，或通过吊杯形液力挺柱驱动气门。与上述各种形式的配气机构相比，直接驱动式配气机构的刚度最大，驱动气门的能量损失最小，因此，在高度强化的轿车发动机上得到了广泛的应用。

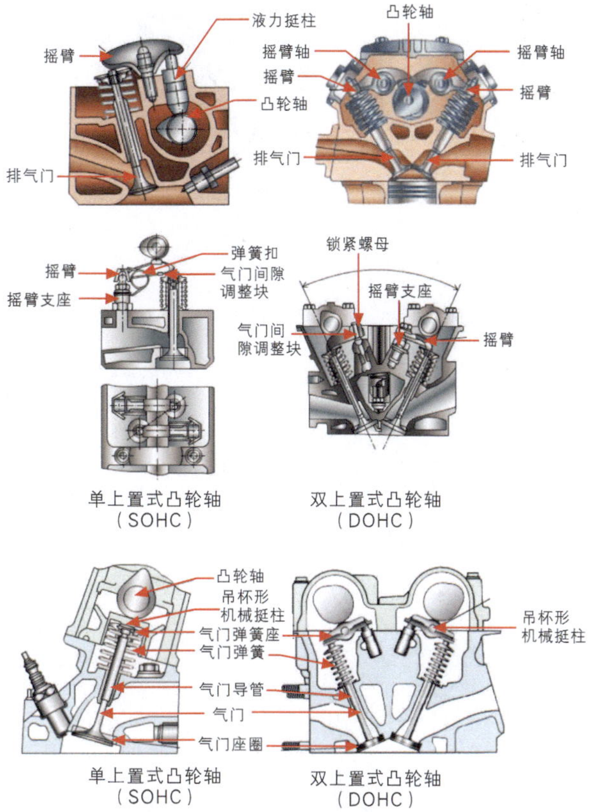

图 1-99 按气门驱动形式分类

5. 按每缸气门的数目分类

按每缸气门的数目可分为两气门、三气门、四气门、五气门、八气门等，如图 1-100 所示。

一般发动机都采用每缸两个气门的结构，即一个进气门和一个排气门。现代新型汽车发动机上多采用每缸四个气门的结构，即两个进气门和两个排气门。

（1）当每个汽缸有两个气门时，进气门头部直径比排气门大 15%~30%。

（2）当进气门和排气门数量相同时，进气门头部直径总比排气门大。

（3）凡是进气门比排气门多的发动机，排气门头部直径总比进气门大。

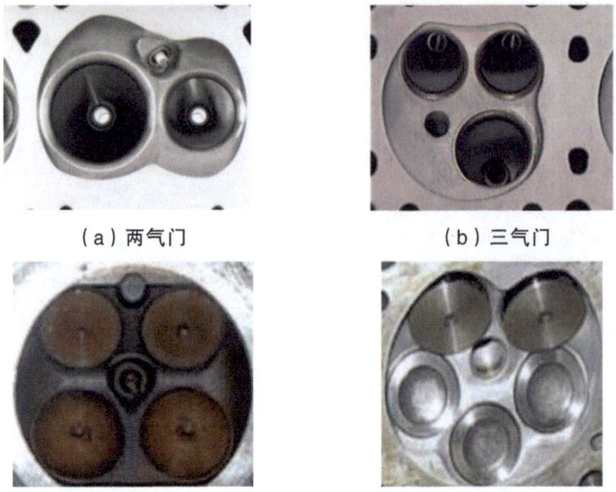

(a) 两气门　(b) 三气门　(c) 四气门　(d) 五气门

图 1-100　按每缸气门的数目分类

三、气门组

1. 气门组的功用与组成

功用：封闭进、排气道。

组成：由气门、气门导管、气门弹簧等组成，如图 1-101 所示。

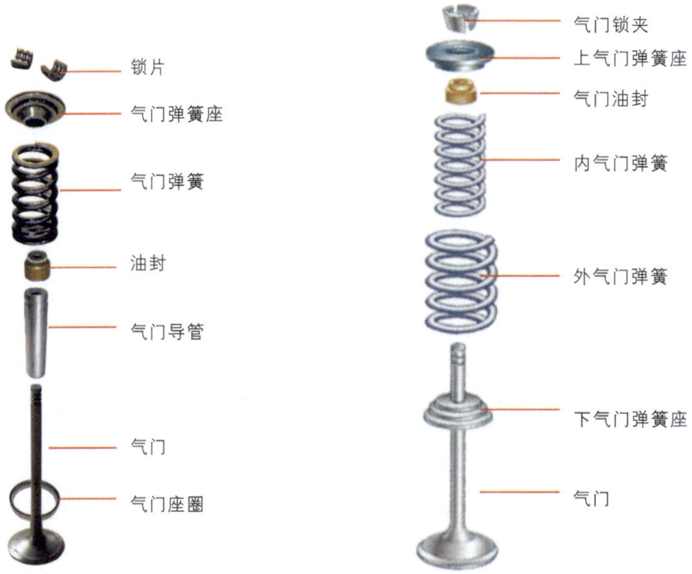

(a) 单气门弹簧气门组　(b) 双气门弹簧气门组

图 1-101　气门组的组成

2. 气门

1）气门的工作条件

气门的工作条件非常恶劣。气门直接与高温燃气接触，受热严重，而散热困难，因此气门温度很高；气门承受气体压力和气门弹簧力的作用，由于配气机构运动件的惯性力，气门落座时受到冲击；气门在润滑条件很差的情况下以极高的速度启闭并在气门导管内做高速往复运动；气门由于与高温燃气中有腐蚀性的气体接触而受到腐蚀。

进气门一般用中碳合金钢制造，如铬钢、铬钼钢和镍铬钢等。排气门则采用耐热合金钢制造，如硅铬钢、硅铬钼钢、硅铬锰钢等。

2）气门的构造

汽车发动机的进、排气门均为菌形气门，由气门头部和气门杆两部分构成，如图 1–102 所示。

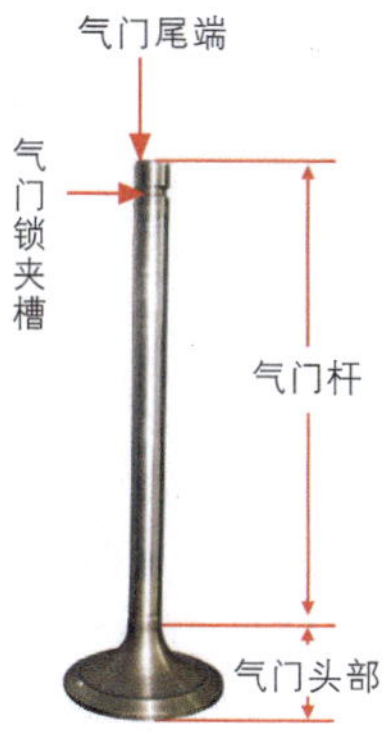

图 1–102　气门

气门头部接收的热量一部分经气门座圈传给汽缸盖，另一部分则通过气门杆和气门导管传给汽缸盖，最终都被汽缸盖水套中的冷却液带走。为了增强传热，气门与气门座圈的密封锥面必须严密贴合。为此，二者要配对研磨，研磨之后不能互换。

气门杆有较高的加工精度和较低的粗糙度，与气门导管保持较小的配合间隙，以减小磨损，并起到良好的导向和散热作用。

气门尾端的形状取决于上气门弹簧座的固定方式。采用剖分成两半且外表面为锥面的气门锁夹来固定上气门弹簧座，这种形式因结构简单、工作可靠、拆装方便而得到了广泛的应用。气门锁夹内表面有多种形状，相应地，气门尾端也有各种不同形状的气门锁夹槽。

气门与气门座或气门座圈之间靠锥面密封。气门锥面与气门顶面之间的夹角称为气门锥角，如图 1–103 所示。进、排气门的气门锥角一般均为 45°，只有少数发动机的进气门锥角为 30°。

气门顶部有平顶、凹顶和凸顶等形状，如图 1–104 所示。目前应用最多的是平顶气门，其结构简单，制造方便，受热面积小，进、排气门都可采用。

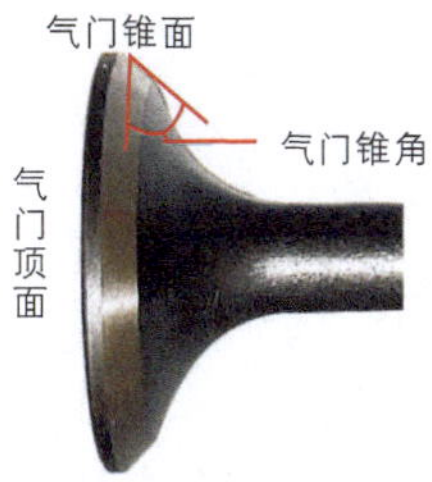

图 1–103　气门锥角

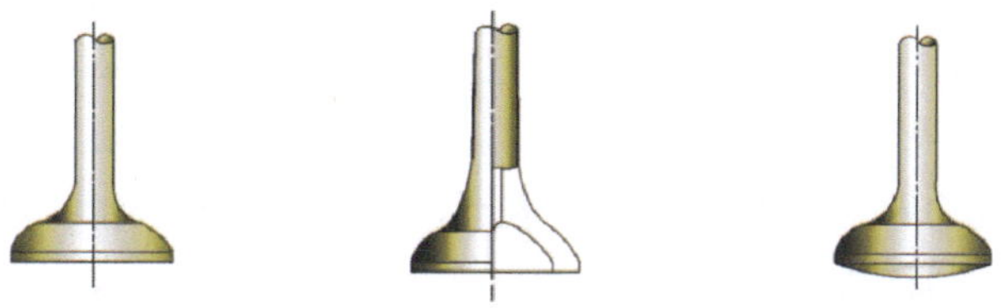
（a）平顶　（b）凹顶　（c）凸顶

图 1–104　气门顶部形状

平顶：结构简单，制造方便，质量小，应用最多。

凹顶：气门头部与气门杆有较大的过渡圆弧，可以减小进气阻力，但受热面积大，不适合用作排气门，一般用作进气门。

凸顶：刚度大，受热面积也大，用于某些排气门。

3）中空气门杆的气门

在某些高度强化的发动机上采用中空气门杆的气门，旨在减小气门质量和气门运动的惯性力。为了降低排气门的温度，增强排气门的散热能力，在许多汽车发动机上采用钠冷却气门，如图 1–105 所示。这种气门是在中空的气门杆中填入一半金属钠。因为钠的熔点为 97.8℃，沸点为 880℃，所以在气门工作时，钠变成液体，在气门杆内上下激烈地晃动，不断地从气门头部吸收热量并传给气门杆，再经气门导管传给汽缸盖，使气门头部得到冷却。

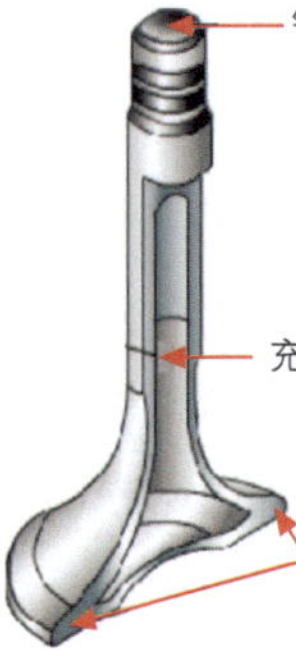

图 1–105　钠冷却气门

3. 气门组组件

1）气门座与气门座圈

汽缸盖上与气门锥面相贴合的部位称为气门座，如图 1–106 所示。气门座的温度很高，又承受频率极高的冲击载荷，容易磨损，因此，铝汽缸盖和大多数铸铁汽缸盖均镶嵌由合金铸铁、粉末冶金或奥氏体钢制成的气门座圈，如图 1–107 所示。在汽缸盖上镶嵌气门座圈可以延长汽缸盖的使用寿命。也有一些铸铁汽缸盖不镶气门座圈，而是直接在汽缸盖上加工出气门座。

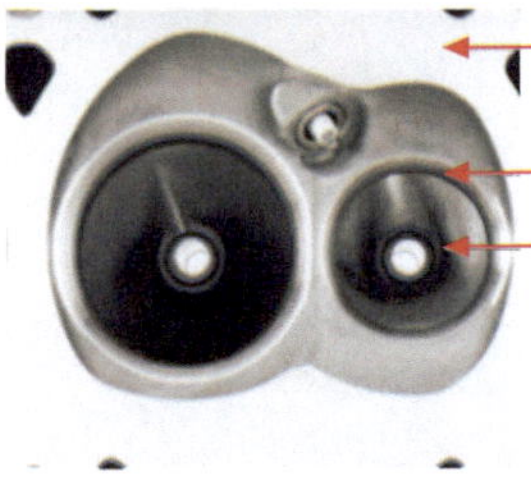

图 1–106　气门座

图 1–107　气门座圈

2）气门导管与气门油封

气门导管的功用是对气门的运动进行导向，保证气门做直线往复运动，使气门与气门座或气门座圈能正确贴合。此外，还将气门杆接收的热量部分地传给汽缸盖。气门导管的工作温度较高，而且润滑条件较差，靠配气机构工作时飞溅起来的机油来润滑气门杆和气门导管孔。气门导管由灰铸铁、球墨铸铁或铁基粉末冶金制造。在以一定的过盈将气门导管压入汽缸盖上的气门导管座孔之后，再精铰气门导管孔，以保证气门导管与气门杆的正确配合间隙。

气门杆与气门导管孔需要润滑，但进入气门导管孔内的机油又不能太多，否则将使机油消耗量增加，为了控制和减少机油消耗量，在气门导管上面装有气门油封，如图 1–108 所示。

3）气门弹簧

气门弹簧的功用是保证气门关闭时能紧密地与气门座或气门座圈贴合，并克服在气门开启时配气机构产生的惯性力，使传动件始终受凸轮控制而不相互脱离。

气门弹簧一般为等螺距圆柱形螺旋弹簧，如图 1–109 所示。当气门弹簧的工作频率与其固有的振动频率相等或成整数倍时，气门弹簧就会发生共振。共振将使配气定时遭到破坏，使气门发生反跳和冲击，甚至使弹簧折断。

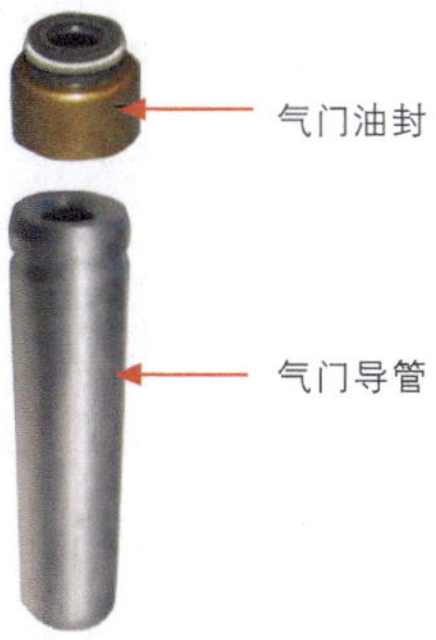

图 1–108　气门导管与油封

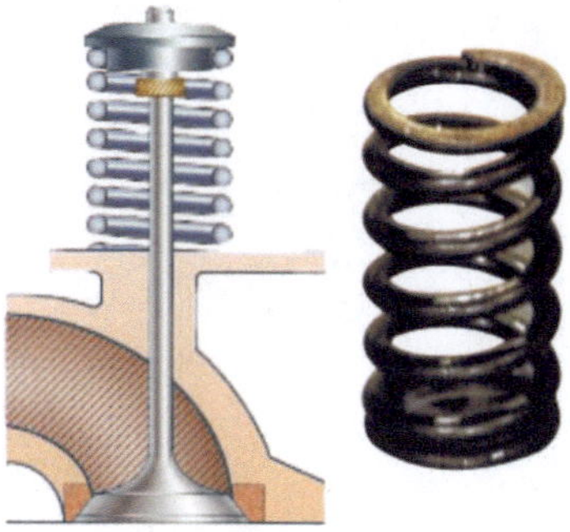
图 1–109　气门弹簧

为防止共振的发生，可采取下列结构措施。

（1）采用双气门弹簧：在柴油发动机和高性能汽油发动机上广泛采用每个气门安装两个直径不同、旋向相反的内、外弹簧。由于两个弹簧的固有频率不同，当一个弹簧发生共振时，另一个弹簧能起到阻尼减振作用。采用双气门弹簧可以减小气门弹簧的高度，而且当一个弹簧折断时，另一个弹簧仍可维持气门工作。弹簧旋向相反，可以防止折断的弹簧圈卡入另一个弹簧圈内使其不能工作或损坏。

（2）采用变螺距气门弹簧：某些高性能汽油发动机采用变螺距单气门弹簧。变螺距弹簧的固有频率不是定值，从而可以避开共振。

（3）采用锥形气门弹簧：锥形气门弹簧的刚度和固有振动频率沿弹簧轴线方向是变化的，因此可以消除发生共振的可能性。

4）气门弹簧座与气门锁夹

气门杆与弹簧连接有两种方式。一种是锁夹式，在气门杆端部的沟槽上装有两个半圆形锥形锁夹，弹簧座紧压锁夹，使其紧箍在气门杆端部，从而使弹簧座、锁夹与气门连接成一整体，与气门一起运动。另一种是以锁销代替锁夹销的径向孔，通过锁销进行连接。气门弹簧座与气门锁夹如图 1–110 所示。

图 1–110　气门弹簧座与气门锁夹

5）气门旋转机构

气门旋转机构如图 1–111 所示，当气门工作时，如能产生缓慢的旋转运动，可使气门头部周向温度分布比较均匀，从而减小气门头部的热变形。同时，气门旋转时，在密封锥面上产生轻微的摩擦力，能够清除锥面上的沉积物。

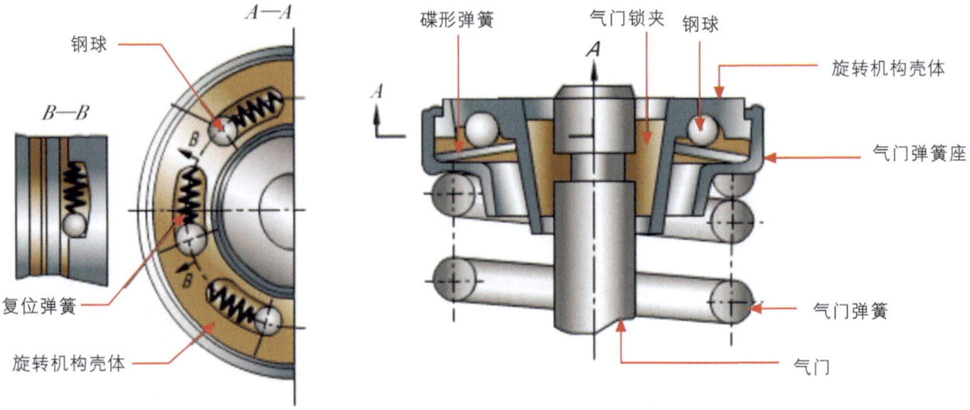

图 1-111 气门旋转机构

四、气门传动组

1. 气门传动组的功用与组成

功用：使进、排气门按配气相位规定的时刻开启和关闭。

组成：主要由正时皮带轮、皮带轮导轮、正时皮带、凸轮轴正时皮带轮、辅助齿轮、齿轮弹簧、驱动齿轮、进排气凸轮轴、气门挺柱等组成，如图 1-112 所示。

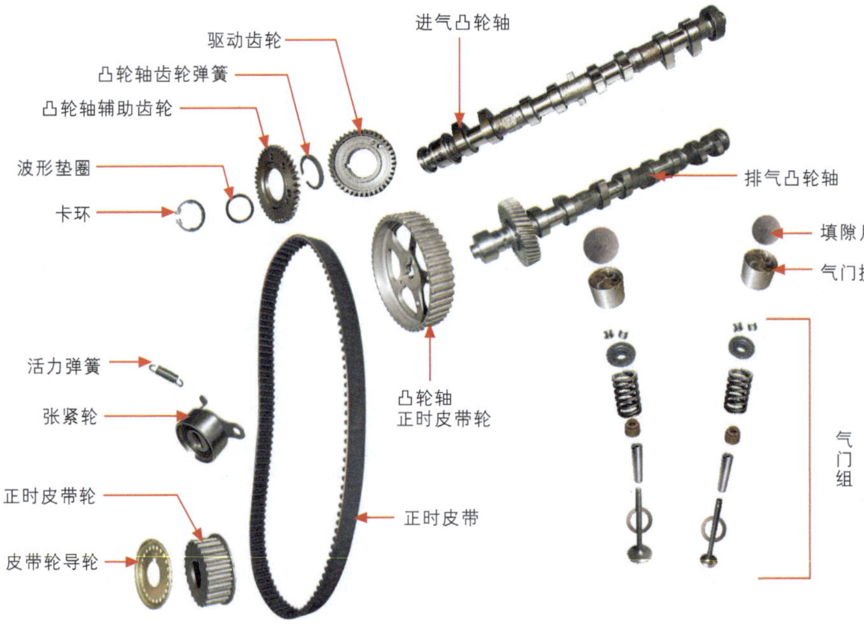

图 1-112 气门传动组的组成

2. 凸轮轴

1）凸轮轴的工作条件

凸轮轴承受周期性的冲击载荷。凸轮与挺柱之间的接触应力很大，相对滑动速度也很高，因此，凸轮工作表面的磨损比较严重。

2）凸轮轴的构造

凸轮轴是通过凸轮轴轴颈支承在凸轮轴轴承孔内的，因此凸轮轴轴颈数目是影响凸轮轴支承刚度的重要因素。如果凸轮轴刚度不足，工作时将发生弯曲变形，这会影响配气定时。

凸轮轴主要由凸轮、轴颈两部分组成，如图 1–113 所示。凸轮分为进气凸轮和排气凸轮两种，用来驱动与控制气门的开启和关闭；轴颈对凸轮轴起支承作用。

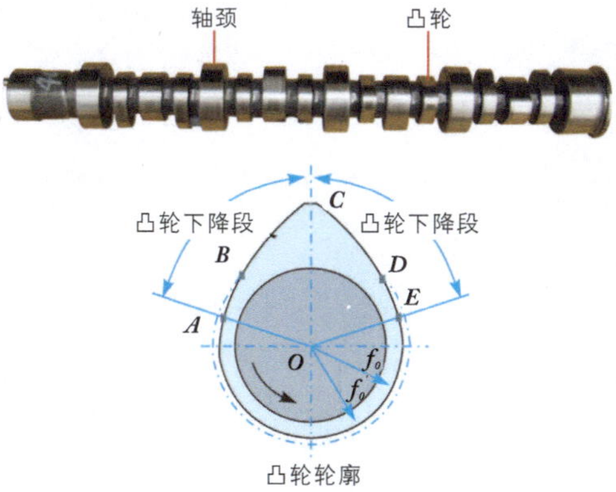

图 1–113　凸轮轴

进、排气门开启和关闭的时刻、持续时间及开闭的速度等分别由凸轮轴上的进、排气凸轮控制。转速较低的发动机，其凸轮轮廓由几段圆弧组成，这种凸轮称为圆弧凸轮。高转速发动机则采用函数凸轮，其轮廓由某种函数曲线构成。*O* 点为凸轮轴回转中心，凸轮轮廓上的 *AB* 段和 *DE* 段为缓冲段，*BCD* 段为工作段。挺柱在 *A* 点开始升起，在 *E* 点停止运动，凸轮转到 *AB* 段内某一点处，气门间隙消除，气门开始开启。此后，随着凸轮继续转动，气门逐渐开大，至 *C* 点气门开度达到最大。之后气门逐渐关闭，在 *DE* 段内某一点处气门完全关闭，接着气门间隙恢复。气门最迟在 *B* 点开始开启，最早在 *D* 点完全关闭。由于气门开始开启和关闭落座时均在凸轮升程变化缓慢的缓冲段内，其运动速度较小，从而可以防止强烈的冲击。

3）凸轮轴轴承

中置式和下置式凸轮轴的轴承一般制成衬套压入整体式轴承座孔内，再加工轴承内孔，使其与凸轮轴轴颈相配合。上置式凸轮轴的轴承多由上、下两片轴瓦对合而成，装入剖分式轴承座孔内。

轴承材料多与主轴承相同，在低碳钢钢背上浇敷减摩合金层。也有的凸轮轴轴承采用粉末冶金衬套或青铜衬套。

4）凸轮轴传动机构

凸轮轴由曲轴驱动，其传动机构有以下三种。

（1）齿轮传动机构。

齿轮传动机构如图 1–114 所示，用于下置式和中置式凸轮轴的传动。汽油发动机一般只用一对定时齿轮，即曲轴定时齿轮和凸轮轴定时齿轮。柴油发动机需要同时驱动喷油泵，所以增加一个中间齿轮。为了保证齿轮啮合平顺，噪声小，磨损小，定时齿轮都是圆柱螺旋齿轮并用不同的材料制造。曲轴定时齿轮用中碳钢制造，凸轮轴定时齿轮则采用铸铁或夹布胶木。为了保证正确的配气定时和喷油定时，在传动齿轮上刻有定时记号，装配时必须对正记号。

（2）链传动机构。

链传动机构如图 1–115 所示，用于中置式和上置式凸轮轴的传动，尤其是上置式凸轮轴的高速汽油发动机采用链传动机构的很多。链条一般为滚子链，工作时应保持一定的张紧度，不使其产生振动和噪声。为此，在链传动机构中装有导链板并在链条的松边装有张紧器。

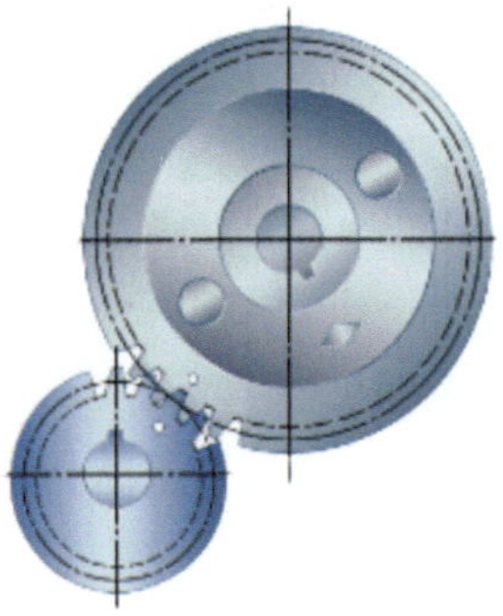

图 1–114　齿轮传动机构

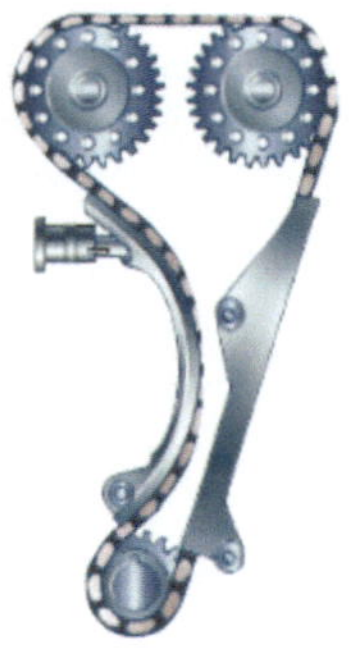

图 1–115　链传动机构

（3）齿形带传动机构。

齿形带传动机构如图 1–116 所示，用于上置式凸轮轴的传动。与齿轮和链传动机构相比，它具有噪声小、质量小、成本低、工作可靠和不需要润滑等优点。另外，齿形带伸长量小，适合有精确定时要求的传动。因此，它被越来越多的汽车发动机特别是轿车发动机所采用。齿形带由氯丁橡胶制成，中间夹有玻璃纤维，齿面黏覆尼龙编织物。在使用中不能使齿形带与水或机油接触，否则容易引起跳齿。齿形带轮由钢或铁基粉末冶金制造。为了确保传动可靠，齿形带须保持一定的张紧力。为此，在齿形带传动机构中也设置由张紧轮与张紧弹簧组成的张紧器。

图 1–116　齿形带传动机构

5）凸轮轴的轴向定位

为了限制凸轮轴在工作中产生的轴向移动或承受螺旋齿轮在传动时产生的轴向力，凸轮轴需要轴向定位。凸轮轴轴向移动量过大，对于由螺旋齿轮传动的凸轮轴，会影响配气定时。上置式凸轮轴通常利用凸轮轴轴承盖的两个端面和凸轮轴轴颈两侧的凸肩进行轴向定位。中、下置式凸轮轴的轴向定位通常采用止推板，止推板用螺栓固定在机体前端面上。第三种轴向定位的方法是止推螺钉定位。

3. 挺柱

1）挺柱的功用

挺柱是凸轮的从动件，其功用是将来自凸轮的运动和作用力传给推杆或气门，同时承受凸轮所施加的侧向力，并将其传给机体或汽缸盖。

2）挺柱的结构

挺柱可分为机械挺柱和液压挺柱两大类，每一类中又有平面挺柱和滚子挺柱等多种结构形式。

（1）机械挺柱。

机械挺柱结构简单，质量小，在中、小型发动机中应用比较广泛。挺柱上的推杆球面支座的半径比推杆球头半径略大，以便在两者中间形成楔形油膜来润滑推杆球头和挺柱上的球面支座。

（2）液压挺柱。

在配气机构中预留气门间隙将使发动机工作时配气机构产生撞击和噪声。为了消除这一弊端，有些发动机尤其是轿车发动机采用液压挺柱，借以实现零气门间隙。气门及其传动件因温度升高而膨胀，或因磨损而缩短，都会由液压作用来自行调整或补偿。各种液压挺柱如图 1–117 所示。

图 1–117 各种液压挺柱

①液压挺柱的构造。

液压挺柱由挺柱体、液压缸、柱塞、单向阀罩、单向阀弹簧和柱塞弹簧等组成，液压挺柱的结构如图 1–118 所示。在挺柱体中装有柱塞，在柱塞上端有压力推杆支座。柱塞被柱塞弹簧向上推压，其极限位置由卡夹限定。柱塞下端的单向阀保持架内装有单向阀弹簧和单向阀。发动机润滑系统中的机油经进油孔进入内油腔。

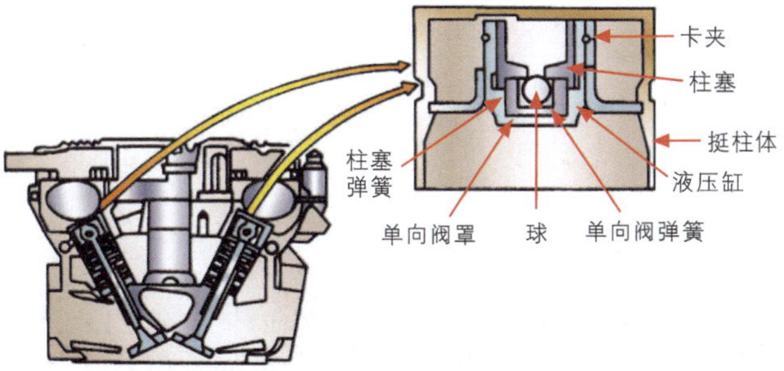

图 1–118 液压挺柱的结构

②液压挺柱的工作原理。

挺柱顶面与凸轮轴凸轮直接接触，液压缸底面与气门杆尾端接触，如图 1–119 所示。

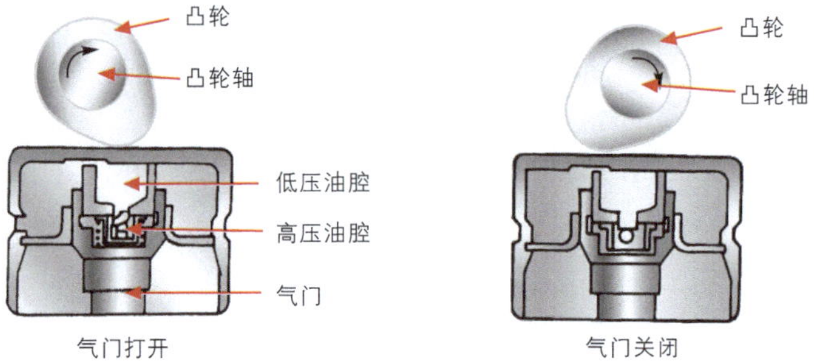

图 1–119　液压挺柱的工作原理

气门打开的过程：当凸轮凸起处与挺柱顶面接触时，挺柱受凸轮推动力和气门弹簧力的作用，挺柱下移，高压油腔内的机油被压缩，单向阀在压力差和单向阀弹簧的作用下关闭，高、低压油腔被球阀分隔开。由于液体的不可压缩性，整个挺柱如同一个形状不变的刚体一样，下移打开气门并保证气门应达到的升程。虽然在此期间，高压油腔中会有少量机油从柱塞和液压缸之间的间隙漏入低压油腔，使凸轮和气门杆间的挺柱长度稍有缩短，但不会影响气门的打开。此时，挺柱上的环形油槽已和缸盖上的斜油孔错开，低压油腔进油道被切断，停止了油的流动。

气门关闭的过程：凸轮继续转动，当凸轮凸起部分转过后又恢复凸轮基圆与挺柱的接触，气门落座，挺柱不再受凸轮推动力和气门弹簧力的作用，高压油腔中的压力油与回位弹簧推动柱塞上行，高压油腔的压力下降，单向阀打开，低压油腔中的机油流入高压油腔，使两腔连通。

当气门受热膨胀伸长时，向上挤压油缸，高压油腔中的油通过柱塞与油缸之间的间隙向低压油腔泄漏一部分，油缸相对于柱塞上移，从而使挺柱自动缩短，保证气门关闭严密。当气门冷却收缩时，补偿弹簧将油缸向下推动，挺柱自动伸长，保证不出现气门间隙。

4. 推杆

推杆处于挺柱和摇臂之间，其功用是将挺柱传来的运动和作用力传给摇臂。在凸轮轴下置式配气机构中，推杆是一个细长杆件（图 1–120），加上传递的力很大，所以极易弯曲。因此，要求推杆有较好的纵向稳定性和较大的刚度。

图 1–120　推杆

5. 摇臂组件

摇臂组件主要有摇臂、摇臂轴、支座、气门间隙调整螺钉和定位弹簧等，如图 1–121 所示。

摇臂的功用是将推杆和凸轮传来的运动和作用力改变方向后传给气门使其开启。摇臂在摆

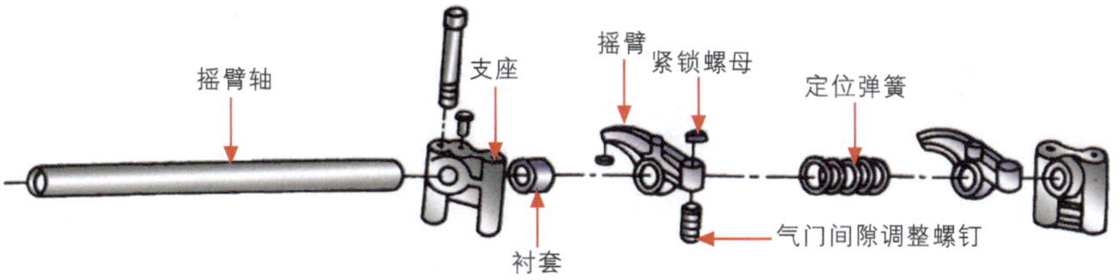

图 1–121　摇臂组件

动过程中承受很大的弯矩，因此应有足够的强度、刚度及较小的质量。摇臂是一个双臂杠杆，以摇臂轴为支点，两臂不等长。短臂端加工有螺纹孔，用来拧入气门间隙调整螺钉。长臂端加工成圆弧面，是推动气门的工作面。摇臂如图 1–122 所示。

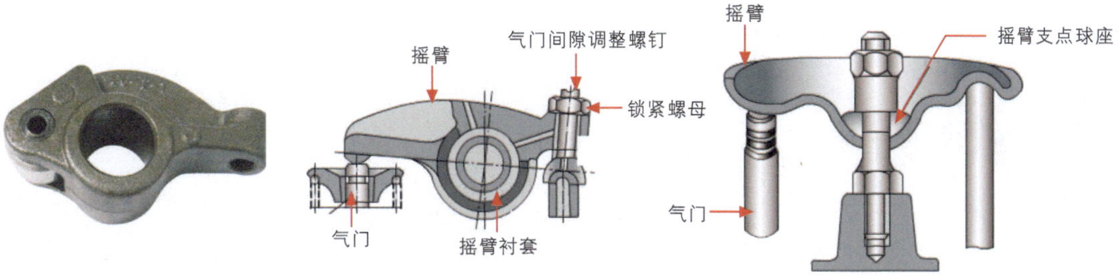

图 1–122　摇臂

6. 摆臂与气门间隙自动补偿器

摆臂的功用与摇臂相同。两者的区别只在于摆臂是单臂杠杆，其支点在摆臂的一端。

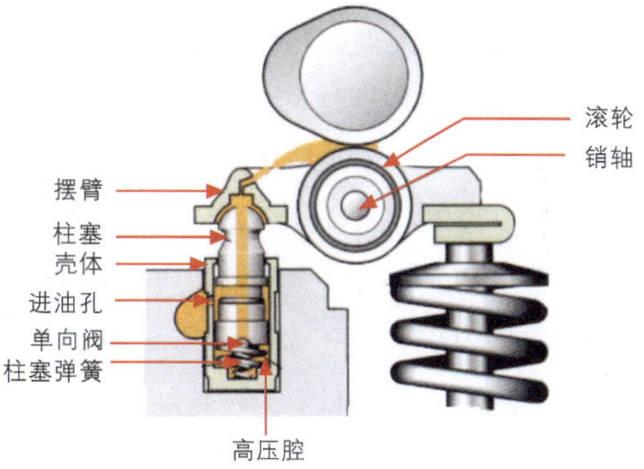

图 1–123　摆臂与气门间隙自动补偿器

在许多轿车发动机上用气门间隙自动补偿器代替摆臂支座实现零气门间隙。气门间隙自动补偿器无论是结构还是工作原理都与液压挺柱相同，之所以不称其为液压挺柱，是因为它不是凸轮的从动件，仅仅是摆臂的一个支承。因此，它既是摆臂的支座，又是补偿气门间隙变化的装置。摆臂与气门间隙自动补偿器如图 1–123 所示。

在发动机冷态下，当气门处于关闭状态时，气门与传动件之间的间隙称为气门间隙。气门间隙的大小可用塞尺测量。气门间隙的大小因机型而异，通常进气门间隙为 0.25~0.30mm，排气门间隙为 0.30~0.35mm。因磨损等原因，在发动机使用过程中，气门间隙的大小会发生变化，因此设有气门间隙调整螺钉或调整垫块等气门间隙调整装置，气门间隙的调整如图 1–124 所示。如果气门间隙过小，发动机在热态下可能因气门关闭不严而发生漏气，导致功率下降，甚至气门烧坏。如果气门间隙过大，则会使传动零件之间，以及气门和气门座之间产生撞击响声，并加速磨损。同时，也会使气门开启的持续时间减少，汽缸的充气及排气情况变坏。

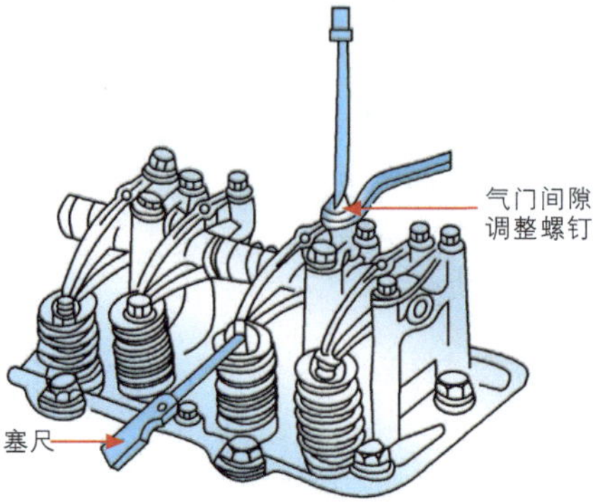

图 1-124　气门间隙的调整

五、气门正时

1. 换气过程

四冲程发动机配气机构均采用气门换气方案，其换气过程是从排气门开启到进气门关闭的整个过程，占曲轴转角 380° ~490° 。根据气体流动特点和进、排气门运动规律，换气过程可分为自由排气、强制排气、惯性排气、准备进气、正常进气和惯性进气六个阶段。

1）自由排气阶段

从排气门在下止点前开启到活塞行至下止点的这个阶段称为自由排气阶段。该阶段曲轴转过的角度称为排气提前角，一般为 40° ~80° 。

由于配气机构惯性力的限制，气门开启与关闭不能太快，需要一定时间，如果活塞到下止点时排气门才开始开启，在开启初期开度极小，废气不能通畅流出，汽缸内压力下降缓慢，不能实现充分排气，而且在活塞向上止点回行时会形成较大的反压力，增加排气冲程所消耗的功。为此，排气门必须在下止点前开启，这时汽缸内废气压力较高，可利用废气自身的压力自行排出。此阶段汽缸内压力大于排气管压力两倍以上，排气的流动处于超临界状态，此时通过排气门口的废气流速等于该状态下的音速，废气流量只与汽缸内的气体状态及气门最小开启截面积有关，而与排气管内压力无关。并且因排气流速甚高，在排气过程中伴有刺耳的噪声，所以排气系统必须装有消声器。

随着废气大量排出及活塞向下止点移动，汽缸内的压力迅速下降，当缸内压力与排气管内压力之比下降到 2 以下时，排气流动转入亚临界状态，废气流速降低，产生的噪声较小。此时排出的废气量由缸内及排气管内的压力差来决定。压力差越大，排出废气越多。到某一时刻缸内压力与排气管内压力相等，自由排气阶段结束（一般为下止点后 10° ~30° 曲轴转角）。此阶段虽然历时很短，但因排气流速甚高，排出废气量达 60% 以上。

由此可见，在自由排气阶段，排出的废气量与发动机转速无关。发动机转速高时，同样的排气时间（以秒计）所相当的曲轴转角增大。因此，在高速发动机中，排气提前角要大一些，但不宜过大，否则会使排气损失加大。

由于排气系统阻力的影响，当活塞到下止点时，汽缸内压力仍高于大气压力。

2）强制排气阶段

自由排气以后，由于排气门节流的影响，汽缸内平均压力与排气管内平均压力之差较小，因此废气不能再自行流出，而是靠活塞从下止点向上止点移动时的推力强制排出废气，由上行活塞强制推出废气的这个阶段称为强制排气阶段。此阶段虽然持续时间较长，但因缸内废气压力逐渐接近大气压力，故该阶段排出的废气只占总气量的一小部分。

3）惯性排气阶段

从活塞由上止点下行至排气门关闭的这个阶段称为惯性排气阶段，该阶段的曲轴转角称为排气延迟角，一般为 10° ~30° 。

强制排气以后，汽缸内压力仍稍高于大气压力，如果此时排气门继续保持开启状态，则能利用汽缸内外的压力差和废气流动惯性继续排气，所以排气门都在上止点后才关闭，用以延长排气时间以便进一步排出废气。

4）准备进气阶段

为了增加进气量 ，进气门必须在上止点前，排气尚未结束时就开始开启，以保证活塞下行进气开始时，就有较大的进气通道截面，为进气做好准备，从进气门开始开启到活塞行至上止点的这个阶段称为准备进气阶段。该阶段曲轴转过的角度称为进气提前角，一般为 10° ~30° 。由于进气提前角较小，进气门通道截面也小，再加上汽缸内残余废气压力高于大气压力，因此在此阶段新鲜气体一般不能进入汽缸。

5）正常进气阶段

准备进气阶段之后，活塞由上止点开始下行，初期由于汽缸内残余废气压力仍高于大气压力，新鲜气体不能冲入汽缸，只有当残余废气膨胀，压力下降后，新鲜气体才能冲入汽缸。由于进气门早开，此时进气门通道截面已开启较大，因此保证了大量新气进入汽缸内，但因进气系统有阻力，所以在活塞移到下止点时，汽缸内压力仍低于大气压力。

6）惯性进气阶段

从活塞由下止点上行至进气门关闭的这个阶段称为惯性进气阶段。该阶段曲轴转过的角度称为进气延迟角，一般为 40° ~80° 。

在进气过程中活塞到下止点的瞬间，进气门口仍有一定的流速，进气门迟闭就可以利用新鲜气体流动惯性和汽缸内外压力差继续进气，所以进气门都在下止点之后才关闭，使充气量增加。

由于排气门迟闭和进气门早开，在上止点附近将出现进、排气门同时开启的状态，称为气门重叠或气门叠开，气门叠开时曲轴转过的角度称为气门叠开角或重叠角，一般为 20° ~80° 。由于气门重叠角小，进气门升起高度不大，且废气又具有一定惯性，因此废气不会倒流入气管中，为此在气门叠开期间因进气管、汽缸、排气管连通在一起，可以利用气流的压差和惯性清除残余废气，增加进气量。

在换气过程中，由于活塞移动速度不均匀，气门通道截面也时时变化，使气流速度的变化很复杂。同时，汽缸内压力变化是波动的，进而导致进、排气管内压力变化也是波动的。因此，利用进气管的动态效应可以提高进气量。

2. 配气相位

配气相位（配气正时）就是用曲轴转角表示的进、排气门的实际开闭时刻和开启的持续时间。用曲轴转角的环形图来表示配气相位，这种图形称为配气相位图，如图 1–125 所示。

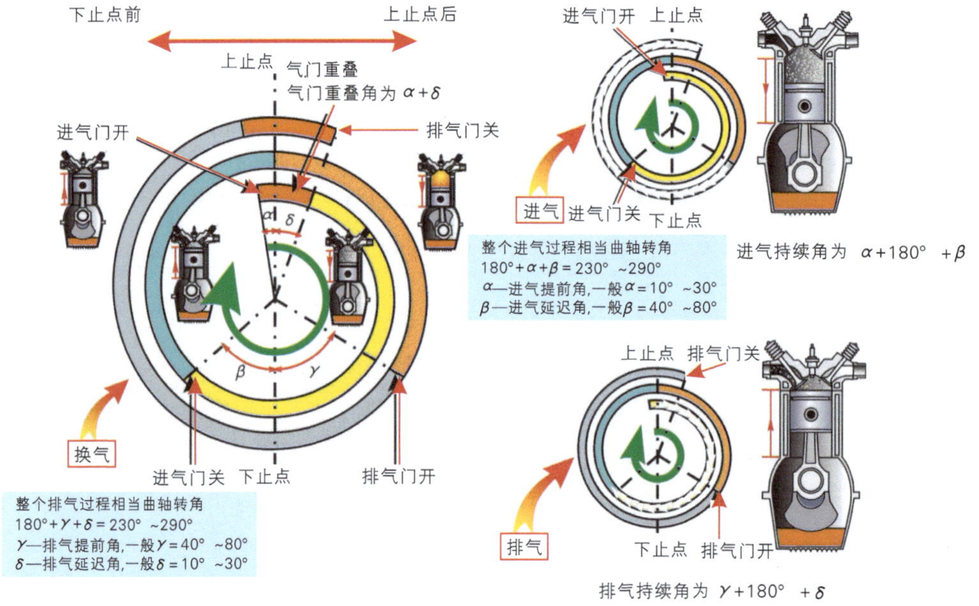

图 1–125　配气相位图

1）进气提前角

进气门在活塞到达上止点之前开启，称为进气门早开。从进气门开到上止点曲轴所转过的角度称为进气提前角，记作 α，α 一般为 10° ~30° 。进气门早开有利于提高充气量。

2）进气延迟角

进气门在活塞到达下止点之后关闭，称为进气门晚关。从下止点到进气门关闭所对应的曲轴转角称为进气延迟角，记作 β，β 一般为 40° ~80° 。

3）排气提前角

排气门在做功冲程结束之前，即在活塞到达下止点之前开启，称为排气门早开。从排气门开启到下止点所对应的曲轴转角称为排气提前角，记作 γ，γ 一般为 40° ~80° 。排气门适当地早开，汽缸内还有相当大的压力，做功作用已经不大，可利用此压力使汽缸内的废气迅速地排出去。

4）排气延迟角

排气门在排气冲程结束之后，即在活塞离开上止点之后关闭，称为排气门晚关。从上止点到排气门关闭所对应的曲轴转角称为排气延迟角，记作 δ，δ 一般为 10°~30°。排气门适当迟关可以将废气排得更加彻底。

5）气门重叠角

从配气相位图上可以看出，进气门早开和排气门晚关，致使活塞在上止点附近出现进、排气门同时开启的现象，称为气门重叠。重叠期间的曲轴转角称为气门重叠角，它等于进气提前角与排气延迟角之和，即 $\alpha+\delta$。

3. 可变气门正时与升程

发动机的气门升程是受凸轮轴转角长度控制的，在普通的发动机上，凸轮轴的转角长度固定，气门升程也是固定不变的。这种气门升程固定不变的发动机所采用的气门升程设计也根据发动机的需求而定，赛车发动机采用长升程设计，以获得高转速时强大的功率输出，但在低转速时会工作不稳定；普通民用车则采用兼顾高、低转速的气门升程设计，但会在高转速时损失动力。而采用可变升程技术的发动机，气门升程能随发动机转速的改变而改变。在高转速时，采用长升程来提高进气效率，让发动机的呼吸更顺畅；在低转速时，采用短升程能产生更大的进气负压及更多的涡流，让空气和燃油充分混合，因而提高低转速时的扭矩输出。

在这种情况下，就需要一种对气门正时与升程进行调节的技术，即可变气门正时与升程。该技术既能保证低速高扭矩，又能获得高速高功率，对汽车发动机而言是一个极大的突破。

1）本田发动机 VTEC 技术

（1）组成。

本田 VTEC（可变气门正时及升程电子控制）机构的组成如图 1-126 所示。在该机构中，进、排气凸轮轴上均有高速凸轮和低速凸轮，两个低速凸轮分别驱动第一摇臂和第二摇臂，高速凸轮则驱动中间摇臂，在摇臂上装有可移动的液压活塞和一个限位活塞。

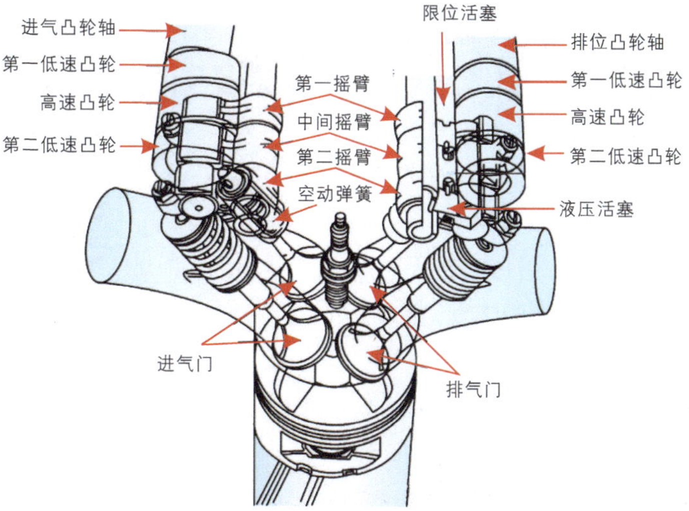

图 1-126 本田 VTEC 机构的组成

VTEC 机构能根据发动机转速的高低，自动转换不同的凸轮来驱动气门的开启与关闭。由于高、低速凸轮的轮廓大小不同，在改变配气正时的同时，也就改变了气门升程。

（2）工作原理。

当发动机在中、低速工作时，没有油压作用于液压活塞上，第一、二摇臂与中间摇臂分离，分别由第一、二低速凸轮驱动第一、二摇臂，再由第一、二摇臂驱动两个气门启闭。这时中间摇臂则随高速凸轮的转动而摆动，但与气门的启闭无关，如图 1–127（a）所示。

当发动机在高速工作时，在油压的作用下，液压活塞 *A*、*B* 向图 1–127（b）所示的箭头方向移动，使第一、二摇臂与中间摇臂连接在一起，三个摇臂一起在高速凸轮的作用下驱动气门启闭，由于中间凸轮最大，因此两侧气门皆由中间凸轮所连接的中间摇臂所带动，这时低速凸轮不起作用，所以得到快正时、长升程。

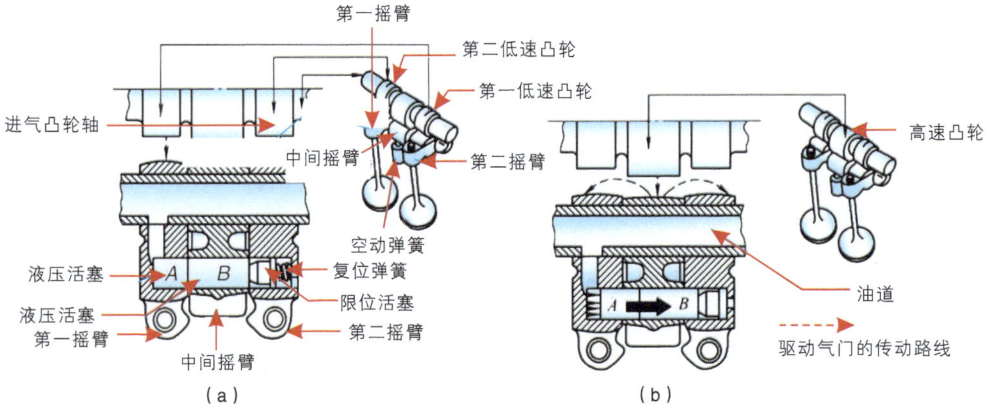

图 1–127 本田 VTEC 机构工作原理

当发动机又回到中、低速工作状态时，VTEC 控制阀切断油压，此时固定活塞受到复位弹簧作用，向左推进，进而使得活塞 *A*、*B* 回到原来的位置，这时两侧的摇臂又开始独立操作。

2）保时捷发动机 Variocam 技术

保时捷 Variocam 技术与本田 VTEC 技术原理接近，而控制方式不同。凸轮轴上依然布置有高速凸轮与低速凸轮，但本田发动机的气门由摇臂驱动，而保时捷发动机的气门直接由凸轮轴上的凸轮驱动。

保时捷 Variocam 机构如图 1–128 所示，每个气门分别有两种升程，高速时气门能够达到长升程，低速时气门的升程较短。控制气门升程变化的是两组凸轮，一组是高速凸轮，另一组是低速凸轮。

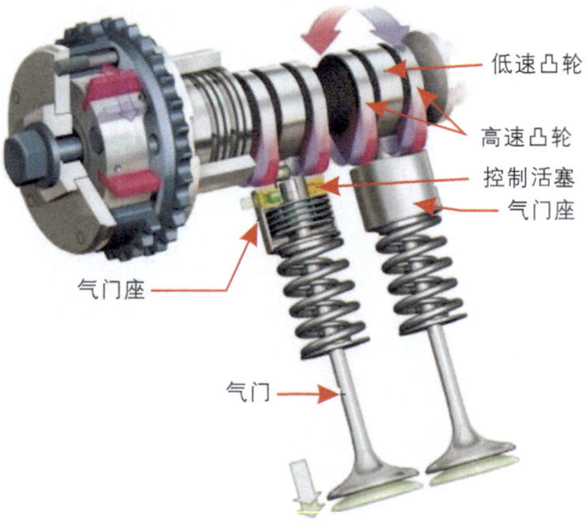

图 1–128 保时捷 Variocam 机构

当发动机在低转速工作时，气门座顶端的控制活塞落在气门座内，这样高速凸轮只能驱动气门座向下运动而不能带动整个气门动作，整个气门由低速凸轮驱动气门顶向下运动，这样获得的气门开度就较小。反之，当发动机在高转速工作时，控制活塞在液压的驱动下从气门座进入气门中，把气门座和气门刚性连接，高速凸轮驱动气门座时就能带动气门向下运动，获得较大的气门开度。

3）宝马发动机 Valvetronic 技术

与保时捷 Variocam、本田 VTEC 相似的技术还有很多，如丰田 VVT-i、通用 ECOtec 系列发动机的 VVT 等。这些技术能够改变气门升程，但是局限性在于，这些技术都只有“两段式”可调，在气门升程发生变化的一刻会有顿挫感。由此，宝马开发了一种连续可变的气门正时技术。

宝马 Valvetronic（连续可变气门升程）技术采用的是电机驱动的方式，电机的周期运动通过蜗杆传动齿轮转变为摇臂的控制角度变化，然后在凸轮轴的驱动下由摇臂带动气门运动。通过改变摇臂的角度即可改变气门升程。由于采用了电机控制，在 ECU 指令下电机能够连续变化角度，使得气门升程的改变并不影响发动机工作，没有顿挫感，也能有针对性地对每个转速范围进行细致的配气分析。

宝马 Valvetronic 技术的核心是中间杠杆技术，凸轮轴通过驱动相位可调节的中间杠杆实现气门升程的无级调节。宝马 Valvetronic 机构由五个重要部分组成：偏心轴驱动电机、偏心轴驱动齿轮、偏心轴、凸轮轴、中间杠杆，如图 1-129 所示。从图中可以看到，宝马 Valvetronic 机构可以通过调节中间杠杆的位置实现气门升程的无级调节。在负荷较小的发动机工况下，Valvetronic 机构控制气门开度较小，吸入的空气量较少，燃油使用量较少；当发动机负荷增大时，Valvetronic 机构控制气门开度较大，吸入的空气量较多，燃油吸入量多，做功较多，输出动力更大。在正常工作时，发动机进气量由 Valvetronic 机构控制，节气门全开。节气门只在发动机出现问题进入紧急模式后才控制发动机进气量。这样一来，由于节气门全开，空气进入汽缸畅通无阻，不会在进气门背面产生负压，极大地减少了发动机进气损失，最终达到提高燃油经济性和提升发动机效能的目的。

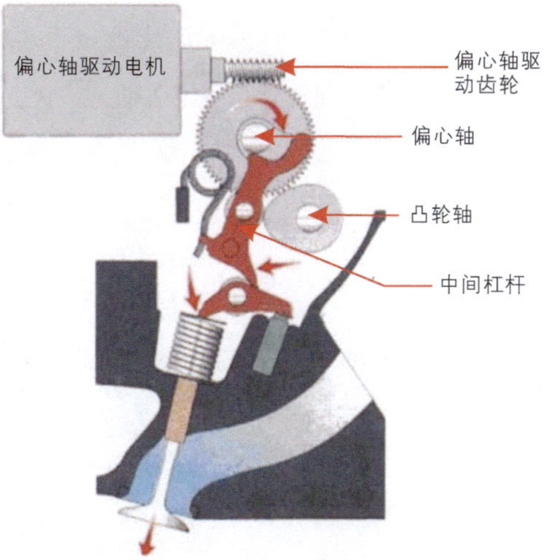

图 1-129　宝马 Valvetronic 机构

任务实践

1. 实践名称

配气机构的拆装。

2. 实践准备

发动机翻转架、气门拆装专用工具、橡胶锤、铁夹、扭力扳手、磁棒、常用工具等。

3. 实践要求与注意事项

（1）明确操作规范和职责范围，预防潜在危险。

（2）实践操作过程中保持场地卫生及安全，不嬉戏打闹。

（3）在使用举升机的过程中应上好保险后再开始工作。

（4）使用维修手册时，要注意避免破损，手册与使用车型相对应。

4. 操作步骤及检修

1）气门的拆装

（1）拆卸。将汽缸盖置于工具台上，如图 1–130 所示。

（2）使用专用工具压缩气门弹簧，如图 1–131 所示。

图 1–130　将汽缸盖置于工具台上

图 1–131　使用专用工具压缩气门弹簧

（3）利用磁棒取下两个气门锁片，如图 1–132 所示。

（4）松开专用工具，取下气门、气门座、气门弹簧，如图 1–133 和图 1–134 所示。

图 1–132　取下气门锁片

图 1-133　松开专用工具

图 1-134　取下气门、气门座和气门弹簧

（5）拆卸完毕，如图 1-135 所示。

（6）安装。按拆卸过程的相反顺序安装。

2）气门传动组的拆装

（1）拆卸。拆开顶部黑色进气管道，取下进气管，如图 1-136 所示。

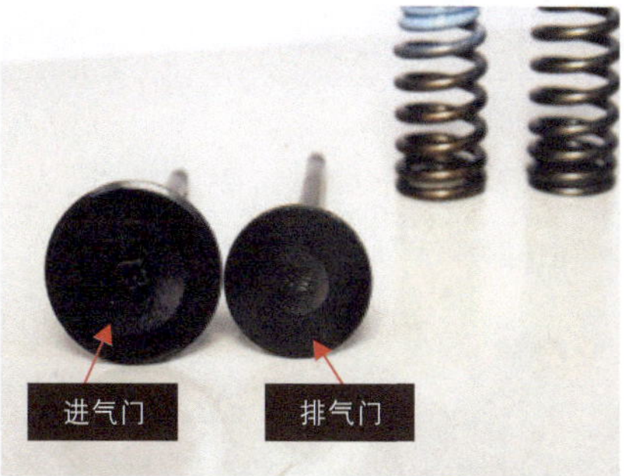

图 1-135　拆卸完毕

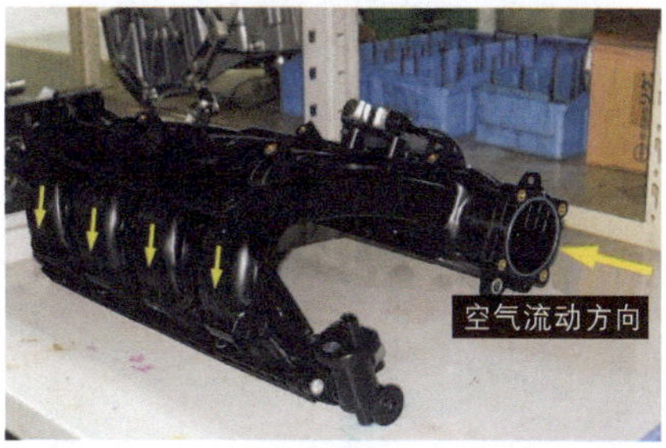

图 1-136　取下进气管

（2）拔下各传感器、执行器插头，撬开各管线固定卡位，取下线束，如图 1-137 所示。

图 1-137　取下线束

（3）拆下高压油泵、供油管和喷油嘴，如图 1-138 所示。

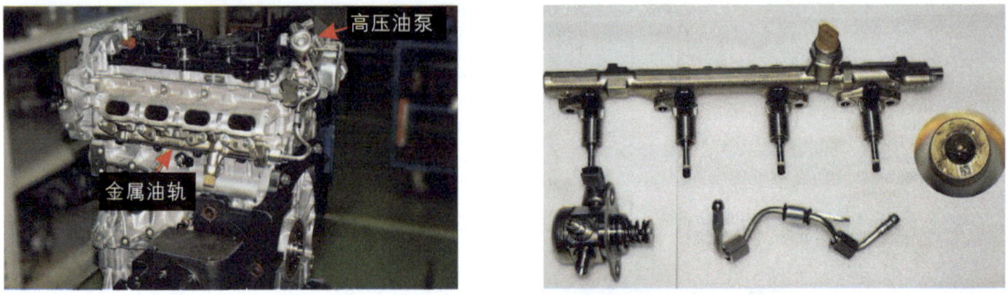

图 1–138 拆下高压油泵、供油管和喷油嘴

（4）拧下点火线圈固定螺栓，取下点火线圈，如图 1–139 所示。

（5）松开气门室盖螺母，取下气门室盖，如图 1–140 所示。

（6）用工具松开时规盖固定螺栓，取下时规盖，如图 1–141 所示。

图 1–139 取下点火线圈

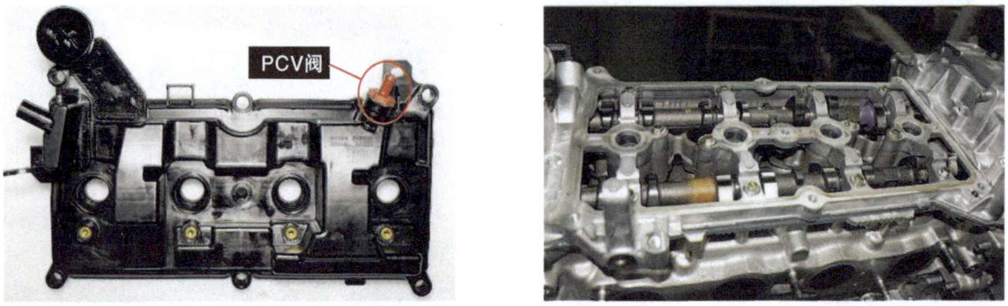

图 1–140 取下气门室盖

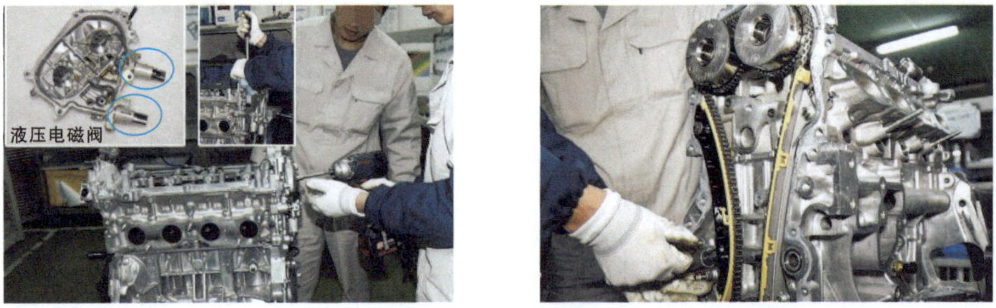

图 1–141 取下时规盖

（7）取下正时链条，如图 1–142 所示。

（8）拆开凸轮轴盖固定螺栓，取下凸轮轴盖，如图 1–143 所示。

图 1–142 取下正时链条

图 1–143 取下凸轮轴盖

（9）取下凸轮轴，如图 1-144 所示。

（10）在每个气门挺柱上做好记号，取下气门挺柱，如图 1-145 所示。

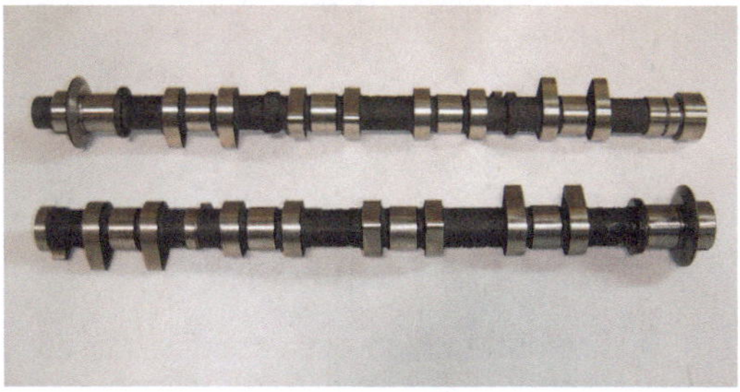

图 1-144　取下凸轮轴

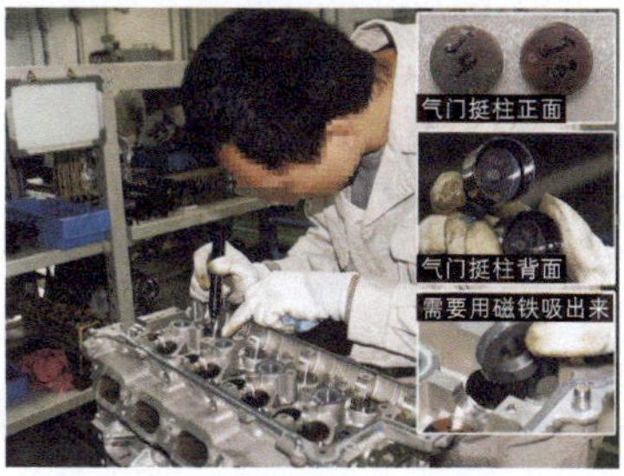

图 1-145　取下气门挺住

（11）拆卸完毕，如图 1-146 所示。

（12）安装。按拆卸过程的相反顺序安装。

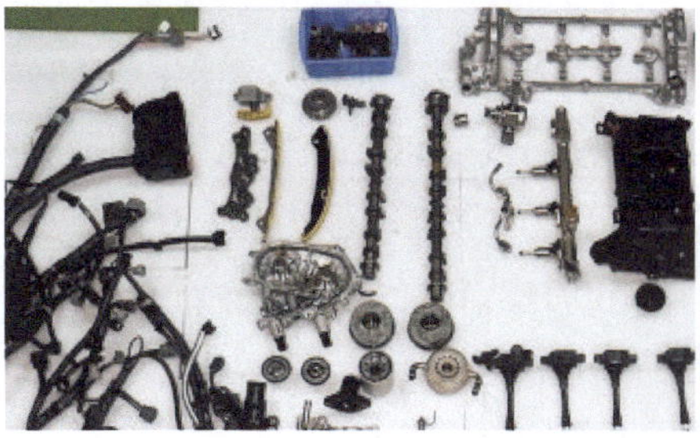

图 1-146　拆卸完毕

3）正时皮带的检查与更换

（1）正时皮带的检查。

①先断开蓄电池负极电缆，再断开其正极电缆，如图 1-147 所示。

②拆下正时皮带上罩，如图 1-148 所示。

③逆时针转动曲轴皮带轮，检查皮带是否有裂纹或有机油、冷却液的污渍，如有应彻底清除；严重时，应更时皮带。检查正时皮带的齿形有无磨损，必要时予以更换，如图 1-149 所示。你检查的结果是 ______________，处理措施是 ______________。

图 1-147　断开电缆

图 1-148　拆下正时皮带上罩

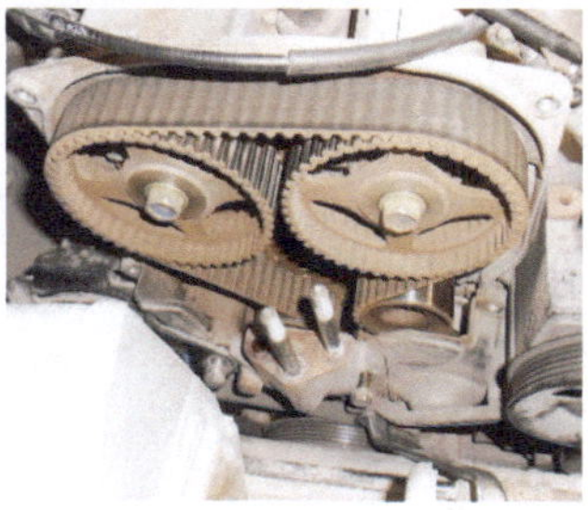

图 1-149　检查正时皮带

（2）张紧力的调整。

①旋转曲轴 5~6 圈，以便调整预紧力，如图 1-150 所示。

②使第一缸活塞处于上止点位置，如图 1-151 所示。

③旋松调整螺母 2/3~1 圈。

④逆时针方向转动曲轴，使凸轮轴带轮上的正时皮带转过 3 个齿。

⑤检查完毕，重新将曲轴皮带轮螺栓以 245 N · m 的拧紧力矩拧紧。

图 1–150　旋转曲轴

图 1–151　使第一缸活塞处于上止点位置

（3）正时皮带与平衡轴皮带张紧力的调整注意事项。

只能在发动机冷态时进行调整；只能逆时针方向转动曲轴（从曲轴皮带轮端看）；检查皮带是否沾有油污或冷却液；放松调节螺母不要超过一整圈；张紧装置是由弹簧加载的，调整后，张紧装置将自动使皮带张紧力达到规定要求。

（4）正时皮带的更换。

①断开电池负极电缆。

②拆下附件传动带。

③取下正时皮带上罩，如图 1–152 所示。

④对正齿轮上的白色标记，并且用专用工具卡住防止移位，如图 1–153 所示。

图 1–152　取下正时皮带上罩

图 1–153　对正齿轮上的白色标记

⑤抬高汽车，拆下靠近皮带一侧的车轮，如图 1–154 所示。

⑥卸下同侧底盘上的护板，如图 1–155 所示。

图 1–154　拆下靠近皮带一侧的车轮

图 1–155　卸下同侧底盘上的护板

⑦拧下曲轴皮带轮，如图 1–156 所示。

⑧取下正时皮带张紧轮，如图 1-157 所示。

图 1-156　拧下曲轴皮带轮

图 1-157　取下正时皮带张紧轮

⑨取下正时皮带，如图 1-158 所示。

⑩更换新的皮带，按相反顺序安装，如图 1-159 所示。

图 1-158　取下正时皮带

图 1-159　更换新的皮带

（5）更换正时皮带的注意事项。

①松开曲轴皮带轮的螺栓之前，必须先用专用工具锁住飞轮。

②取下正时皮带的前盖时注意：1 号汽缸点火时，凸轮轴正时皮带上的正时标志与其后盖边缘上的标志对准时方可给飞轮解锁。

③安装新的正时皮带时注意：1 号汽缸点火时，曲轴正时皮带齿上的标志与正时皮带后盖上的标志对准。

5. 实践总结

____

____

____

____

____

任务练习

一、填空题

1. 配气机构按气门布置位置可分为 ____________ 和 ____________ 两种。

2. 气门组由 ____________、____________、____________、____________ 等组成。

3. 气门锥面与气门顶面之间的夹角称为 ____________，进、排气门的气门锥角一般均为 ____________，只有少数发动机的进气门锥角为 ____________。

4. 气门弹簧的功用是保证 ____________ 时能紧密地与气门座或 ____________ 贴合，并克服在气门开启时 ____________ 产生的惯性力，使传动件始终受 ____________ 而不相互脱离。

二、选择题

1. 下面不属于气门顶部形状的是（ ）。

A. 平顶　　B. 凸顶

C. 凹顶　　D. 圆顶

2. 曲轴与凸轮轴的传动比是（ ）。

A. 1:1　　B. 2:1

C. 3:1　　D. 4:1

3. 一般发动机排气门的锥角较大，是因为（ ）。

A. 排气门热负荷大　　B. 排气门头部总直径小

B. 配气相位的原因　　D. 前三项都不是

4. 发动机工作时，曲轴的正时齿轮带动（ ）工作。

A. 进、排气凸轮轴　　B. 飞轮

C. 喷油器　　D. 节气门

三、问答题

1. 简述配气机构的功用与组成。

2. 简述液压挺柱的结构与工作原理。

3. 简述本田发动机 VTEC 技术的工作原理。

任务四 冷却系统

任务目标

完成本学习任务后，学生在基础知识和基本技能方面应达到以下要求。

●知识目标

（1）熟知冷却系统的功用与分类。

（2）掌握冷却系统的工作原理。

（3）掌握冷却系统各部件的结构与工作原理。

●能力目标

能够独立完成冷却系统的拆装。

任务引入

在发动机工作期间，最高燃烧温度可能高达2500℃，即使在怠速或中等转速下，燃烧室的平均温度也在1000℃以上。若不进行适当冷却，发动机将会过热，工作条件恶化，零件强度降低，机油变质，零件磨损加剧，最终导致发动机动力性、经济性、排气净化性、可靠性及耐久性全面下降。下面进入冷却系统的学习。

相关知识

一、冷却系统的功用

汽车冷却系统可以保证发动机迅速达到理想的工作温度，保证其工作可靠，得到良好的动力性和经济性，并且无论环境和工作条件如何变化，始终保持在这一温度范围。无论是在极冷还是极热的条件下，无论是在交通堵塞的城市环境中还是在高速公路上全速行驶，发动机都必须能够稳定地运转。

发动机工作时，汽缸内的气体温度很高，若不及时冷却散热，会使零部件温度过高，使其膨胀，影响正常的配合间隙，导致活塞“咬缸”、轴瓦“抱轴”、柴油发动机因柱塞卡死而“飞车”等严重事故；还会使发动机工作过程恶化，产生爆燃；零部件的机械强度下降；润滑油变质，润滑不良，零件磨损加剧，最终导致发动机经济性、可靠性、耐久性及排放性能的全面下降。发动机温度过低时，会造成着火燃烧条件变差，启动困难；发动机工作粗暴，散热不良，机械损失增加，零件磨损加剧；CO 及 HC 排放量增加，排放恶化；发动机功率下降，燃油消耗量增加等。

二、冷却系统的分类

汽车发动机常见的冷却方式有两种，即水冷和风冷。以空气作为冷却介质的冷却系统称为风冷系统，以冷却液作为冷却介质的冷却系统称为水冷系统。现在的汽车发动机，尤其是轿车发动机大都采用水冷系统，只有少数汽车发动机采用风冷系统。发动机冷却系统如图 1–160 所示。

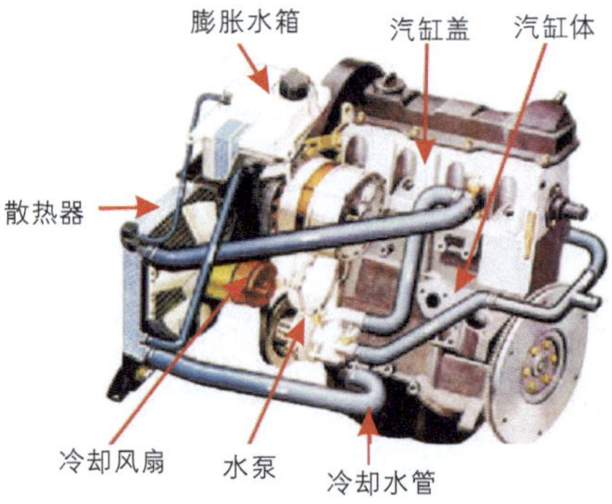

（a）水冷系统

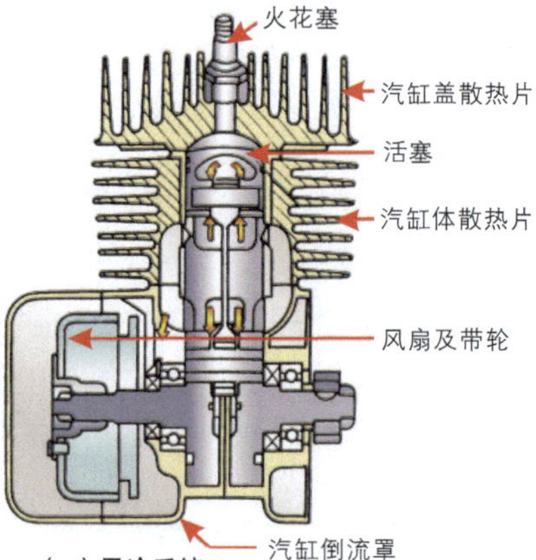

（a）风冷系统

图 1–160　发动机冷却系统

1. 风冷系统

风冷系统利用高速空气流直吹过汽缸盖和汽缸体的外表面，把从汽缸内部传出的热量散发到大气中去，以保证发动机在最有利的温度范围内工作。

2. 水冷系统

水冷系统以冷却液作为冷却介质，通过冷却液的不断循环，从发动机水套中吸收多余热量并散发到大气中。根据冷却液循环方式的不同，水冷系统又可以分为蒸发式（利用温度差使冷却液在发动机中循环流动）、自然循环（冷却液在管道中自然流动）、强制循环（利用水泵强制冷却液在发动机中循环流动）三种，目前汽车上普遍采用的是强制循环水冷系统。水冷发动机如图 1–161 所示。

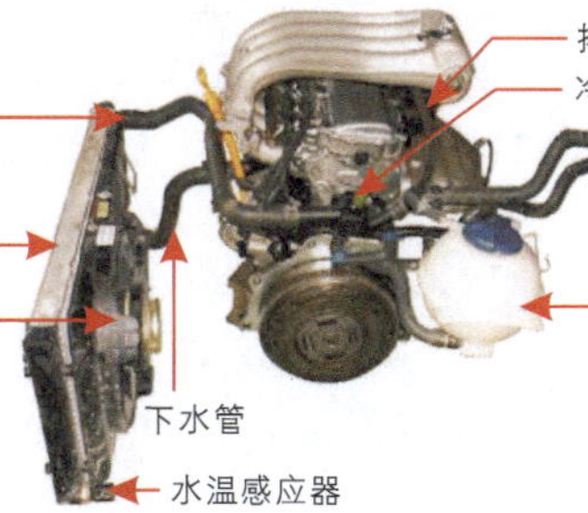

图 1–161 水冷发动机

三、冷却系统的工作原理

冷却系统工作包括三个过程，分别是升温过程、保温过程和散热过程。

1. 升温过程

升温过程即冷却系统吸收热量大于冷却系统散发热量的过程，也是冷却系统进行小循环的过程。发动机工作时，燃烧室的热量通过机体传导给发动机水套内的冷却液，水套内的冷却液温度逐渐升高。同时，由于节温器关闭大循环管路，冷却系统的水泵把水套内被加热的冷却液泵入小循环管路内，并通过小循环管路流回到发动机水套内实现小循环。这个过程不仅可以通过升温保证发动机逐渐达到正常工作温度，而且可以通过循环保证发动机各个零部件及机体受热均匀。升温过程的长短，取决于发动机单位时间内产生的热量、外界的温度、水泵的排水量、节温器的开度及冷却液的密度。冷却系统小循环流动路线如图 1–162 所示。

2. 保温过程

保温过程即冷却系统吸收热量与冷却系统散发热量达到平衡的过程，也是冷却系统小循环和大循环共同参与的过程。随着冷却系统升温，控制冷却系统大循环的节温器逐渐打开，当达到发动机正常工作温度，即节温器所调节的温度时，节温器处于全开状态。冷却系统不仅进行小循环，而且进行大循环。发动机水套内的带有大量热量的冷却液，通过散热器上水管进入散热器，然后从散热器的下水管流回发动机水套。这个过程可以保证冷却系统吸收发动机燃烧的热量与冷却系统自然散热的热量达到动态平衡，使发动机水温基本保持不变。冷却系统大循环流动路线如图 1-163 所示。

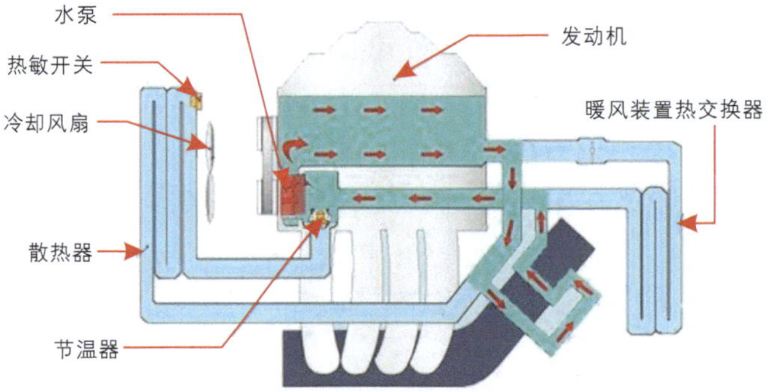

图 1-162　冷却系统小循环流动路线

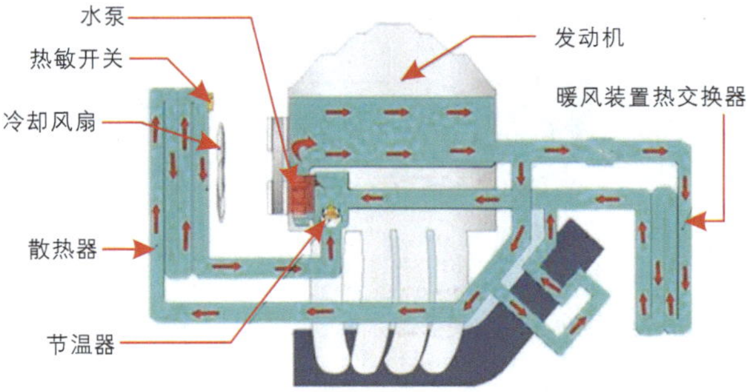

图 1-163　冷却系统大循环流动路线

3. 散热过程

散热过程即冷却系统散发热量大于冷却系统吸收热量的过程，也是冷却系统小循环和大循环共同参与的过程，更是冷却系统的散热器通过风扇的旋转进行强制热交换的过程。当发动机传给水套内冷却液的热量超过冷却系统自然散热而散发的热量，或冷却系统的散热器有外来的热负荷（例如，汽车空调压缩机工作产生的额外热负荷），或冷却系统的自然散热效果变差时，都会造成发动机冷却系统水温过高，冷却系统通过水温信号或温控开关控制风扇动作，对散热器内的过热冷却液进行强制热交换，降低冷却系统冷却液的温度，使发动机处于正常工作温度范围。

四、冷却液

冷却液是汽车发动机不可缺少的一部分。它在发动机冷却系统中循环流动，将发动机工作过程中产生的多余热量带走，使发动机能以正常工作温度运转。当冷却液不足时，会使发动机冷却液温度过高，导致发动机机件损坏。冷却液除具有冷却作用之外，还具有在冬季防冻、防腐蚀、防水垢等功能。同时，冷却液还是发动机冷却系统中最重要的工作介质。汽车常用的冷却液有水及加有防冻剂的防冻液。

1. 水

直接用水作为冷却液，具有简单和方便的特点。但水沸点低，易蒸发，需要经常添加，而且不宜添加河水、井水等含矿物质的水，以免产生水垢，影响冷却系统的散热性能。更要注意的是水在冬季易结冰，须放水过夜，否则会由于水结冰时体积膨胀，导致机体胀裂、汽缸盖胀裂等严重事故。

2. 防冻液

现代轿车普遍采用防冻液，以提高冷却液防冻和防沸的能力。例如，大众系列轿车采用以乙二醇作为基料的冷却液（乙二醇的质量占 45.6%，水的质量占 54.4%），其冰点在 -25℃以下，沸点在 106℃以上。不同的冷却液有不同的冰点和沸点，可以根据发动机使用条件进行选用。冷却液还添加了防锈剂、泡沫抑制剂等，有利于减轻冷却系统锈蚀和冷却液泡沫产生，提高冷却效果。

专用冷却液一般呈深绿色或深红色，有一定毒性，使用时应注意。发现冷却液泄漏应及时检查并添加。

五、风扇

1. 风扇的功用

风扇的功用是提高通过散热器芯的空气流速和流量，增强散热效果，加速冷却液的冷却。风扇通常安装在散热器后面，并与水泵同轴，此为机械风扇；安装在散热器上的风扇为电动风扇。当风扇旋转时，对空气产生吸力，使之沿轴向流动。空气流由前向后通过散热器芯，使流经散热器芯的冷却液加速冷却，如图 1-164 所示。

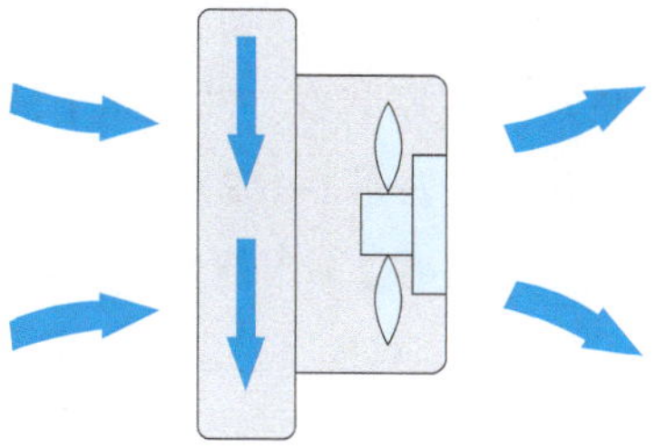

图 1-164　空气流由前向后通过散热器芯

2. 风扇的类型

风扇按制造材料可分为金属叶片风扇和工业塑料风扇，如图 1-165 所示。传统发动机风扇叶片一般用钢板冲压制成；现代发动机风扇通常采用塑料风扇，塑料风扇一般用合成树脂材料制成，以减少噪声。

风扇按驱动的动力可分为机械风扇和电动风扇，如图 1-166 所示。机械风扇装在水泵轴上，由曲轴前端带轮通过 V 形带驱动，其速度取决于带轮的大小和曲轴的转速，这种风扇不需要另外的驱动装置。机械风扇的优点是结构简单，但发动机冷启动性差，机械损失大。电动风扇用蓄电池作为电源，采用传感器和电路系统来控制，由直流电动机驱动风扇运转。

风扇按所产生的风的流向分有轴流式和离心式两种。轴流式风扇所产生的风，其流向与风扇轴平行；离心式风扇所产生的风，其流向为径向。轴流式风扇效率高、风量大、结构简单、布置方便，因而在车用发动机上得到了广泛的应用。

（a）金属叶片风扇　（b）工业塑料风扇

图 1–165　风扇按制造材料分类

（a）机械风扇　（b）电动风扇

图 1–166　风扇按驱动的动力分类

3. 风扇的控制装置

风扇的控制装置用以控制风扇的运转与转速，改变流经散热器芯的空气流量，从而调节冷却强度，保证发动机在最有利的温度范围内工作，延长发动机的使用寿命，同时可以减少风扇的功率消耗，降低发动机噪声。

1）机械风扇的控制装置

机械风扇的控制装置主要有硅油风扇离合器和电磁风扇离合器两种。

（1）硅油风扇离合器。

硅油风扇离合器是一种以硅油为介质，利用通过散热器芯、吹向风扇的气流的温度高低改变风扇转速的风扇控制装置。硅油风扇离合器安装在风扇与水泵之间，如图 1–167 所示。

图 1–167　硅油风扇离合器

硅油风扇离合器由前盖、壳体、主动板、从动板、阀片、主动轴、双金属感温器、阀片轴、轴承等组成，如图 1–168 所示。前盖、壳体和从动板用螺钉组成一体，通过轴承装在主动轴上，风扇装在壳体上。从动板与前盖之间的空腔为储油腔，其内装有硅油（油面低于轴中心线），从动板与壳体之间的空腔为工作腔。主动板与主动轴固定连接，主动轴与水泵轴连接。从动板上有进油孔，平时由阀片关闭，偏转阀片，进油孔即可打开。阀片的偏转由双金属感温器控制，从动板上有凸台限制阀片最大偏转角。双金属感温器的外端固定在前盖上，内端卡在阀片轴的槽内。从动板外缘有回油孔，中心有漏油孔，以防静态时从阀片轴周围泄漏硅油。

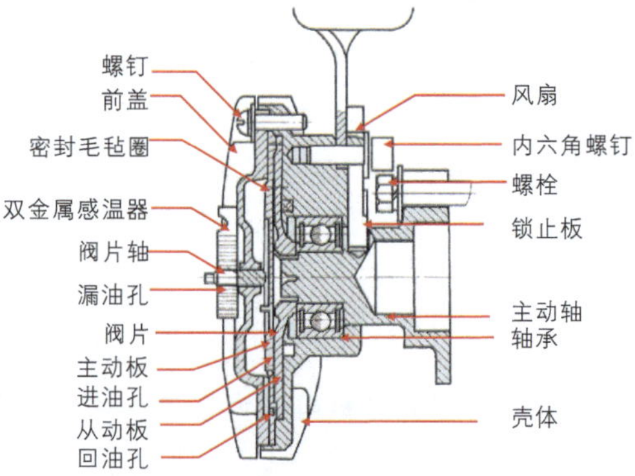

图 1–168　硅油风扇离合器的结构

硅油风扇离合器的工作原理如下：

当发动机冷启动或在小负荷下工作时，冷却液及通过散热器的气流温度不高，进油孔被阀片关闭，工作腔内无硅油，离合器处于分离状态。主动轴转动时，由于密封毛毡圈和轴承的摩擦，使风扇随同壳体在主动轴上空转打滑，转速极低。

当发动机负荷增加时，冷却液和通过散热器的气流温度随之升高，双金属感温器受热变形而带动阀片轴及阀片转动。当流经双金属感温器的气流温度超过 338K（65℃）时，进油孔被完全打开，于是硅油从储油腔进入工作腔。硅油十分黏稠，主动板即可利用硅油的黏性带动壳体和风扇转动。此时，风扇离合器处于接合状态，风扇转速迅速提高。

为了不使工作腔中的硅油温度过高、黏度下降，要使硅油在壳体内不断循环。由于主动板转速高于从动板，因此，受离心力作用从主动板甩向工作腔外缘的油液压力比储油腔外缘的油液压力高，油液从工作腔经回油孔流向储油腔，而储油腔又经进油孔及时向工作腔补充油液。为使硅油从工作腔流回储油腔的速度加快，缩短风扇脱开时间，在从动板的回油孔旁，有一个刮油突起部伸入工作腔缝隙内，使回油孔一侧压力增高，回油加快。

当发动机负荷减小，流经双金属感温器的气体温度低于 308K（35℃）时，双金属感温器恢复原状，阀片将进油孔关闭，工作腔中的油液继续从回油孔流回储油腔，直至甩空为止。风扇离合器又回到分离状态。

故障应急措施：行驶途中，若硅油风扇离合器发生故障（如漏油等），可松开内六角螺钉，把锁止板的销插入主动板孔中，再拧紧螺钉，使壳体与主动轴连成一体。在日常维护中，应进行就车检查。发动机启动前用手指拨动风扇叶片有阻力，发动机启动后熄火再拨动风扇叶片，阻力明显减小，说明硅油风扇离合器工作正常，否则应予更换。

（2）电磁风扇离合器。

电磁风扇离合器是一种根据冷却液温度，通过冷却液温度感应开关和电路控制风扇运转的装置，如图 1-169 所示。

图 1-169　电磁风扇离合器

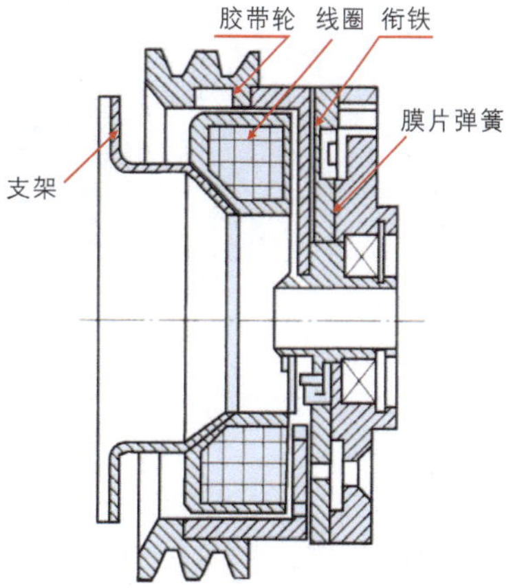

图 1-170　电磁风扇离合器的结构

电磁风扇离合器的结构如图 1-170 所示。

电磁风扇离合器的工作原理如下：

当冷却液温度低于 92℃时，冷却液温度感应开关的电路不通，线圈不通电，离合器处于分离状态；当冷却液温度超过 92℃时，冷却液温度感应开关的电路自动接通，线圈通电，电磁壳体吸引衔铁环将摩擦片压紧，离合器处于接合状态，风扇毂随电磁壳体一起转动。

2）电动风扇的控制装置

有些轿车上采用双电动风扇的冷却系统，该系统风扇噪声小、功率低、冷却效果好，但结构复杂、成本高。

电动风扇以蓄电池为电源，其转速与发动机转速无关。电动机的开关由位于散热器上的温度传感器控制，由于冷却液温度高，即使发动机已熄火，风扇仍可能转动，如图 1–171 所示。

驱动风扇的电动机有高速和低速两个挡位，当冷却液温度升至 92~98℃时，低速触点闭合，风扇以 1600r/min 低速运转；当冷却液温度上升到 99~105℃时，高速触点闭合，风扇以 2400r/min 高速运转；当冷却液温度下降到 92~98℃时，电动机恢复低速运转；当冷却液温度下降到 84~91℃时，电动机停止工作。

图 1–171　电动风扇温控开关

六、水泵

1. 作用与结构

水泵的作用是对冷却水加压，使冷却水在冷却系统内循环流动。汽车发动机广泛采用离心式水泵。其基本结构由水泵壳体、水泵轴、叶轮及进、出水管等组成，如图 1–172 所示。

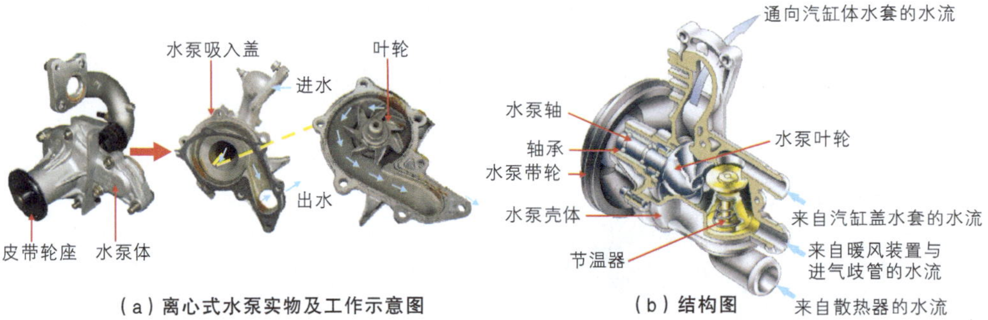

（a）离心式水泵实物及工作示意图　（b）结构图

图 1–172　水泵

2. 工作原理

当水泵叶轮按图示方向旋转时，水泵中的冷却液被叶轮带动一起旋转，并在离心力的作用下甩向水泵壳体的边缘，然后经过外壳上与叶轮成切线方向的出水管被压送到发动机水套内。同时，叶轮中心处压力降低，散热器内的冷却液经过进水管被吸入泵腔，使整个冷却系统内的冷却液循环流动。

水泵一般由曲轴通过 V 形带驱动。有些发动机的水泵由凸轮轴直接驱动。

七、节温器

1. 作用与结构

节温器的作用是根据发动机的工作温度自动控制冷却液的流量和循环路线。

汽车发动机装用的节温器基本是蜡式节温器，主要由主阀门、副阀门、推杆、外壳和石蜡等组成，如图 1–173 所示。

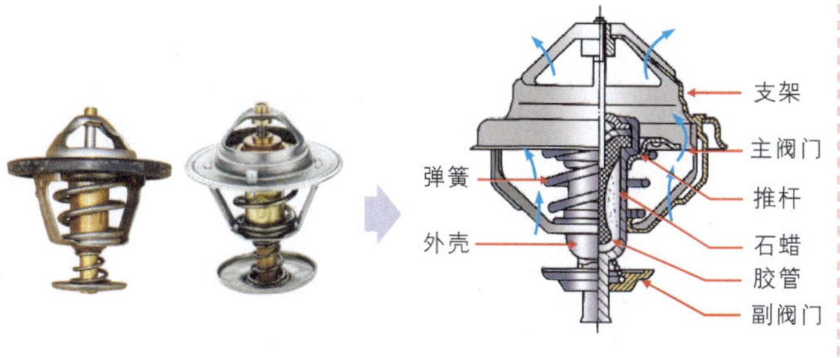

图 1–173　蜡式节温器

2. 工作原理

温度低时，石蜡呈固态，主阀门被主阀门弹簧压紧在阀座上，处于关闭状态。此时，副阀门开启，冷却液进行小循环。

温度升高时，石蜡逐渐熔化成液体，体积膨胀，迫使胶管收缩对推杆端部产生向上的推力，由于推杆固定在支架上，推杆对胶管、节温器壳体产生向下的反推力。当冷却液温度升高到一定值时，反推力克服弹簧的弹力使胶管、节温器壳体向下运动，主阀门开始开启，同时副阀门开始关闭。当冷却液温度超过一定值时，主阀门完全打开，而副阀门也正好关闭小循环线路，此时来自汽缸水套的冷却液全部经过散热器进行大循环。

蜡式节温器的工作原理如图 1–174 所示，发动机水冷系统循环路线示意图如图 1–175 所示。

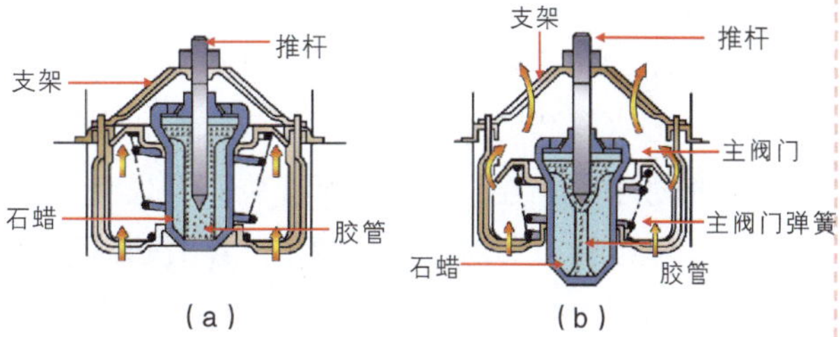

图 1–174　蜡式节温器的工作原理

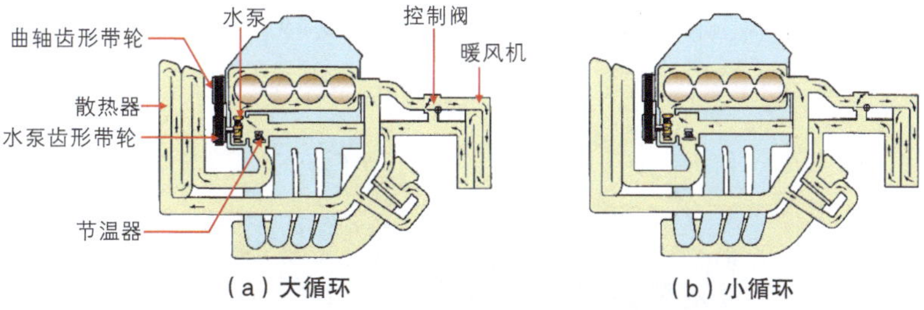

图 1–175　发动机水冷系统循环路线示意图

大循环：当发动机冷却液温度升高到一定值时，节温器主阀门完全开启，副阀门关闭。冷却液经节温器及散热器进水软管流入散热器，在散热器内，冷却液向流过散热器周围的空气散热而降温，最后冷却液经散热器出水软管返回水泵。

小循环：当发动机冷却液温度较低时，节温器主阀门关闭，副阀门打开。冷却液经水泵增压后，从汽缸体水套壁周围流过并从水套壁吸热而升温，然后向上流入汽缸盖水套，从汽缸盖水套壁吸热之后流经节温器，然后流回水泵。

当发动机冷却液温度处于大、小循环的温度范围内时，节温器主阀门和副阀门部分开启，冷却液大、小循环同时存在，以调节发动机温度，使之稳定在最适宜的工作范围内。

八、散热器

1. 散热器的作用和材料

散热器的作用是增大散热面积，加速冷却液的冷却。冷却液经过散热器后，其温度可降低10~15℃，为了将散热器传出的热量尽快带走，在散热器后面装有风扇与散热器配合工作。散热器一般用铜或铝制成。

2. 散热器的构造

散热器又称水箱，由上水室、散热器芯和下水室等组成，如图 1-176 所示。

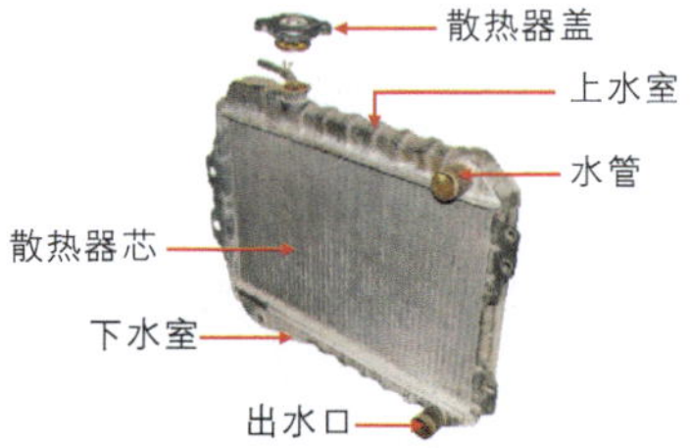

图 1-176　散热器

散热器上水室顶部有加水口，用散热器盖盖住，冷却液由此注入整个冷却系统。上水室和下水室分别装有进水管和出水管，进水管和出水管分别用橡胶软管和汽缸盖的出水管及水泵的进水管相连。这样便于安装，而且当发动机和散热器之间产生少量位移时也不会漏水。在散热器下面一般装有减振垫，防止散热器受振动损坏。在散热器下水室的出水管上还有放水开关，必要时可将散热器内的冷却液放掉。

散热器芯由许多冷却管和散热片组成。散热器芯应该有尽可能大的散热面积，采用散热片是为了增加散热器芯的散热面积。散热器芯的结构形式有多种，常用的有管片式和管带式两种，如图 1-177 所示。

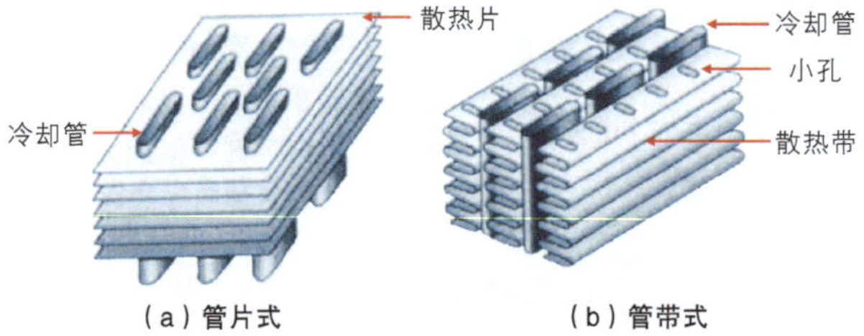

图 1-177　不同结构形式的散热器芯

管片式散热器芯冷却管的断面大多为扁圆形，它连通上、下水室，是冷却液的通道。与圆形断面的冷却管相比，扁圆形断面的冷却管不但散热面积大，而且万一管内的冷却液结冰膨胀，扁管可以借其横断面变形而避免破裂。采用散热片不但可以增加散热面积，还可增大散热器的刚度和强度。这种散热器芯强度和刚度都好，且耐高压，但制造工艺较复杂，成本高。

管带式散热器芯采用冷却管和散热带沿纵向间隔排列的方式，散热带上的小孔是为了破坏空气流，并在散热带上形成附面层，使散热能力提高。这种散热器芯散热能力强，制造工艺简单，成本低，但结构刚度不如管片式大，一般多为轿车发动机采用，近年来在一些中型车辆上也开始采用。

目前，汽车发动机多采用闭式水冷系统，这种冷却系统的散热器盖具有空气阀和蒸汽阀，如图 1-178 所示。当发动机温度升高，散热器中压力达到 126~137kPa 时（此压力下，冷却液的沸点可达 108℃），蒸汽阀开启，水蒸气从蒸汽阀经通气口排入大气或膨胀水箱，使散热器内的压力下降到规定值，避免散热器破裂；当冷却液温度下降，散热器内压力低于 20kPa 时，空气阀被大气压力推开，空气从通气口进入冷却系统，以防止散热器芯被大气压坏。

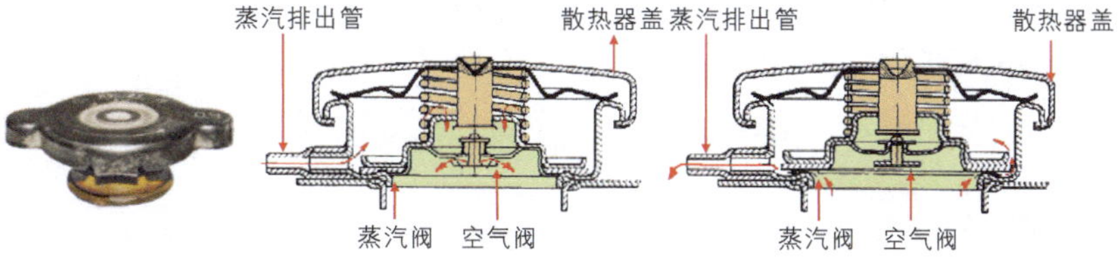

（a）散热器盖实物图　（b）空气阀开启　（c）蒸汽阀开启

图 1-178　散热器盖

加注防锈防冻液的汽车发动机，为了减少冷却液的损失、保证冷却系统的正常工作，都装有膨胀水箱。膨胀水箱的上方用一根软管通大气，另一根软管与散热器的溢流管相连。当散热器内蒸汽压力升高到某一值时，其盖上的蒸汽阀打开，冷却液通过蒸汽阀和溢流管进入膨胀水箱；当温度下降时，冷却液又从膨胀水箱通过真空阀流回到散热器内部。这样可以防止冷却液损失，同时防止空气不断地进入系统。膨胀水箱内部印有两条液面高度标记线，膨胀水箱内的液面高度应位于这两条刻度线之间，如图 1-179 所示。

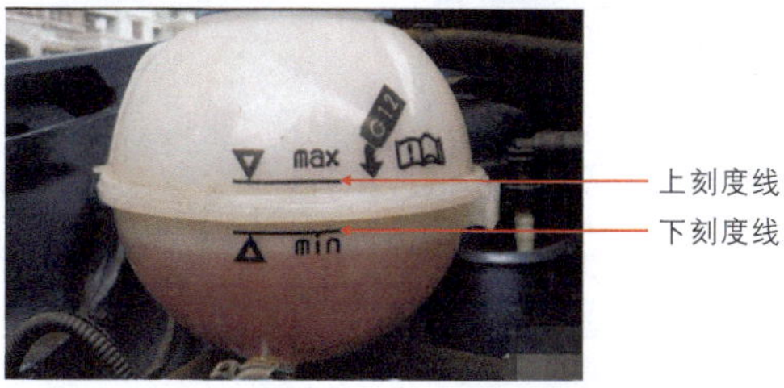

图 1-179　膨胀水箱

任务实践

1. 实践名称

冷却系统的拆装。

2. 实践准备

实训车辆、水盆、发动机吊装架、扭力扳手、螺丝刀、鲤鱼钳、常用拆装工具等。

3. 实践要求与注意事项

（1）明确操作规范和职责范围，预防潜在危险。

（2）实践操作过程中保持场地卫生及安全，不嬉戏打闹。

（3）在使用举升机的过程中应上好保险后再开始工作。

（4）使用维修手册时，要注意避免破损，手册与使用车型相对应。

4. 操作步骤及检修

1）水泵的拆装

（1）拆卸。拆下发动机下护板，放出冷却液，如图 1-180 所示。

（2）拆下发电机皮带，如图 1-181 所示。

（3）把发动机吊起，拆下发动机支架，如图 1-182 所示。

（4）检查正时标记，并对齐上下轮的正时标记，如图 1-183 所示。

图 1-180　排放冷却液

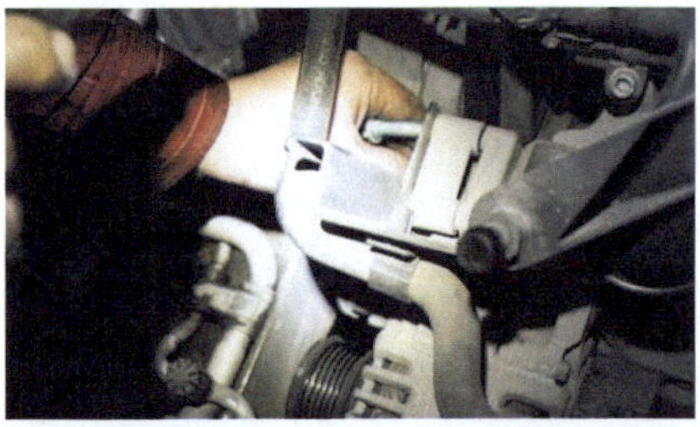

图 1-181　拆下发电机皮带

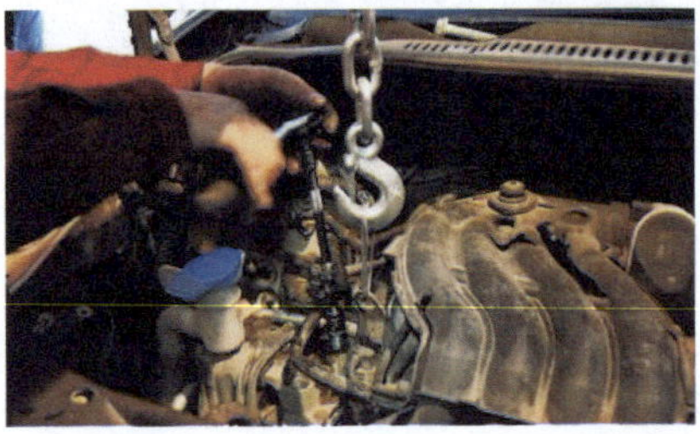

图 1-182　拆下发动机支架

图 1-183　对齐正时标记

（5）松开张紧轮，取下正时皮带，如图 1–184 所示。

图 1–184 取下正时皮带

（6）检查水泵皮带轮外观及转动情况，如图 1–185 所示。松开水泵固定螺栓，即可取下水泵。

（7）取出水泵，此处水泵叶轮已经损坏，只剩下金属轴，如图 1–186 所示。

图 1–185 检查水泵皮带轮

图 1–186 取出水泵

（8）拆卸完毕。损坏的水泵如图 1–187 所示。

（9）安装。将新的水泵按拆卸过程的相反顺序安装，如图 1–188 所示。

图 1–187 损坏的水泵

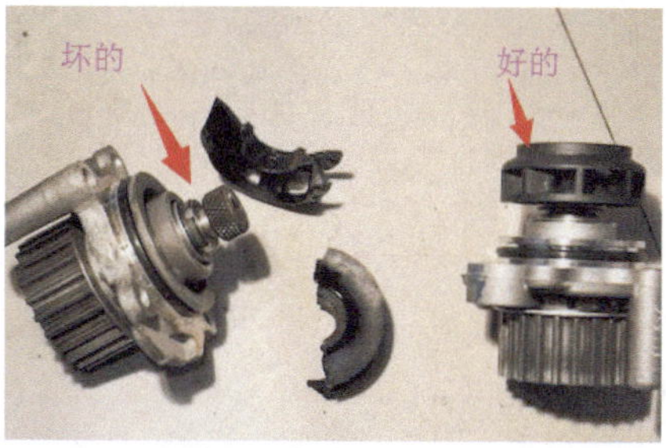

图 1–188 安装新的水泵

2）节温器的拆装

（1）拆卸。打开发动机舱，安装防护垫，如图 1–189 所示。

（2）拧开冷却液加注口盖，如图 1–190 所示。

图 1–189　安装防护垫

图 1–190　拧开冷却液加注口盖

（3）取下水温传感器线束插头，如图 1–191 所示。

（4）放掉冷却液。松开散热器进水软管卡扣，拔出散热器进水软管，如图 1–192 所示。

图 1–191　取下水温传感器线束插头

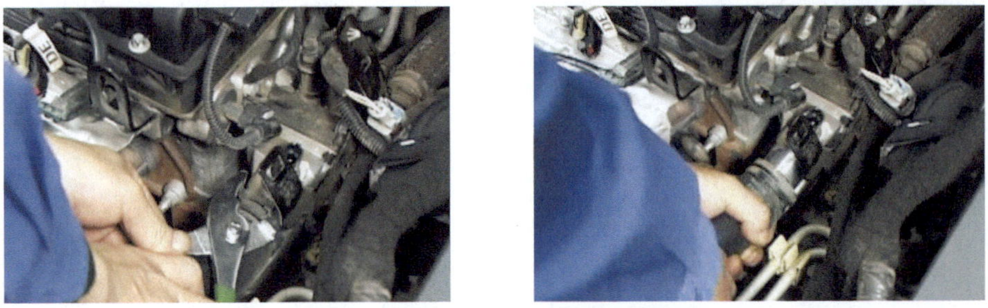

图 1–192　松开卡扣并取下软管

（5）松开节温器紧固螺栓，如图 1–193 所示。

（6）取下节温器总成，如图 1–194 所示。

图 1–193　松开紧固螺栓

图 1-194 取下节温器总成

（7）拆卸完毕。节温器如图 1-195 所示。

（8）安装。将节温器总成安装到位，拧紧紧固螺栓（图 1-196）。按拆卸过程的相反顺序安装即可。

图 1-195 节温器

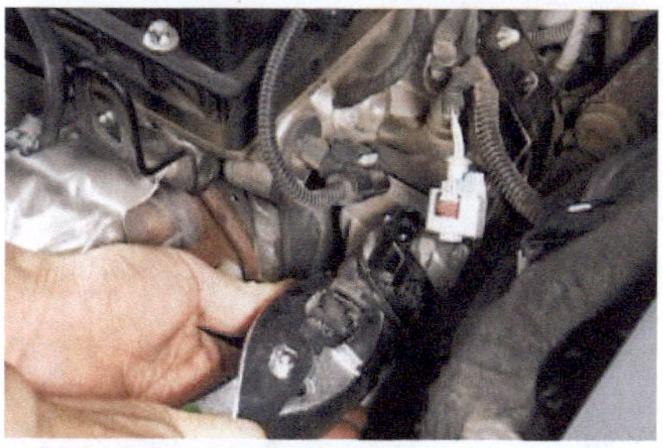

图 1-196 安装节温器总成

注意：

安装前，应认真检查节温器总成的工作情况。若损坏，应及时更换。

（9）一切就绪后，加注冷却液，如图 1-197 所示。

（10）启动车辆进行预热，检查冷却液液位和管道泄漏情况，冷却液不够应再次添加，如图 1-198 所示。

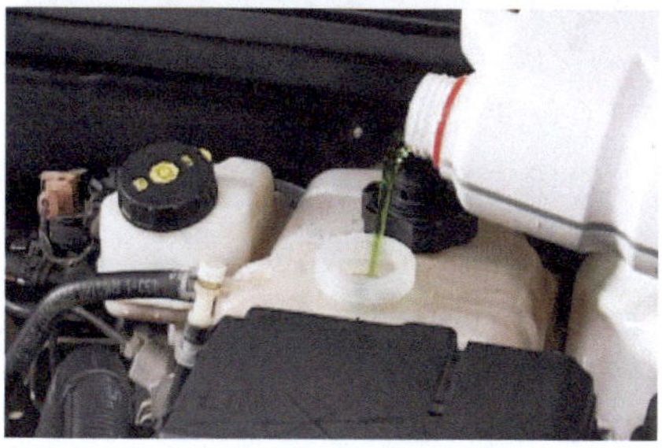

图 1-197 加注冷却液

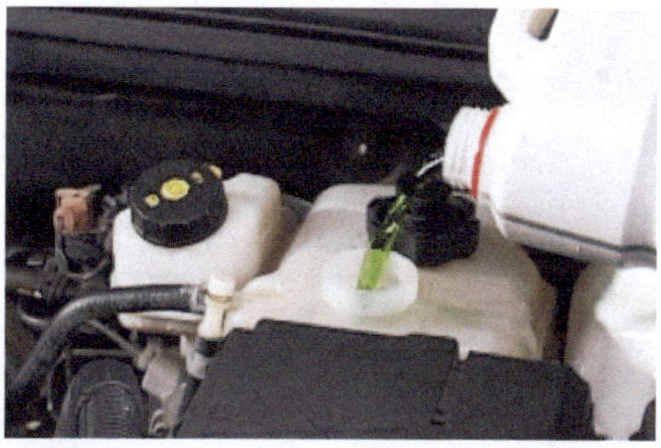

图 1-198 启动车辆及添加冷却液

5. 实践总结

____

____

____

____

____

任务练习

一、填空题

1. 水冷系统以 __________ 为冷却介质，通过冷却液的 __________，从发动机水套中吸收 __________ 并散发到大气中，根据冷却液循环方式的不同，水冷系统又可以分为 __________、__________、__________ 三种。

2. 冷却系统工作包括三个过程，分别是 __________、__________ 和 __________。

3. 风扇的功用是提高通过 __________ 的空气流速和 __________，增强 __________，加速 __________ 的冷却。

4. 水泵的功用是对 __________，使冷却液在冷却系统内 __________。

5.__________ 的功用是根据发动机的 __________ 自动控制冷却液的流量和 __________。

二、选择题

1. 不属于冷却系统副水箱功能的是（　）。

A. 为冷却系统补充冷却液　　B. 提供冷却液受热膨胀空间

C. 排除冷却系统内的空气　　D. 散热

2. 使风扇消耗功率小且得到大风量的有效方法是（　）。

A. 提高风扇转速　　B. 加大风扇直径

C. 增加叶片数量　　D. 加大叶片厚度

3. 当发动机机体的温度超过 90℃时，冷却水（　　）。
A. 全部进行小循环　　B. 全部进行大循环
B. 大、小循环全部进行　　D. 不一定

4. 使冷却液在散热器和水套之间进行循环的水泵旋转部件是（　　）。
A. 叶轮　　B. 风扇
C. 壳体　　D. 水封

5. 冷却系统中提高冷却液沸点的装置是（　　）。
A. 水箱盖　　B. 散热器
C. 水套　　D. 水泵

三、问答题

1. 冷却系统的功用和组成是什么？
2. 什么是大循环？什么是小循环？
3. 取下节温器不用，可能会给发动机带来哪些危害？

任务五 润滑系统

任务目标

完成本学习任务后，学生在基础知识和基本技能方面应达到以下要求。

●知识目标

（1）熟知润滑系统的功用与润滑方式。

（2）掌握润滑系统的油路走向。

（3）掌握机油的使用特性。

●能力目标

（1）能够独立完成机油的检查与更换。

（2）能够独立完成机油泵的拆装。

任务引入

发动机工作时，各运动零件均以一定的力作用在另一个零件上，并且发生高速的相对运动，有了相对运动，零件表面必然要产生摩擦。因此，为了减轻摩损，减小摩擦阻力，延长使用寿命，发动机上必须有润滑系统。下面进入润滑系统的学习。

相关知识

一、润滑系统的功用

润滑系统的功用主要有以下几方面。

（1）润滑作用：润滑运动零件表面（如曲轴与主轴承、活塞与汽缸壁、正时齿轮副等），减小摩擦阻力和磨损，减少发动机的功率消耗。

（2）清洗作用：机油在润滑系统内不断循环，清洗摩擦表面，带走磨屑和其他异物。

（3）冷却作用：机油在润滑系统内循环还可带走摩擦产生的热量（6%~14% 的热量），维持零件正常的工作温度。

（4）密封作用：在运动零件之间（如活塞环、活塞裙部表面与汽缸壁之间的环形间隙）形成油膜，提高它们的密封性，有利于防止漏气或漏油。

（5）防锈蚀作用：在零件表面形成油膜，对零件表面起保护作用，防止腐蚀生锈。

此外，机油还可用作液压油，如用在液压挺柱中，起液压作用；在运动零件表面形成油膜，吸收冲击并减小振动，起减振缓冲作用。

二、润滑方式

由于发动机各运动零部件的工作条件不同，对润滑强度的要求也就不同，因而要相应地采取不同的润滑方式，发动机一般采用以下三种润滑方式。

1. 压力润滑

利用机油泵，将具有一定压力的机油源源不断地送往摩擦表面。例如，曲轴主轴承、连杆轴承及凸轮轴轴承等处承受的载荷及相对运动速度较大，需要以一定压力将机油输送到摩擦面的间隙中，方能形成油膜以保证润滑，这种润滑方式称为压力润滑。有的发动机活塞设计有冷却油道，用专门的油管对其供油，以加强活塞的冷却，如图 1-199 所示。

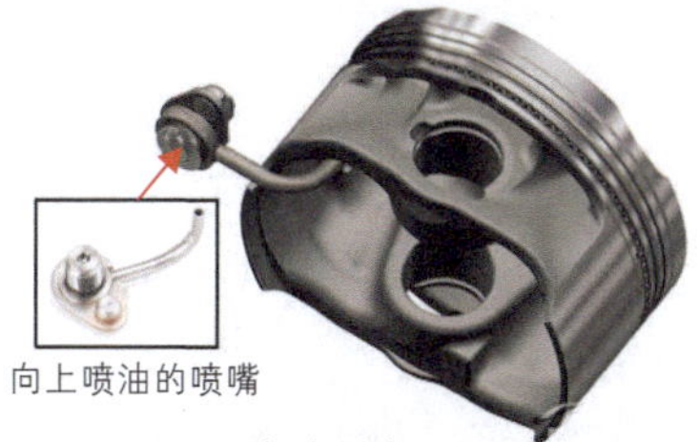

（a）活塞

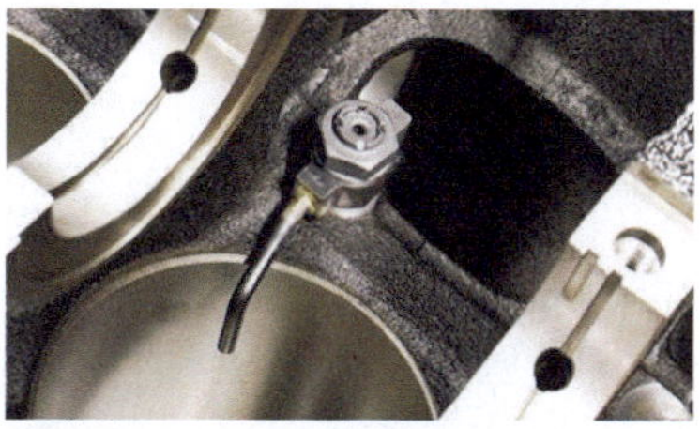

（b）汽缸

图 1-199 活塞冷却油道

2. 飞溅润滑

利用发动机工作时运动零部件飞溅起来的油滴或油雾来润滑摩擦表面的润滑方式称为飞溅润滑。这种润滑方式可使裸露在外面承受载荷较轻的汽缸壁、相对滑动速度较小的活塞销，以及配气机构的凸轮表面、挺柱等得到润滑。

3. 定期润滑

发动机辅助系统中有些零部件只需要定期加注润滑脂（黄油）进行润滑，如水泵及发电机轴承就采用这种方式定期润滑。近年来，在发动机上采用含有耐磨润滑材料（如尼龙、二硫化钼等）的轴承来代替加注润滑脂的轴承。

三、润滑剂

发动机的润滑剂有机油和润滑脂。机油也称润滑油，品种很多。

1. 机油

汽油发动机和柴油发动机使用的机油不同，汽油发动机润滑系统使用的机油俗称汽油机机油，柴油发动机润滑系统使用的机油俗称柴油机机油，如图 1-200 所示。

机油的黏度随温度变化而变化，温度高则黏度小，温度低则黏度大。因此，要根据季节选用不同牌号的机油。

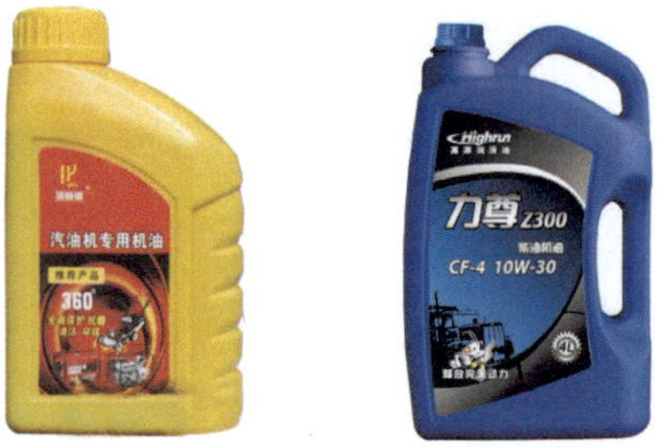

（a）汽油机机油　（b）柴油机机油

图 1-200 发动机机油

1）机油的使用特性

（1）适当的黏度。

机油黏度对发动机的工作有很大的影响。黏度过小，在高温、高压下容易从摩擦表面流失，不能形成足够厚度的油膜；黏度过大，冷启动困难，机油不能被泵送到摩擦表面。

（2）优异的氧化安定性。

氧化安定性是指机油抵抗氧化作用不使其性质发生永久变化的能力。当机油在使用与存储过程中与空气中的氧气接触而发生氧化作用时，机油的颜色变暗，黏度增加，酸性增大，并产生胶状沉积物。氧化变质的机油会腐蚀发动机零件，甚至破坏发动机的工作。

（3）良好的防腐性。

机油在使用过程中不可避免地被氧化而生成各种有机酸。这类酸性物质对金属零件有腐蚀作用，可能使铜铅和镉镍一类的轴承表面出现斑点、麻坑或使合金层剥落。

（4）较低的起泡性。

由于机油在润滑系统中快速循环和飞溅，必然会产生泡沫。如果泡沫太多，或泡沫不能迅速消除，将造成摩擦表面供油不足。控制泡沫生成的方法是在机油中添加泡沫抑制剂。

（5）良好的清净分散性。

机油的清净分散性是指机油分散、疏松和移走附着在零件表面上的积炭和污垢的能力。为使机油具有清净分散性，必须加入清净分散添加剂。

（6）高度的极压性。

摩擦表面之间的油膜厚度小于 0.4μm 的润滑状态，称为边界润滑。习惯上把高温、高压下的边界润滑称为极压润滑。机油在极压条件下的抗摩性称为极压性。

2）机油的选择与使用

（1）应根据汽车发动机的强化程度选用合适的机油。

（2）润滑油的黏度随温度变化而变化，温度高则黏度小，温度低则黏度大，因此，应根据地区的季节气温选用适当黏度等级的机油。

（3）汽车应定期更换发动机机油。如汽车连续在多尘地区及气温低的寒冷地区行驶，更换周期应相应缩短。

（4）应经常检查发动机机油油面，保持机油油面位于机油尺“MAX”（最高）及“MIN”（最低）之间。

2. 润滑脂

润滑脂是将稠化剂掺入液体润滑剂中所制成的一种稳定的固体或半固体产品，如图 1-201 所示。其中可以加入旨在改善润滑脂某种特性的添加剂。

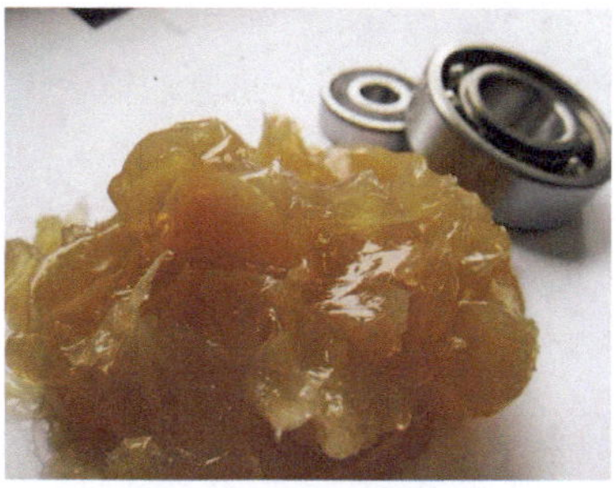

图 1-201 润滑脂

润滑脂具有良好的黏附性，在常温下可附着于垂直表面而不流淌，并能在敞开或密封不良的摩擦部位工作，具有防水、防尘、防锈和润滑作用。

目前，进口汽车和国产新车普遍推荐使用汽车通用锂基润滑脂。这种润滑脂具有良好的高低温适应性，可在 -30~120℃的宽温度范围内使用；具有良好的抗水性和防锈性能，可用于潮湿和与水接触的摩擦部位；具有良好的安定性和润滑性，在高速运转的机械部位使用不变质、不流失，保证润滑。它能够满足我国从哈尔滨到海南岛广大地区汽车的使用要求，与使用钙基或复合钙基润滑脂比较，可以使换油期延长两倍，使润滑和维护费用下降 40% 以上。

四、润滑系统的组成及油路

润滑系统由机油泵、机油滤清器、机油集滤器等组成，如图 1-202 所示。此外，润滑系统还包括机油冷却器、机油压力表、温度表和机油管道等。

发动机的润滑部位主要有曲柄连杆机构、配气机构及正时齿轮室。润滑系统油路如图 1-203 所示。在此系统中，曲轴的主轴颈、曲柄销、凸轮轴轴颈及中间轴（分电器和机油泵的传动轴颈）

均采用压力润滑，其余部分则用飞溅润滑或润滑脂润滑。

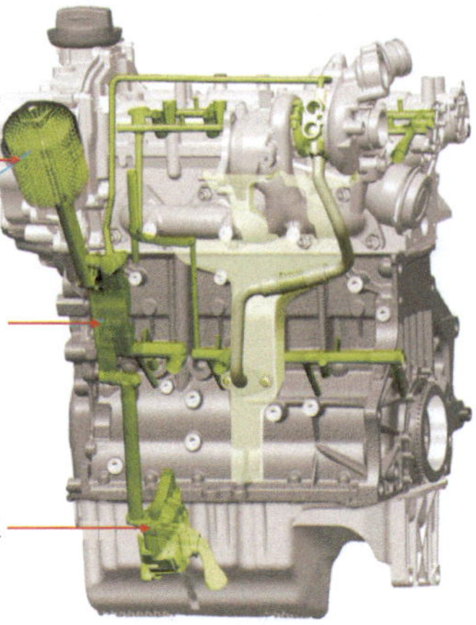

图 1-202　润滑系统的组成

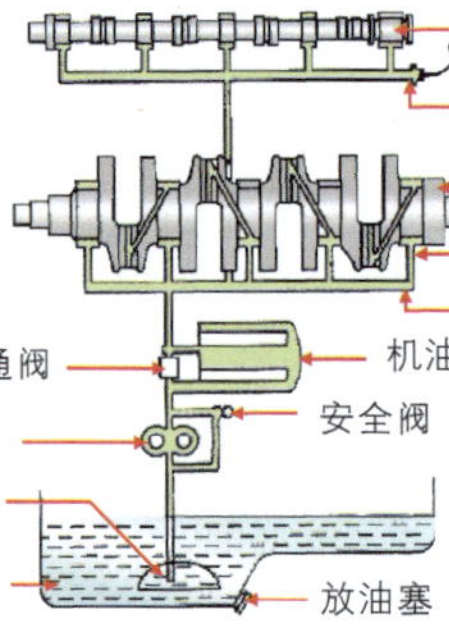

图 1-203　润滑系统油路

当发动机工作时，机油从油底壳经集滤器被机油泵送入机油滤清器。如果油压太高，则机油经机油泵上的安全阀返回油底壳。全部机油经滤清器滤清之后进入发动机主油道。滤清器盖上设有旁通阀，当滤清器堵塞时，机油不经过滤清器滤清，由旁通阀直接进入主油道。机油经主油道进入五条分油道，分别润滑五个主轴承。然后，机油经曲轴上的斜油道，从主轴承流向连杆轴承，润滑连杆轴颈。主油道的另一条分油道直通凸轮轴轴承润滑油道，此油道也有五个分油道，分别向五个凸轮轴轴承供油。在凸轮轴轴承润滑油道的后端，也就是整个压力润滑油路的终端装有最低油压报警开关。当发动机启动之后，机油压力较低，最低油压报警开关触点闭合，油压指示灯亮。当机油压力超过一定值时，最低油压报警开关触点断开，指示灯熄灭。

五、机油泵

1. 机油泵的功用与结构

机油泵的功用是提高润滑系统机油压力，使机油在润滑系统内循环流动，保证发动机在任何转速下都能把机油送达各运动件的摩擦表面。

机油泵按其结构可分为齿轮式和转子式两类。齿轮式机油泵又分为内啮合齿轮式和外啮合齿轮式两种。

1）外啮合齿轮式机油泵

外啮合齿轮式机油泵如图 1-204 所示。机油泵体内有一对外啮合齿轮（主动齿轮和从动齿轮），主动齿轮由发动机驱动，齿轮与机油泵体和泵盖形成了进油腔、过渡油腔和出油腔。当主动齿轮带动从动齿轮旋转时，进油腔内由于油液逐渐被带走，产生一定真空度，润滑油从油底壳被吸入进油腔，随后被轮齿带到过渡油腔，再进入出油腔，出油腔由于油液逐渐增多，压力升高，润滑油经出油口被输出。

外啮合齿轮式机油泵的优点是效率高，功率损失小，工作可靠；缺点是需要中间传动机构，制造成本相应较高。

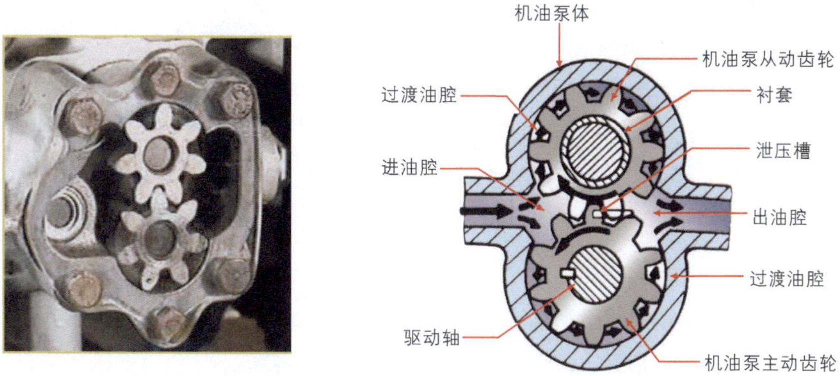

图 1-204　外啮合齿轮式机油泵

2）内啮合齿轮式机油泵

内啮合齿轮式机油泵如图 1-205 所示，其工作原理与外啮合齿轮式机油泵相同。其外齿轮是主动齿轮，套在曲轴前端，通过花键由曲轴直接驱动。内齿轮是从动齿轮，装在机油泵体内，泵体固定在机体前端。

因为由曲轴直接驱动，不需要中间传动机构，所以零件数量少，制造成本低，占用空间小，使用范围广。但是这种机油泵在内、外齿轮之间有一处无用的空间，使机油泵的泵油效率降低。另外，如果曲轴前端轴颈太粗，机油泵外形尺寸就会随之增大，发动机驱动机油泵的功率损失也相应有所增加。

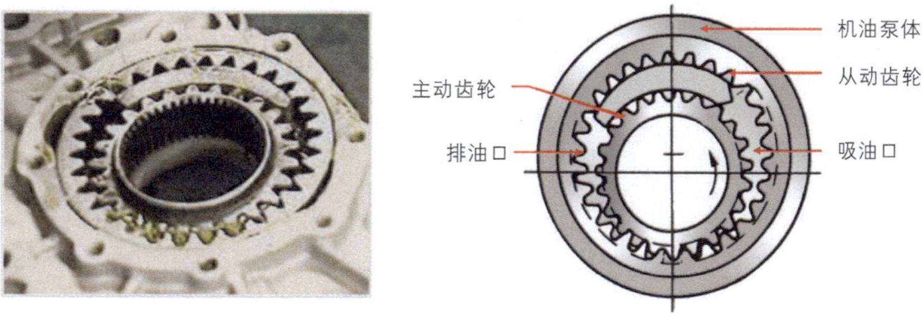

图 1-205　内啮合齿轮式机油泵

3）转子式机油泵

转子式机油泵主要由内、外转子，泵壳及泵盖等零件组成，如图 1-206 所示。外转子比内转子多一个齿，内转子固定在机油泵传动轴上，外转子自由地安装在泵体内，并与内转子啮合转动。内、外转子之间有一定的偏心距。转子式机油泵的优点是结构紧凑、供油量大、供油均匀、噪声小、吸油真空度较高。

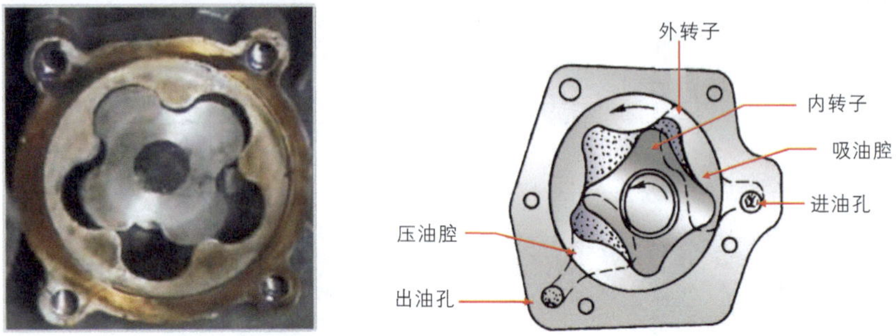

图 1-206 转子式机油泵

2. 安全阀

机油泵必须在发动机各种转速下都能供给足够数量的机油，以维持足够的机油压力，保证发动机的润滑。机油泵的供油量与其转速有关，而机油泵的转速又与发动机转速成正比。因此，在设计机油泵时，都使其在低速时有足够大的供油量。但是，在高速时机油泵的供油量明显偏大，机油压力也显著偏高。另外，在发动机冷启动时，机油黏度大，流动性差，机油压力也会大幅度升高。为了防止油压过高，在润滑油路中设置安全阀或限压阀。一般安全阀装在机油泵或机体的主油道上。当安全阀安装在机油泵上时，如果油压达到规定值，则安全阀开启，多余的机油返回机油泵进口。如果安全阀安装在主油道上，则当油压达到规定值时，多余的机油经过安全阀流回油底壳。安全阀的结构与工作过程如图 1-207 所示。

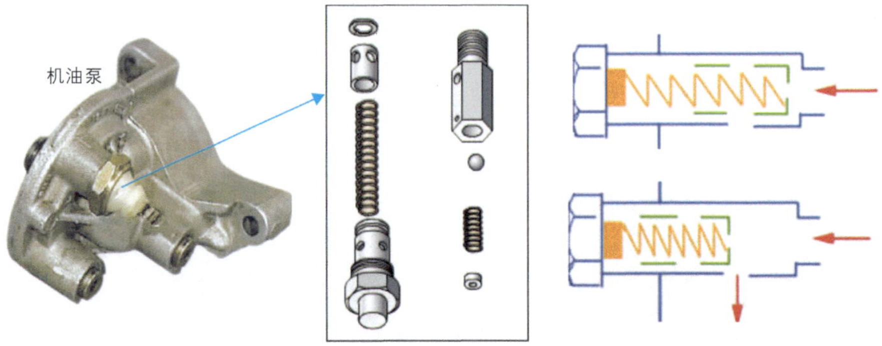

（a）安全阀的结构　（b）安全阀的工作过程

图 1-207 安全阀的结构与工作过程

六、机油滤清器

1. 机油滤清器的功用

机油滤清器的功用是滤除机油中的金属磨屑、机械杂质和机油氧化物（如果这些杂质随同机油进入润滑系统，将加剧发动机零件的磨损，还可能堵塞油管或油道），保持机油的清洁。

2. 机油滤清器的分类

1）按过滤能力分类

按过滤能力分为粗滤器和细滤器，如图 1–208 所示。

粗滤器用来滤除机油中粒度较大（直径在 0.05 mm 以上）的杂质。它对机油的流动阻力较小，串联于机油泵与主油道之间，即属于全流式机油滤清器。

细滤器用来滤除直径在 0.001 mm 以上的细小杂质，它对机油的流动阻力较大，多与主油道并联，即属于分流式机油滤清器。

（a）粗滤器　（b）细滤器

图 1–208　不同过滤能力的机油滤清器

2）按滤清方式分类

按滤清方式分为过滤式和离心式两种（图 1–209）。过滤式按滤芯材料分为金属式和纸质式。

（a）离心式机油滤清器　（b）纸质滤清器　（c）金属片缝隙滤清器

图 1–209　不同滤清方式的机油滤清器

3）按与油道连接方式分类

按与油道连接方式分为全流式和分流式。

（1）全流式机油滤清器。

全流式机油滤清器串联于机油泵和主油道之间，因此全部机油都经过它滤清，如图 1–210（a）所示。现代汽车发动机所采用的全流式机油滤清器多为过滤式。机油从纸滤芯的外围进入滤清器中心，然后经出油口流进机体主油道。机油流过滤芯时杂质被截留在滤芯上。如果滤清器使用时间达到了更换周期，就把整个滤清器拆下并换上新滤清器。纸滤芯由经过酚醛树脂处理的微孔滤纸制造，这种滤纸具有较高的强度、较好的抗腐蚀性和抗湿性。纸滤芯具有质量小、体积小、结构简单、滤清效果好、阻力小和成本低等优点，因而得到了广泛的应用。目前在轿车上普遍采用全流式机油滤清器。机油滤清器的滤芯还可以采用其他纤维滤清材料制作。

（2）分流式机油滤清器。

分流式机油滤清器与主油道并联，流过粗滤器的机油进入主油道，而流过分流式机油滤清器的机油直接返回油底壳，如图 1–210（b）所示。分流式机油滤清器有过滤式和离心式两种类型。过滤式存在着滤清能力与通过能力的矛盾，而离心式则有滤清能力大、通过能力大且不受沉淀物影响等优点，因此，汽车发动机多采用离心式。

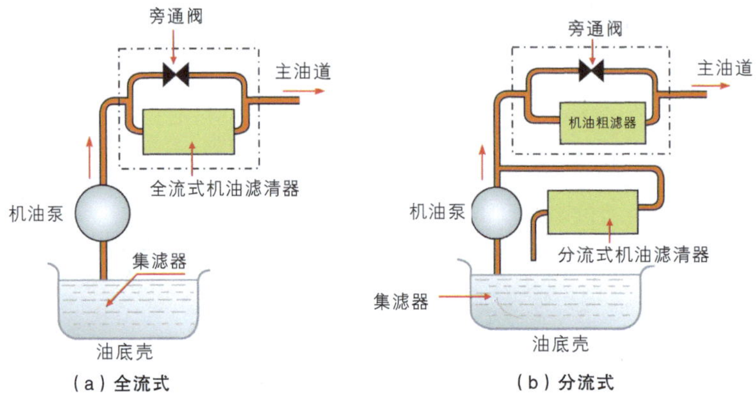

图 1–210 全流式与分流式机油滤清器

七、机油集滤器

1. 机油集滤器的功用

机油集滤器安装在机油泵进油口的前面，主要作用是防止较大的机械杂质进入机油泵。机油集滤器可以分为浮式集滤器和固定式集滤器两种，如图 1–211 所示。

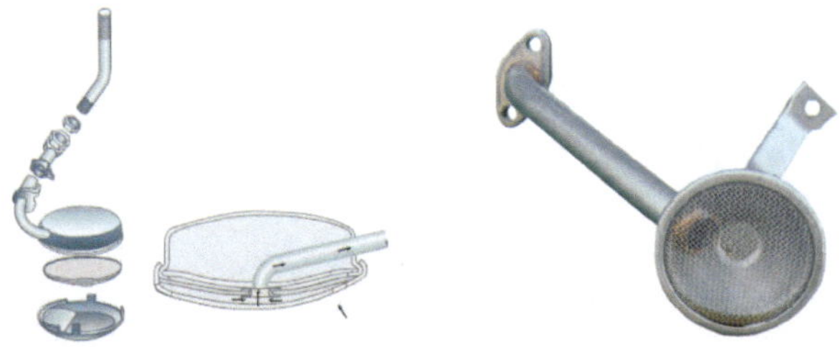

图 1–211 机油集滤器

浮式集滤器由浮子、滤网、底盖片、弯管活动接头等组成。机油泵工作时，机油从罩子与浮子间的狭缝被吸入，通过滤网滤去粗大的杂质后，经焊在浮子上的油管进入机油泵。当滤网被堵塞时，进油管的吸力增大，克服滤网的阻力而使环口离开罩子，机油便不经滤网而直接从环口进入吸油管。浮式集滤器漂浮于机油表面吸油，能吸入油面上较清洁的机油，但油面上的泡沫也易被吸入，使机油压力降低，润滑欠可靠，故目前应用不多。

固定式集滤器淹没在油面之下，吸入的机油清洁度较差，但可防止泡沫吸入，润滑可靠，结构简单，正逐步取代浮式集滤器。

2. 机油集滤器的检修

机油集滤器的损坏形式有油管和滤网堵塞、浮子破损下沉等。

油管和滤网堵塞应用柴油或煤油清洗后，用压缩空气吹干。浮子有破损应进行焊修。

八、机油散热器和冷却器

发动机运转时，由于机油黏度随温度的升高而降低，降低了润滑能力，因此，有些发动机装用了机油散热器或机油冷却器，其作用是降低机油温度，使机油保持一定的黏度。

1. 机油散热器

机油散热器由散热管、限压阀、开关、进油管出油管等组成。其结构与冷却液散热器相似。

机油散热器一般安装在冷却液散热器的前面，与主油道并联。机油泵工作时，一方面将机油供给主油道；另一方面，机油经限压阀、机油散热器开关、进油管进入机油散热器内，冷却后从出油管流回机油盘，如此循环流动。机油散热器如图 1–212 所示。

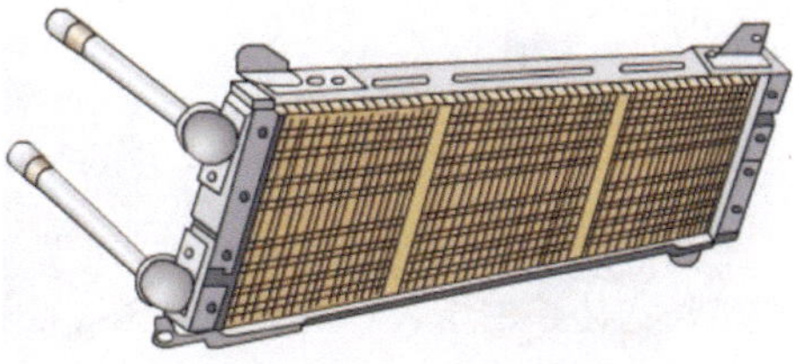

图 1–212　机油散热器

2. 机油冷却器

发动机机油冷却器分为风冷式和水冷式两类。

1）风冷式机油冷却器

风冷式机油冷却器的芯子由许多冷却管和冷却板组成。在汽车行驶时，利用汽车迎面风冷却热的机油冷却器芯子。风冷式机油冷却器要求周围通风好，在普通轿车上很难保证有足够的通风空间，一般很少采用。在赛车上多半采用这种冷却器，因为赛车速度高，冷却风量大。

2）水冷式机油冷却器

将机油冷却器置于冷却水路中，利用冷却水的温度来控制机油的温度。当机油温度高时，靠冷却水降温；发动机启动时，则从冷却水吸收热量使机油迅速提高温度。机油冷却器由铝合金铸成的壳体、前盖、后盖和铜芯管组成。为了加强冷却，管外又套装了散热片。冷却水在管外流动，机油在管内流动，两者进行热量交换。也有机油在管外流动而水在管内流动的结构。水冷式机油冷却器如图 1–213 所示。水冷式机油冷却器外形尺寸小，布置方便，且不会使机油冷却过度，机油温度稳定，因而在轿车上应用较广。

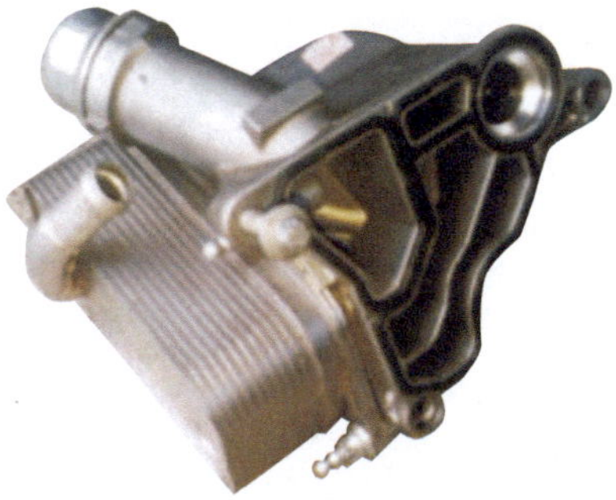

图 1–213　水冷式机油冷却器

九、机油标尺

机油标尺用来检查油底壳中的机油存量。它是一根插在汽缸体油面检查孔内的扁平杆。标尺的一端刻有刻线，在发动机停止工作，全部机油都流回油底壳后，先拔出机油标尺，擦干后重新插入曲轴箱内，再次拔出机油标尺，查看机油的油迹，油面高度应在机油标尺的上、下刻线之间。

十、机油压力表

机油压力表用以指示发动机工作时润滑系统中机油压力的大小，一般采用电热式机油压力表，它由油压表和传感器组成，中间用导线连接。传感器装在粗滤器或主油道上，它把感受到的机油压力传给油压表。油压表装在驾驶室内仪表板上，显示机油压力值。

十一、曲轴箱通风装置

发动机工作时，会有少量可燃混合气及燃烧后的废气通过活塞、活塞环与汽缸壁之间的间隙窜入曲轴箱，由此容易导致机油稀释变质，以及酸性物质腐蚀零件；窜入曲轴箱的气体增加，使压力增高，机油外泄。为防止上述现象，曲轴箱设有通风装置，可将废气排出，并将新鲜空气导入。

曲轴箱通风装置的作用是及时将进入曲轴箱内的混合气和废气抽出，同时使新鲜空气进入曲轴箱，形成对流。曲轴箱的通风方式一般有两种：自然通风和强制通风。

自然通风：将从曲轴箱抽出的气体直接导入大气的通风方式。柴油发动机多采用这种通风方式。

强制通风：将从曲轴箱抽出的气体导入发动机的进气管，吸入汽缸再燃烧的通风方式。强制式曲轴箱通风系统又称 PCV 系统，汽油发动机一般采用这种通风方式。

任务实践

1. 实践名称

润滑系统的拆装。

2. 实践准备

实训车辆、举升机、机油、机油滤清器拆装工具、机油回收工具、实训发动机、螺丝刀、常用拆装工具等。

3. 实践要求与注意事项

（1）明确操作规范和职责范围，预防潜在危险。

（2）实践操作过程中保持场地卫生及安全，不嬉戏打闹。

（3）在使用举升机的过程中应上好保险后再开始工作。

（4）使用维修手册时，要注意避免破损，手册与使用车型相对应。

4. 操作步骤及检修

1）机油的检查与更换

（1）检查。

①油量检查。

●选择发动机启动前或停机 10~15min 后，将车辆停放在平坦的地面上，如图 1-214 所示。

●拔出机油标尺，用洁净的软布擦去机油标尺上黏附的机油，将机油标尺再次插入油底壳，如图 1-215 所示。

图 1-214 停放车辆

图 1-215 插入机油标尺

●拔出机油标尺，观察机油标尺的机油黏附高度。机油标尺上有两条刻线，上刻线“F”表示机油量的上限，下刻线“L”表示机油量的下线，如图 1-216 所示。

②油质检查。

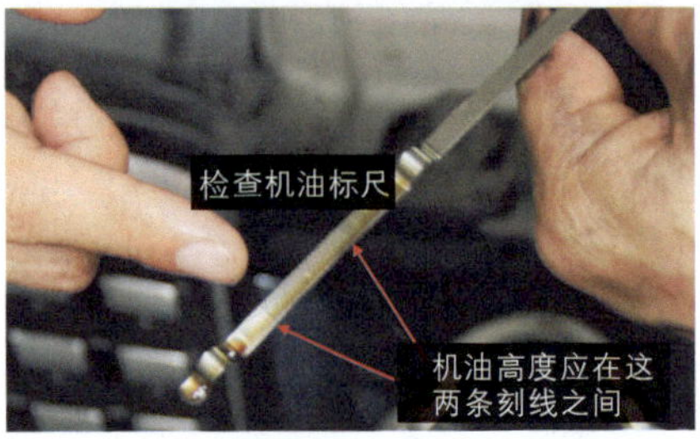

图 1-216 检查机油标尺的机油黏附高度

●启动发动机，待达到正常工作温度后停机。

●拔出机油标尺，将机油标尺上黏附的机油滴在色纸上（最好是滤纸），放置一定的时间后观察油滴的扩散情况及油斑中心的颜色，如图 1-217 所示。

●油滴的核心部分呈深灰色、褐色且透明，则属正常，表示机油可继续使用，如图 1-218 所示。

图 1-217 将机油标尺上黏附的机油滴在滤纸上

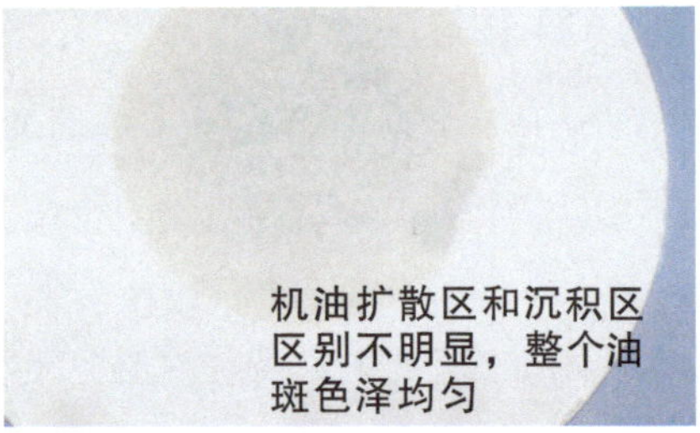

图 1-218 正常的机油

●若油滴呈乳液状且油滴的扩散范围较大，外围颜色较浅，如图 1-219 所示，则说明机油中掺入了燃油或冷却液，机油已不能继续使用，应更换。

●若油斑上积聚较多金属微粒或黑色沉淀物，如图 1-220 所示，则说明机油已老化变质，应更换。

图 1-219 不正常的机油（1）

图 1-220 不正常的机油（2）

（2）更换

①将车辆停放在平坦的地面上，启动发动机并使其处于热状态，然后熄火。将车辆升起，如图 1-221 所示。

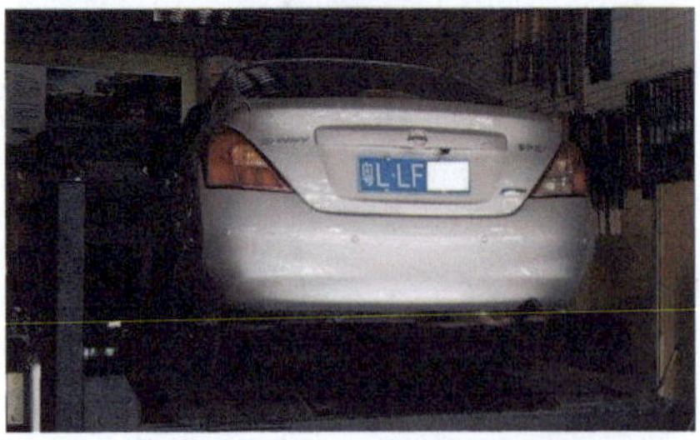
图 1-221 将车辆升起

②拧下油底壳上的放油螺塞，趁热放出

机油，如图 1–222 所示。

③用专用工具拆卸机油滤清器，放净机油，如图 1–223 所示。

图 1–222　拧下放油螺塞并放出机油

图 1–223　拆卸机油滤清器

④擦干净机油滤清器座，如图 1–224 所示。

⑤在将新滤清器装上之前，要先在滤清器上倒少许机油，并且涂匀在滤清器的表面上，使滤清器首先润滑，如图 1–225 所示。

图 1–224　擦干净机油滤清器座

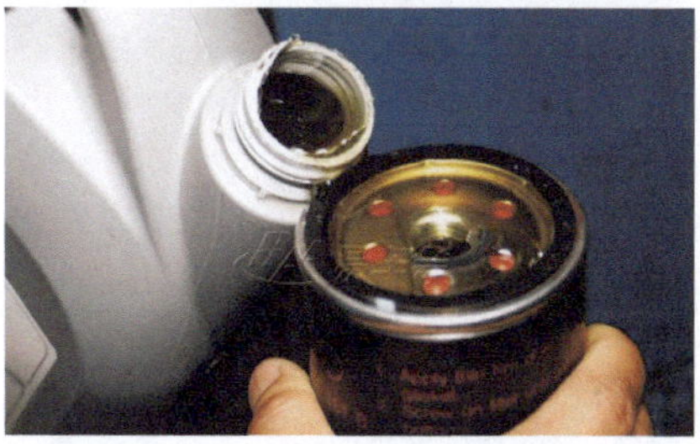

图 1–225　在滤清器上倒少许机油

⑥安装新的机油滤清器，如图 1–226 所示。

⑦按规定力矩拧紧油底壳的放油螺塞，如图 1–227 所示。

图 1–226　安装新的机油滤清器

图 1–227　拧紧放油螺塞

⑧换好机油滤清器、拧上放油螺塞后，按规定容量加注新机油，如图 1–228 所示。

⑨检查油底壳内的油面高度，如图 1–229 所示，应符合规定的高度。

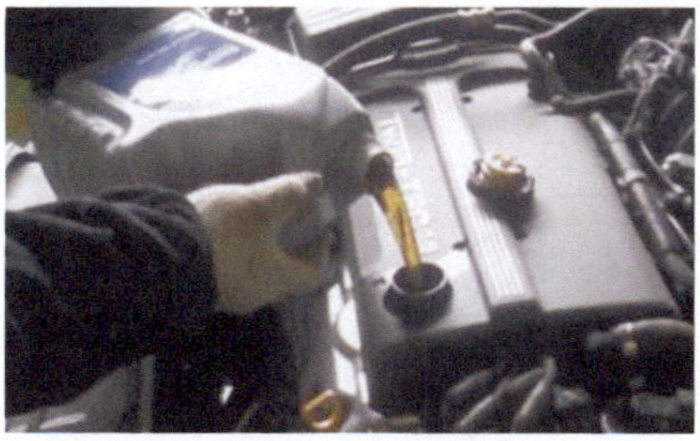

图 1–228　加注新机油

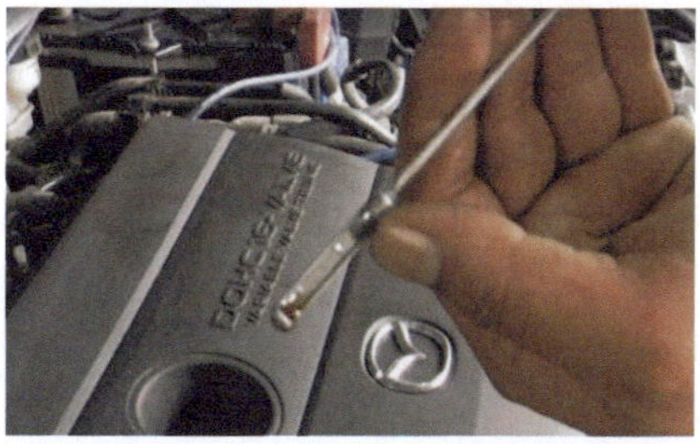

图 1–229　检查油底壳内的油面高度

（3）整理工具，操作完毕。

2）机油泵的拆装

（1）拆卸。

①将发动机翻转，油底壳向上。

②拧下油底壳螺栓，如图 1–230 所示，取下油底壳。

③取下缸体加强盖，如图 1–231 所示。

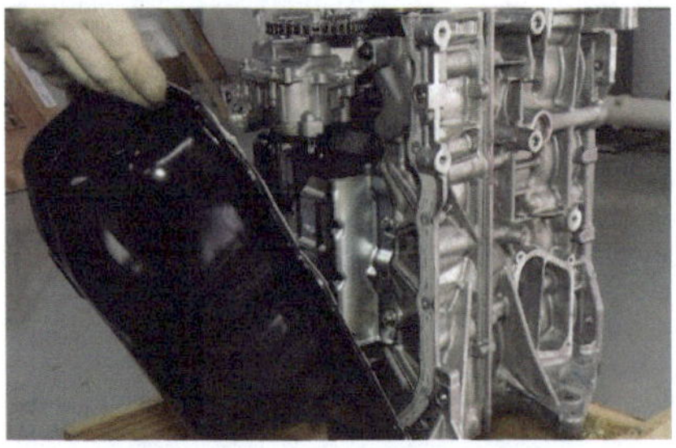

图 1–230　拧下油底壳螺栓

图 1–231　取下缸体加强盖

④利用专用工具拆卸机油泵驱动齿轮和链条，并取下齿轮和链条，如图 1–232 所示。

⑤松开机油泵固定螺栓，取下机油泵总成，如图 1–233 所示。

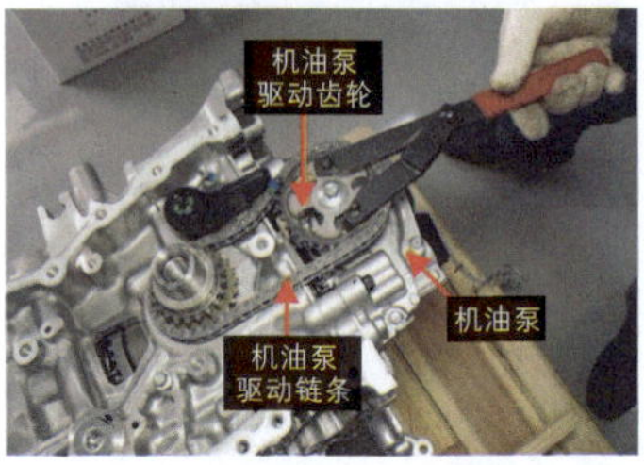

图 1–232　取下齿轮和链条

图 1–233　取下机油泵总成

（2）安装。

按拆卸过程的相反步骤安装。

5. 实践总结

任务练习

一、填空题

1. 润滑系统的功用主要包括 ____________、____________、____________、____________、____________ 等。

2. 发动机的润滑方式一般包括 ____________、____________、____________ 三种。

3. 机油的黏度随 ______________ 变化而变化，温度高则 ______________，温度低则 ______________。

4. 润滑系统由 ____________、____________、____________ 等组成。此外，润滑系统还包括 ____________、____________、____________ 和 ____________ 等。

二、选择题

1. 活塞通常采用的润滑方式是（　　）。

A. 压力润滑　　B. 飞溅润滑

C. 两种润滑方式都有　　D. 润滑方式不确定

2. 汽车上常用的机油泵形式是（　　）。

A. 齿轮式　　B. 转子式

C. 离心式　　D. 惯性式

3. 转子式机油泵工作时（　　）。

A. 外转子转速低于内转子转速　　B. 外转子转速高于内转子转速

C. 内、外转子转速相等　　D. 内、外转子转速不确定

4. 控制发动机主油道最高油压的部件是（　　）。

A. 安全阀　　B. 旁通阀

C. 限压阀　　D. 球阀

三、问答题

1. 简述润滑系统的功用与组成。

2. 简述发动机工作时机油在润滑系统内的流向。

任务六
燃油供给系统

任务目标

完成本学习任务后，学生在基础知识和基本技能方面应达到以下要求。

●知识目标

（1）熟知燃油供给系统的功用与组成。

（2）掌握燃油供给系统的分类。

（3）掌握燃油供给系统各部件的结构与工作原理。

●能力目标

（1）能够独立完成燃油滤清器的更换。

（2）能够独立完成喷油器的拆装。

任务引入

燃油供给系统工作状况的好坏直接影响汽车的动力性、经济性和环保性。随着世界经济全球化的发展，各个国家对汽车燃油供给系统的要求不断提高，如用电控燃油喷射系统取代传统化油器式燃油供给系统，提高了汽车的动力性。准确控制燃油供给系统供给的燃油，充分提高可燃混合气的浓度，使混合气充分燃烧，可提高汽车的燃油经济性。下面进入燃油供给系统的学习。

相关知识

一、燃油供给系统的功用与组成

汽油发动机燃油供给系统的任务是根据发动机各种不同工况的要求，配制出一定数量和浓度的可燃混合气，供入汽缸，使之在临近压缩终了时点火燃烧而膨胀做功，最后将燃烧产物——废气排入大气中。

这里以电控燃油喷射系统为例，它由燃油箱、电动燃油泵、燃油滤清器、油压调节器、喷油器、燃油管路等组成，如图 1–234 所示。

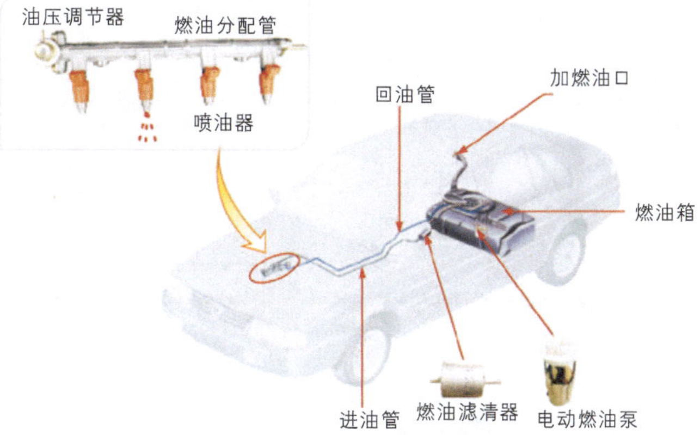

图 1–234 电控燃油喷射系统

二、燃油供给系统的分类

汽油发动机燃油供给系统以电控单元（ECU）为控制中心，利用发动机上的各种传感器检测发动机的工作状况，经电脑计算、判断，精确地控制燃油的喷射量、喷射时刻和点火时刻，使发动机在不同工况下都能获得最佳的可燃混合气，从而达到良好的经济性和排放性。

1. 按进气量的检测方式分类

按进气量的检测方式可分为直接测量燃油喷射系统（L 型）（图 1–235）和间接测量燃油喷射系统（D 型）（图 1–236）。

直接测量燃油喷射系统的特点：利用空气流量计直接测量发动机的进气量，电脑不必进行推算，即可根据空气流量计信号计算相应的喷油量。其测量的准确程度高于 D 型，故对混合气浓度的控制更精确。

间接测量燃油喷射系统的特点：利用绝对压力传感器检测进气管内的绝对压力，电脑根据进气管内的绝对压力和发动机转速推算出发动机的进气量，再根据进气量和发动机转速确定基本喷油量。

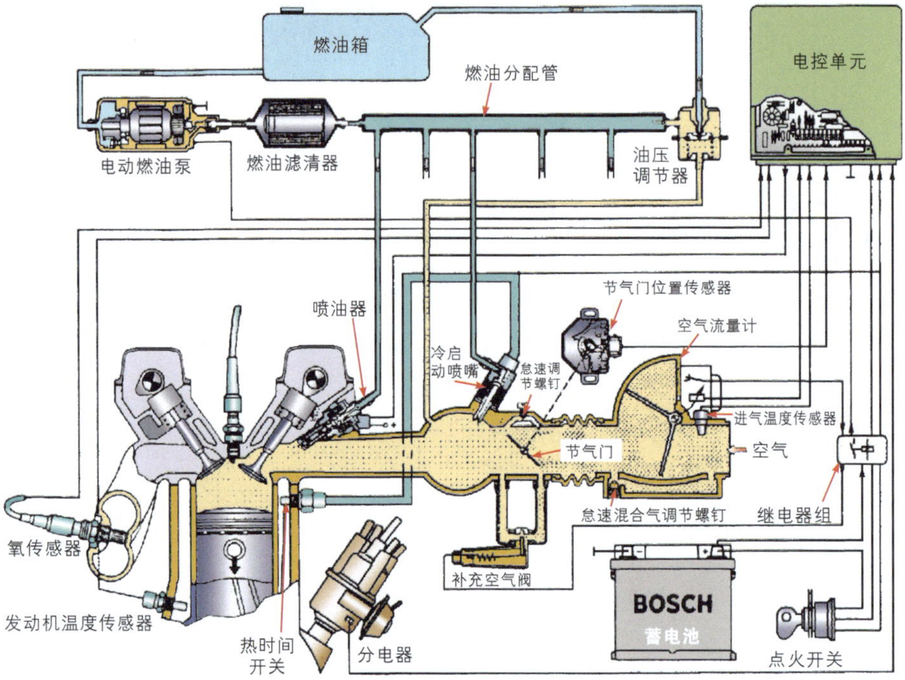

图 1-235 直接测量燃油喷射系统（L 型）

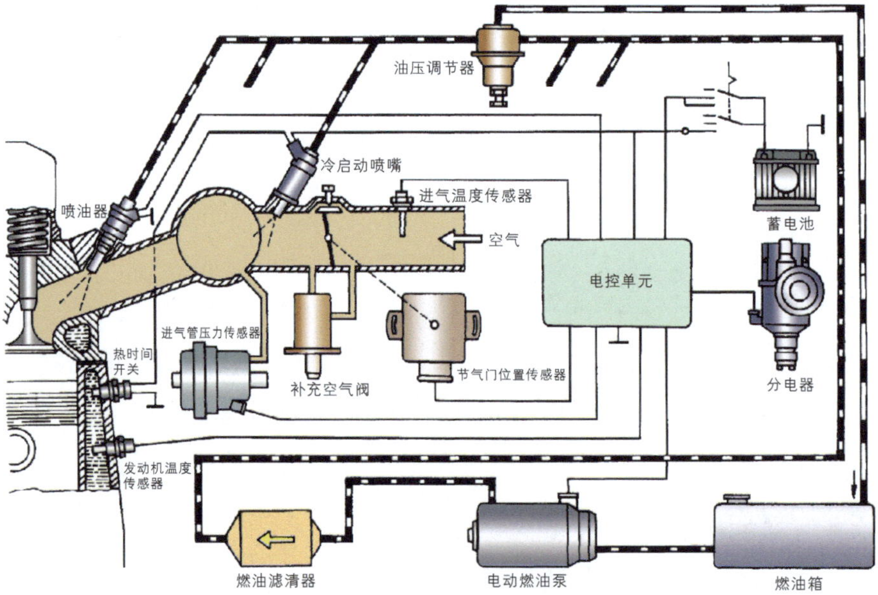

图 1-236 间接测量燃油喷射系统（D 型）

2. 按喷油器布置方式分类

按喷油器布置方式分为缸内直接喷射系统和缸外喷射系统，如图 1-237 所示。

缸内直接喷射系统： 将喷油器安装在汽缸盖上，把燃油直接喷入汽缸内，配合缸内组织的气体流动形成可燃混合气，容易实现分层燃烧和稀混合气燃烧，可进一步提高汽油发动机的经济性和排放性。

缸外喷射系统：是指在进气歧管或进气门前喷射，缸外喷射系统应用广泛。

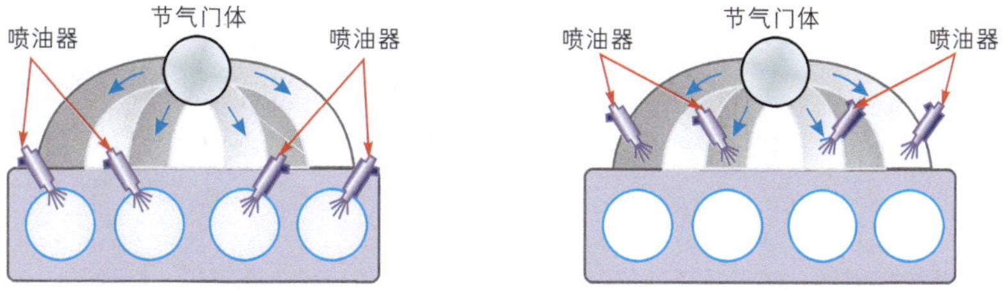

（a）缸内直接喷射系 统　　（b）缸外喷射系统

图 1–237　缸内直接喷射系统与缸外喷射系统

3. 按喷油器的数量分类

按喷油器的数量可分为单点喷射系统和多点喷射系统，如图 1–238 所示。

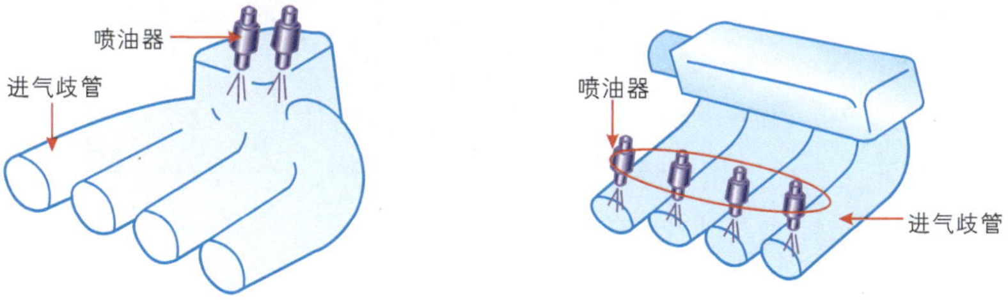

（a）单点喷射系统　　（b）多点喷射系统

图 1–238　单点喷射系统与多点喷射系统

单点喷射系统：在节气门上方装一个中央喷射装置，用 1~2 个喷油器集中喷射。汽油被喷入气流中，形成的可燃混合气由进气歧管分配到各汽缸中。单点喷射又称节气门体喷射（TBI）或中央喷射（CFI）。

多点喷射系统：在每缸进气门处装有一个喷油器，由 ECU 控制喷油，因此多点喷射又称多气门喷射。

4. 按喷射时间分类

按喷射时间分为顺序喷射系统、分组喷射系统和同时喷射系统，如图 1–239 所示。

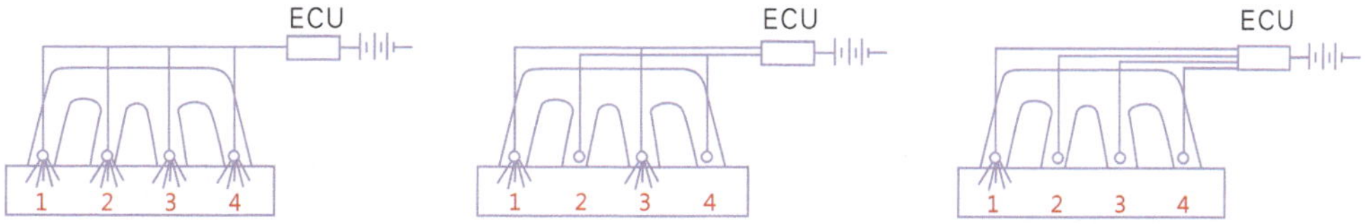

（a）同时喷射系统　　（b）分组喷射系统　　（c）顺序喷射系统

图 1–239　顺序喷射系统、分组喷射系统和同时喷射系统

同时喷射系统：各缸的喷油器采用并联方式，所有喷油器由 ECU 的同一个喷油指令控制，同时喷油、同时断油。

分组喷射系统：将各缸的喷油器分成几组，同一组喷油器同时喷油或断油。

顺序喷射系统：各喷油器由 ECU 分别控制，按发动机各缸的工作顺序喷油。

5. 按技术发展分类

按技术发展分为机械式、机电结合式、电控式三种。近年来，电控燃油喷射系统发展迅速，已得到广泛应用。电控燃油喷射系统按有无反馈又可分为开环控制式和闭环控制式两种。

三、燃油泵

燃油泵的作用是将燃油从油箱内吸出，供给喷油器。

燃油泵的安装形式有两种：一种是安装在油箱外输油管路中，即外装式；另一种是安装在油箱内，即内装式。内装式浸泡在燃油里（图 1–240），这样可以防止产生气阻和燃油泄漏，且噪声小，目前应用广泛。

图 1–240　内装式燃油泵

燃油泵按结构分为滚柱式、叶片式和齿轮式等。

1. 滚柱式燃油泵

滚柱式燃油泵如图 1–241 所示。泵壳的一端是进油口，另一端是出油口。带滚柱的转子偏心地安装在泵体内并由电动机驱动，滚柱装在转子的凹槽中。当油泵旋转时，由于离心力的作用，转子槽内的滚子向外移动，紧压在泵体壁面上。滚柱随转子一同旋转时泵腔容积发生变化，进油口一侧的工作腔容积增大，成为低压吸油腔，汽油经进油口被吸入工作腔内。在出油口一侧的工作腔容积减小，成为高压油腔，高压汽油从高压油腔经出油口流出。油泵出油口处有一单向阀，在油泵不工作时阻止燃油倒流回燃油箱，若因燃油滤清器堵塞等原因使油泵出油口一侧油压过高，与油泵一体的限压阀即被顶开，使部分燃油回到进油口一侧，以保护燃油泵。

滚柱式燃油泵运转时噪声较大，泵油压力脉动大，使用寿命较短，现代汽车越来越多地采用叶片式燃油泵。

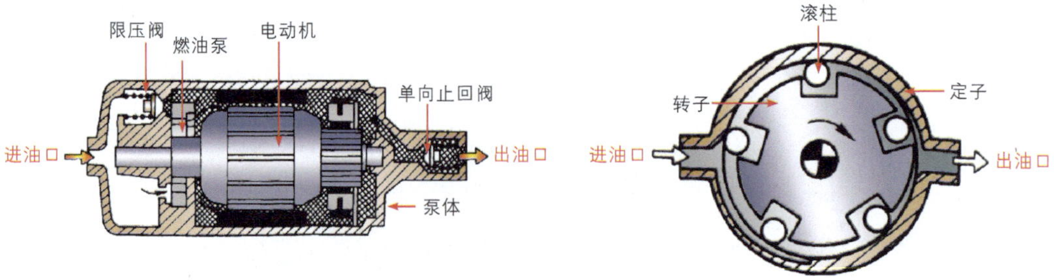

图 1–241　滚柱式燃油泵

2. 叶片式燃油泵

叶片式燃油泵的结构如图 1-242 所示。叶轮是一个圆形平板，周围开有小槽，形成叶片。当叶轮旋转时，小槽内的汽油随同叶轮一同高速旋转。由于离心力的作用，使出口处油压增高，而在进口处产生真空，从而使汽油从进口被吸入，从出口被泵出。叶片式燃油泵泵油量大，噪声小，油压脉动小，叶片磨损小，使用寿命长。

在出油口还设置有一个单向阀，当油泵停转后，油路内燃油仍保持一定压力，减少气阻现象，以便于发动机重新启动。为防止油压过高，设置有限压阀，当出口侧压力超过一定值时，限压阀打开，高压燃油流回油箱。

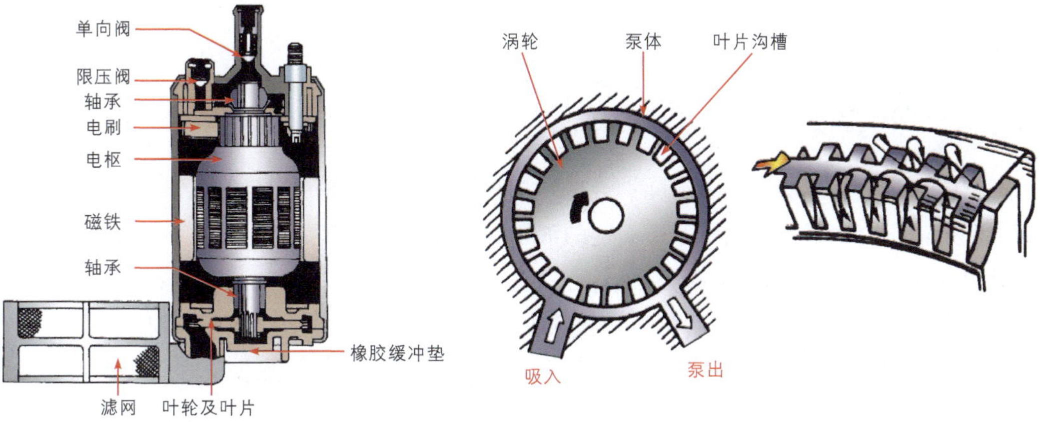

图 1-242　叶片式燃油泵的结构

四、燃油压力调节器

燃油压力调节器安装在燃油分配管的一端，其作用是保证喷油器喷油压力与进气歧管压力之差为恒定值。这样，喷油器的喷油量只与喷油时间有关，ECU 通过控制喷油时间来控制喷油量。

燃油压力调节器如图 1-243 所示。调节器壳体内腔被膜片分成两个小室，上室内有一通气管与进气歧管相连，使供油系统中的油压不仅取决于弹簧预紧力，还取决于进气歧管内的气体压力，当输入的燃油压力低于弹簧预紧力和进气歧管压力之和时，弹簧紧压在膜片上，使回油阀关闭，油压升高；当输入的燃油压力高于弹簧预紧压力与进气歧管压力之和时，燃油推动膜片向上压缩弹簧，打开回油阀，使部分燃油流回油箱，油路中的油压降低。这样就使喷油压力随进气歧管的压力而变化，从而使喷油压力与进气歧管压力之差保持不变，使喷油压力在不同的节气门开度下保持恒定。

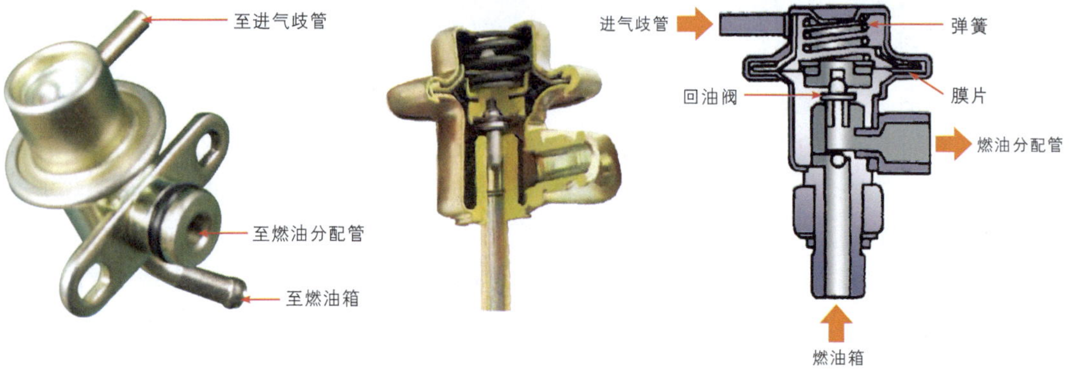

图 1-243　燃油压力调节器

五、燃油压力脉动缓冲器

燃油压力脉动缓冲器又称燃油脉动衰减器，其作用是减小燃油管路中因燃油泵运转、喷油器喷射和燃油压力调节器回油阀开闭引起的油压脉动和脉动噪声，并能在发动机停机后保持一定的燃油压力，以利于发动机重新启动。

燃油压力脉动缓冲器如图 1-244 所示。它主要由膜片、膜片弹簧、壳体等组成。

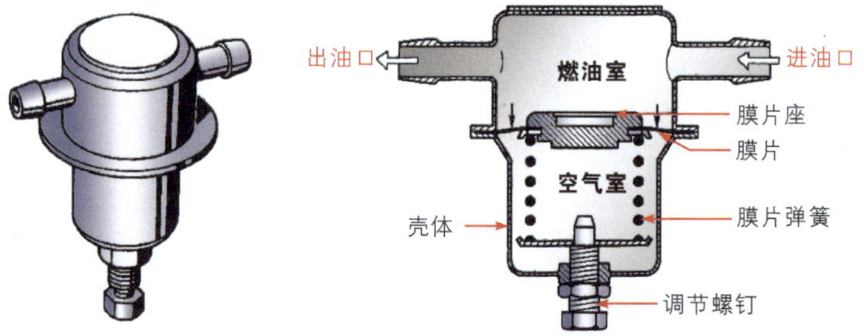

图 1-244　燃油压力脉动缓冲器

当脉动压力燃油进入缓冲器时，脉动压力通过膜片传给弹簧而被吸收，从而起到缓冲作用，具体动作是：当油压升高时，膜片弹簧被压缩，膜片下移，膜片上方的容积增大，使油压降低；当油压降低时，膜片弹簧伸长，膜片上移，膜片上方的容积减小，使油压升高。

燃油压力脉动缓冲器可安装在回油管或燃油分配管上。

六、喷油器

1. 作用

喷油器的作用是按照电控单元的指令将一定数量的燃油以雾状喷入进气道或进气管内。电控燃油喷射系统中都采用电磁式喷油器，如图 1-245 所示。

图 1-245　电磁式喷油器

2. 分类

燃油喷射系统中的喷油器种类繁多，其分类如下。

按用途分为单点喷射用喷油器和多点喷射用喷油器。

按燃料的进入位置分为上方供油式和侧方供油式。

按电磁线圈阻值分为低阻式和高阻式。

按驱动方式分为电流驱动式和电压驱动式。

按喷口形式分为孔式和轴针式。

3. 结构及工作原理

1）轴针式喷油器

轴针式喷油器的结构如图 1–246 所示。它主要由滤网、电磁线圈、衔铁、针阀、阀体、弹簧、轴针等组成。

当喷油器的电磁线圈无电流通过时，阀内弹簧将针阀紧压在锥形密封阀座上；当电磁线圈通电时，产生磁场，衔铁被吸引，同衔铁一体的针阀也被一同吸起，喷油口打开，燃油沿通路从喷油口喷出。

喷油器的燃油喷射量取决于针阀升程、喷油孔尺寸、喷油压力、喷油持续时间等，喷油压力由燃油压力调节器调节为恒定值，对于一定形式的喷油器，其喷油量就取决于喷油持续时间，即线圈通电时间。

轴针式喷油器的喷口不易堵塞，但质量较大，动态响应较差。

2）孔式喷油器

孔式喷油器针阀的前端没有轴针，故针阀不露出喷孔。孔式喷油器的喷孔有一或二个，阀门一般为锥形或球形（也称球阀式喷油器），其结构如图 1–247 所示。球阀的阀针是由钢球、导杆和衔铁焊接成的一个整体，其质量只有普通轴针式的一半，且导向杆也较轴针式的短。

孔式喷油器雾化质量较好，响应速度快，缺点是易堵塞。

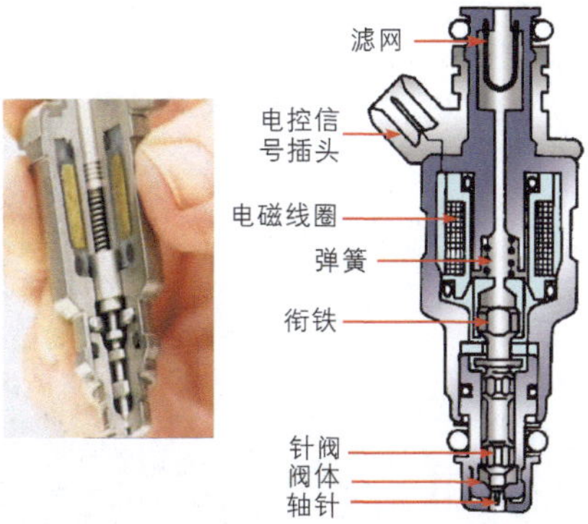

图 1–246　轴针式喷油器的结构

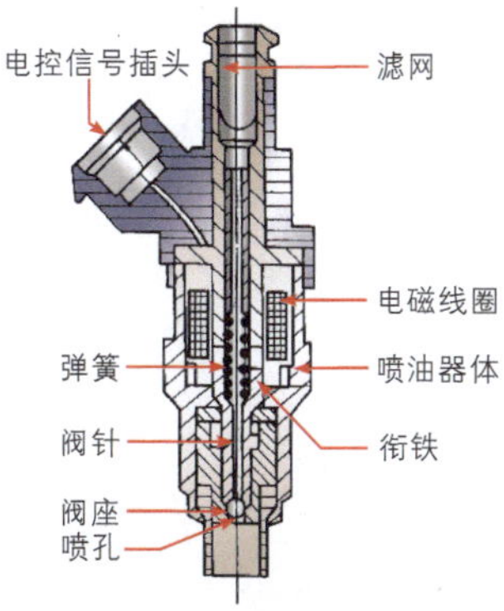

图 1–247　孔式喷油器的结构

4. 冷启动喷油器

发动机在低温冷启动时，需要极浓的混合气，有些车型的燃油喷射系统在发动机冷启动时，除通过延长各缸喷油器的喷油时间来增加喷油量外，还在进气总管的中央部位装有冷启动喷油器（又称冷启动阀）。

冷启动喷油器与安装在进气歧管上的各缸喷油器相似，也是一种电磁阀，结构如图 1–248 所示。它主要由电磁线圈、衔铁、弹簧等组成。其中，针阀与衔铁制成一体，被弹簧紧压在阀座上。冷启动时，电磁线圈通电产生磁场，将衔铁吸起，汽油通过旋流式喷嘴喷出。

冷启动喷油器的开启持续时间取决于发动机的温度，由热限时开关控制。热限时开关（图 1–249）是一个温控开关，以螺纹连接方式安装在发动机冷却水路上。热限时开关内部有一对常闭触点，当低温启动发动机时，冷启动喷油器电磁线圈电路导通，同时加热线圈也导通，对双金属片进行加热，双金属片受热后会弯曲变形，当双金属片弯曲到一定程度时，触点打开，冷启动喷油器停止喷油。

现在有很多发动机取消了冷启动喷油器，发动机冷启动时，ECU 根据冷却液温度信号，延长主喷油器喷油时间，以增加喷油量，提高混合气浓度。

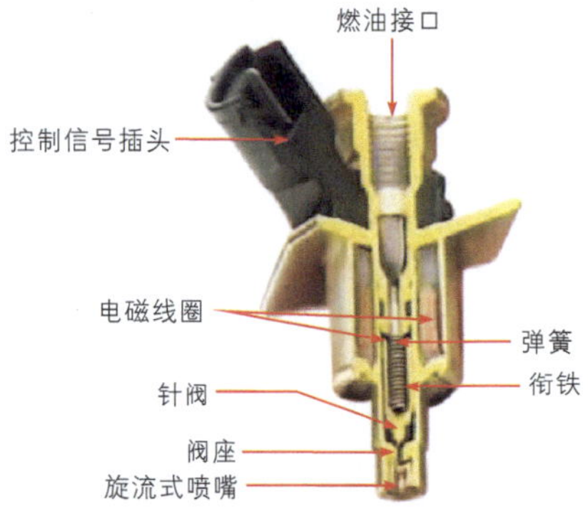

图 1–248　冷启动喷油器的结构

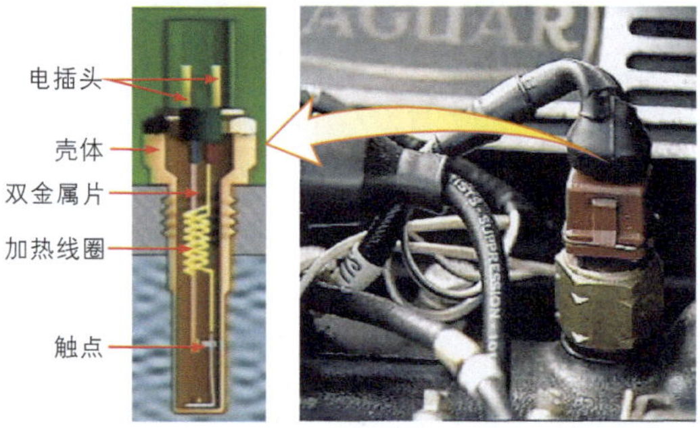

图 1–249　热限时开关

七、燃油箱

燃油箱（也称油箱）的作用是储存汽油，其位置如图 1–250 所示，燃油箱一般做成简单的方形或圆柱体形状，但轿车燃油箱为了适应整车外观造型及车架的结构，往往做成比较复杂的形状，油箱体一般采用薄钢板冲压焊接而成，为了提高其强度，其表面往往冲压成加强筋形式。油箱体上设有加油口和加油管，管内装有用金属网制成的滤网。为了防止汽车振动带来的燃油振荡，箱内装有隔板。油箱顶面装有输油管及油面传感器。

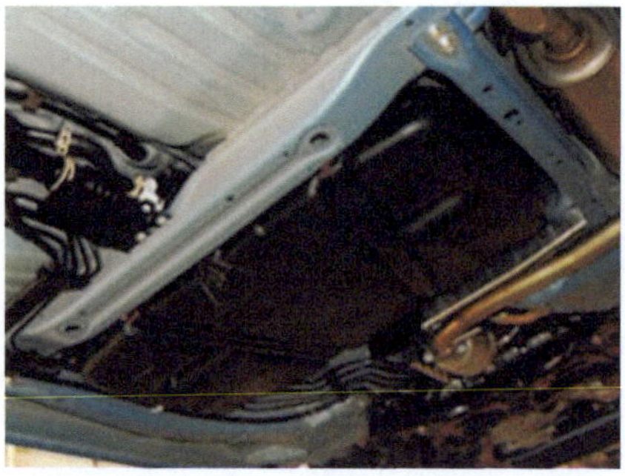

图 1–250　燃油箱的位置

在密闭的油箱中，当燃油输出而油面降低时，箱内将产生一定的真空度，真空度过大时燃油将不能被燃油泵吸出而影响发动机的正常工作；另外，在外界温度高的情况下，燃油蒸气过多，将使箱内压力过大。这两种情况都要求油箱能在必要时与大气相通。为此，一般采用装有空气阀和蒸气阀的油箱盖。油箱盖内有垫圈，用以封闭加油管口。当箱内燃油减少，压力降到0.098MPa以下时，空气阀被大气压开，空气便进入油箱内，使燃油泵能正常供油。当油箱内燃油蒸气过多，其压力大于0.11MPa时，蒸气阀被顶开，燃油蒸气泄出，以保持油箱内的正常压力。

八、燃油滤清器

燃油滤清器（图1–251）串联在燃油泵和节流阀体进油口之间的管路上。燃油滤清器的作用是除去燃油中的氧化铁、粉尘等固体杂质，防止燃油系统堵塞（特别是喷油嘴），减少机械磨损，确保发动机稳定运行，提高可靠性。燃油滤清器由一个铝壳和一个支架组成，在支架上装有高效滤纸，滤纸呈菊花形，以增大流通面积。电喷滤清器不能与化油滤清器通用。由于电喷滤清器经常承受200~300kPa的燃油压力，因此其耐压强度一般要求达到500kPa以上。

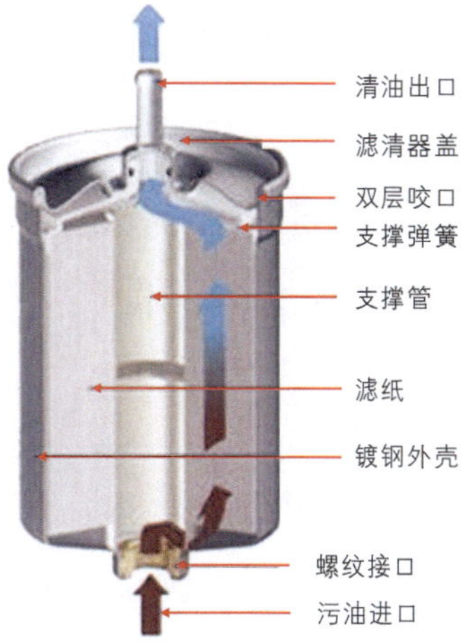

图1–251　燃油滤清器

线式滤纸燃油滤清器：在此类燃油滤清器内部，折叠的滤纸和塑料或金属滤器的两端连接，污油进入后，由滤清器外壁经过层层滤纸过滤后到达中心，流出洁净的燃油。

螺旋式滤纸燃油滤清器：和线式滤纸燃油滤清器不同，它的滤纸是包裹在中心管上的。污油进入后，直接经滤纸过滤后流出。杂质颗粒被滞留在滤纸沟槽内。这种燃油滤清器的性能更卓越，多应用于中高档轿车。

九、燃油管路与燃油分配管

燃油管路是燃油供给系统中连接其他燃油部件及输送燃油的管道部件。

燃油分配管又称燃油导轨或油轨（图1–252），安装在进气歧管上，位于喷油器处，它的主要功能是保证提供足够的燃油流量并均匀地分配给各缸的喷油器，同时实现各喷油器的安装和连接。另外，它还可能对燃油压力脉动、燃油高温汽化等产生影响。

图1–252　燃油分配管

燃油分配管主要用在柴油发动机和汽油发动机上，按照加工材质大体分为碳钢、不锈钢、压铸铝、注塑几类，按照工作压力又分为低压和高压两类。

目前国内生产厂家主要生产不锈钢类燃油分配管，其他几类因为材料或工艺特点，几乎全部进口。

任务实践

1. 实践名称

燃油供给系统的拆装。

2. 实践准备

实训发动机、实训车辆、螺丝刀、T形扳手、常用拆装工具等。

3. 实践要求与注意事项

（1）明确操作规范和职责范围，预防潜在危险。

（2）实践操作过程中保持场地卫生及安全，不嬉戏打闹。

（3）在使用举升机的过程中应上好保险后再开始工作。

（4）使用维修手册时，要注意避免破损，手册与使用车型相对应。

4. 操作步骤及检修

1）喷油器的拆装

（1）拆卸。

①撬开发动机进气管周边的线束，如图1–253所示。

②拆下节气门固定螺栓及旁边的冷却水管，取下节气门，如图1–254所示。

③松开进气管螺栓，取下进气管，如图1–255所示。

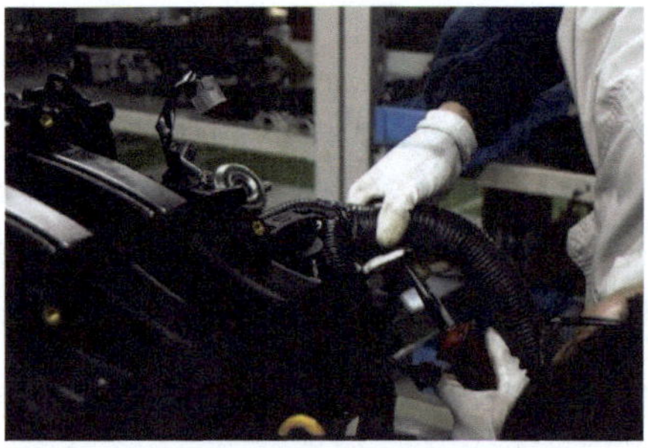

图1–253　撬开发动机进气管周边的线束

图 1–254　取下节气门

图 1–255　取下进气管

④拆下点火线圈上的线束接头，并取下线束，如图 1–256 所示。

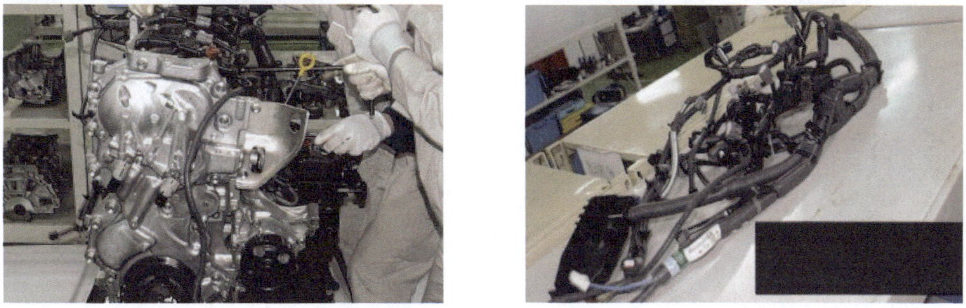

图 1–256　取下线束

⑤拆掉进气管和线束后，燃油供给系统就裸露出来，接下来拆供油系统，如图 1–257 所示。

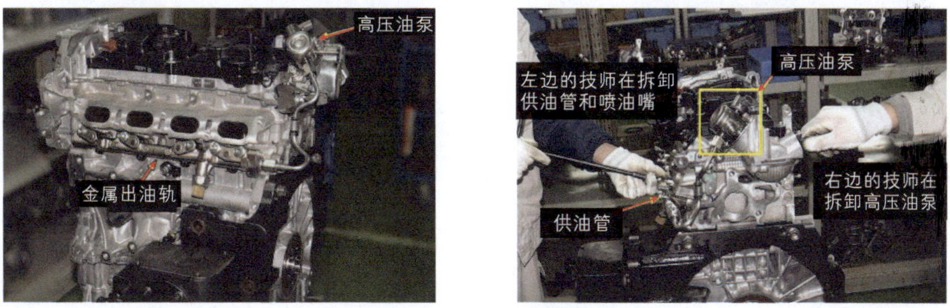

图 1–257　拆供油系统

⑥取下高压油泵、供油导轨总成，拆卸完毕，如图 1–258 所示。

图 1–258　拆卸完毕

（2）安装。

按拆卸过程的相反步骤安装。

2）燃油滤清器的更换

燃油滤清器也叫燃油格，分为内置和外置两种。各个车型都不一样，请参照对应车型的维修手册进行更换。本田思铂睿的更换方法如下。

（1）关闭点火开关。

（2）拆下后排座椅，如图 1–259 所示。

（3）打开燃油泵上的覆板卡扣，并取下覆板，如图 1–260 所示。

图 1–259 拆下后排座椅

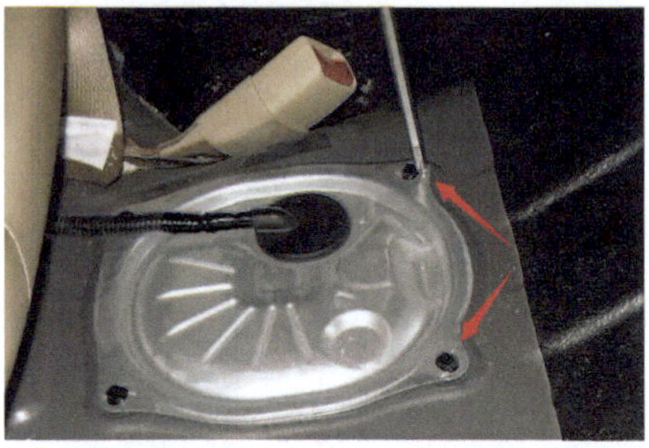

图 1–260 打开燃油泵上的覆板卡扣，并取下覆板

（4）拔下燃油泵连接插头，并用专用工具拧松燃油泵总成，如图 1–261 所示。

（5）取出燃油泵总成，如图 1–262 所示。

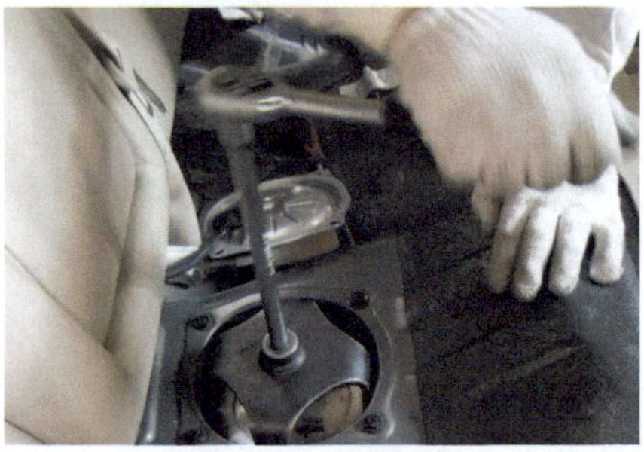

图 1–261 拔下燃油泵连接插头，并用专用工具拧松燃油泵总成

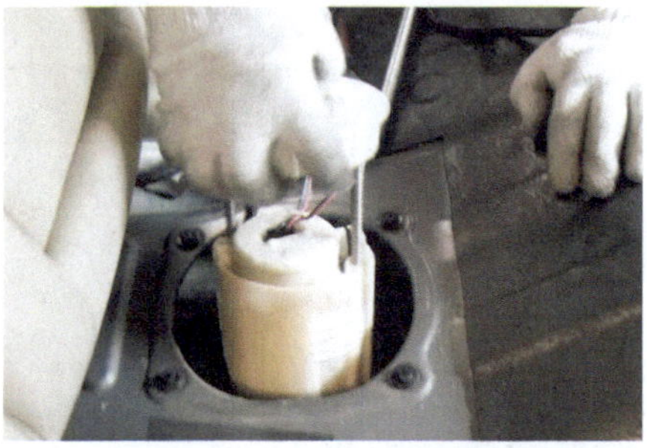

图 1–262 取出燃油泵总成

（6）拆下燃油泵总成上废旧的燃油滤清器，更换新燃油滤清器，如图 1–263 所示。

（7）使用新的基座垫圈和新的 O 形密封圈（图 1–264），按拆卸步骤的相反顺序安装各个部件。

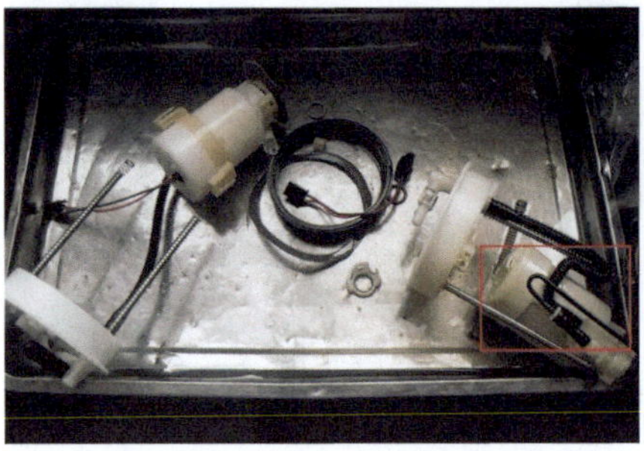

图 1–263 拆下燃油滤清器

图 1–264 使用新的基座垫圈和新的 O 形密封圈

5. 实践总结

____

____

____

____

____

____

任务练习

一、填空题

1. 电控燃油喷射系统由 __________、__________、__________、__________、__________、__________ 等组成。

2. 燃油泵的作用是将燃油从 __________ 内吸出，供给喷油器。燃油泵的安装形式有两种：一种是安装在 __________ 输油管路中，即 __________；另一种是安装在 __________，即内装式。

3. 燃油泵按结构分为 __________、__________ 和 __________ 等。

4. 喷油器的作用是按照 __________ 的指令将一定数量的燃油以 __________ 喷入进气道或 __________ 内。

二、选择题

1. 燃油系统喷油量的控制，以进气量为主控参数的称为（　　）。

A. R 型　　B. D 型

C. L 型　　D. KD 型

2. 下列对滚柱式燃油泵描述不正确的是（　　）。

A. 油压脉动大　　B. 噪声较大
C. 使用寿命短　　D. 使用寿命长

3. 将燃油吸出油箱的装置是（　　）。
A. 油泵　　B. 喷油器
B. 燃油滤清器　　D. 压力调节器

4. L 型喷射系统喷油嘴的喷油量由（　　）决定。
A. 节气门位置　　B. 冷却液温度
C. 发动机负荷　　D. 空气流量

5. 缸内直喷燃油喷射系统中的喷油器装于（　　）。
A. 空气滤清器与空气流量计之间　　B. 节气门下方
C. 节气门上方　　D. 喷嘴伸入燃烧室内

三、问答题

1. 简述针孔式喷油器的结构与工作原理。
2. 什么是冷启动喷油器？它与普通喷油器有何区别？
2. 简述燃油供给系统的功用与组成。

任务七
启动系统

任务目标

完成本学习任务后，学生在基础知识和基本技能方面应达到以下要求。

●知识目标

（1）熟知启动系统的功用和组成。

（2）掌握启动系统的工作过程。

（3）熟知起动机的功用和组成。

（4）掌握点火开关挡位的含义。

●能力目标

（1）能够描述启动系统的工作过程。

（2）能够独立完成起动机的拆装。

任务引入

汽车发动机是靠外力启动的。电子启动系统操作简单，启动迅速可靠，重复启动能力强，在现代汽车上广泛应用。下面进入启动系统的学习。

相关知识

一、启动系统的作用

发动机由静止状态过渡到工作状态，必须先用外力转动曲轴，在外力作用下从曲轴开始转动到发动机开始自动怠速运转的全过程，称为发动机的启动过程。完成发动机启动过程所需的装置，称为发动机的启动系统。

启动系统的功用就是按发动机的启动要求，提供一定的启动转矩，使发动机达到规定的转速，顺利完成启动过程。在发动机进入工作状态后，启动系统的工作也就结束了。

二、启动系统的组成

一般汽车启动系统由起动机、启动继电器、点火开关、蓄电池及相关电缆和导线等组成，如图 1-265 所示。

启动系统由上述部件构成两个电气线路：一个是启起动电流电路，另一个是控制电流电路。启动电流电路需要 200~600A 的强电流使起动机驱动发动机曲轴达到发动机工作所需的最低转速，所以连接起动机的电缆和搭铁电缆必须有足够大的横截面积以允许通过大负载电流。

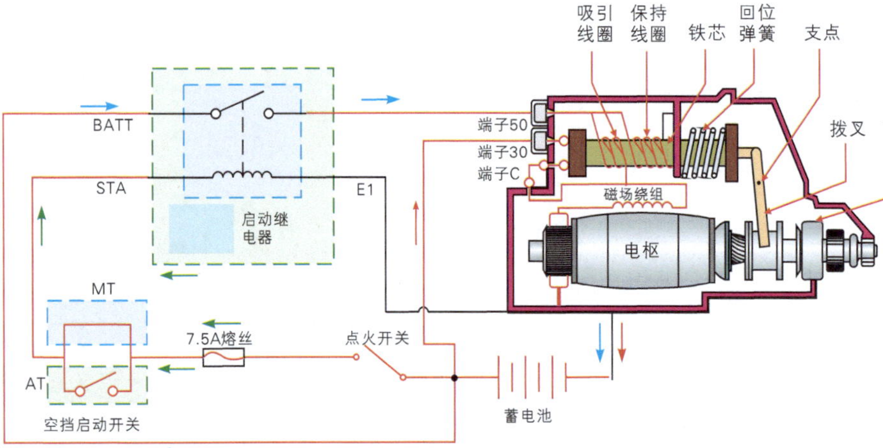

图 1-265　启动系统的组成

三、起动机

起动机的功用是将蓄电池的电能转换为机械能，驱动发动机飞轮旋转以实现发动机的启动。起动机如图 1-266 所示。打开点火开关启动发动机时，磁力将起动机中一个飞速旋转的小齿轮向前推并与飞轮齿圈啮合，使飞轮带动曲轴旋转，同时火花塞点火，发动机就开始运转。关闭点火开关以后，起动机断电，小齿轮与飞轮齿圈脱离啮合，起动机工作结束。

图 1-266　起动机

1. 起动机的分类

汽车用起动机种类繁多，形式各异，分类方法各不相同。电磁控制式起动机可按起动机的总体结构、传动机构的啮合方式进行分类。

1）按起动机总体结构分类

（1）电磁式起动机：磁场为电磁场的起动机。电磁场是指由线圈通电而在铁芯中产生的磁场。

（2）减速式起动机：传动机构设有减速装置的起动机。其电动机一般采用高速小型电动机，质量和体积比电磁式起动机减小 30%~35%，缺点是结构和工艺比较复杂，主要用于小轿车和轻型越野汽车。

（3）永磁式起动机：磁场由永久磁铁产生的起动机。由于磁极采用永磁材料制成，不需要励磁绕组，因此起动机结构简单、体积小、质量小。

2）按传动机构啮合方式分类

（1）强制啮合式起动机：利用电磁力拉动杠杆机构，使驱动齿轮强制啮入飞轮齿圈的起动机，主要优点是工作可靠性高，因此现代汽车广泛采用。

（2）电枢移动式起动机：利用磁极产生的电磁力使电枢产生轴向移动，从而将驱动齿轮啮入飞轮齿圈的起动机。其特点是结构比较复杂，主要用于大功率发动机汽车。

（3）同轴移动式起动机：利用电磁开关推动电枢轴孔内的啮合推杆移动，使驱动齿轮啮入飞轮齿圈的起动机，主要用于大功率发动机汽车。

2. 起动机的组成

起动机一般由直流电动机、传动机构、控制机构三部分组成，如图 1-267 所示。

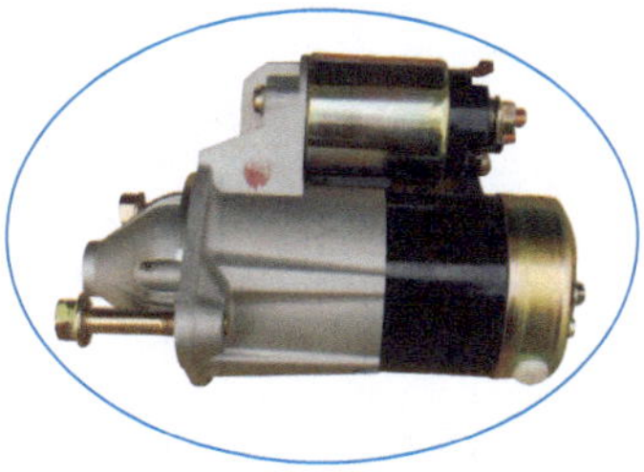

（a）实物图

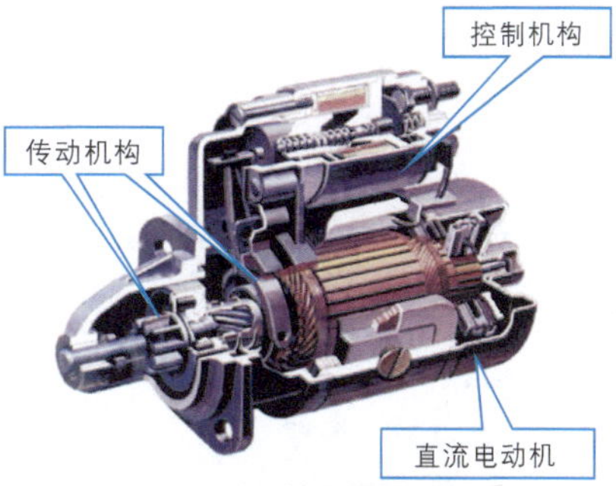

（b）结构图

图 1-267　起动机实物图与结构图

1）直流电动机

直流电动机的作用是将蓄电池输入的电能转换为机械能，产生电磁转矩。

（1）直流电动机的结构。

直流电动机主要由电枢、磁极、电刷与电刷架、机壳等组成，如图 1–268 所示。

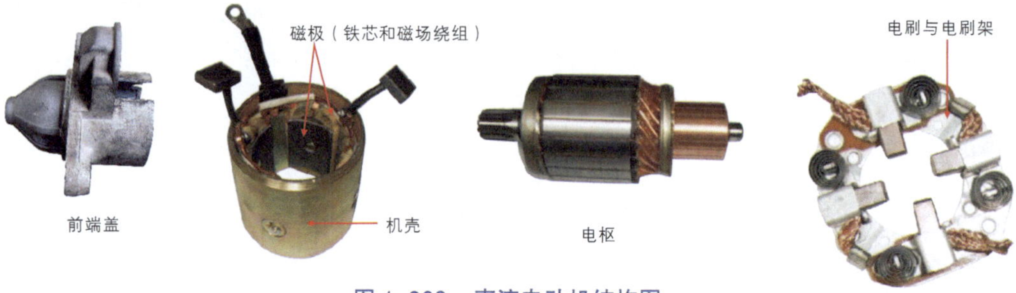

图 1–268　直流电动机结构图

①磁极。

磁极由固定在机壳上的铁芯和磁场绕组组成（图 1–269），其作用是产生磁场。大多数起动机采用四个磁极。四个磁极的连接方式有两种：一种是四个绕组相互串联；另一种是两串两并，即先将两个串联后再并联，如图 1–270 所示。

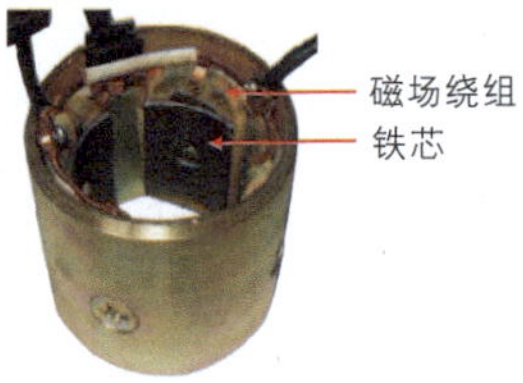

图 1–269　磁极

（a）四个绕组相互串联　（b）两串两并

图 1–270　磁极的连接方式

②电枢。

电枢的作用是产生磁转矩，电枢由电枢轴、电枢铁芯、电枢绕组和换向器组成（图 1–271）。

电枢铁芯由硅钢片叠装而成并固定在轴上，铁芯外围开有线槽，用来安放电枢绕组。

换向器由铜质换向片和云母片相间叠压而成，作用是把通入电刷的直流电传递给电枢线圈，并适时地改变电枢绕组中电流的方向。

③电刷与电刷架。

电刷与电刷架的作用是将电流引入电动机。电刷一般用铜和石墨粉压制而成。电刷装在电刷架中，借弹簧压力将它压紧在换向器上，如图 1–272 所示。

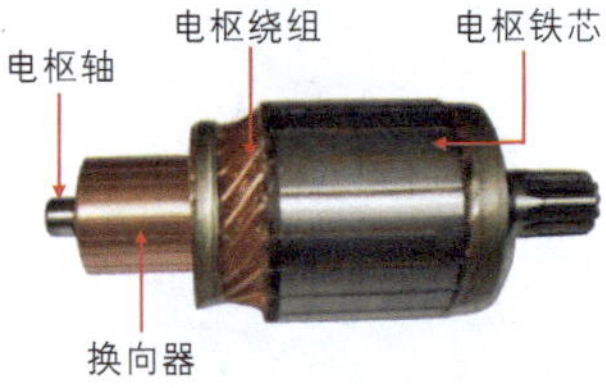

图 1–271　电枢

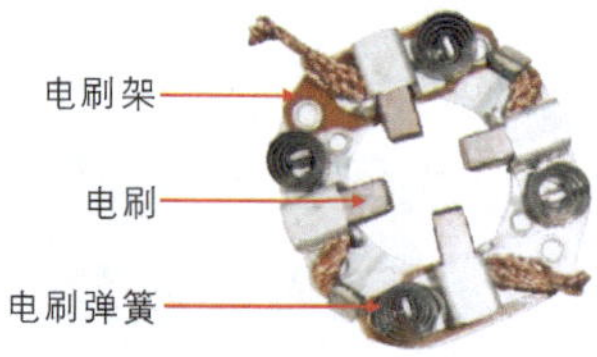

图 1–272　电刷与电刷架

④机壳。

机壳一般做成圆筒状（图 1–273），一端开有窗口，用于观察电刷和换向器，平时用防尘箍盖住。机壳上有一绝缘接线端，在内部与磁场绕组的一端相接。

⑤端盖。

端盖分为前端盖和后端盖（图 1–274）。后端盖一般用钢板压制而成，其上装有 4 个电刷架。前端盖用铸铁浇铸而成，其上有拨叉座。前、后端盖分别装在机壳的两端，靠两个长螺栓与起动机机壳紧固在一起。

图 1–273　机壳

（a）前端盖　（b）后端盖

图 1–274　前、后端盖

（2）直流电动机的工作原理。

直流电动机是根据通电导体在磁场中受磁场力作用的原理制成的，其工作原理如图 1–275 所示。电动机工作时，电流通过电刷和换向器流入电枢绕组。如图 1–275（a）所示，换向片 A 与正电刷接触，换向片 B 与负电刷接触，绕组中的电流方向为 $a \rightarrow b \rightarrow c \rightarrow d$，根据左手定则，绕组 ab 边、cd 边均受到电磁力 F 的作用，由此产生逆时针方向的电磁转矩使电枢转动；当电枢转动至换向片 A 与负电刷接触，换向片 B 与正电刷接触时，电流方向改为 $d \rightarrow c \rightarrow b \rightarrow a$，如图 1–275（b）所示，但电磁转矩的方向仍保持不变，使电枢按逆时针方向继续转动。

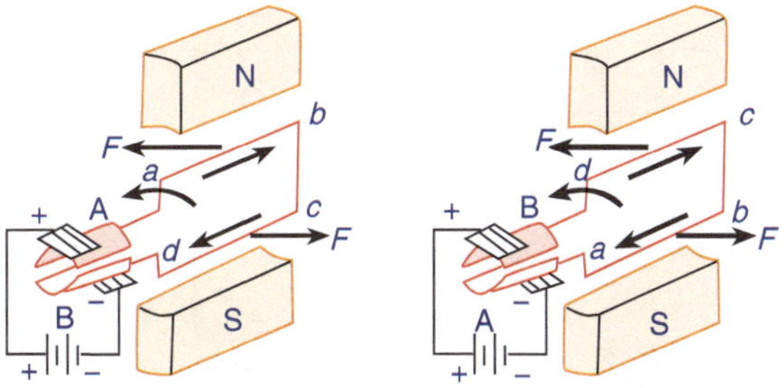

（a）电流从 a 至 d　（b）电流从 d 至 a

图 1–275　直流电动机的工作原理

图 1–275 只给出了电枢绕组中一匝线圈的工作过程。实际上，直流电动机的电枢是由很多组线圈组成的，换向器的铜片数量也随线圈数量的增加而增加。

2）传动机构

传动机构的作用是在启动发动机时，使起动机小齿轮与飞轮齿圈啮合，将电动机的转矩传递给发动机曲轴；在发动机启动后，及时切断曲轴与电动机之间的动力传递。

传动机构由驱动齿轮、单向离合器（图 1–276）、拨叉、减速机构等组成（有的起动机没有减速机构）。

图 1–276　单向离合器

（1）传动机构的工作过程。

传动机构的工作示意图如图 1–277 所示。

如图 1–277（a）所示为起动机不工作时所处的位置。

如图 1–277（b）所示，在电磁开关的作用下，驱动齿轮与飞轮齿圈正在啮合，此时起动机的主电路还没有接通。

如图 1–277（c）所示，驱动齿轮与发动机飞轮齿圈完全啮合，主电路接通，电枢轴开始带动发动机曲轴旋转。发动机启动后，驱动齿轮与飞轮齿圈仍处于啮合状态，单向离合器打滑，驱动齿轮在飞轮的带动下空转。启动结束后，驱动齿轮在电磁开关的作用下，与发动机飞轮齿圈脱离啮合。

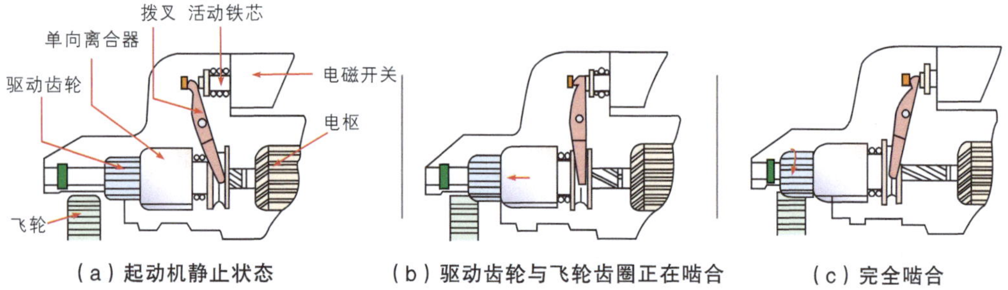

图 1–277 起动机传动机构工作示意图

（2）单向离合器的结构及工作原理。

常见的起动机单向离合器主要有滚柱式、弹簧式和摩擦片式三种。

①滚柱式单向离合器。

滚柱式单向离合器的结构如图 1–278 所示。驱动齿轮与外壳连成一体，滚柱和弹簧嵌装在与花键套筒制成一体的十字块上。整个离合器总成套装在电动机轴的花键部位上，既可在拨叉作用下沿电枢轴轴向移动，又可在电枢驱动下做旋转运动。

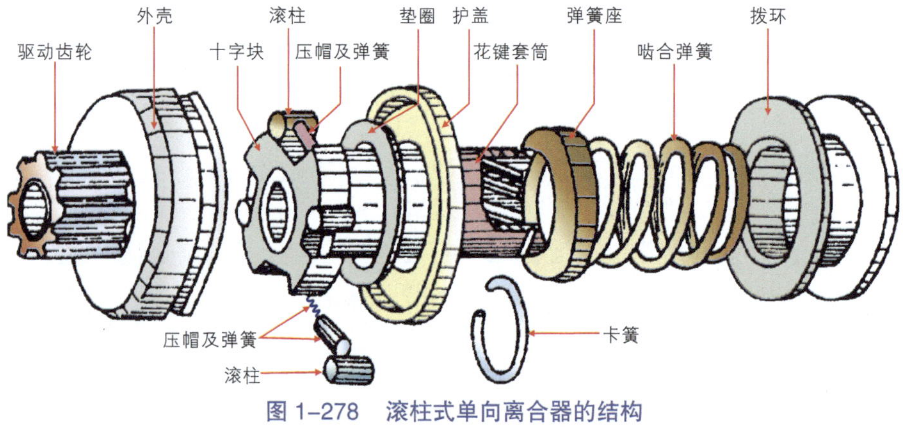

图 1–278 滚柱式单向离合器的结构

滚柱式单向离合器是通过改变滚柱在楔形槽中的位置来实现分离和接合的。具体分析如下。

启动时，拨叉动作，使驱动齿轮与发动机飞轮齿圈啮合，电枢转矩由传动套筒传给十字块，使十字块随同电枢轴旋转。此时，飞轮齿圈施加给小齿轮的阻力使滚柱滚向槽的窄端而卡死【图 1–279（a）】。电枢轴产生的转矩通过驱动齿轮传给飞轮，启动发动机。

发动机启动后，飞轮齿圈带动驱动齿轮高速旋转。当驱动齿轮的转速大于十字块的转速时，滚柱滚入楔形槽的宽端而打滑【图 1–279（b）】。这样，驱动齿轮高速旋转的转矩就不会传给电枢轴，从而防止因高速飞转而造成电枢飞散的事故。

滚柱式单向离合器主要用于中、小功率的起动机。

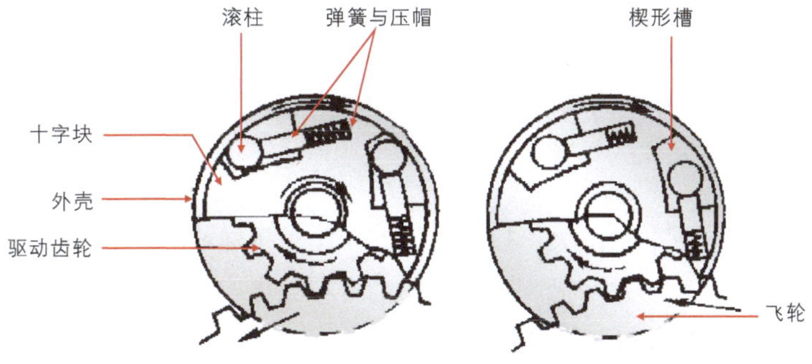

图 1–279　滚柱式单向离合器的工作原理

②摩擦片式单向离合器。

摩擦片式单向离合器如图 1–280 所示。它是通过主、从动摩擦片的压紧和放松来实现分离和接合的，具体分析如下。

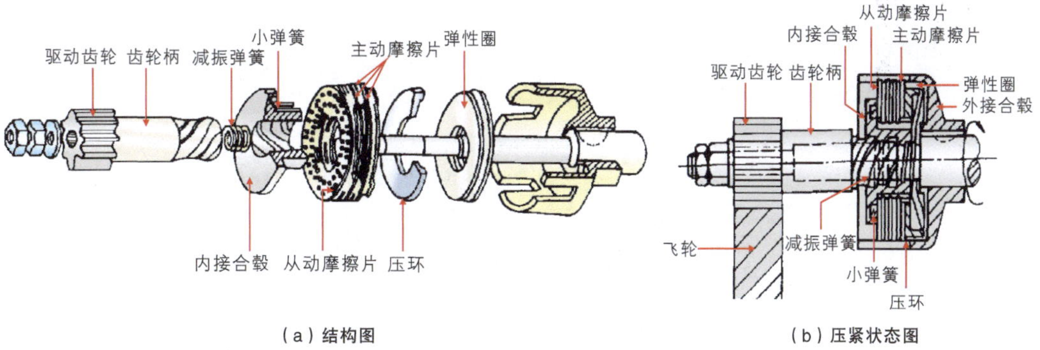

图 1–280　摩擦片式单向离合器

启动时，当驱动齿轮啮入飞轮齿圈后，起动机通电旋转，内接合毂由于螺旋花键的作用向右移动，摩擦片被压紧而将起动机的转矩传给驱动齿轮。当发动机的阻力矩较大时，内接合毂会继续向右移动，增大摩擦片之间的压力，直到摩擦片之间的摩擦力足够传递所需的启动力矩，带动曲轴旋转，启动发动机。

启动后，驱动齿轮被飞轮齿圈带动，其转速超过电枢转速时，内接合毂沿螺旋花键向左退出，摩擦片之间的压力消除。这时，驱动齿轮虽然高速旋转，但不会带动电枢，从而防止了电枢超速飞散的危险。

摩擦片式单向离合器一般应用在大功率起动机上。

③弹簧式单向离合器。

弹簧式单向离合器如图 1–281 所示，其工作原理是通过扭力弹簧的径向收缩和放松来实现分离和接合。具体分析如下。

当起动机带动曲轴旋转时，扭力弹簧扭紧，内径变小，包紧驱动齿轮柄和连接套筒，于是电枢的转矩通过连接套筒、扭力弹簧、驱动齿轮传至飞轮齿圈，使发动机启动。

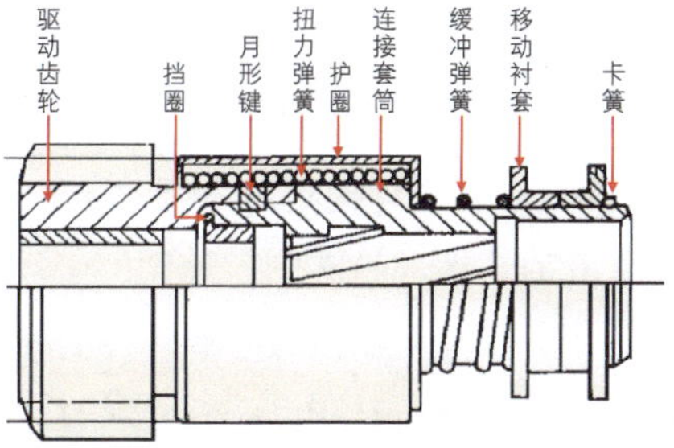

图 1–281　弹簧式单向离合器

当发动机启动后，驱动齿轮的转速高于起动机电枢，则扭力弹簧放松，内径变大，齿轮柄与连接套筒松脱，这样飞轮齿圈的转矩便不能传给电枢，即驱动齿轮只能在电枢轴的光滑部分空转而起单向分离的作用。

弹簧式单向离合器一般应用在大功率起动机上。

3）控制机构

控制机构也称操纵机构或电磁开关。控制机构的作用是接通或切断直流电动机与蓄电池之间的电路，控制起动机小齿轮与发动机飞轮齿圈的啮合与分离。有些起动机的控制机构还具有在启动发动机时短路点火线圈附加电阻的作用。

（1）控制机构的组成。

起动机控制机构主要由电磁开关、拨叉等组成。起动机的工作主要受电磁开关的控制，电磁开关由吸拉线圈、保持线圈、活动铁芯、主开关接触盘及复位弹簧等组成，电磁开关实物图如图 1–282 所示。

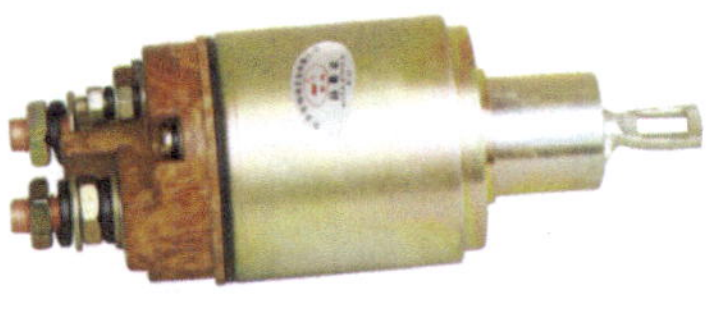

图 1–282 电磁开关实物图

（2）控制机构的工作原理。

电磁控制式起动机电路原理如图 1–283 所示。

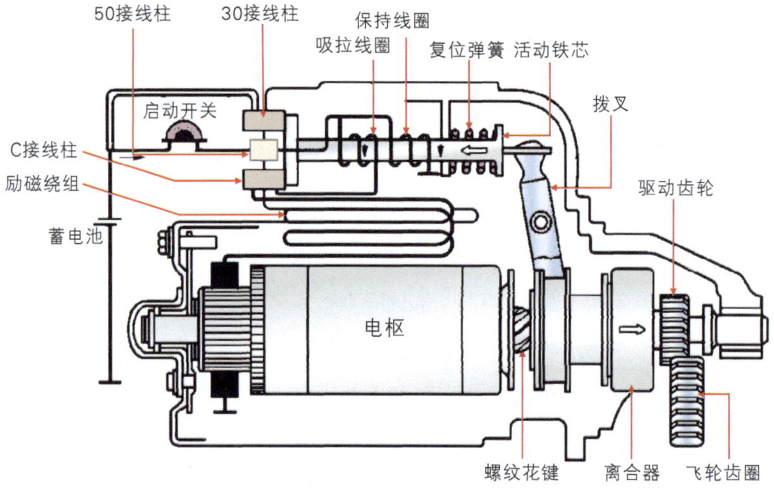

图 1–283 电磁控制式起动机电路原理

将启动开关接通时，蓄电池经启动控制电路向起动机电磁开关通电，接通了两条回路，其电流回路如下。

回路 1：蓄电池正极→启动开关→ 50 接线柱→吸拉线圈→ C 接线柱→起动机励磁绕组→电枢→搭铁→蓄电池负极。

回路 2：蓄电池正极→启动开关→ 50 接线柱→保持线圈→搭铁→蓄电池负极。

此时，活动铁芯向左移动，带动拨叉推动起动机驱动齿轮向右移动与飞轮齿圈啮合，同时压动推杆使导电盘接通电磁开关上的 30 接线柱与 C 接线柱，起动机主电路接通，即：蓄电池正极→ 30 接线柱→导电盘→ C 接线柱→起动机励磁绕组→电枢→搭铁→蓄电池负极。直流电动机产生的强大转矩通过接合状态的单向离合器传给发动机飞轮齿圈。

起动机启动后，断开启动开关，50 接线柱断电，但电磁开关内吸拉线圈和保持线圈通过仍然闭合的主开关得到电流，其电流回路为：蓄电池正极→30接线柱→导电盘→吸拉线圈→保持线圈→搭铁→蓄电池负极。吸拉线圈与保持线圈产生相反方向的磁场，有效磁场大大削弱，活动铁芯因失去磁场力而在复位弹簧的作用下迅速回位，导电盘与C接线柱及30接线柱分开，同时驱动齿轮通过拨叉被拉回位，起动机停止工作，发动机启动完成。

四、点火开关

点火开关位于转向盘下右侧转向柱上，是用钥匙通过旋转操纵的开关（一键启动是按钮形式的），它控制汽车上绝大部分用电设备与电源的连接及运行，是汽车上最重要的电气开关。

点火开关是组合联动旋转式开关，内部由附属电器（附件）控制开关、电气设备运行开关、起动机运行开关等电气开关和一个转向盘锁开关组成，图1–284为点火开关挡位图。

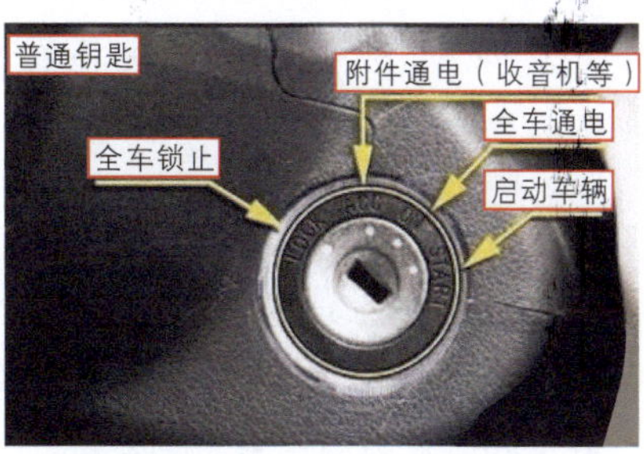

图1–284　点火开关挡位图

LOCK：钥匙插入和拔出的位置，在此位置时转向盘被锁住，电气系统关闭。

ACC：附属电器与电源接通，如收音机等。

ON：所有受其控制的电气系统与电源接通，如仪表盘灯和点火线路等，车辆电子计算机系统开始自检。

START：接通启动电路及发动机电子控制系统电路，启动发动机。

五、蓄电池

蓄电池俗称“电瓶”，汽车上广泛应用的是铅酸蓄电池，在汽车上与发电机并联，向全车用电设备供电。启动发动机时，由蓄电池给起动机供电，如图1–285所示。

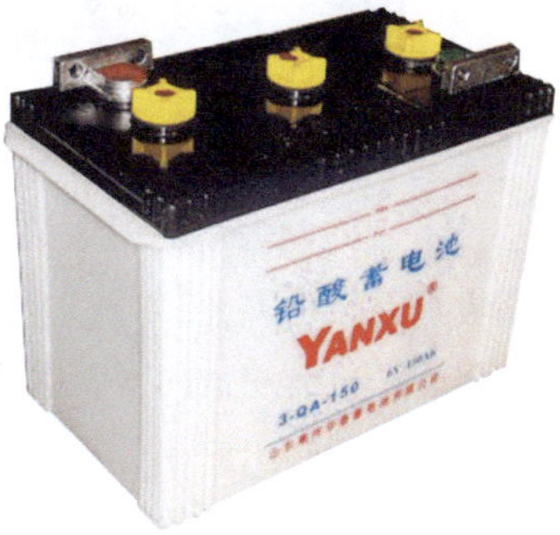

图1–285　蓄电池

任务实践

1. 实践名称

起动机的拆装。

2. 实践准备

起动机、橡胶锤、螺丝刀、常用拆装工具等。

3. 实践要求与注意事项

（1）明确操作规范和职责范围，预防潜在危险。

（2）实践操作过程中保持场地卫生及安全，不嬉戏打闹。

（3）在使用举升机的过程中应上好保险后再开始工作。

（4）使用维修手册时，要注意避免破损，手册与使用车型相对应。

4. 操作步骤及检修

1）起动机的拆卸

①拆下起动机磁场绕组电源线紧固螺母。

②拆卸磁场绕组后盖的紧固螺栓，并将其取下，如图 1–286 所示。

③取出起动机碳刷，再取出磁场绕组及电枢，如图 1–287 所示。

图 1–286　拆卸磁场绕组

图 1–287　取出磁场绕组及电枢

④拧下电磁开关后盖的紧固螺钉，并取出后盖及电磁开关。

⑤将起动机前端盖的紧固螺栓取出。

⑥用橡胶锤敲出前端盖。

⑦用橡胶锤敲出单向离合器总成，如图 1–288 所示。

⑧用橡胶锤敲出前盖上的离合器、飞轮与钢珠。

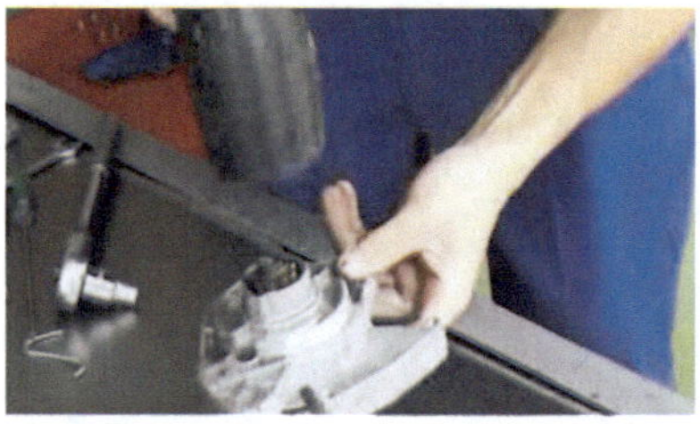

图 1–288　用橡胶锤敲出单向离合器总成

2）起动机的安装

①将单向离合器与前盖涂上润滑油。

②将单向离合器与减速齿轮装入前端盖，并涂上润滑脂，如图 1–289 所示。

③将钢珠装入单向离合器内部（图 1–290），并装上电磁开关绕组壳体，涂上润滑脂。

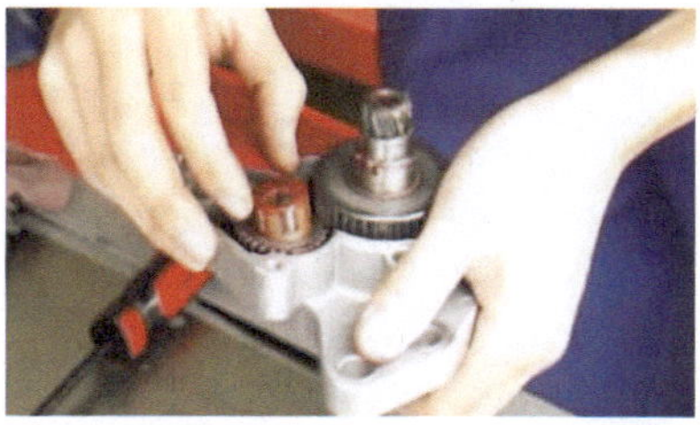

图 1-289　安装单向离合器与减速齿轮

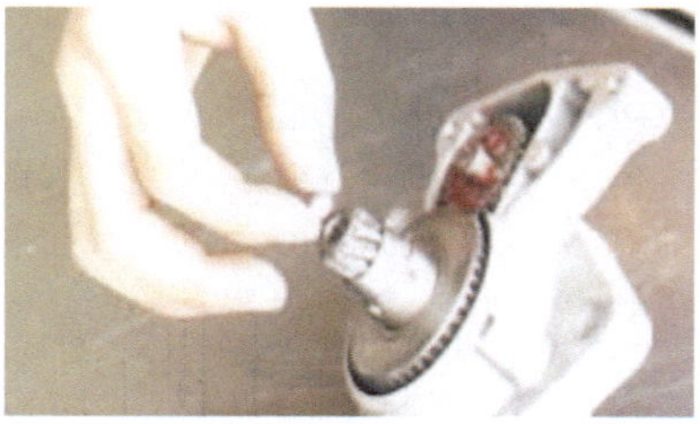

图 1-290　安装钢珠

④拧紧前端盖紧固螺栓。

⑤用细砂纸打磨电磁开关工作面。

⑥将电磁开关导向管涂上润滑油并装好，其转动应自如，如图 1-291 所示。

⑦装上后盖，并拧紧紧固螺钉。

⑧装上电枢及磁场绕组，装好碳刷及后端盖，并拧紧紧固螺栓，如图 1-292 所示。

⑨装上磁场绕组电源线，并拧紧紧固螺母。

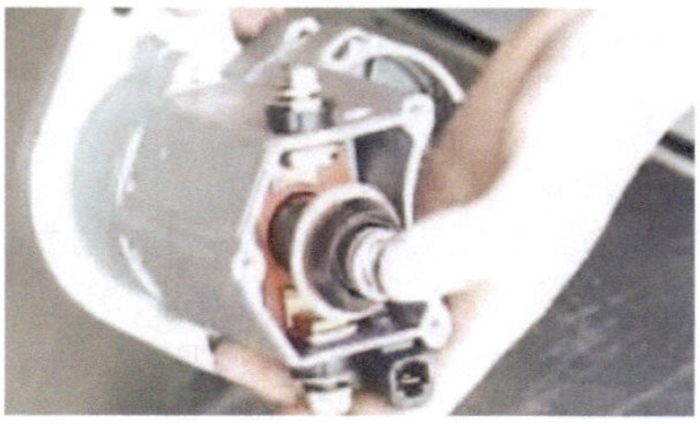

图 1-291　安装电磁开关导向管

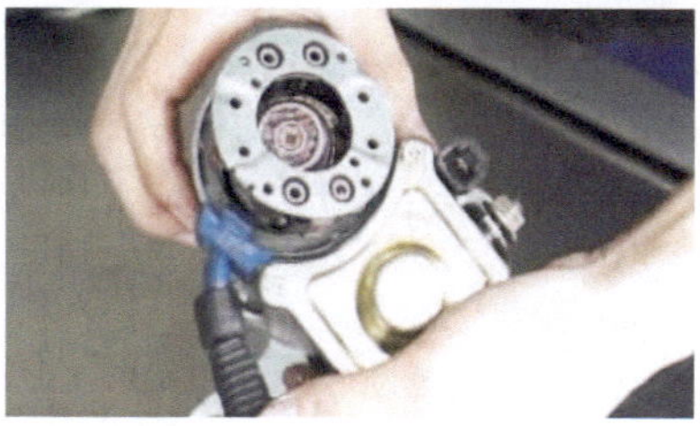

图 1-292　安装电枢与碳刷

5. 实践总结

任务练习

一、填空题

1. 一般汽车启动系统由 ________、________、________、________ 及相关电缆和导线等组成。

2. 启动系统有两个电气线路：一个是 ________，另一个是 ________。

3. 起动机的功用是将蓄电池的 ________ 转换为 ________，驱动发动机 ________ 旋转，实现 ________ 的启动。

4. 起动机一般由 ________、________、________ 三部分组成。

二、选择题

1. 起动机驱动轮的啮合位置由电磁开关中的（　　）线圈的吸力保持。

A. 保持　　B. 吸拉

C. 初级　　D. 次级

2. 下列不会引起起动机运转无力的是（　　）。

A. 吸拉线圈断路　　B. 蓄电池亏电

C. 换向器脏污　　D. 电磁开关中的接触片烧蚀、变形

3. 减速起动机和常规起动机的主要区别在于（　　）不同。

A. 直流电动机　　B. 控制装置

C. 传动机构　　D. 没有区别

三、问答题

1. 简述启动系统的功用与组成。

2. 简述传动机构的工作过程。

3. 简述直流电动机的结构组成与工作原理。

项目二

汽车底盘构造与拆装

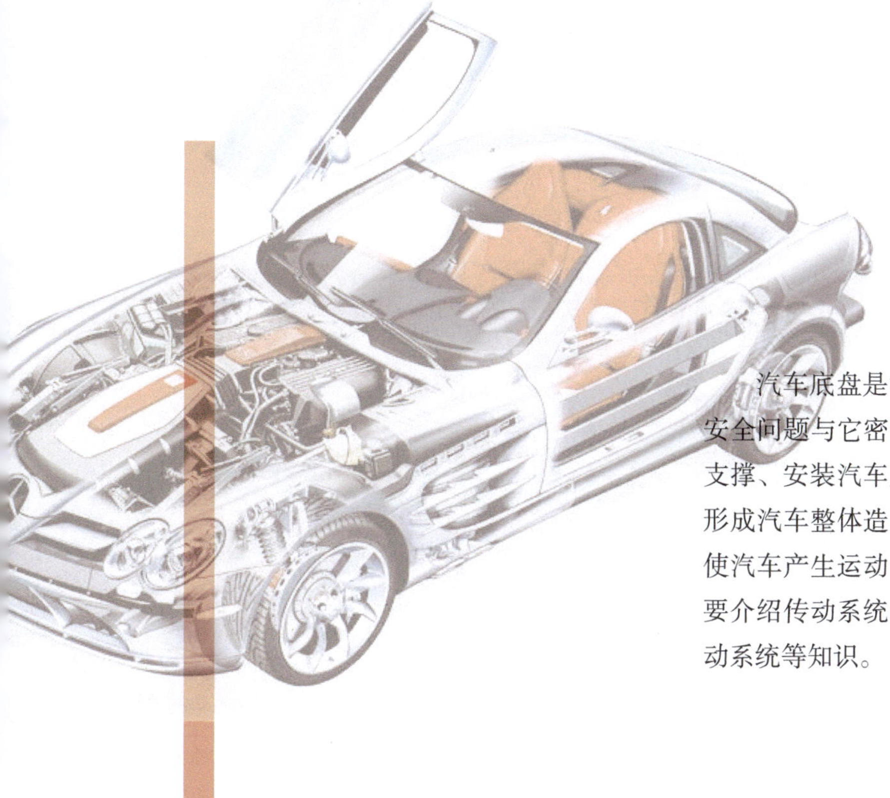

项目描述

汽车底盘是汽车的重要组成部分，汽车安全问题与它密切相关。底盘的主要作用是支撑、安装汽车发动机及其各部件、总成，形成汽车整体造型，并接收发动机的动力，使汽车产生运动，保证正常行驶。本项目主要介绍传动系统、行驶系统、转向系统和制动系统等知识。

任务一 行驶系统

任务目标

完成本学习任务后，学生在基础知识和基本技能方面应达到以下要求。

●知识目标

（1）熟知行驶系统的功用与组成。

（2）掌握车架的类型与特点。

（3）熟知悬架的功用及基本组成。

（4）掌握悬架的类型及特点。

（5）掌握轮胎的结构与特点。

●能力目标

能够独立完成悬架的拆装 。

任务引入

汽车行驶在道路上，尤其是行驶在崎岖的山路或无路地区，由于路面不平，会造成汽车剧烈颠簸，极大地影响汽车的行驶平顺性、操纵稳定性和安全性。为此，汽车通过行驶系统来缓和路面不平引起的冲击。下面进入行驶系统的学习。

相关知识

一、行驶系统的功用与组成

汽车行驶系统的功用是接收传动系统传来的发动机转矩，并产生驱动力；承受汽车的总质量，传递并承受路面作用于车轮上的各个方面的反力及转矩；缓冲减振，保证汽车行驶平顺性；与转向系统配合工作，控制汽车的行驶方向。

行驶系统一般由车架、车桥、悬架和车轮组成。

二、车架

车架是支承车身的基础构件，也称底盘大梁架。发动机、变速器、转向器及车身部分都固定在车架上，除承受静载荷外，车架还要承受汽车行驶时产生的动载荷，因此车架必须有足够的强度和刚度，以保证汽车在受到各种应力时不会损坏和变形。

车架按结构形式可分为边梁式、中梁式、综合式和无梁式。

1. 边梁式车架

边梁式车架由两根位于两侧的纵梁和若干根横梁组成，用铆接法或焊接法将纵梁与横梁连接起来，如图 2-1 所示。

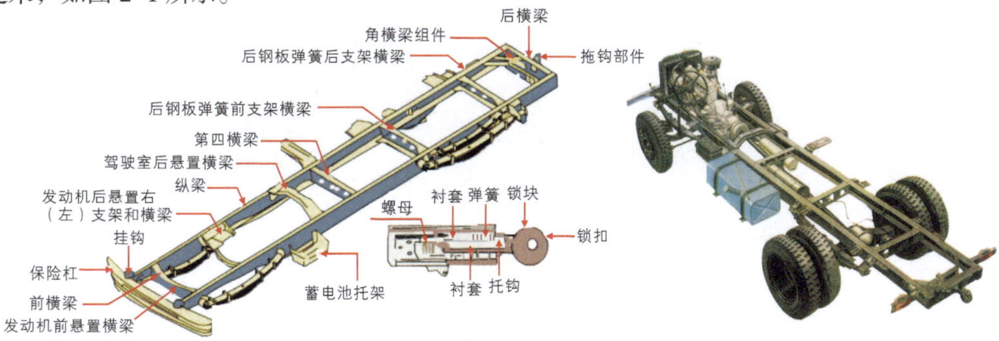

图 2-1　边梁式车架

2. 中梁式车架

中梁式车架只有一根位于中央的纵梁，如图 2-2 所示。

优点：有较好的抗扭转刚度和较大的前轮转向角；车架轻，整车质量小，重心也较低，故行驶稳定性好；脊梁还能起封闭传动轴的防尘罩作用。

缺点：制造工艺复杂，精度要求高，总成安装困难，维护与修理不方便，故目前应用较少。

图 2-2　中梁式车架

3. 综合式车架

综合式车架前部是边梁式，后部是中梁式，如图 2-3 所示。

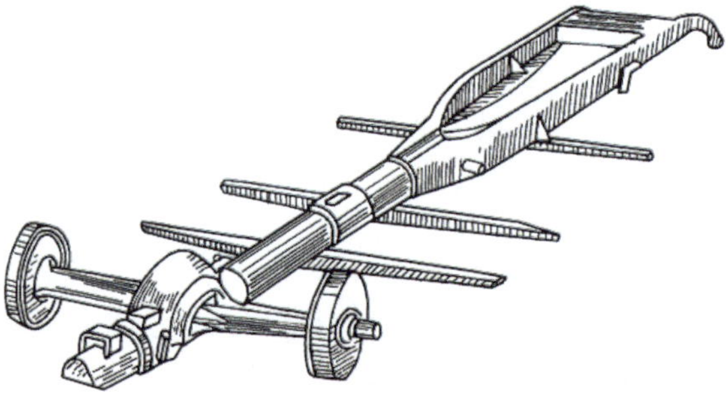

图 2-3　综合式车架

4. 无梁式车架

无梁式车架是以车身兼代车架，所有的总成和零部件都安装在车身上，作用于车身的各种力矩均由车身承受。这种车身也叫承载式车身，如图 2-4 所示。

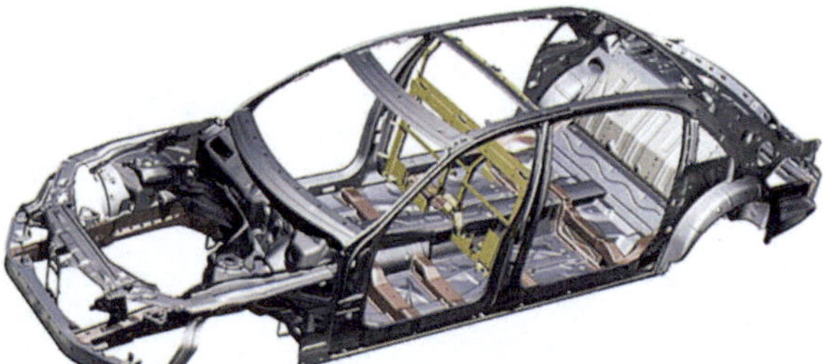

图 2-4　无梁式车架

三、车桥

车桥通过悬架与车架相连，两端安装车轮。其功能是传递车架与车轮之间各方向作用力，按位置可分为前桥、后桥，如图 2-5 所示。

根据驱动方式的不同，车桥也可分为转向桥、驱动桥、转向驱动桥和支持桥四种。其中，转向桥和支持桥属于从动桥。大多数汽车是发动机前置后轮驱动（FR）汽车，因此前桥作为转向桥，后桥作为驱动桥；而发动机前置前轮驱动（FF）汽车则是前桥作为转向驱动桥，后桥充当支持桥。四轮转向汽车的前、后桥都是转向桥。

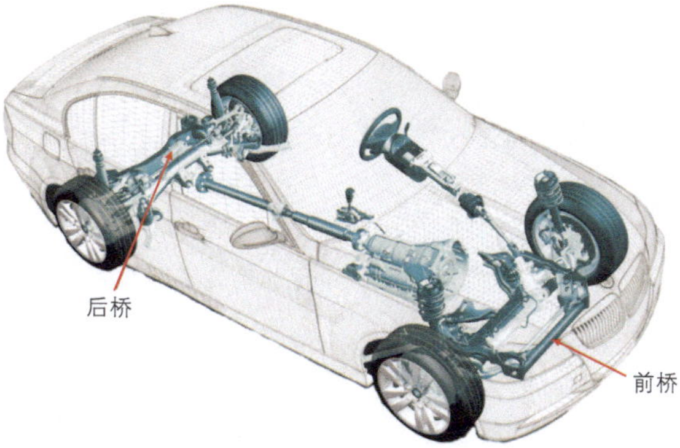

图 2-5　车桥位置图

1. 转向桥

转向桥利用车桥中的转向节使车轮偏转一定角度，实现汽车的转向。除承受垂直载荷外，转向桥还承受纵向力、侧向力，以及这些力形成的力矩。

各种车型的转向桥，其结构基本相同，都由前轴、转向节、主销和轮毂四部分组成。转向桥采用非独立悬架的是整体式，采用独立悬架的是断开式。整体式转向桥如图 2-6 所示。

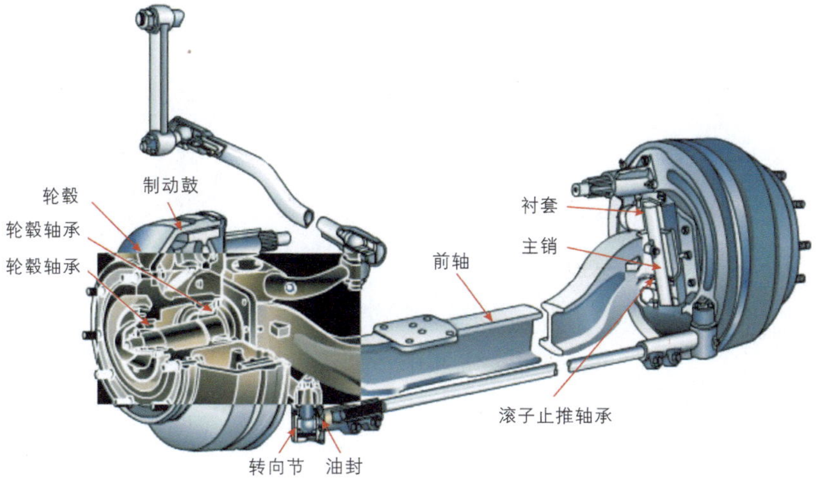

图 2-6　整体式转向桥

2. 转向驱动桥

转向驱动桥能同时实现车轮转向和驱动功能。大众捷达轿车转向驱动桥如图 2-7 所示。

转向驱动桥的结构和一般驱动桥一样，由主减速器、差速器、半轴和桥壳组成，也有一般转向桥所具有的转向节壳体、主销和轮毂等，如图 2-8 所示。它与单独的驱动桥和转向桥的不同之处在于，由于转向的需要，半轴被分成两段，即内半轴和外半轴。内半轴与差速器相连，外半轴与轮毂相连，两者用等速万向节连在一起。主销也分成上下两段，分别固定在万向节的球形支座上。转向节轴颈部分做成中空，以便外半轴穿过。这样既能满足转向的需要，又可以给转向节传递转矩。转向驱动桥广泛应用于全轴驱动的越野汽车和部分轿车上。

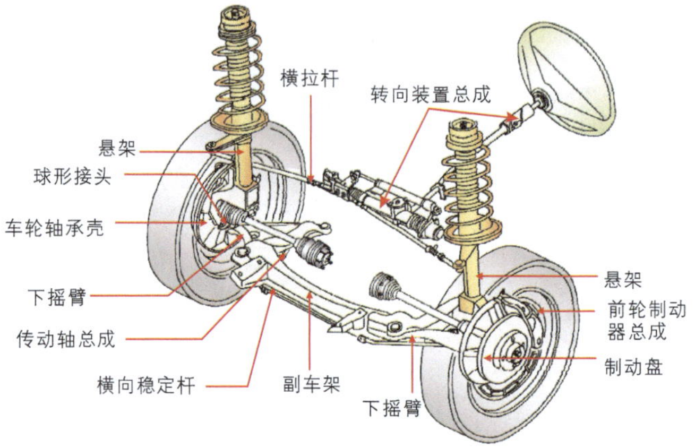

图 2-7　大众捷达轿车转向驱动桥

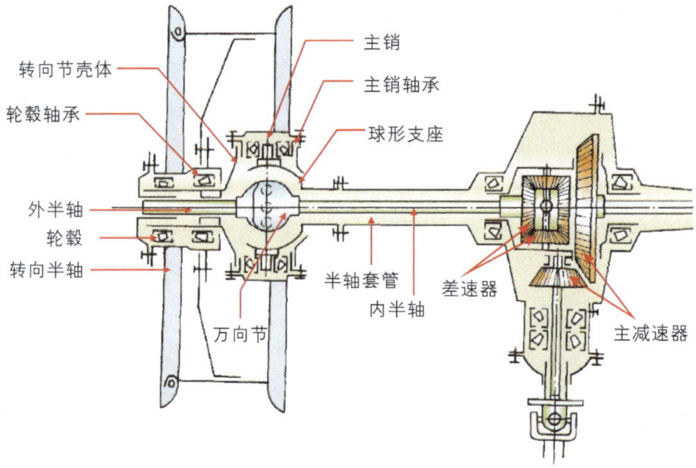

图 2-8　转向驱动桥示意图

四、悬架

1. 悬架的组成

悬架是汽车的车架与车桥或车轮之间的一切传力连接装置的总称。其作用是传递作用在车轮和车架之间的力和力矩，缓冲由不平路面传给车架或车身的冲击力，并衰减由此引起的振动，以保证汽车能平顺地行驶。悬架位置分布图如图 2-9 所示。

悬架由弹性元件、减振器和导向机构（横向稳定杆、摆臂、纵向推力杆）等组成。

图 2-9 悬架位置分布图

1）弹性元件

汽车悬架所用的弹性元件主要有钢板弹簧、螺旋弹簧、扭杆弹簧、油气弹簧和空气弹簧等。

（1）钢板弹簧。

它由单片或若干片长度不同、宽度相同、厚度可以相同也可以不相同的弹簧钢板叠成，如图 2-10 所示。

（2）螺旋弹簧。

它是前、后悬架中最常见的弹簧，如图 2-11 所示。在螺旋弹簧上施加载荷时，随着弹簧的收缩，存储外部能量，衰减振动；当载荷减轻时，螺旋弹簧伸张，恢复原状。螺旋弹簧有线性和非线性两种。线性螺旋弹簧的螺距相等，簧圈形状和直径相同，有恒定的弹性系数。非线性螺旋弹簧簧圈的粗细和形状不同，大部分非线性螺旋弹簧簧圈的直径相同，但间隔不等。

（3）扭杆弹簧。

它是由具有扭转弹性的弹簧钢制成的杆，如图 2-12 所示。

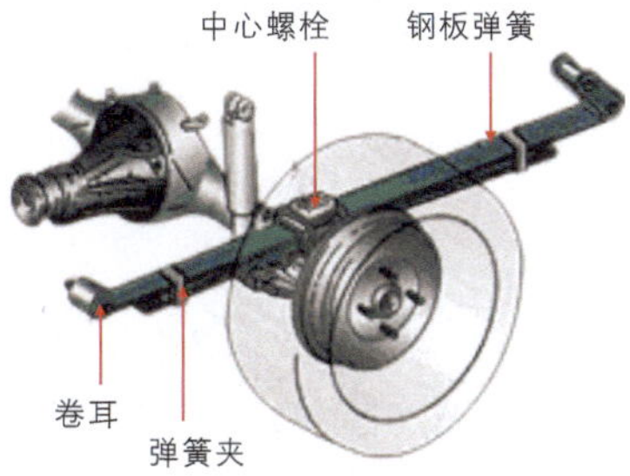

图 2-10 钢板弹簧

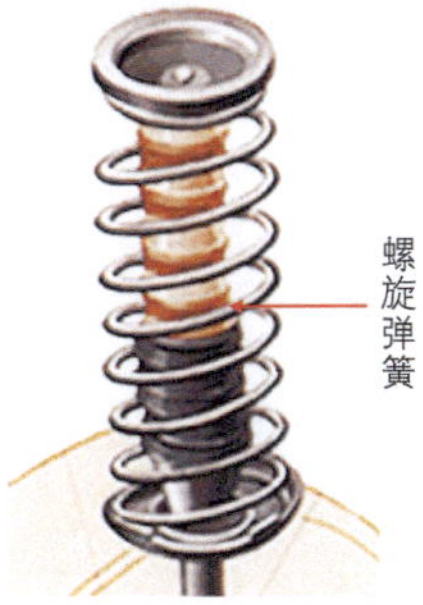

图 2-11 螺旋弹簧

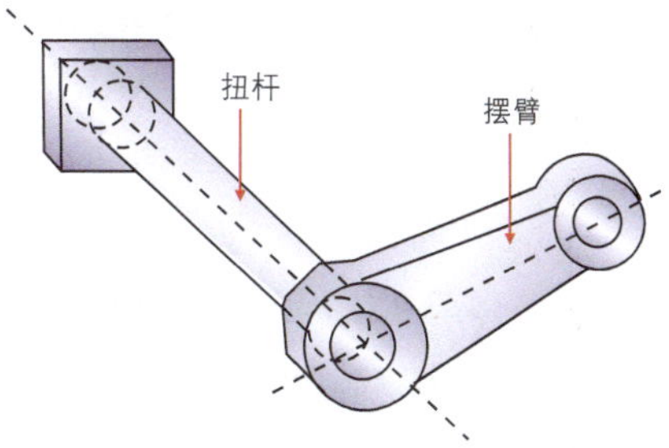

图 2-12 扭杆弹簧

（4）油气弹簧。

它是以惰性气体（一般为氮气）作为弹性介质，以油液作为传力介质的气体弹簧，利用气体的可压缩性来实现弹簧缓冲的作用，如图 2-13 所示。油气弹簧按结构可分为单气室油气弹簧和双气室油气弹簧。

（5）空气弹簧。

它一般用于电子悬架系统中，如图 2-14 所示。

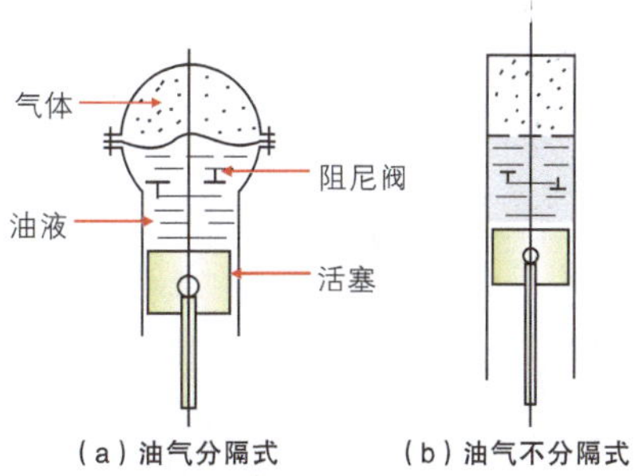

图 2-13 油气弹簧

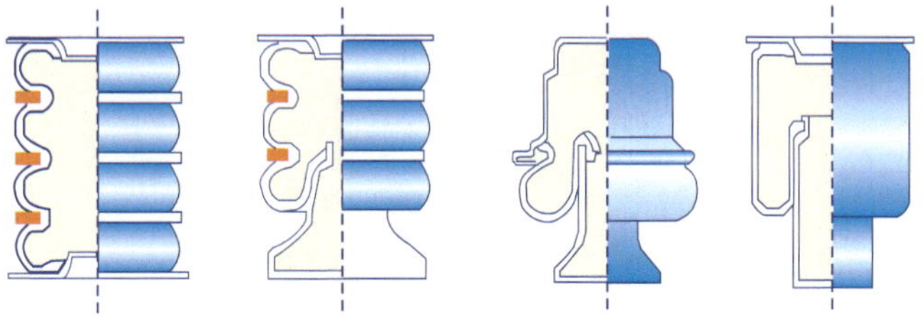

图 2-14 空气弹簧

2）减振器

减振器用来衰减弹性系统引起的振动，减振器在车上与弹性元件并联安装，如图 2-15 所示。减振器按减振作用的行程不同，可分为双向作用式减振器和单向作用式减振器两种。

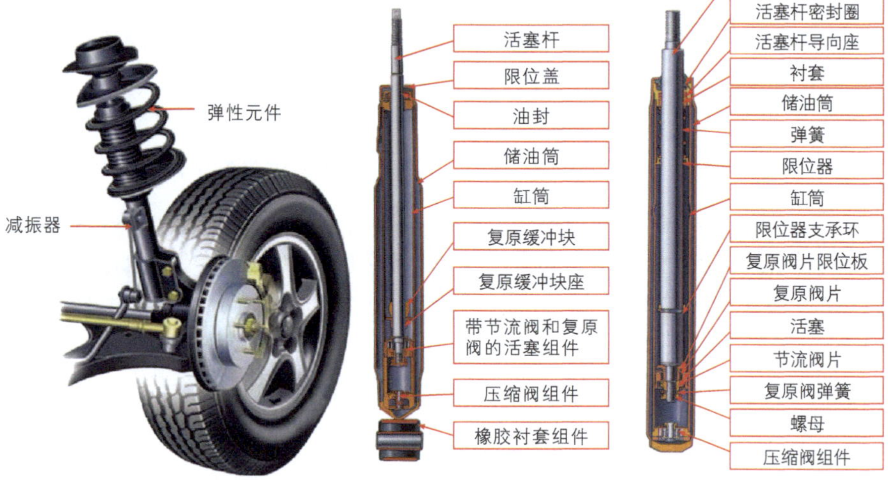

图 2-15 减振器剖面图与安装位置图

（1）双向作用式减振器。

双向作用式减振器是指伸张和压缩行程都能起到减振作用的减振器，如图 2-16 所示。

双向作用式减振器的工作原理见表 2-1。

（2）单向作用式减振器。

单向作用式减振器是指只有伸张行程起到减振作用的减振器。

表 2-1 双向作用式减振器的工作原理

行程	活塞运动	工作缸筒上、下腔容积变化	上、下腔油压变化	油液流向	效果
压缩行程	减振器受压缩，活塞向下移动	上腔容积增大，下腔容积减小	下腔油压高于上腔	油液压开活塞阀进入上腔，还有一部分从底阀进入外侧汽缸	产生阻尼力
伸张行程	减振器被拉伸，活塞向上移动	上腔容积减小，下腔容积增大	上腔油压高于下腔	油液推开活塞阀流入下腔，同时外侧汽缸内的油液被吸入下腔	

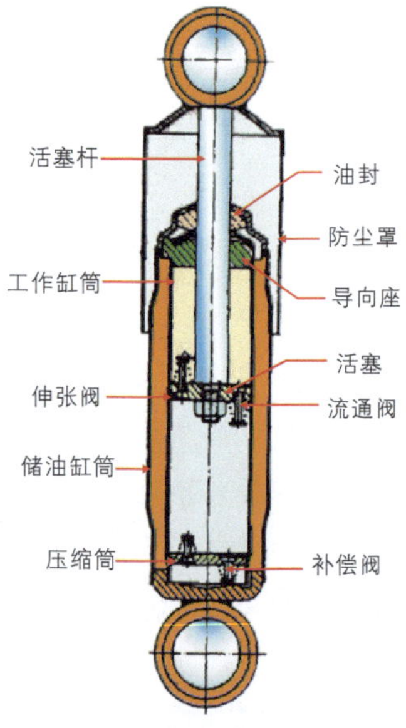

图 2-16 双向作用式减振器

（3）充气式减振器。

充气式减振器的结构特点：在缸筒的下部装有一个浮动活塞，在浮动活塞与缸筒形成的密闭气室中充有高压氮气。浮动活塞之上是减振器油液。浮动活塞上装有大断面的 O 形密封圈，将油和气完全分开，此活塞也称封气活塞。充气式减振器如图 2-17 所示。

由于活塞杆进出引起的缸筒容积变化由浮动活塞的上下运动来补偿，这种减振器不需要储液缸筒，所以也称单筒式减振器。

（4）阻力可调式减振器。

阻力可调式减振器的工作过程：当汽车的载荷增加时，气囊中的气压升高，气室内的气压也随之升高，使膜片向下移动，与弹簧产生的压力相平衡。与此同时，膜片带动与它相连的柱塞杆和柱塞下移，使得柱塞相对空心连杆上的节流孔的位置发生变化，结果减小了节流孔的通道截面积，即减少了油液流经节流孔的流量，从而增加了油液流动阻力。阻力可调式减振器结构图如图 2-18 所示。

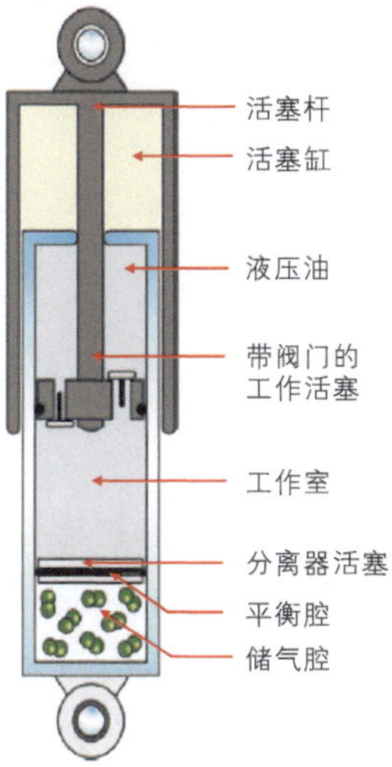

图 2-17　充气式减振器

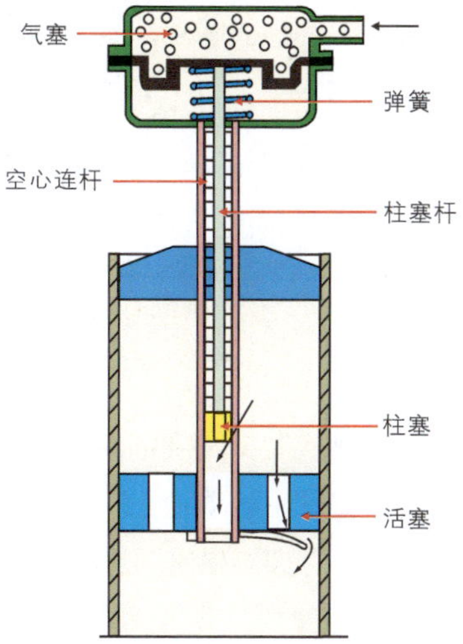

图 2-18　阻力可调式减振器结构图

3）导向机构

导向机构是传力机构，其作用一是传递各个方向的力和力矩，二是使车轮按一定轨迹相对于车架和车身跳动。在汽车行驶过程中，车轮的运动轨迹应符合一定的要求，否则对汽车的某些行驶性能会有不利的影响。导向机构位置图如图 2-19 所示。

图 2-19　导向机构位置图

4）横向稳定杆

大多数轿车和客车的悬架系统中设有横向稳定杆。其作用是防止车身在转向等情况下发生过大的横向倾斜。横向稳定杆位置图如图 2-20 所示。

当车身只做垂直移动而两侧悬架变形相等时，横向稳定杆在套筒内自由转动，不起任何作用。当两侧悬架变形不等而车身相对于路面横向倾斜时，车架的一侧移近弹簧支座，稳定杆的该侧末端就相对于车架向上移；而车架的另一侧远离弹簧支座，相应的稳定杆的末端则相对于车架向下移。然而，在车身和车架倾斜时，横向稳定杆的中部相对于车架并无运动。这样在车身倾斜时，稳定杆两边的纵向部分向不同方向偏转，于是稳定杆便被扭转。弹性稳定杆产生扭转的内力矩就妨碍了悬架弹簧的变形，起到了阻止车身倾斜的作用，因而减小了车身的横向倾斜和横向角振动，如图 2-21 所示。

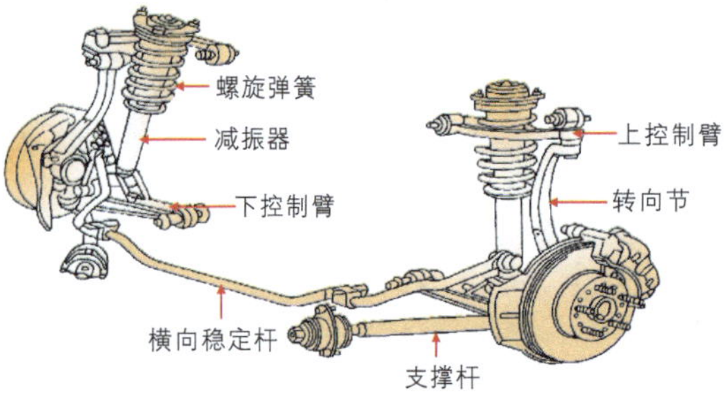

图 2-20 横向稳定杆位置图

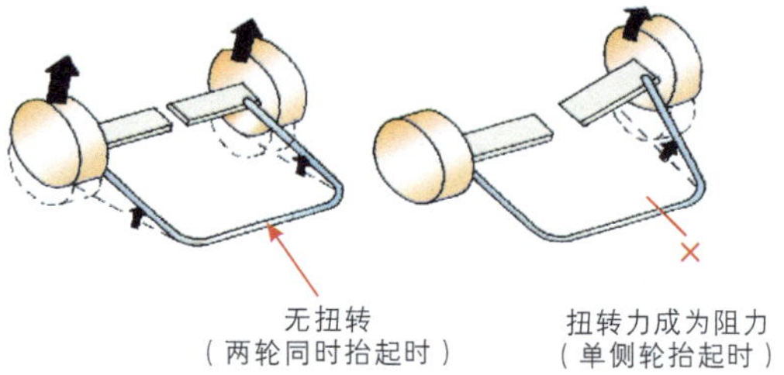

图 2-21 横向稳定杆工作示意图

2. 悬架的种类

1）非独立悬架

非独立悬架又称整体式悬架。两侧车轮由一根整体式车桥相连，车轮与车桥一起通过悬架与车架连接，左、右车轮运动相互影响，容易产生颤动和摇摆现象，其广泛应用于货车的前、后悬架和一些轿车的后悬架。非独立悬架按采用的弹性元件不同，可分为钢板弹簧式、螺旋弹簧式、空气弹簧式和油气弹簧式。在此主要介绍钢板弹簧式、螺旋弹簧式、空气弹簧式三种常见的非独立悬架。

（1）钢板弹簧式非独立悬架。

钢板弹簧被用作非独立悬架的弹性元件，由于它兼起导向机构的作用，使得悬架系统大为简化，因此被广泛用于货车的前、后悬架中。钢板弹簧式非独立悬架如图 2-22 所示。

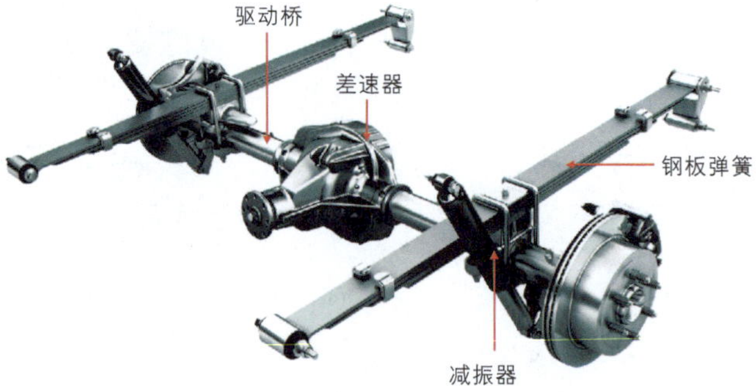

图 2-22 钢板弹簧式非独立悬架

（2）螺旋弹簧式非独立悬架。

螺旋弹簧式非独立悬架一般只用作乘用车的后悬架。螺旋弹簧作为弹性元件只能承受垂直载荷，所以其悬架系统要加设导向机构和减振器。螺旋弹簧式非独立悬架结构图与实物图如图 2–23 所示。

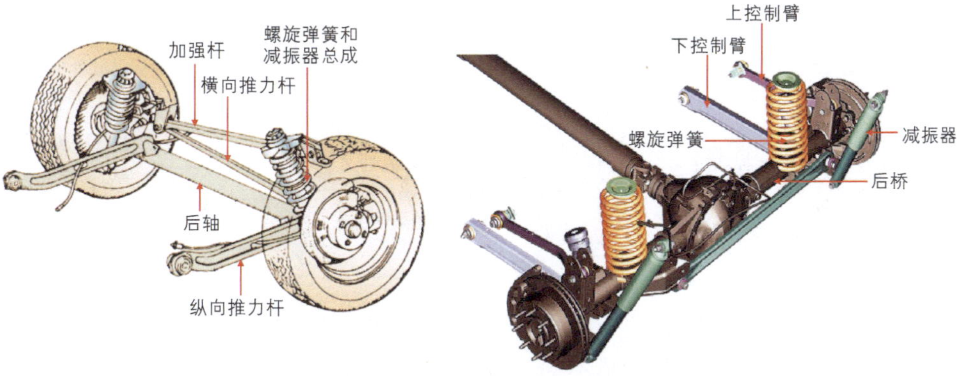

图 2–23 螺旋弹簧式非独立悬架结构图与实物图

（3）空气弹簧式非独立悬架。

汽车在行驶时，由于载荷和路面的变化，要求悬架刚度随之变化。空车时车身被抬高，满载时车身则被压低，会出现撞击缓冲块的情况。不同类型的汽车有不同的要求，如以追求舒适性为主的大客车，其空车与满载时的车身载重变化较大，要求在好路上降低车身高度，提高车速行驶；在坏路上抬高车身，增大通过能力。因此，要求车身高度能随使用条件进行调节，空气弹簧式非独立悬架可以满足这一要求。空气弹簧式非独立悬架如图 2–24 所示。

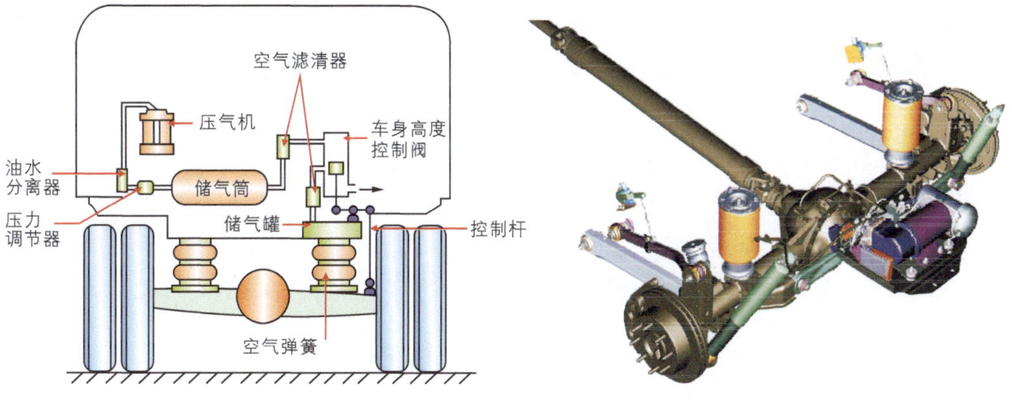

（a）结构图 （b）实物图

图 2–24 空气弹簧式非独立悬架

2）独立悬架

独立悬架采用的车桥是断开式的。两侧车轮分别独立地与车架或车身弹性连接，当一侧车轮受到冲击时，其运动不会影响另一侧车轮。

独立悬架按采用的弹性元件不同可分为螺旋弹簧式、钢板弹簧式、扭杆弹簧式和气体弹簧式，应用较多的是螺旋弹簧式；根据导向机构的结构特点可分为横臂式、纵臂式、多连杆式、烛式、麦弗逊式和单斜臂式，如图 2–25 所示。

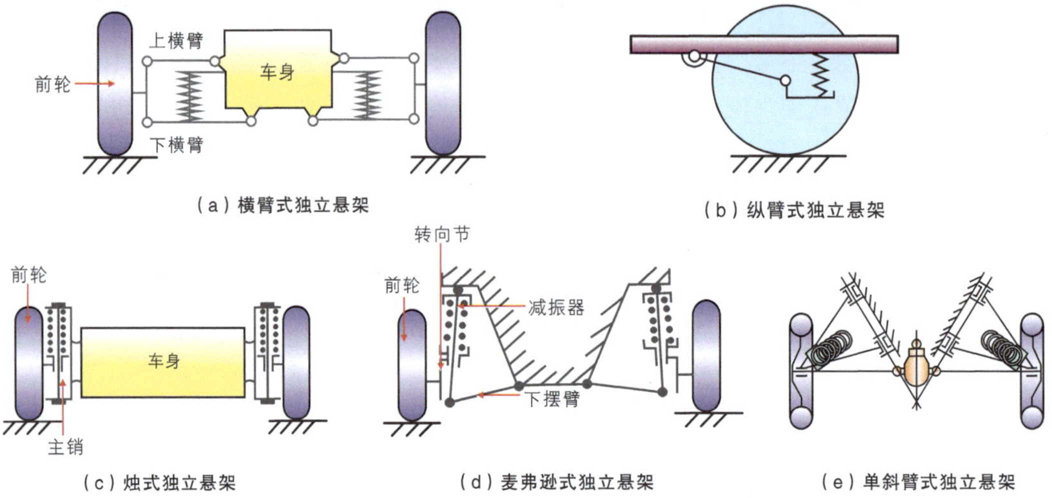

图 2–25　独立悬架的分类

（1）横臂式独立悬架。

横臂式独立悬架是指车轮在汽车横向平面内摆动的独立悬架，按横臂的数量分为单横臂式和双横臂式独立悬架。

单横臂式独立悬架多应用在后悬架上，但由于不能适应高速行驶的要求，目前应用不多。

双横臂式独立悬架按上、下横臂是否等长，又分为等长双横臂式和不等长双横臂式两种。等长双横臂式独立悬架在车轮上下跳动时，能保持主销倾角不变，但轮距变化大（与单横臂式相类似），造成轮胎磨损严重，现已很少使用。

不等长双横臂式独立悬架如图 2–26 所示。只要适当选择，优化上、下横臂的长度，通过合理布置，可以使轮距及前轮定位参数变化均在可接受的限定范围内，保证汽车具有良好的行驶稳定性。目前，不等长双横臂式独立悬架已广泛应用在轿车的前、后悬架上，部分运动型轿车及赛车的后轮也采用这一悬架形式。

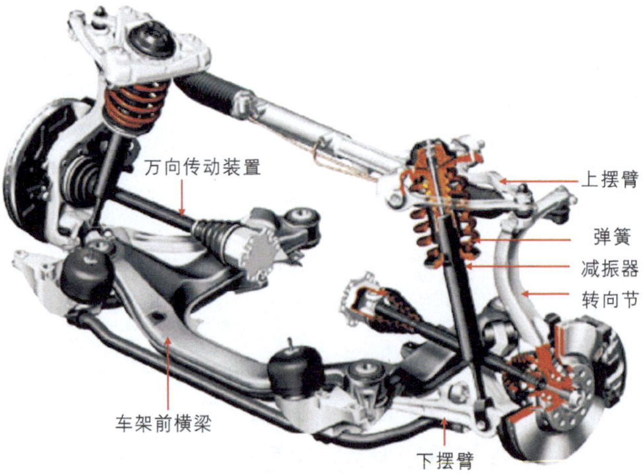

图 2–26　不等长双横臂式独立悬架

（2）纵臂式独立悬架。

纵臂式独立悬架是指车轮在汽车纵向平面内摆动的悬架，又分为单纵臂式和双纵臂式两种。对于单纵臂式独立悬架，当车轮上下跳动时，主销后倾角会产生较大的变化，因此不用于转向轮上，如图 2–27 所示。双纵臂式独立悬架的两个摆臂一般做成等长的，形成一个平行四杆结构，如图 2–28 所示。这样，当车轮上下跳动时，主销后倾角保持不变。双纵臂式独立悬架多应用在转向轮上。

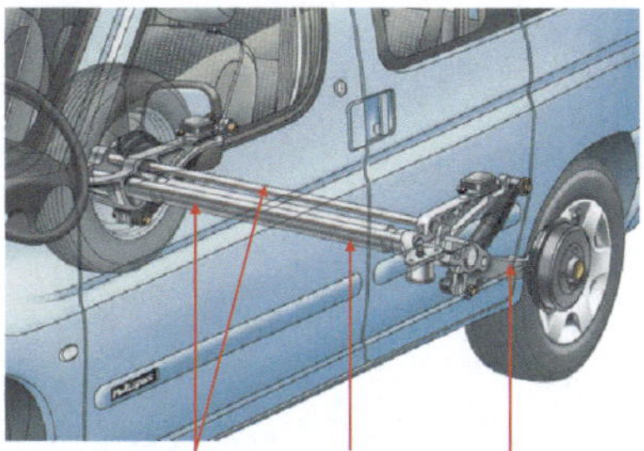

图 2–27　单纵臂式独立悬架

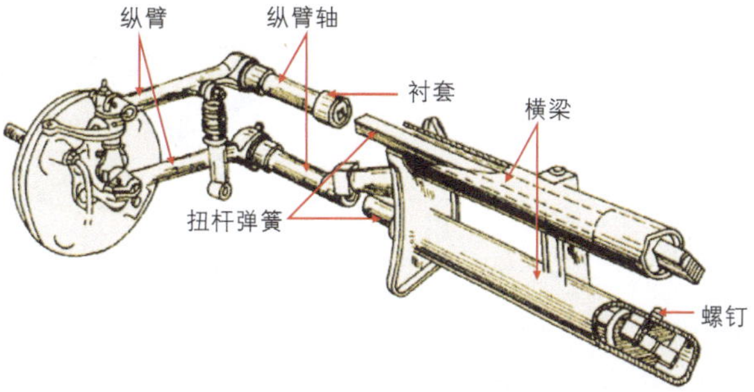

图 2–28　双纵臂式独立悬架

（3）多连杆式独立悬架。

多连杆式独立悬架是由 3~5 根杆件组合起来控制车轮位置变化的悬架，如图 2–29 所示。多连杆式独立悬架能使车轮绕着与汽车纵轴线成一定角度的轴线摆动，是横臂式和纵臂式的综合方案，适当地选择摆臂轴线与汽车纵轴线所成的夹角，可不同程度地获得横臂式与纵臂式悬架的优点，能满足不同的使用性能要求。

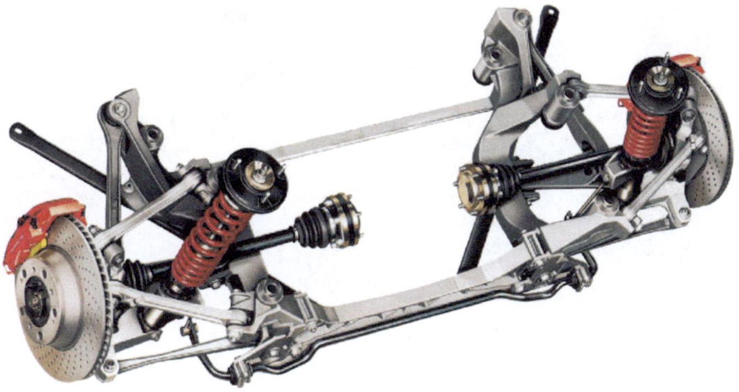

图 2–29　多连杆式独立悬架

多连杆式独立悬架的主要优点：车轮跳动时轮距和前束的变化很小，汽车在驱动和制动状态下都可以按驾驶意图进行平稳转向。其不足之处是汽车高速行驶时有轴摆动现象。

（4）烛式独立悬架。

烛式独立悬架的结构特点是车轮沿主销轴线上下移动，如图 2–30 所示。

当悬架变形时，主销位置和定位角不会发生变化，仅轮距、轴距稍有变化，有利于提高汽车的操纵性和稳定性。烛式独立悬架的缺点：汽车行驶时的侧向力会全部由套在主销套筒上的主销承受，致使套筒与主销间的摩擦阻力增大，磨损也较严重。烛式独立悬架现已应用不多。

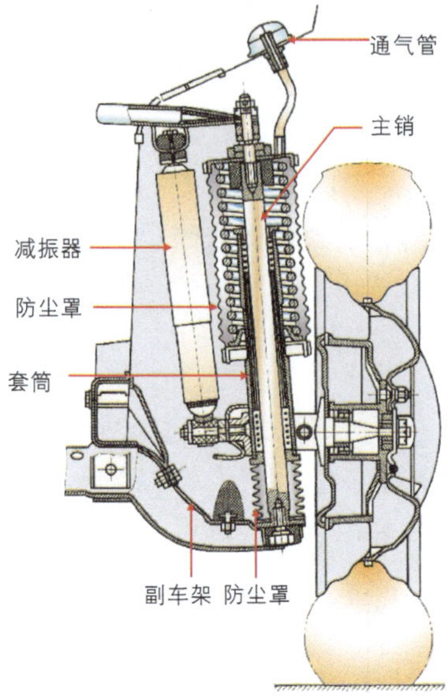

图 2-30 烛式独立悬架

（5）麦弗逊式独立悬架。

麦弗逊式独立悬架也称滑柱连杆式独立悬架，减振器可兼作转向主销，转向节可以绕着它转动，如图 2-31 所示。主销位置和前轮定位角随车轮的上下跳动而变化。减振器—弹簧组充当了主销的角色，同时承受地面作用于车轮上的横向力。

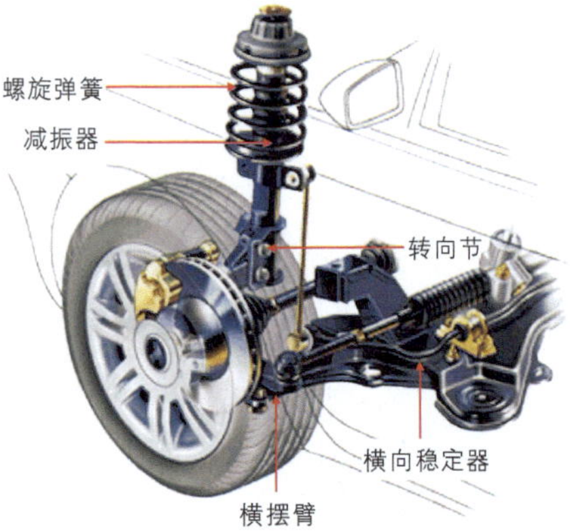

图 2-31 麦弗逊式独立悬架

（6）单斜臂式独立悬架。

单斜臂式独立悬架是介于单横臂式与单纵臂式之间的一种悬架（图 2-32）。单斜臂的摆动轴线与汽车纵轴线成一定夹角 θ（$0° < \theta < 90°$）。适当地选择夹角 θ，可以调整轮距、车轮倾角、前束等，使之变化最小，从而获得良好的操纵稳定性。有的悬架加装了一根辅助拉杆，用于控制前束的变化。这根拉杆称为控制前束杆。

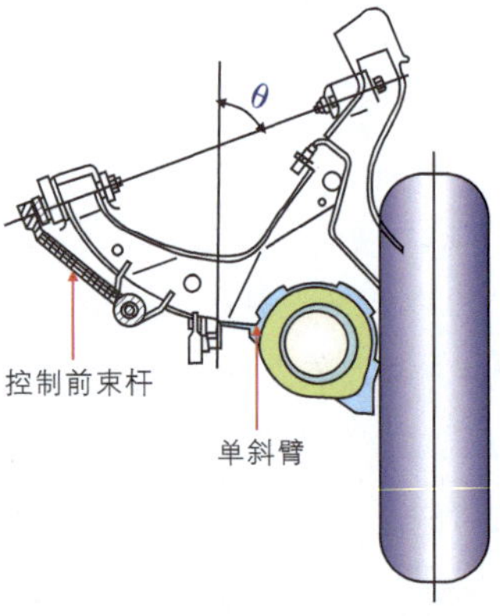

图 2-32 单斜臂式独立悬架

五、车轮和轮胎

1. 车轮

1）车轮的类型

车轮用于安装轮胎，承受轮胎与车轮之间的各种作用力和力矩。车轮由轮毂、轮辋和轮辐组成。按照轮辐结构的不同，可分为辐板式和辐条式车轮。

（1）辐板式车轮。

它应用广泛，其轮毂和轮辋由冲压而成的钢质圆盘连接起来，如图 2-33 所示。

（2）辐条式车轮。

它采用几根锻铸的空心轮辐将轮毂和轮辋连在一起，如图 2-34 所示。

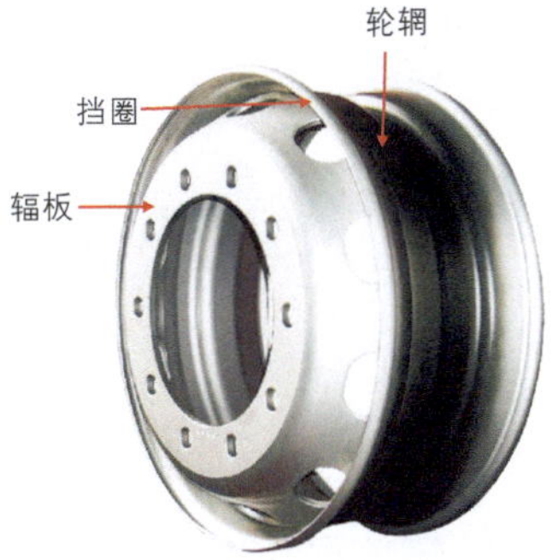

图 2-33　辐板式车轮

图 2-34　辐条式车轮

2）轮辋的类型

轮辋的常见形式主要有深槽轮辋、平底轮辋和对开式轮辋。

（1）深槽轮辋。

深槽轮辋是一种整体轮辋，其断面中部为一深凹槽，可使轮胎拆装方便，如图 2-35 所示，主要用于轿车及轻型越野汽车。它有带肩的凸缘，用以安放外胎的胎圈，其肩部通常略向中间倾斜，倾斜角一般是 5° ±1°。倾斜部分的最大直径称为轮胎胎圈与轮辋的折合直径。深槽轮辋结构简单，刚度大，质量较小，对于小尺寸、弹性较大的轮胎最适宜。但是，尺寸较大又较硬的轮胎，则很难装进这样的整体轮辋内。

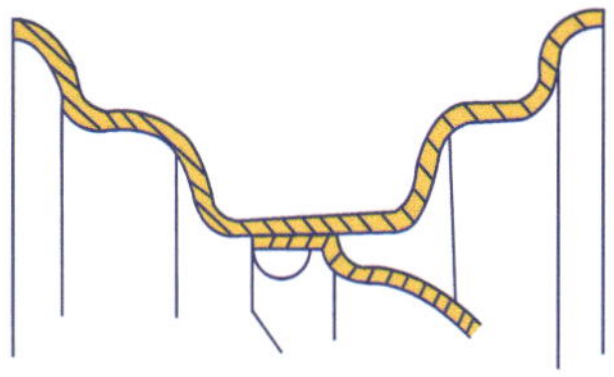

图 2-35　深槽轮辋

（2）平底轮辋。

平底轮辋的结构形式很多，如图 2-36 所示的轮辋断面中部是平直的，挡圈是整体的，用一个开口弹性锁圈将挡圈固定在轮辋上。在安装轮胎时，先将轮胎套在轮辋上，然后套上挡圈，并将它向内推，直至越过轮辋上的环形槽，再将开口的弹性锁圈嵌入环形槽中。这种轮辋适用于尺寸较大而弹性较小的轮胎。

（3）对开式轮辋。

对开式轮辋由内外两部分组成，其内外轮辋的宽度可以相等，也可以不等，两者用螺栓连成一体，如图 2-37 所示。拆装轮胎时，拆卸螺母即可。

由于轮辋是轮胎的装配和固定基础，当轮胎装入不同的轮辋时，其变形位置与大小会发生变化。因此，不同规格的轮胎最好配用规定的标准轮辋，必要时也可配用规格与标准轮胎相近的轮辋（容许轮辋）。如果轮辋选用不当，会造成轮胎早期损坏，特别是用在过窄的轮辋上时。

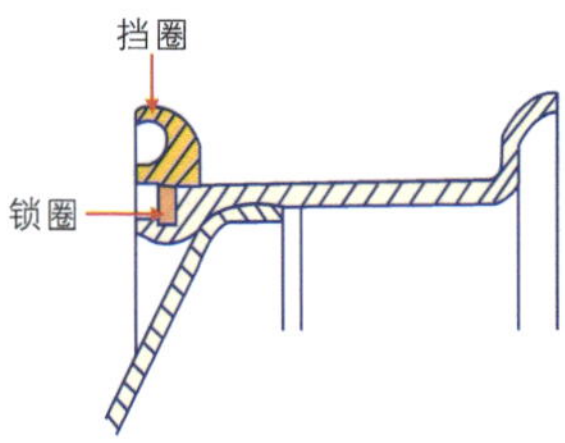

图 2-36　平底轮辋

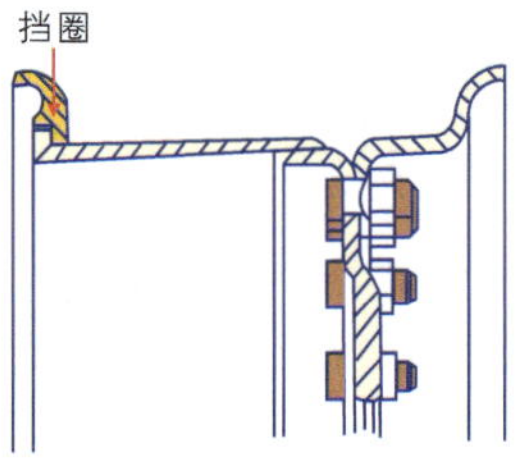

图 2-37　对开式轮辋

2. 轮胎

1）轮胎的分类

汽车轮胎按胎体结构不同可分为充气轮胎和实心轮胎。实心轮胎一般用于低速汽车或重型挂车，现在已经很少使用。下面主要讲解充气轮胎的分类。

（1）按结构分类。

有内胎的充气轮胎如图 2-38 所示，无内胎的充气轮胎如图 2-39 所示。

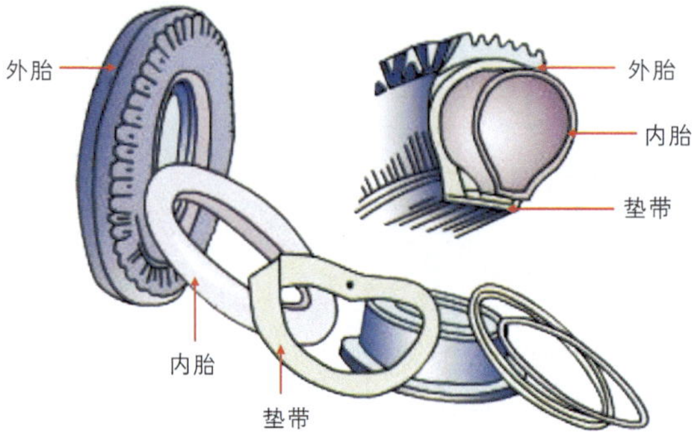

图 2-38　有内胎的充气轮胎

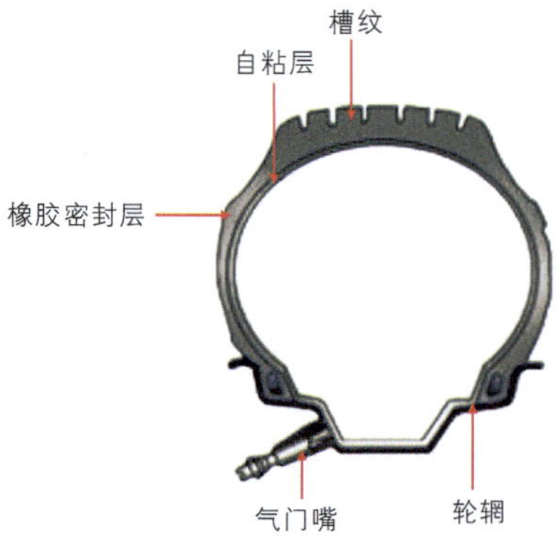

图 2-39　无内胎的充气轮胎

（2）按胎体内帘线排列方向分类。

普通斜交轮胎如图 2-40 所示，子午线轮胎如图 2-41 所示。

2）轮胎的结构

斜交轮胎和子午线轮胎的结构基本一致，只是由于胎体内帘布层排列上的差异而存在一些差别。子午线轮胎的结构如图 2-42 所示。

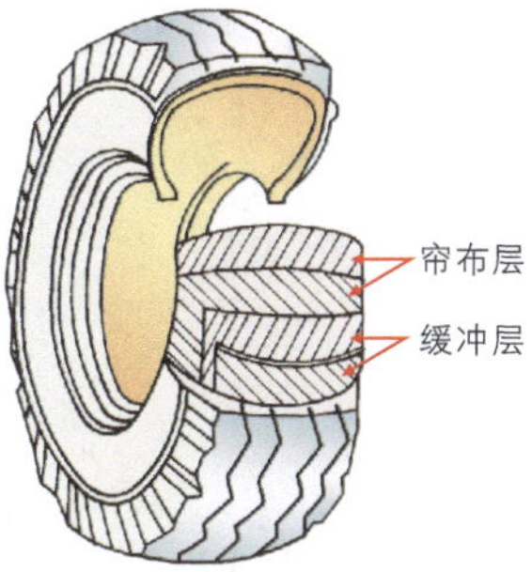

图 2-40 普通斜交轮胎

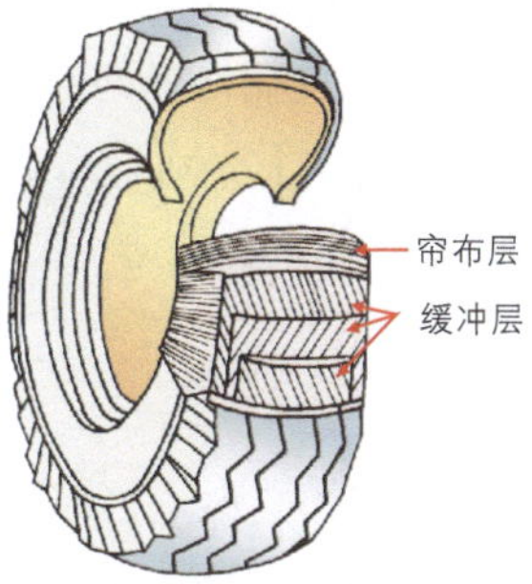

图 2-41 子午线轮胎

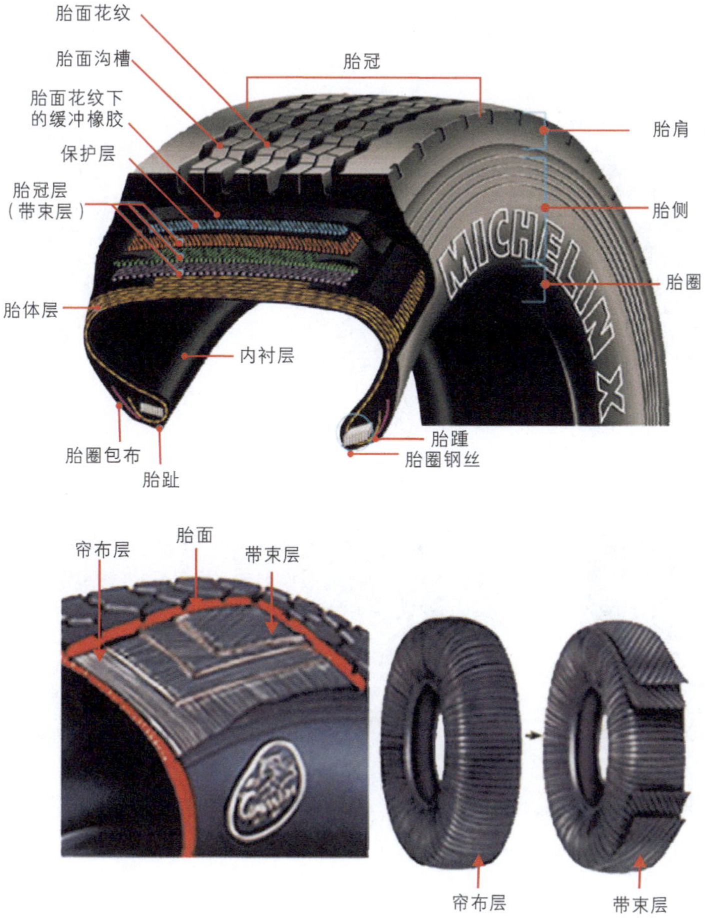

图 2-42 子午线轮胎的结构

（1）胎面。

胎面是外胎的外表层，包括胎冠、胎肩、胎侧三部分。

（2）胎体。

作为轮胎最重要的结构，整个内层帘布称为胎体。胎体的主要作用是维持气压、承受垂直负荷及吸收振动。

（3）带束层。

它是子午线轮胎或带束斜交轮胎的胎面与胎体之间的一个强化层。它的功能与缓冲层相似，通过紧紧包裹胎体，增加胎面的刚性。

（4）胎圈（直接和轮辋接触的部分）。

胎圈把轮胎附在轮辋上，在接口处包覆帘布。胎圈由胎圈钢丝、胎圈包布等组成。胎圈一般紧绕着轮辋，以保证气压突然增大时，轮胎也不会脱离轮辋。

3）轮胎花纹

轮胎胎面和地面接触，除了要确保轮胎滚动时胎体免受地面损伤，还要有很好的附着力，为轮胎提供足够的牵引力、制动力、转弯力，以便汽车在各种路面上可靠行驶。轮胎具有的附着力除了与胎面材料性质有关，在很大程度上还依靠胎面花纹来保证。由于路面情况复杂，单一的胎面花纹适应性有限，为了保证汽车在不同路面上都有良好的行驶能力，胎面上的花纹有多种形状，如图 2-43 所示。

条形花纹　　横向花纹　　块状花纹

复合花纹　　单导向花纹　　不对称花纹

图 2-43　轮胎花纹

（1）条形花纹。

花纹沟方向与圆周方向一致。

优点：滚动阻力低，不易发生侧滑，具有良好的操纵稳定性，噪声低，行驶过程中产生的热量低，在轮胎各种花纹中高速性能最为出色，同时能提供良好的驾乘舒适感。

缺点：制动性能和湿地稳定性能较差，而且在高负荷下容易出现开裂现象。

（2）横向花纹。

花纹沟方向与圆周方向垂直。

优点：具有良好的制动、操纵和牵引性能。

缺点：高速行驶时噪声较大，而且由于滚动阻力大，不适于高速行驶。

（3）块状花纹。

花纹呈块状规则排列。

优点：具有优越的制动及操纵性能，在雪地及湿路上有良好的操控及稳定性能，雨天时具有出色的排水性能。

缺点：由于是独立的块状花纹结构，耐磨性能较差。

（4）复合花纹。

综合了条形及横向花纹的特点。

优点：胎面中央的条形花纹提供了良好的操纵性能，并能防止侧滑；胎面肩部的横向花纹提供了优秀的牵引性能和制动性能。

（5）单导向花纹。

花纹沟之间相互连接，呈独立的花纹块结构。

优点：相对于其他轮胎花纹，具有卓越的制动性能和极佳的排水性能，以及雨天优良的稳定性能，适于高速行驶。

（6）不对称花纹。

胎面左右两侧花纹形状不同。

优点：由于增大了转弯时外侧花纹的着地压力，极大地提高了车辆高速转弯性能，并强化了外侧花纹的耐磨性能。

4）轮胎规格

轮胎规格是根据使用要求和轮胎尺寸确定的。轮胎规格必须标在轮胎的侧面。

（1）轮胎规格表示法。

轮胎规格表示法如图 2-44 所示。

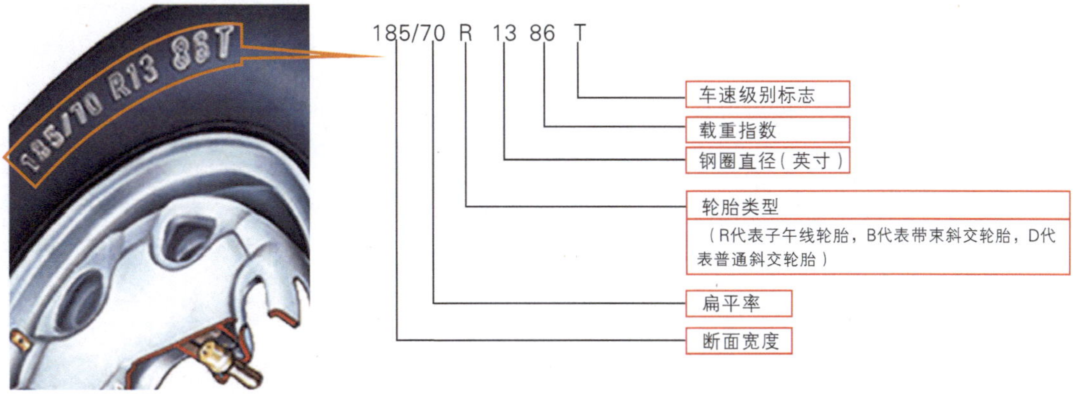

图 2-44　轮胎规格表示法

（2）轮胎扁平率。

轮胎断面高度 H 与宽度 B 之比以百分比表示，称为轮胎扁平率，如图 2-45 所示。扁平率对轮胎的性能有很大影响，扁平率较大的轮胎在颠簸的路面上有较高的舒适度；而扁平率较小的轮胎与路面有较大的接触面积，具有较大的胎壁刚度，因此在硬质路面上有较好的附着力和敏锐的反应，但舒适度较低。轮胎扁平率计算公式如下：

$$轮胎扁平率=H/B\times100\%$$

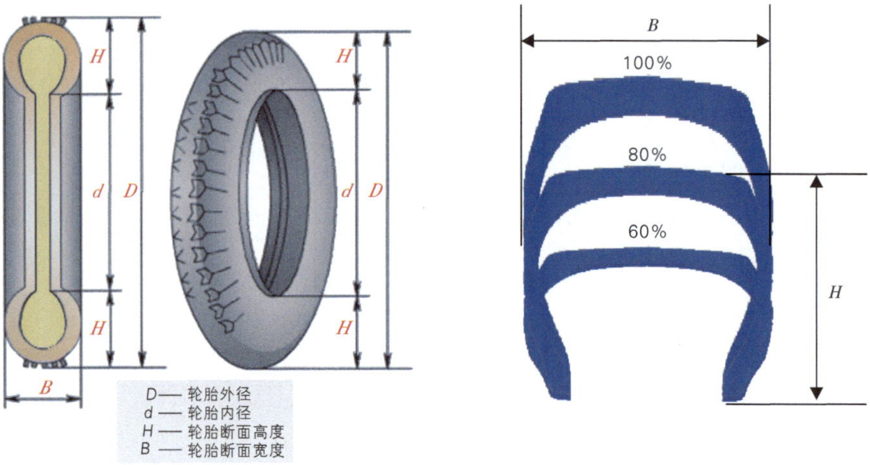

图 2-45 轮胎扁平率

5）轮胎换位

轮胎换位可使胎面磨损均匀，能充分合理地使用轮胎，并延长轮胎的使用寿命。应根据轮胎的不同特点采用不同的换位方法，如图 2-46 所示。

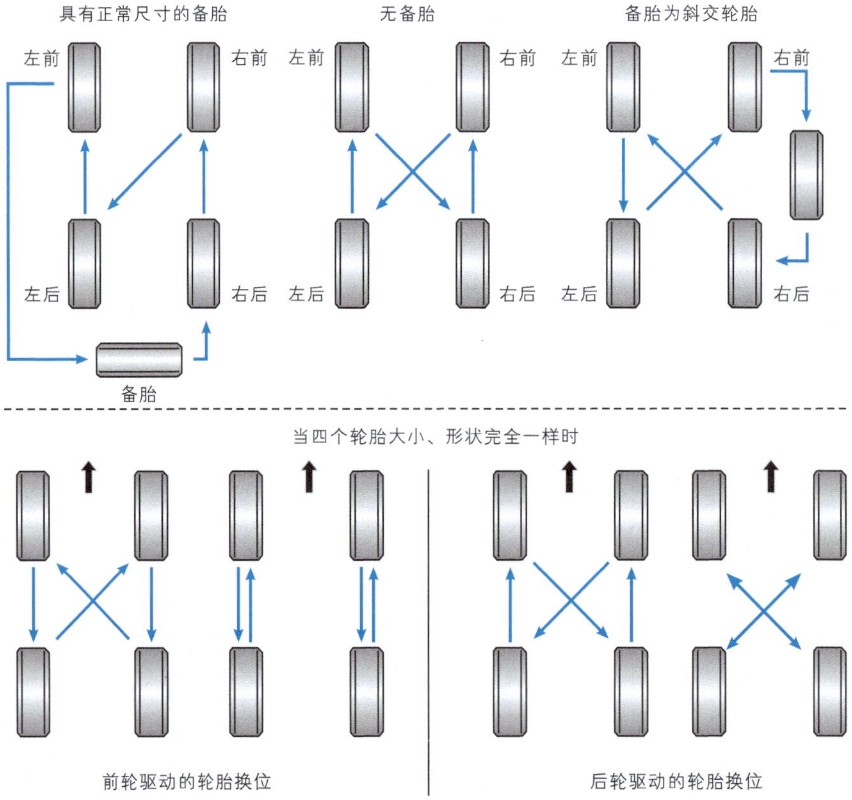

图 2-46 使轮胎磨损均匀的几种轮胎换位方法

为了使轮胎磨损尽可能达到均衡，安装在汽车上的轮胎都应进行换位。如果所有轮胎磨损均匀，就没必要进行轮胎换位。但是，一旦发现轮胎有不规则磨损的情况，应马上换位。

任务实践

1. 实践名称

汽车悬架的拆装。

2. 实践准备

实训车辆、举升机、拖顶、弹簧压缩器、常用拆装工具等。

3. 实践要求与注意事项

（1）明确操作规范和职责范围，预防潜在危险。

（2）实践操作过程中保持场地卫生及安全，不嬉戏打闹。

（3）在使用举升机的过程中应上好保险后再开始工作。

（4）使用维修手册时，要注意避免破损，手册与使用车型相对应。

4. 操作步骤及检修

1）汽车前悬架的拆装

（1）拆卸汽车前悬架。停放好车辆，将车辆用举升机稍稍顶起，拧松车轮紧固螺栓，如图 2–47 所示。

图 2–47　顶起车辆并拧松车轮紧固螺栓

（2）将车辆升至工作位置，取下车轮，如图 2–48 所示。

（3）打开发动机舱，在四周铺上防护垫，如图 2–49 所示。

图 2-48　取下车轮

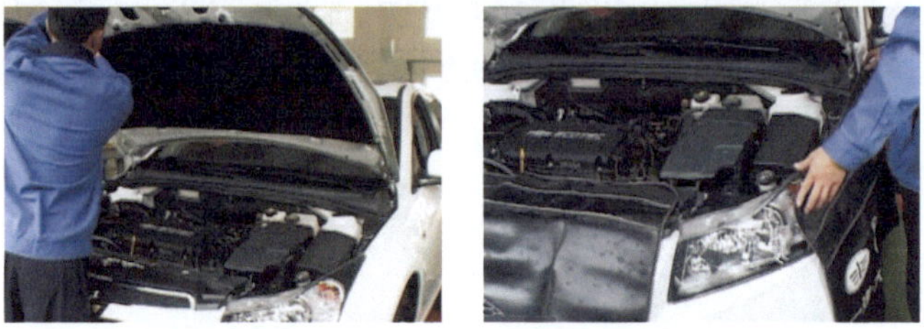

图 2-49　打开发动机舱并铺上防护垫

（4）用扳手拆下转向节螺母和螺栓，如图 2-50 所示。

（5）从前滑杆上拆下稳定杆连杆螺母，取下连杆，如图 2-51 所示。

图 2-50　拆下转向节螺母和螺栓

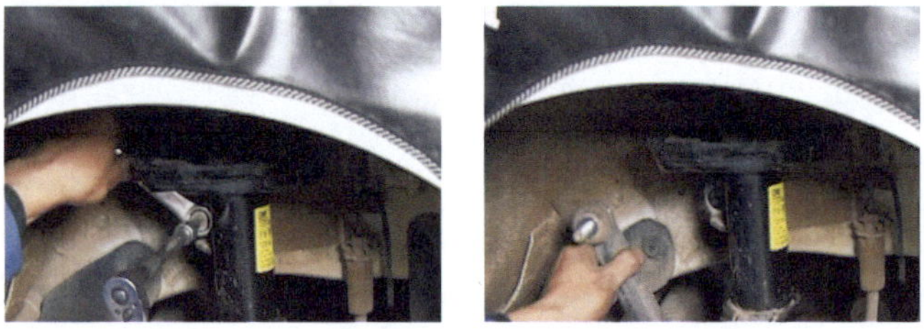

图 2-51　拆下连杆

（6）将制动软管从减振器上分离，如图 2-52 所示。

（7）拆下支撑罩，如图 2-53 所示。

图 2-52　分离制动软管

图 2-53　拆下支撑罩

（8）松开固定螺栓，取下螺母和支撑板，如图 2-54 所示。

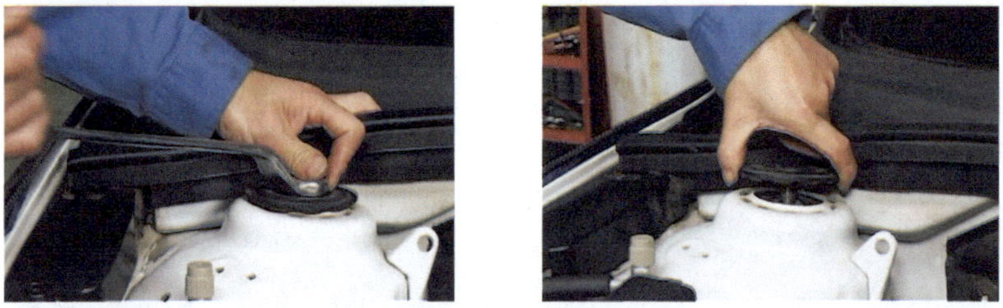

图 2-54　取下螺母和支撑板

（9）用拖顶支撑悬架下端，松开减振器下端螺栓，取出减振器总成，如图 2-55 所示。

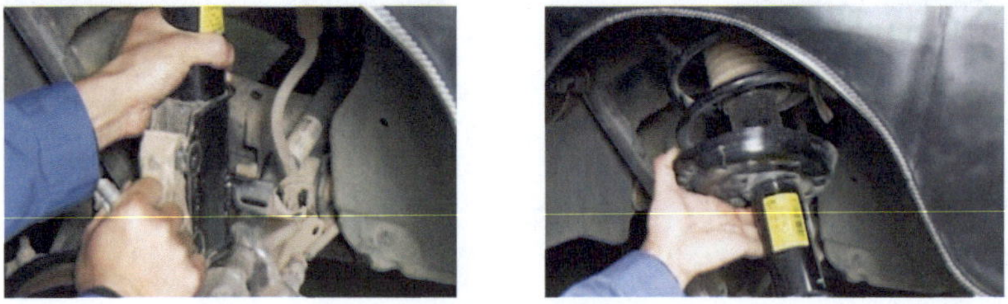

图 2-55　拆卸减振器总成

（10）用弹簧压缩器压住减振弹簧，如图 2-56 所示。

（11）松开固定螺母，取下减振弹簧上盖，如图 2-57 所示。

图 2-56　压住减振弹簧

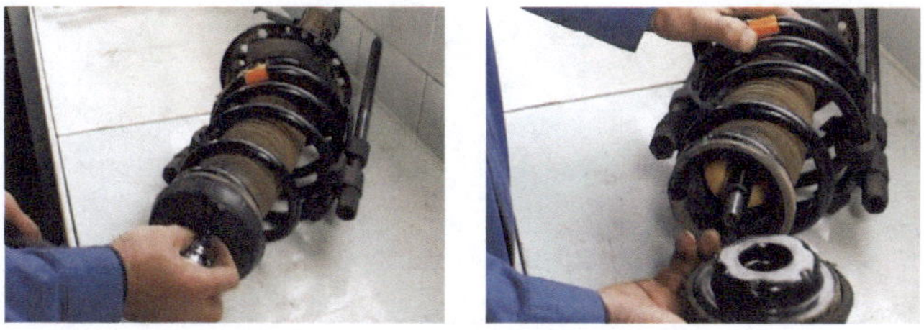

图 2-57　拆卸减振弹簧上盖

（12）取下弹簧和防尘套，如图 2-58 所示。

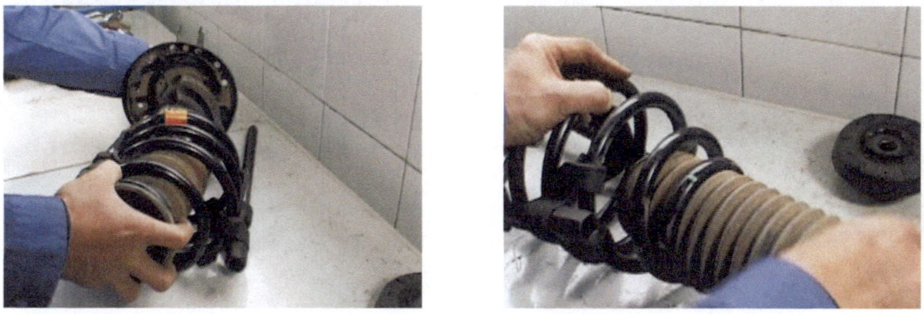

图 2-58　取下弹簧和防尘套

（13）取出减振垫、下隔振垫，如图 2-59 所示。

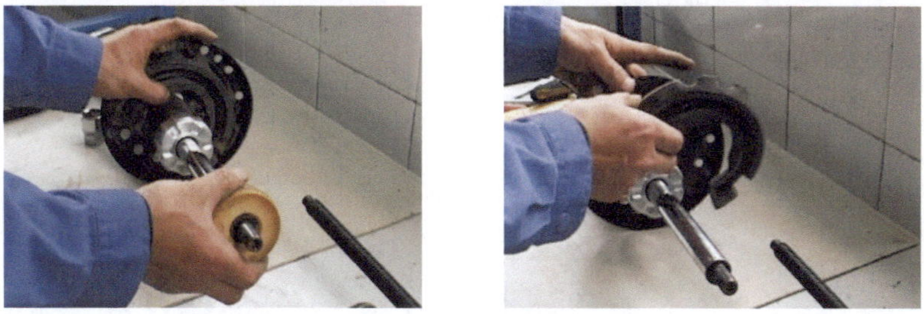

图 2-59　取出减振垫、下隔振垫

（14）安装。按照拆卸过程的相反顺序安装。

2）汽车后悬架的拆装

（1）拆卸汽车后悬架。将车辆升至工作位置，取下车轮，如图 2-60 所示。

（2）用拖顶举起后桥，如图 2-61 所示。

图 2-60　取下车轮

图 2-61　举起后桥

（3）拆下减振器上部紧固螺栓，如图 2-62 所示。

（4）放下拖顶，拆下减振器下部螺栓，如图 2-63 所示。

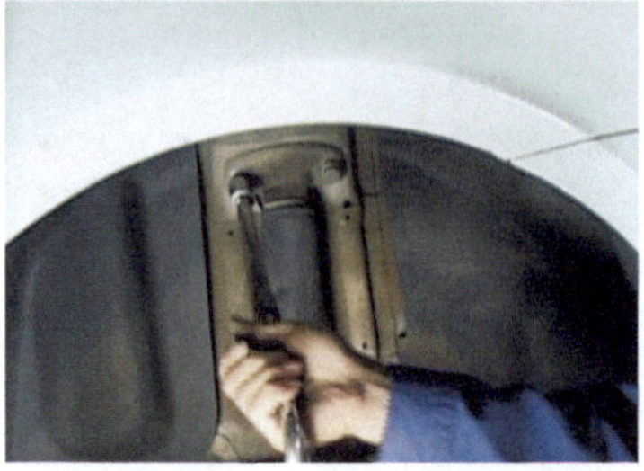

图 2-62　拆下减振器上部紧固螺栓

图 2-63　拆下减振器下部螺栓

（5）取下减振器，如图 2-64 所示。

（6）用撬棍压下后桥，取出减振弹簧，如图 2-65 所示。

图 2-64　取下减振器

图 2-65　取出减振弹簧

（7）取下减振器防尘套，如图 2-66 所示。

（8）安装。按照拆卸过程的相反顺序安装。

图 2-66　取下减振器防尘套

5. 实践总结

____

____

____

____

____

任务练习

一、填空题

1. 行驶系统一般由 ________、________、________ 和 ________ 组成。
2. 车架按结构形式可分为 ________、________、________ 和 ________。
3. 悬架由 ________、________ 和 ________ 等组成。
4. 汽车悬架系统所用的弹簧主要有 ________、________、________ 和 ________ 等。

二、选择题

1. 下列（　　）不属于有内胎的充气轮胎部件。

A. 内胎　　B. 外胎

C. 轮辋　　D. 垫带

2. 轿车通常采用（　　）悬架。

A. 独立式　　B. 非独立式

C. 平衡式　　D. 以上都不是

3. 根据车桥上车轮的作用，（　　）属于从动桥。

A. 转向桥和支持桥　　B. 转向桥和转向驱动桥

C. 驱动桥和支持桥　　　　　　D. 支持桥和转向驱动桥

4. 一般载货汽车的悬架未设（　　）。

A. 弹性元件　　　　　　　　B. 导向机构

C. 减振器　　　　　　　　　D. 前三项都不是

5. 车轮定位中，（　　）可通过改变横拉杆的长度来调整。

A. 主销后倾　　　　　　　　B. 主销内倾

C. 前轮外倾　　　　　　　　D. 前轮前束

三、问答题

1. 汽车行驶系统的功用是什么?
2. 悬架由哪几部分组成？各部分的功用是什么?
3. 简述轮胎的类型与组成。

任务二 转向系统

任务目标

完成本学习任务后，学生在基础知识和基本技能方面应达到以下要求。

●知识目标

（1）掌握转向系统的功用与组成。

（2）掌握转向盘自由行程的检查方法。

（3）掌握转向器的构造与工作原理。

（4）掌握动力转向系统的结构与组成。

●能力目标

（1）能够独立完成转向器总成的拆装。

（2）能够独立完成转向油泵的拆装。

任务引入

转向系统是汽车底盘的重要组成部分，关系到汽车行驶的操纵性和安全性。它能够使汽车在行驶过程中改变行驶方向，并将作用在转向盘上的力矩传到车轮上。下面进入转向系统的学习。

相关知识

一、转向系统的功用

用来改变或保持汽车行驶方向的一系列装置称为汽车转向系统。汽车转向系统的功用就是按照驾驶员的意愿控制汽车的行驶方向。

二、转向系统的组成

转向系统由转向操纵机构、转向器、转向传动机构三个主要部分组成，如图 2-67 所示。

驾驶员通过转动转向盘，将转向力矩输入转向器，经转向器增大后的力矩传到转向传动机构，转向传动机构带动转向轮偏转，控制汽车行驶方向。

转向系统的形式有多种，但均由上述三部分组成，不同之处在于转向动力源及转向器的形式。

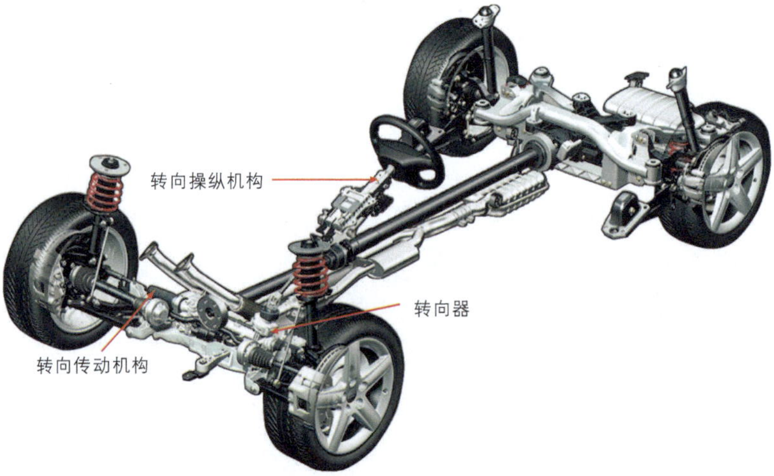

图 2-67　转向系统的组成部分

1. 转向操纵机构

1）转向操纵机构的组成部分

转向操纵机构的组成部分如图 2-68 所示。其中，转向盘和转向管柱的功用是产生足够的力以驱动转向器转动。转向管柱由多个零部件组成。转向盘和转向管柱的具体形式随汽车生产年代和生产厂家不同而不同。

万向节可在有一定夹角的轴之间传递转向力矩。

柔性联轴器允许转向轴和中间轴以很小的夹角传动。

中间轴用以连接柔性联轴器和万向节。

安装支架可确保转向管柱安装到位。

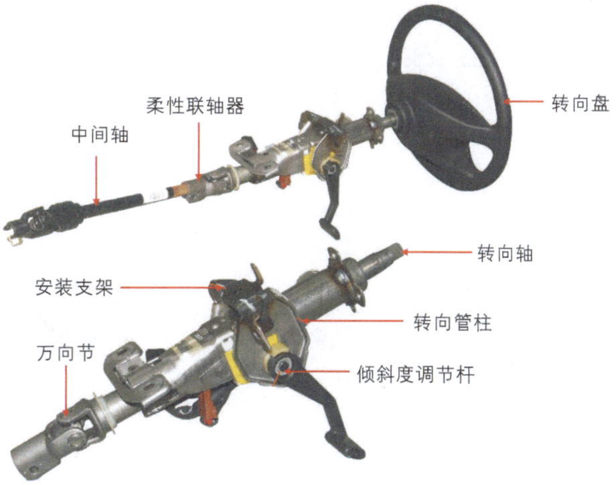

图 2-68　转向操纵机构的组成部分

2）转向操纵机构主要部分概述

（1）转向盘。

转向盘由一个坚硬的轮圈及许多连接轮圈和中心轮毂的辐条组成，其中心和转向轴上端装配在一起。多数转向盘的轮毂都有内花键，与转向轴的外花键装配到一起。中心轮毂的螺栓或螺母能确保转向盘固定到转向轴上。转向盘还可以包含巡航控制及音响控制装置，以及驾驶员安全气囊。

安全气囊安装在固定转向盘与传动轴的螺母之前。转向盘背后的螺栓把气囊的充气组件紧固在转向盘上。在遇到前部碰撞时，气囊在几分之一秒内打开，从而在驾驶员与转向盘和仪表板之间提供缓冲作用，如图 2-69 所示。

图 2-69　安全气囊

（2）转向柱。

转向柱包括转向轴和转向管柱。转向轴的作用是将转向盘的旋转运动传递给转向器，它通过轴承支承于转向管柱中；转向管柱则固定在车身上。

为了舒适、可靠地操纵转向装置，转向柱通常包含以下机构。

①柔性连接机构。

转向管柱的上部与转向盘固定连接，下部装有转向器。其连接方式有两种：一种是与转向器输入轴直接连接，另一种是通过万向节或柔性联轴器与转向器的输入轴相连接。为了兼顾汽车底盘和车身总体布置要求，往往需要使转向器与转向管柱的轴线以一定角度相交。因此，许多新型汽车在转向操纵机构中采用了万向节。采用柔性联轴器连接，可以有效阻止路面对车轮的冲击经过转向器传到转向盘，从而可以显著减轻转向盘上的冲击和振动。

②能量吸收机构。

当汽车发生碰撞时，转向管柱能量吸收机构可以减小驾驶员因身体惯性的作用撞击转向盘所受到的冲击，防止转向轴伤害驾驶员，如图 2-70 所示。

早期的方法是将转向管柱的一部分做成网状机构，如图 2-70（a）所示，在碰撞过程中它很容易被压扁。当汽车遇到障碍物而撞车时，转向器对转向管柱产生一个向上的推力，转向管柱受到这个推力（第一次碰撞）作用时，连接上、下转向管柱的塑料销被剪断，上转向管柱将沿下转向管柱的内孔滑动伸缩。与此同时，转向管柱套管上的网格部分也被轴向压缩而变形。

另一种方法是采用由两部分组成的转向管柱。其中一部分直径小，因此能够插进另一部分，且用滚柱轴承支撑。在碰撞过程中，直径小的部分滑入直径大的部分，如图 2–70（b）所示。还有一种方法是采用断开式转向管柱，发生碰撞时转向管柱会与车身分离，如图 2–70（c）所示。

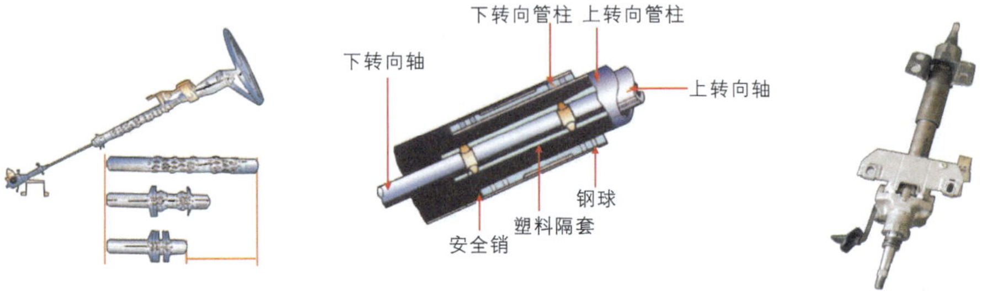

（a）可压缩的转向管柱网状机构　（b）可伸缩的转向管柱　（c）断开式转向管柱

图 2–70　能量吸收机构

③倾斜度可调式转向管柱机构 。

倾斜度可调式转向管柱机构是为了适应各种驾驶姿势而设置的，驾驶员可以自由选择转向盘位置。

④转向管柱伸缩机构。

如图 2–71 所示，转向管柱伸缩机构可实现转向盘位置向前或向后调整，以适应不同驾驶姿势。

⑤倾斜度调整记忆机构。

在某些汽车上装置了倾斜度调整记忆机构。这种机构可避免转向盘妨碍驾驶员进出驾驶室。工作时由倾斜度调整用计算机控制倾斜度调整电动机，如图 2–72 所示。

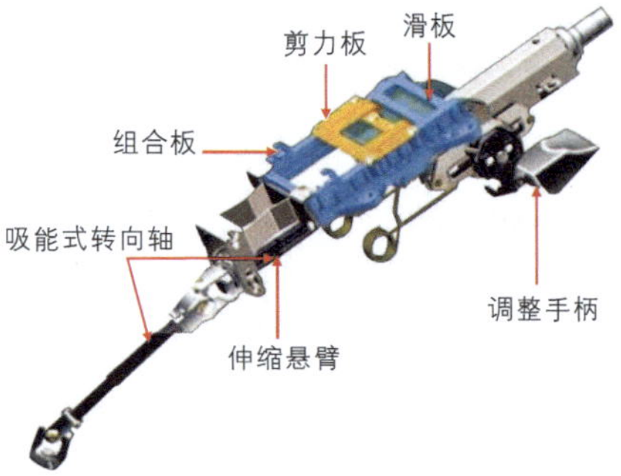

图 2–71　转向管柱伸缩机构

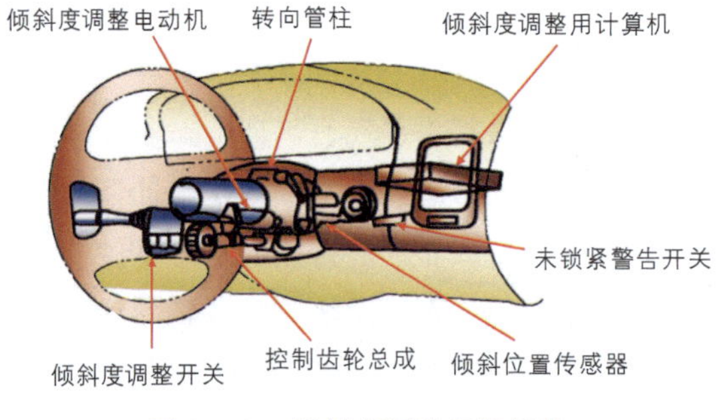

图 2–72　倾斜度调整记忆机构

⑥转向锁止机构。

当驾驶员拔出钥匙后，转向锁止机构能将转向轴锁定在转向管柱上，如果这时不用钥匙启动发动机，将无法进行车辆转向操作，从而防止车辆被盗。

（3）转向盘自由行程。

转向盘自由行程是指转向轮在直线行驶位置时转向盘的空转角度（图 2–73）。由于转向系统各传动件之间不可避免地存在着装配间隙，并且这些间隙会随着零件的磨损而增大，因此，在转动转向盘时，必须先消除各种装配间隙，然后才能带动转向轮转动。也就是说，转向盘必须先空转一个角度，转向轮才会偏转。

适当的自由行程可以缓和路面冲击，减轻驾驶员的疲劳，并使转向操作柔和。但从转向灵敏性考虑，转向盘的自由行程不能太大，否则会使转向滞后。

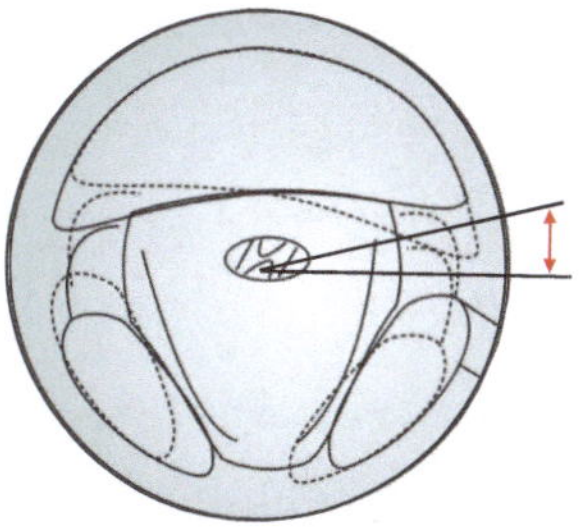

图 2–73　转向盘自由行程

转向盘自由行程检查步骤如下。

①检查转向盘紧固螺母，若松动，应予紧固，如图 2–74 所示。

②检查转向装置滑动花键部分的磨损情况，若磨损过大，应更换转向传动叉。

③检查摇臂轴与螺母啮合间隙是否过大，过大应予调整。

④检查转向器内平面轴承是否符合要求。

⑤检查直、横拉杆与转向节等有无松动等缺陷，如图 2–75 所示。

图 2–74　紧固转向盘

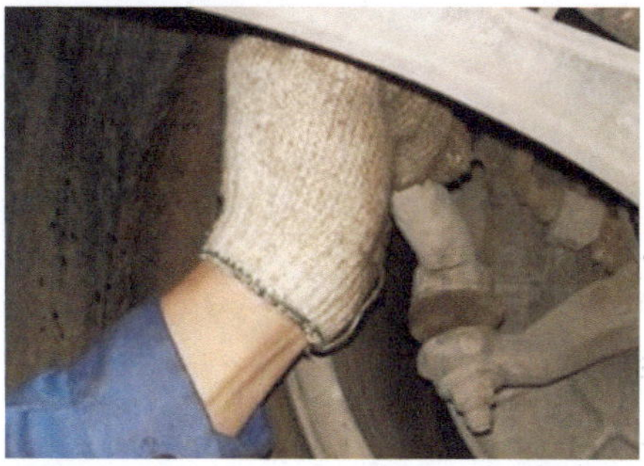

图 2–75　直、横拉杆与转向节的检查

转向盘自由行程过大的原因如下。

①转向器蜗杆与蜗轮（或齿扇、指销等）间隙过大。

②转向传动装置松动。

③转向传动装置的球铰间隙过大（松动）。

④前轮轴承或转向节主销与衬套松旷等。

2. 转向器

1）转向器的功用

转向器的功用是增大转向盘的转向力，并以更大的转矩把转向力传递到转向传动杆系上，而转向传动杆系则将转向力传递到转向轮上。

转向器因汽车设计不同而异，目前使用较多的是循环球式转向器和齿轮齿条式转向器。

2）转向传动比

如果将转向盘转过 20°，而前轮转动 1°，那么转向传动比就是 20∶1。前轮通常能够转过 40°~45°，因此转向盘必须转过前轮 20 倍的角度，即 20×40°=800°，或 20×45°=900°。

转向传动比大意味着转向更省力。转向传动比小意味着转向更快，但需要更大的转向力。

一些齿轮齿条式转向器具有可变转向传动比，即转向盘从中心位置开始转动，转向传动比逐渐减小。由此可知，齿轮齿条式转向器齿轮组的中心与外侧具有不同的齿距（每厘米的齿数）。这不仅能提高汽车转向时的响应速度（齿条靠近中心位置），还能减小车轮在接近转向极限时的作用力，如图 2-76 所示。

正常情况下，转向传动比为 12∶1~20∶1，转向传动比越大，转动转向盘的转向力越小，在转弯行驶时，同一弯道打转向盘的幅度越大。

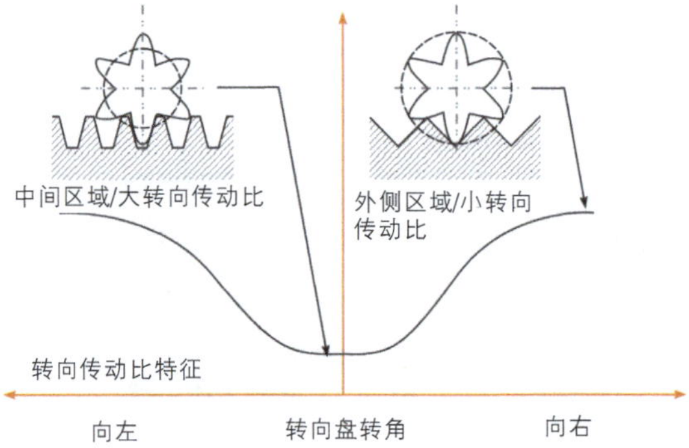

图 2-76　转向传动比的分布曲线

3）齿轮齿条式转向器的构造原理与调节

（1）构造原理。

齿轮齿条式转向器以齿轮和齿条作为传动机构，它主要由转向器壳体、转向齿轮、转向齿条等组成，如图 2-77 所示，转向器通过转向器壳体两端的螺栓固定在车身（车架）上。当转动转向盘和转向轴时，由于齿轮与齿条上的齿啮合，使得齿条在壳体内左右移动，同时使得转向传动机构中的其他杆件运动，并带动前轮偏转。

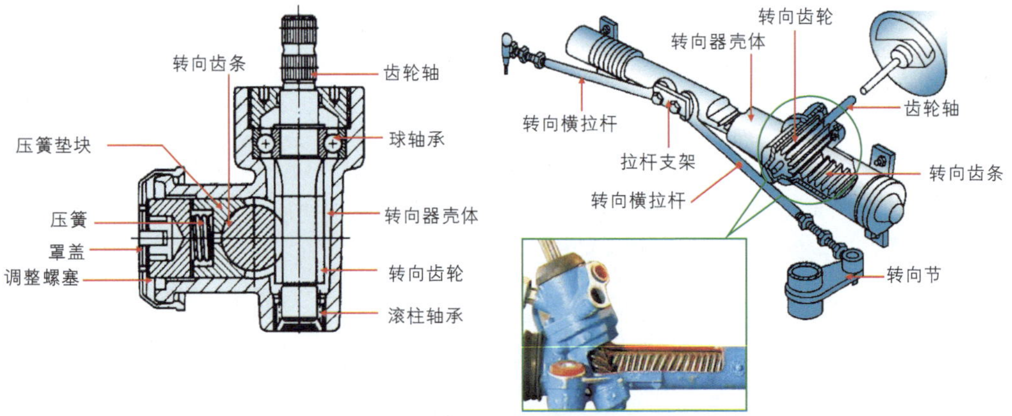

图 2-77　齿轮齿条式转向器的组成

齿轮齿条式转向器结构简单，传动效率高，操纵轻便，质量小；由于不需要转向摇臂和转向直拉杆，还使转向传动机构得以简化。齿轮齿条式转向器适合与麦弗逊式独立悬架配用，常用于轿车、微型货车和轻型货车。根据横拉杆位置的不同，齿轮齿条式转向器又分为中间输出式和两端输出式。

（2）调节。

有些齿轮齿条式转向器是可以调节的，如图 2–78 所示。

调节方法：把调整螺塞拧入转向器壳体以减小齿轮间隙，或拧出来以增大齿轮间隙。制造商规定了一个可接受的齿轮转矩范围。因为齿条中间齿的磨损要先于两端的齿，因此应在齿条整个行程检查齿轮。否则，当齿轮向齿条端部移动时，可能出现卡滞现象。

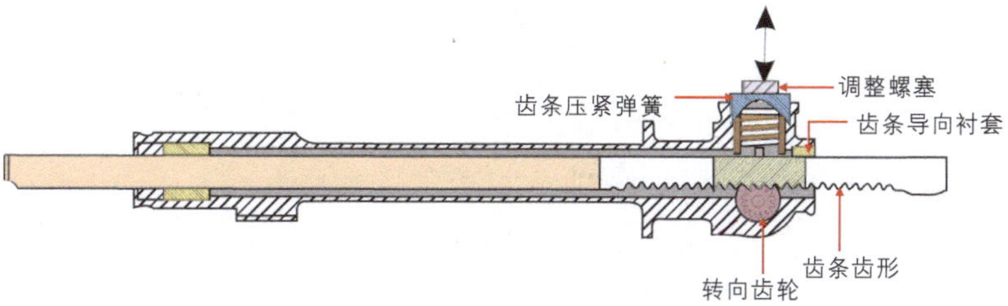

图 2–78　齿轮齿条式转向器的调节

4）循环球式转向器的构造原理与调节

（1）构造原理。

循环球式转向器中一般有两级传动副。其中，转向螺杆和转向螺母构成第一级传动副；转向螺母的一个平面上加工出齿条，与转向摇臂轴（也叫齿扇轴）上的齿扇相啮合，构成第二级传动副，如图 2–79 所示。转向螺母既是第一级传动的从动件，也是第二级传动的主动件。转向盘带动转向螺杆左右转动，转向螺母跟着前后移动，带动转向摇臂轴摆动。转向摇臂轴直接与转向摇臂连接，后者控制转向传动机构的运动。

循环球式转向器常用于各种轻型和中型货车，也用于部分轻型越野汽车。

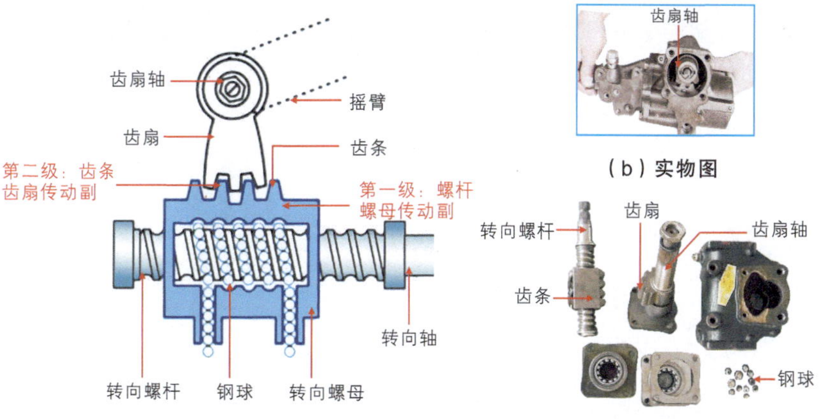

（a）结构图　（b）实物图　（c）分解图

图 2–79　循环球式转向器的构造

（2）调节。

为了使转向器有效工作，转向器内的零部件相对于壳体应保持正确的位置。当零件磨损时，壳体内部的间隙及零件之间的间隙增大，会出现松动的情况。过小的间隙会使零部件之间出现卡滞，造成转向费力；过大的间隙会使转向输入出现延迟反应，即转向盘的轴向间隙过大。

循环球式转向器的调节方法：转动调节螺母或螺塞，或者选择不同尺寸的垫片，这样就能增大或减小轴向间隙，如图 2-80 所示。

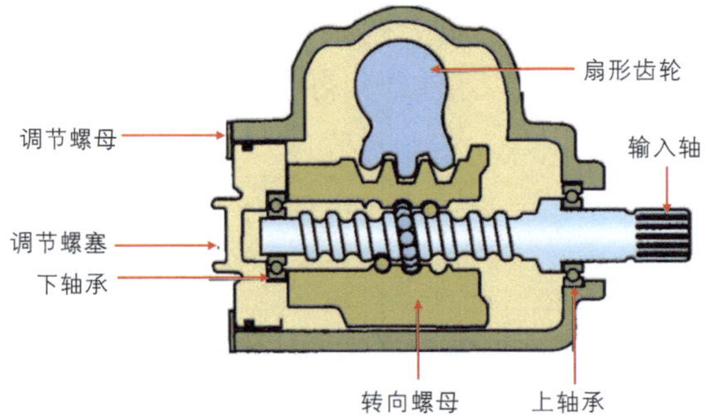

图 2-80 循环球式转向器的调节

3. 转向传动机构

1）转向传动机构的组成

转向传动机构主要由转向摇臂、转向直拉杆、转向节臂、转向梯形臂和转向横拉杆等组成。由转向器输出的力矩经上述各组件传到两轮的转向节，并由转向梯形臂和转向横拉杆组成的转向梯形机构保证左右两转向轮的偏转角满足转向运动关系。

（1）转向摇臂。

转向摇臂是转向器传动副和直拉杆间的传动件，作用是把转向器输出的力和运动传给直拉杆或横拉杆，进而推动转向轮偏转，如图 2-81 所示。

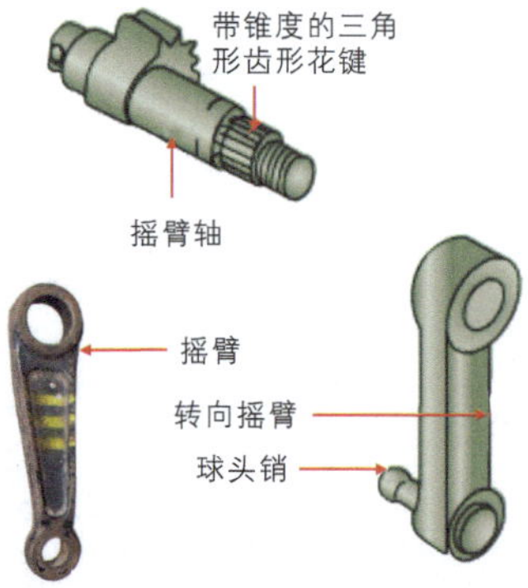

图 2-81 转向摇臂

（2）转向直拉杆。

转向直拉杆的作用是将转向摇臂传来的力和运动传给转向梯形臂。转向直拉杆结构图如图 2-82 所示。

（3）转向横拉杆。

转向横拉杆分成左、右两根，其内端为与杆身一体的不可调的圆孔接头，孔内压装有橡胶金属缓冲环，与转向齿条支架用螺栓铰接。横拉杆外端为带球头的可调式接头，球头销与转向臂相连。通过调节横拉杆长度可调整前轮前束值。球头销的球碗由弹簧顶紧球头，以消除间隙。转向横拉杆结构图如图 2-83 所示。

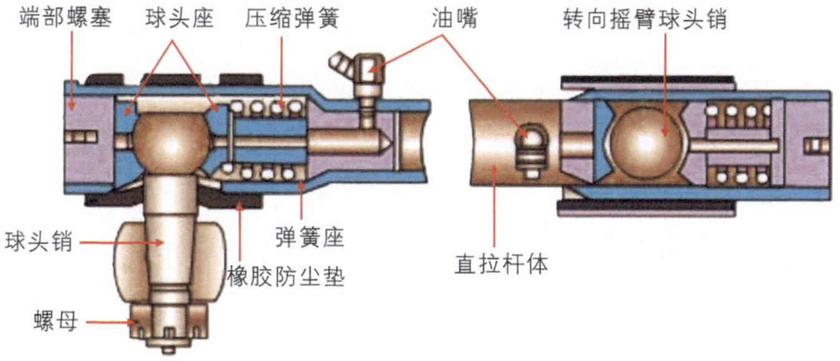

图 2-82　转向直拉杆结构图

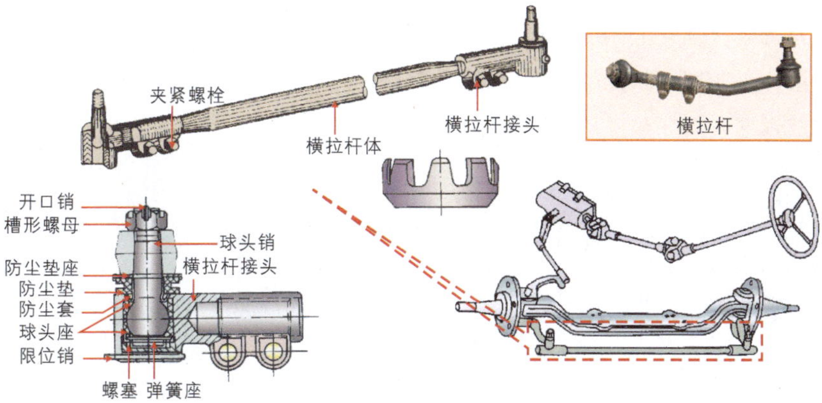

图 2-83　转向横拉杆结构图

（4）转向减振器。

随着车速的提高，转向轮有时会产生摆振（转向轮绕主销轴线往复摆动，甚至引起整车车身的振动），影响汽车的稳定性、舒适性，加剧前轮轮胎的磨损。为了克服转向轮摆振，在转向传动机构中设置转向减振器。转向减振器的一端与车身（或前桥）铰接，另一端与转向直拉杆（或转向器）铰接。转向减振器结构图如图 2-84 所示。

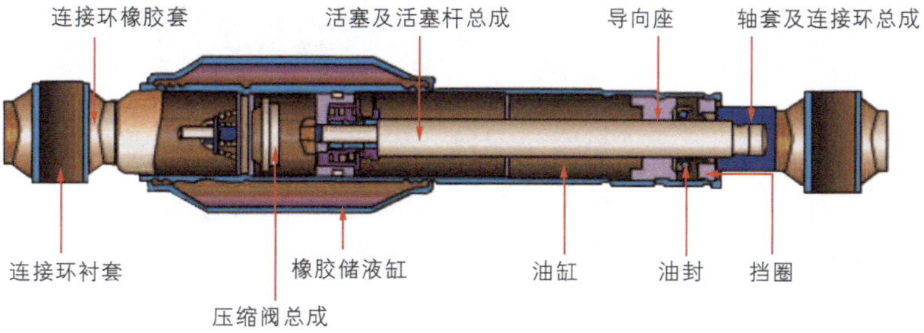

图 2-84　转向减振器结构图

2）转向传动机构的布置

转向传动机构的组成和布置因转向器位置和转向桥悬架类型不同而异。

（1）与非独立悬架配用的转向传动机构布置方案。

当前桥仅为转向桥时，转向梯形布置在前桥之后，如图 2-85（a）所示。当汽车直线行驶时，梯形臂和横拉杆在与道路平行的平面内的交角 θ 大于 90°。

在前桥为转向驱动桥或发动机位置较低的情况下，为避免运动干涉，往往将转向梯形布置在前桥之前，如图 2-85（b）所示。此时，上述交角 θ 小于 90°。

若转向摇臂不是在汽车纵向平面内前后摆动，而是在与道路平行的平面内左右摆动，则转向直拉杆横置，如图 2-85（c）所示。

（2）与独立悬架配用的转向传动机构布置方案。

当转向轮独立悬挂时，每个转向轮分别相对于车架做独立运动，因而转向桥是断开的。与此相应，转向传动机构中的转向梯形也必须是断开式的，分成几段。

图 2-86 为与独立悬架配用的转向传动机构示意图。其中，图 2-86（a）、（b）为与循环球式转向器配用的转向传动机构布置方案，图 2-86（c）、（d）为与齿轮齿条式转向器配用的转向传动机构布置方案。

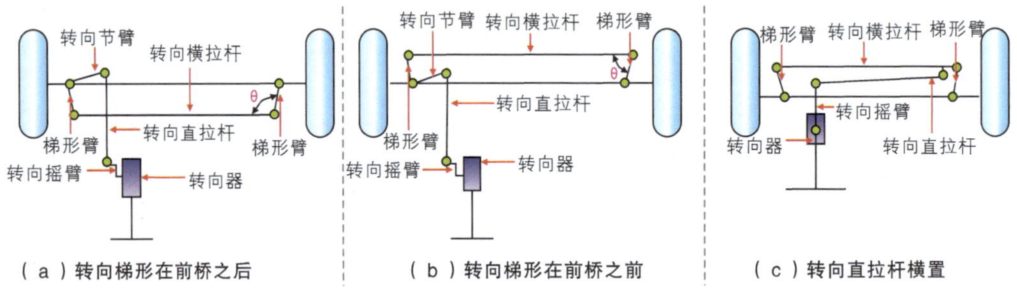

图 2-85　与非独立悬架配用的转向传动机构示意图

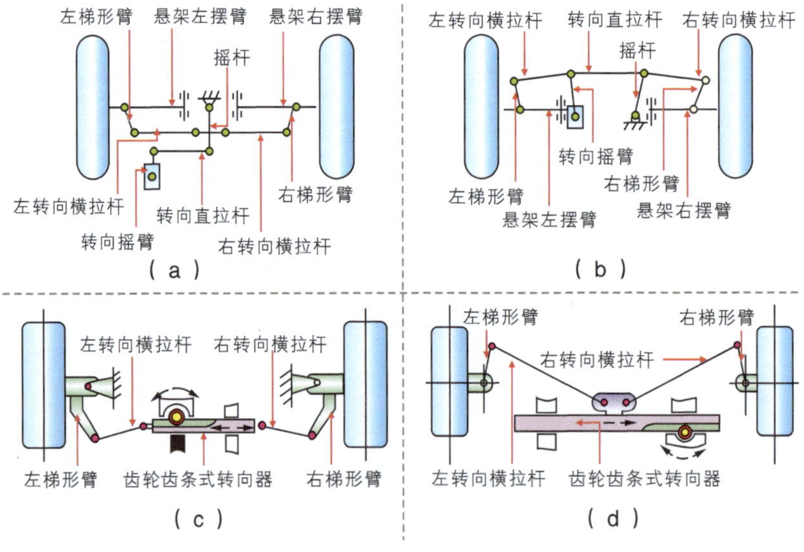

图 2-86　与独立悬架配用的转向传动机构示意图

三、转向系统的分类

汽车转向系统按转向动力源的不同分为机械转向系统和动力转向系统两大类，如图 2-87 所示。

机械转向系统是以驾驶员体力作为转向动力源的转向系统，其中所有传动件都是机械式的。

动力转向系统是兼用驾驶员体力和发动机动力作为转向动力源的转向系统，它是在机械转向系统的基础上加设一套转向动力装置而形成的。动力转向系统按照传递能量的介质不同，可分为液压式和气压式两种。这里主要介绍液压式动力转向系统。

（a）机械转向系统　　（b）动力转向系统

图 2-87　转向系统的分类

1. 转向油罐

转向油罐主要用来储存、滤清、冷却加力装置的工作油液。其结构如图 2-88 所示。

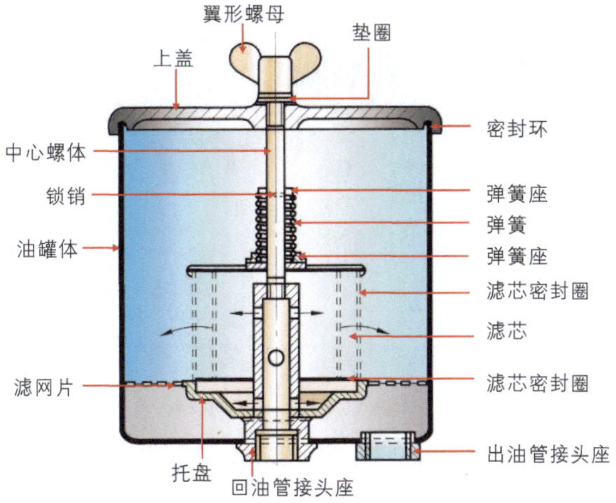

图 2-88　转向油罐的结构

2. 转向油泵

转向油泵又称转向液压泵，其作用是将输入的机械能转换为液压能输出。通常情况下，转向油泵安装在发动机前侧，由发动机曲轴通过传动带驱动。

转向油泵的常见形式有四种：滚柱式、叶片式、径向滑块式和齿轮式。其中，以齿轮式和叶片式应用最多。它们的基本作用是相同的。在此只讲解叶片式转向油泵。

1）叶片式转向油泵

叶片式转向油泵分解图如图 2-89 所示。

转子上开有均匀分布的槽，叶片安装在转子槽内，并可在槽内滑动。定子内表面是由两段大半径的圆弧、两段小半径的圆弧和过渡圆弧组成的腰形结构。转子和定子同圆心。转子在传动轴的带动下旋转，叶片在离心力和动压作用下紧贴定子表面，并在槽内做往复运动。相邻的叶片之间形成密封腔，其容积随转子由小到大、由大到小周期变化。当容积由小变大时形成一定真空度吸油；当容积由大变小时压缩油液，由压油口向外供油。转子每旋转一周，每个工作腔各自吸压油两次，称为双作用。双作用式叶片式转向油泵的两个吸油区、两个排油区对称布置，所以作用在转子上的油压作用力互相平衡。

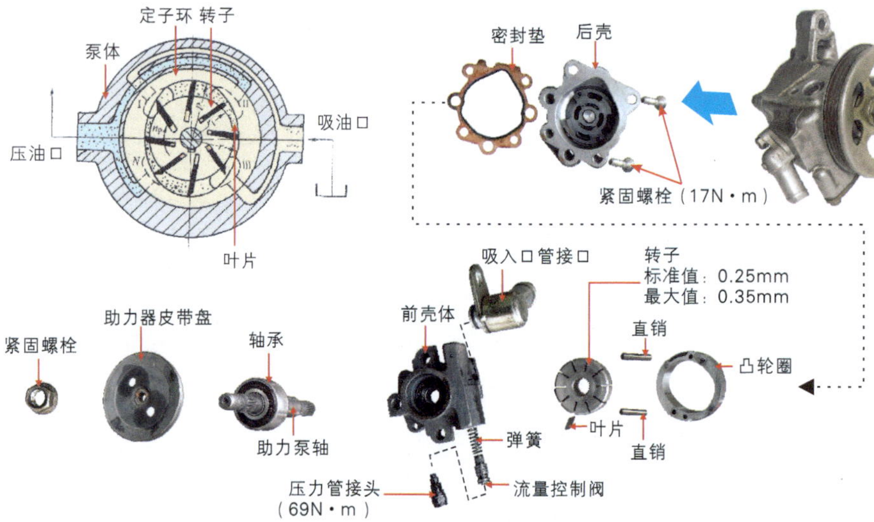

图 2-89　叶片式转向油泵分解图

2）流量控制阀

流量控制阀一般装在转向油泵内部，位于转向油泵进油口和出油口之间，与转向油泵齿轮并联。流量控制阀体内的柱塞在弹簧的作用下处于下极限位置。柱塞下方通转向油泵出油腔，上方通转向油泵出油口。在出油腔与出油口之间有量孔，当油液自出油腔以一定速度流过量孔时，由于量孔的节流作用，量孔外侧出油口压力低于内侧出油腔压力。转向油泵流量越大，节流作用越强，量孔内外压差越大。当转向油泵流量增大到规定值，使柱塞两端压差足以克服弹簧的预紧力，并进一步压缩弹簧，将柱塞向上推到柱塞下密封带高于径向油孔的下边缘时，转向油泵出油腔与进油腔相通，出油腔的一部分油液经流量控制阀流入进油腔，经量孔输出的流量减小。当流量减小到不足以平衡弹簧力时，柱塞便在弹簧力作用下重新切断进油腔与出油腔的通路。这样，转向油泵的流量便被控制在 9.5~16.0L/min。

当发动机转速很低时，从出油口流出的液压油经过油路、固定量孔和可变量孔流向动力缸，流量控制阀使加油口关闭。出油口排出的液压油压力作用在辅助阀的顶部，而流过油路的液体压力作用在辅助阀的底部，液压油流过油路时产生的阻力在其两端引起压差，作用在辅助阀上。但由于这个压差太小，不能克服弹簧力使辅助阀向下运动，因而当发动机转速很低时，可变量孔全开，如图 2–90 所示。

当发动机处于中速运动状态时，流过固定量孔和可变量孔的液压油增加，在量孔两端形成压差。当流过固定量孔和可变量孔的液压油压力传递到流量控制阀底部时，在流量控制阀顶部和底部形成压差，此压差推动流量控制阀向下运动，从而开启回油口，从出油口排出的部分液压油回流至转向油泵进油口，从而使流量恒定。此时，辅助阀不移动，且可变量孔仍保持全开，如图 2–91 所示。

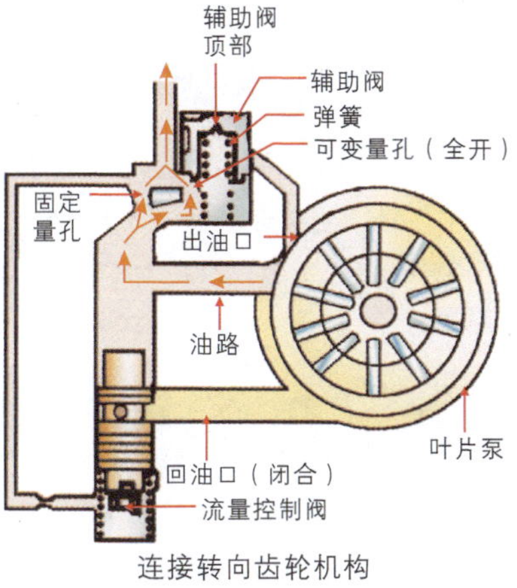

图 2–90 低速运转时流量控制阀工作情况

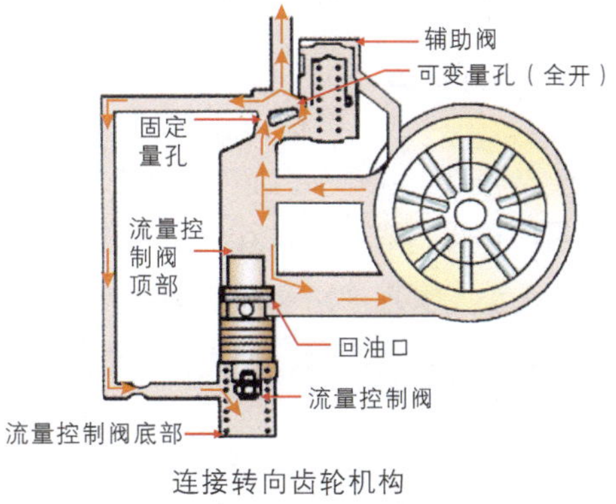

图 2–91 中速运转时流量控制阀工作情况

随着发动机转速的进一步提高，流过油路的液压油流量以及作用于辅助阀上的压差增大，辅助阀克服弹簧力向下移动，可变量孔开始闭合，以调节流量，因而随发动机转速的提高，流向动力缸的液压油流量减小。同时，流量控制阀仍使回油口开启，以调节流量。

当发动机转速继续提高时，作用于辅助阀上的压差也继续增大，辅助阀继续向下移动，直至可变量孔完全闭合，从而进一步调节流量，因此可对从转向油泵流向动力缸的液压油流量进行调节，并维持在一恒定流量，以满足发动机怠速的需要。流量控制阀则继续控制流向回油口的液压油流量，如图 2–92 所示。

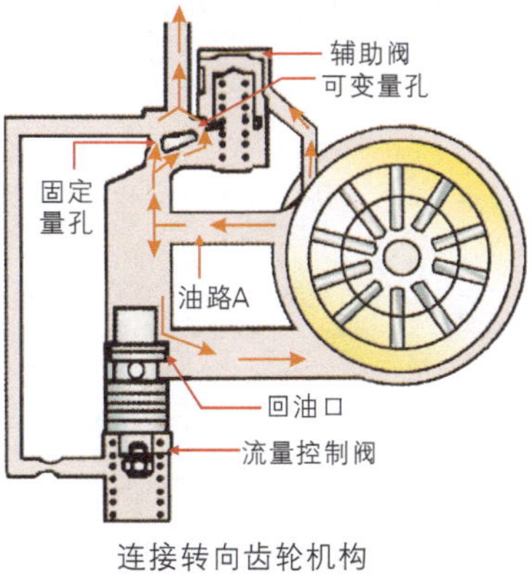

图 2–92 高速运转时流量控制阀工作情况

3）转向油泵传动皮带

转向油泵的传动皮带绕在曲轴皮带轮和转向油泵皮带轮上，如图 2–93 所示。

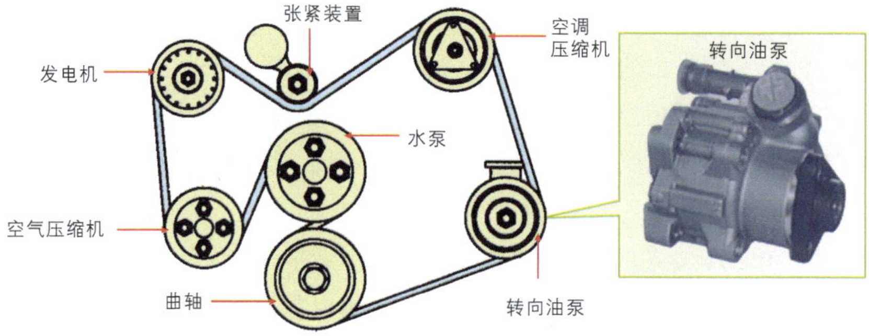

图 2–93　转向油泵传动皮带工作示意图

3. 动力转向油管

动力转向油管的作用是将压力从转向油泵传递给转向器，并将油液最终导回转向油罐，如图 2–94 所示。

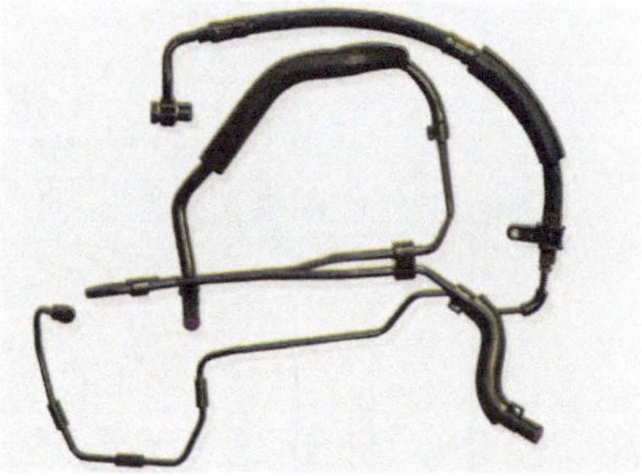

图 2–94　动力转向油管

4. 转向控制阀

转向控制阀直接装在动力转向器总成里。常见的转向控制阀有滑阀式和转阀式两种，其工作原理基本相同，都是通过控制阀的运动，实现油路和油压的控制，从而推动工作缸中的活塞运动，实现转向器的助力作用。转阀式转向控制阀在动力转向系统中比较常用。

1）滑阀式转向控制阀

它是通过阀芯轴向移动来控制油液流量和流动的转向控制阀。图 2–95（a）为常流式转向控制阀，图 2–95（b）为常压式转向控制阀。

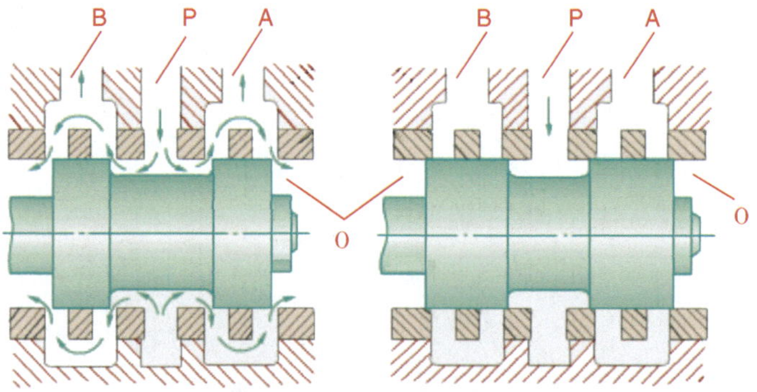

A—通动力缸左腔油道
B—通动力缸右腔油道

P—通液压泵输出管路的油道
O—通低压回油油道

（a）常流式　　（b）常压式

图 2–95　滑阀式转向控制阀

当阀芯处于图中所示的位置时，常流式转向控制阀的 P、O、A、B 四油路相通，无助力作用。常压式转向控制阀的 P、O、A、B 四油路互不相通，也无助力作用。

阀芯向右移动：油路为 P→A→动力缸左腔，动力缸右腔→B→O，产生助力作用。

阀芯向左移动：油路为 P→B→动力缸右腔，动力缸左腔→A→O，产生相反方向的助力作用。

2）转阀式转向控制阀

转阀式转向控制阀可控制压力油流到转向器的流向，如图 2–96 所示。

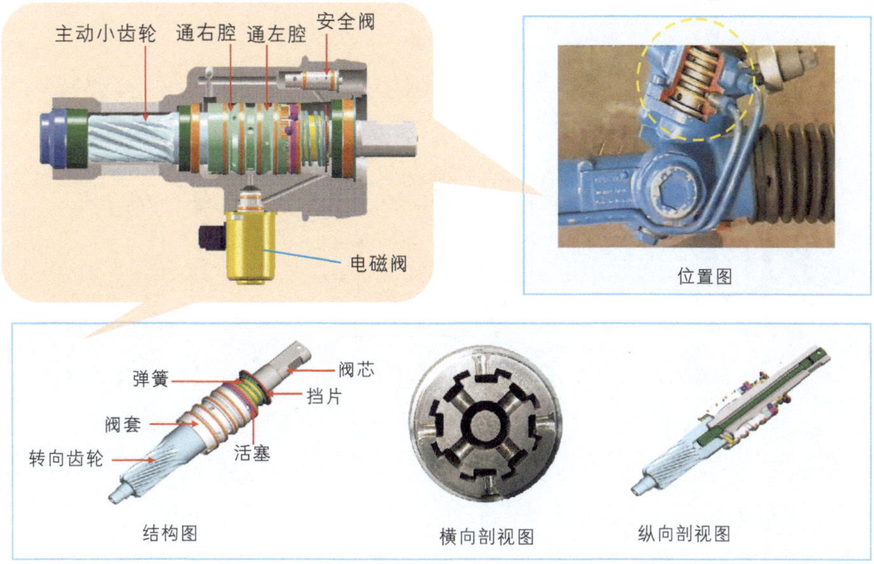

图 2–96 转阀式转向控制阀

当转动转向盘时，通过扭杆产生的扭转力使阀芯转动很小角度。随着阀芯转动，不同孔道被打开或关闭，以便使压力油流到活塞总成需要的一侧；如果转向盘向相反方向转动，压力油就流到活塞总成的另一侧。图 2–97（a）为汽车右转向时转阀式转向控制阀工作过程示意图，图 2–97（b）为汽车直行时转阀式转向控制阀工作过程示意图，图 2–97（c）为汽车左转向时转阀式转向控制阀工作过程示意图。

5. 动力转向机构布置

在液压动力转向系统中，根据机械转向器、转向控制阀和转向动力缸三者的结构和连接关系不同，分为四种布置方案。

机械转向器、转向控制阀和转向动力缸三者组合成为一体，称为整体式动力转向器，如图 2–98（a）所示。

机械转向器的壳体同时作为动力缸，动力缸活塞和机械转向器的螺母合为一体，将动力腔分为左、右两腔；机械转向器与转向控制阀二者组合成为一体，称为半整体式动力转向器，如图 2–98（b）所示。

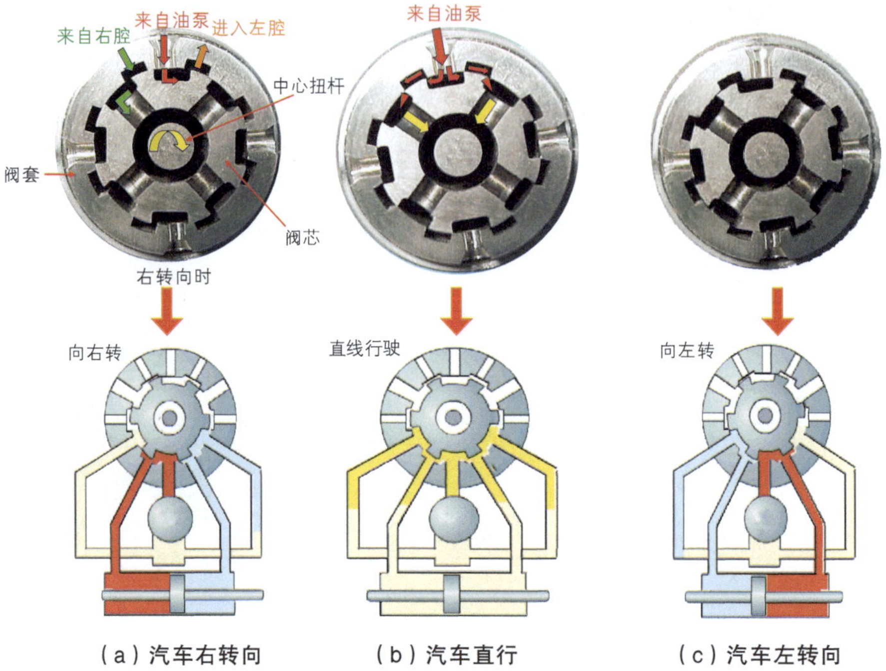

图 2-97 转阀式转向控制阀工作过程示意图

转向动力缸和转向控制阀二者组合成为一体，称为转向加力器，如图 2-98（c）所示。

分离式液压动力转向系统的机械转向器、转向控制阀、转向动力缸三者各自独立，如图 2-98（d）所示。

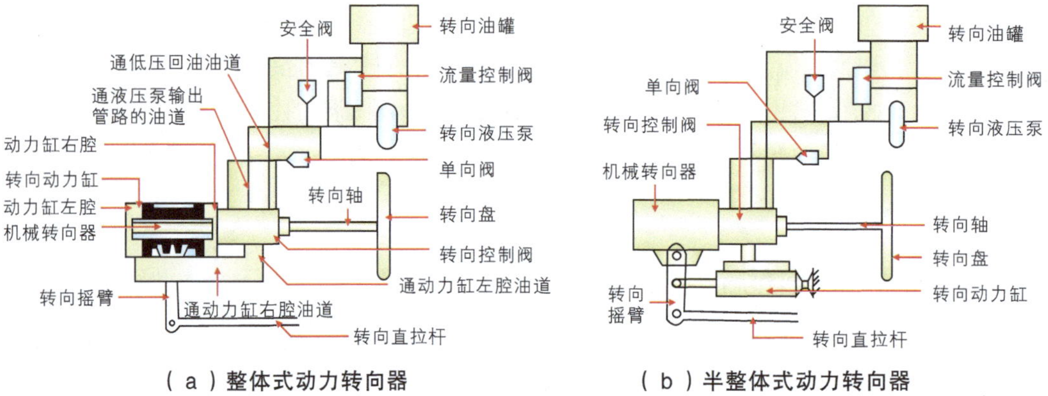

图 2-98 动力转向机构布置方案示意图

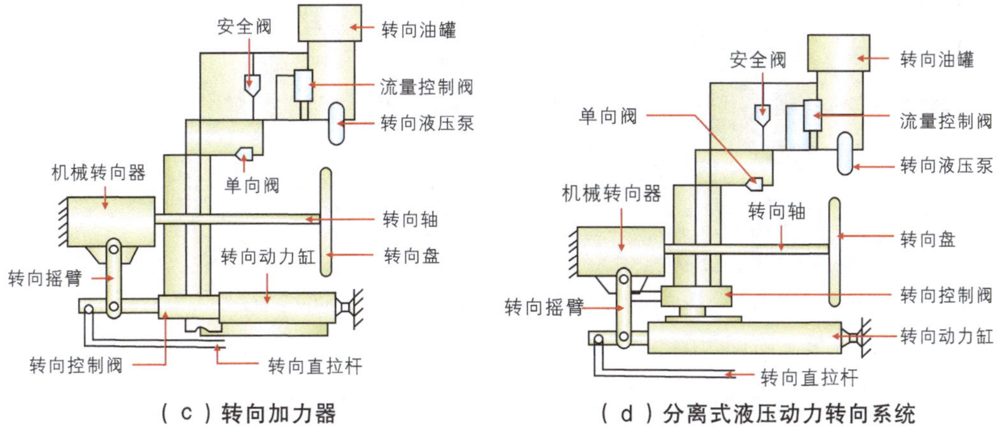

图 2-98　动力转向机构布置方案示意图（续）

任务实践

1. 实践名称

转向系统的拆装。

2. 实践准备

工作台、锁钳、橡胶锤、转向器、常用拆装工具等。

3. 实践要求与注意事项

（1）明确操作规范和职责范围，预防潜在危险。

（2）实践操作过程中保持场地卫生及安全，不嬉戏打闹。

（3）在使用举升机的过程中应上好保险后再开始工作。

（4）使用维修手册时，要注意避免破损，手册与使用车型相对应。

4. 操作步骤及检修

1）转向器总成的拆卸

（1）拆下转向器壳的护圈，如图 2-99 所示。

（2）从转向器壳上拆下动力缸管路 A、B，如图 2-100 所示。

图 2-99　拆下转向器壳的护圈

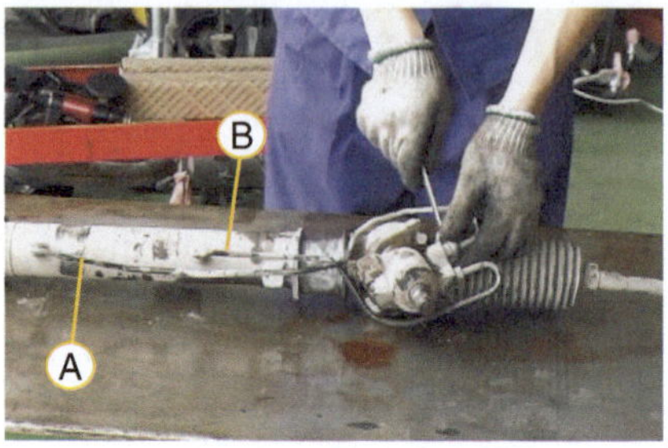

图 2-100　拆下动力缸管路

（3）拆下转向器左右两边的波纹管箍带和夹子，并拆卸防尘套，如图 2-101 所示。

（4）用呆扳手夹住齿条，并用适当的工具松开转向横拉杆内接头，拆下转向横拉杆内接头和齿形垫圈，如图 2-102 所示。

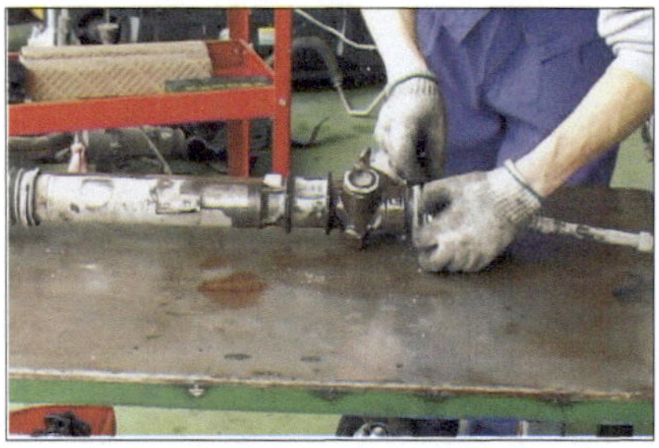

图 2-101　拆卸防尘套

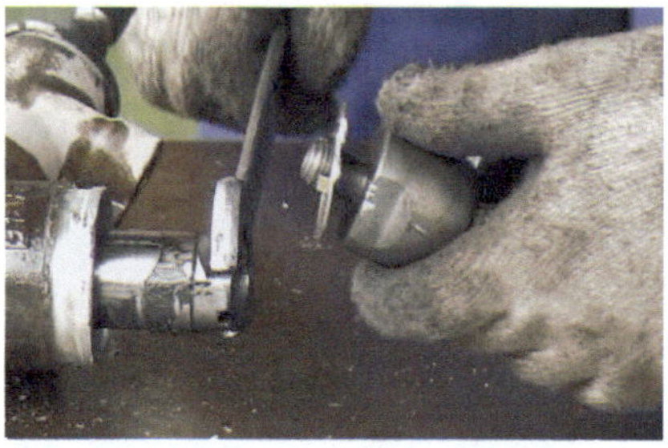

图 2-102　拆下转向横拉杆内接头和齿形垫圈

注意：

从齿条上拆卸横拉杆时，注意不要扭弯齿条。

（5）转动齿轮轴，直至齿条端部离转向器壳体的距离达到规定值。标记好齿轮轴相对于壳体的位置。如果距离未达到规定值，应先顺时针将齿轮轴转至极限位置，再逆时针将齿轮轴转至极限位置并计算转动总圈数，最后顺时针转这个圈数的一半。测量齿条两端分别到壳体的距离并记录。随后标记小齿轮轴相对壳体的位置。

（6）使用适当的工具松开调整塞和锁紧螺母，如图 2-103 所示。

（7）用 14mm 套筒扳手拆卸拨叉塞，如图 2-104 所示。

图 2-103　松开调整塞和锁紧螺母

图 2-104　用 14mm 套筒扳手拆卸拨叉塞

（8）从转向器上拧下锁止拨叉塞，拆下齿条压紧弹簧和齿条支承叉，如图 2-105 所示。

（9）拆下转向控制阀的固定螺栓，并拆下防尘盖，如图 2-106 所示。

图 2-105 拧下锁止拔叉塞，拆下齿条压紧弹簧和齿条支承叉

图 2-106 拆下转向控制阀的固定螺栓并拆下防尘盖

（10）用软钢锤轻敲转向控制阀壳体，并从转向器壳体上拆下，如图 2-107 所示。

（11）用专用工具将缸端的限位螺套拆下，如图 2-108 所示。

图 2-107 拆下转向控制阀壳体

图 2-108 拆下限位螺套

（12）将齿条从转向器壳体中拉出，并取下 O 形圈，如图 2-109 所示。

（13）用专用工具拆下控制阀油封，并用橡胶锤将小齿轮轴承从控制阀壳体上取下，如图 2-110 所示。

图 2-109 取下 O 形圈

图 2-110 拆下控制阀油封并将小齿轮轴承从控制阀壳体上取下

2）转向器总成的装配

（1）检查齿条表面和齿形有无金属毛刺，如果有毛刺，则用细砂布去除所有金属毛刺，并用洁净的毛巾擦拭齿条，然后在上面涂上一层动力转向油，将齿条轻轻放进壳体内，如图 2-111 所示。

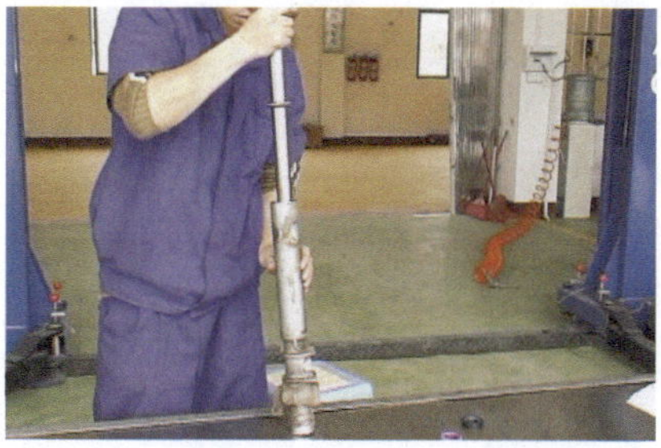

图 2-111 检查齿条表面和齿形

维修提示：

注意轻轻垂直放进去，防止转向器壳体被刮伤。

（2）在新的液压缸侧油封上涂上一层动力转向油，平衡地安装在齿条上。随后用专用工具将液压缸侧油封和调整垫片压入壳体，如图 2-112 所示。

（3）在缸端限位器上涂上一层白色的密封胶和动力转向油，如图 2-113 所示。

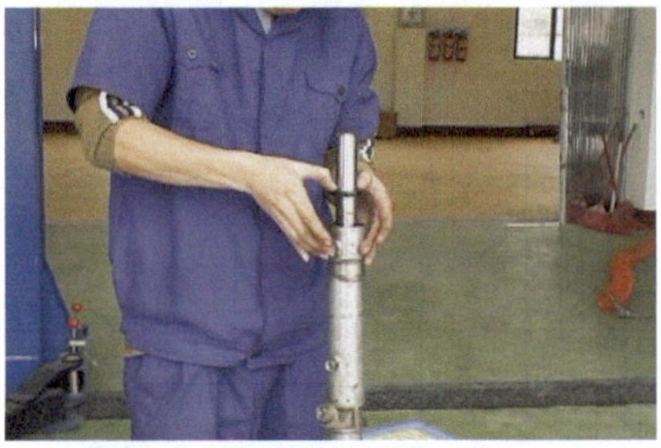

图 2-112 安装液压缸侧油封

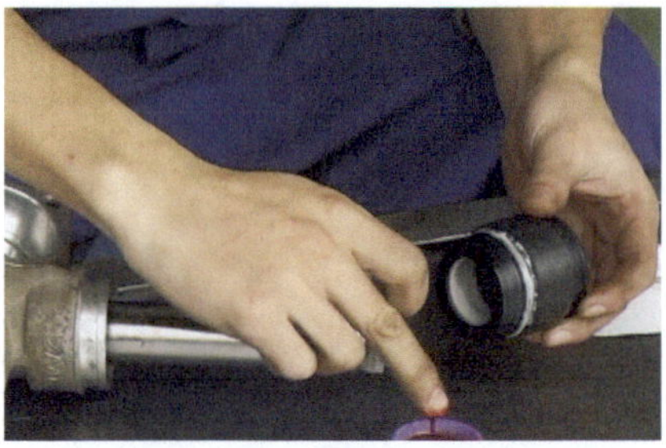

图 2-113 在缸端限位器上涂上一层白色的密封胶和动力转向油

（4）用适当的工具及棘爪顺时针转动液压缸限位器，并按规定力矩拧紧，如图 2-114 所示。

（5）装好动力转向液压缸端限位器后，检查滑动齿条是否移动顺畅，如图 2-115 所示。将测漏软管装在转向器壳体左、右侧开口之间，然后将真空泵软管与测漏软管相接，并操作手动真空泵至压力计读数为 53.5kPa。30s 之后观察压力计，如果读数降低，那么齿条壳油封或齿条衬套油封必定出现泄漏，这时需要拆下齿条来检查这些油封。

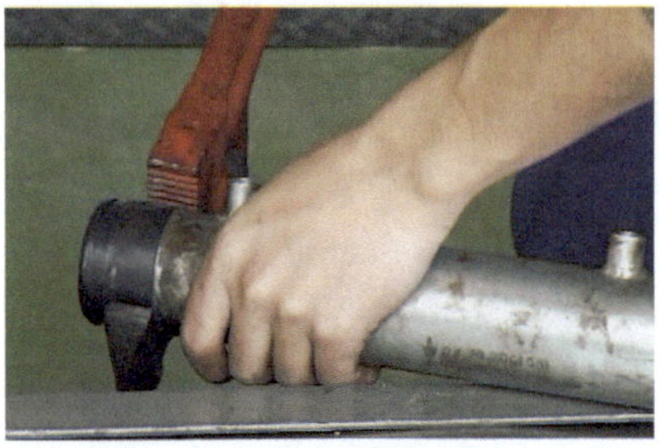

图 2-114 顺时针转动液压缸限位器，并按规定力矩拧紧

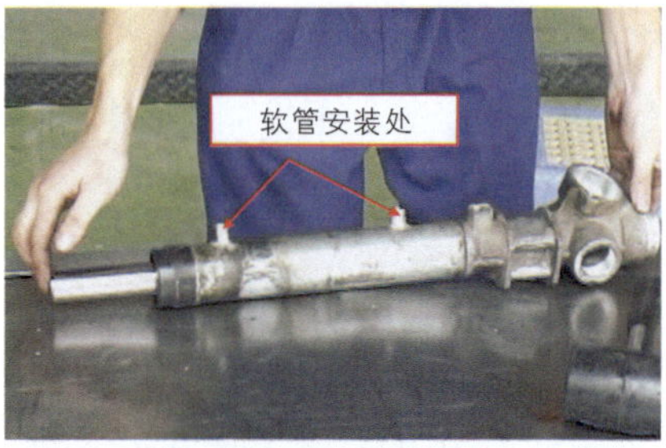

图 2-115 检查滑动齿条是否移动顺畅

（6）在特氟隆环表面涂上一层动力转向油，并将控制阀及齿轮轴总成推进壳体，如图 2-116 所示。

（7）在新的油封上涂一层动力转向油并用适当的工具拧紧，如图 2-117 所示。

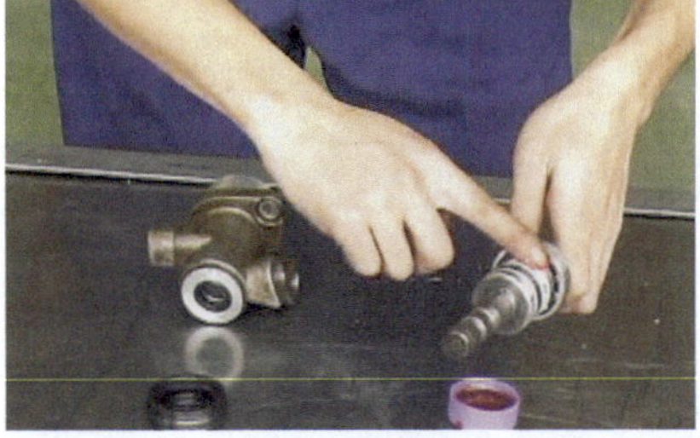

图 2-116 在特氟隆环表面涂上一层动力转向油

图 2-117 拧紧油封

（8）在控制阀总成和齿条的接触处涂上动力转向油，安装控制阀壳体，并按规定力矩拧紧两只壳体螺栓，装上防尘套，如图 2–118 所示。

（9）在齿条导座及其支座上涂一层动力转向油，装上齿条支承叉、齿条压紧弹簧、锁止拨叉塞，在锁止拨叉塞上涂一层密封胶，并按规定力矩拧紧，如图 2–119 所示。

图 2–118　安装控制阀壳体

图 2–119　安装齿条支承叉、齿条压紧弹簧、锁止拨叉塞

（10）用适当的工具将锁止拨叉塞逆时针转 12°，反复将齿轮轴双向转动。松开锁止拨叉塞，直到齿条压紧弹簧完全放松。将适当的旋转工具及测力扳手置于齿轮轴顶端。拧紧锁止拨叉塞，同时将齿轮轴来回转动。继续拧紧锁止拨叉塞至测力扳手的力矩读数达到规定值，如图 2–120 所示。

（11）在锁紧拨叉塞前两圈螺纹上涂一层密封胶。装上锁止拨叉塞的锁紧螺母，用适当的工具夹住锁紧拨叉塞，并按规定力矩拧紧螺母，如图 2–121 所示。

图 2–120　调整齿轮轴的转动力矩

图 2–121　装上锁止拨叉塞的锁紧螺母并拧紧

（12）将新的转向输油管 O 形圈涂上一层动力转向油，并将它们安装到左右转向管路上。用测力扳手及其他工具按规定力矩拧紧左右转向管接头，如图 2–122 所示。

（13）在转向横拉杆内接头上安装一只新的齿形垫圈，然后将接头装到齿条上。用活扳手夹住齿条，并用测力扳手及适当的工具按规定力矩拧紧转向横拉杆内接头，如图 2–123 所示。

图 2–122　将新的转向输油管 O 形圈安装到左右转向管路上并拧紧

图 2–123　拧紧转向横拉杆内接头

（14）将转向横拉杆内接头用软嘴钳夹住，并用铜棒和锤子冲打齿形垫圈。对转向横拉杆的两个内接头重复操作步骤，如图 2–124 所示。

维修提示：

检查每个转向横拉杆内接头上的通气孔，以确保它们没有被油脂或其他杂物堵塞。通气孔的作用是保证转向时空气能够在防尘套之间流动。

（15）装上防尘套夹箍和夹子。防尘套内端夹箍两末端应至少保留 2~5mm 的间隙，如图 2–125 所示。

图 2–124　将转向横拉杆内接头用软嘴钳夹住，并用铜棒和锤子冲打齿形垫圈

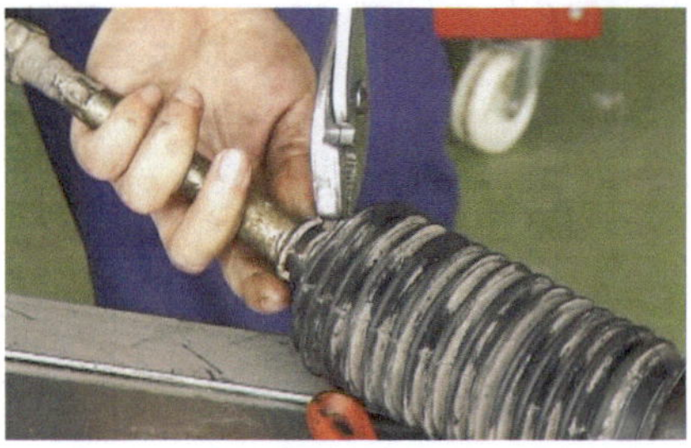

图 2–125　安装防尘套夹箍和夹子

3）转向油泵的拆卸

（1）用手压住转向油泵，拧松 4 个螺栓，拆下泵盖总成和衬垫，如图 2–126 所示。

图 2–126　拆下泵盖总成和衬垫

（2）拆卸凸轮环，如图 2–127 所示。

（3）拆下转子与叶片，如图 2–128 所示。

图 2–127　拆卸凸轮环

图 2–128　拆下转子与叶片

（4）拆下带轮和弹簧垫圈，并用卡钳拆卸轴的卡环，然后拆卸防尘盖，如图 2–129 所示。

（5）用塑料锤敲击泵传动轴端部，拆下泵传动轴，如图 2–130 所示。

图 2–129　拆卸防尘盖

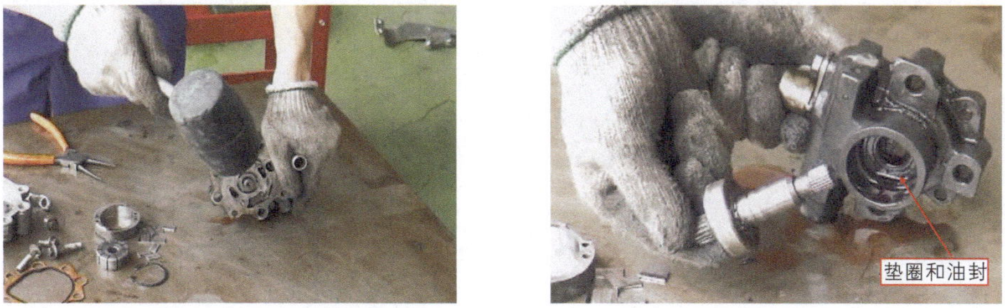

图 2-130 拆下泵传动轴

（6）拆下进油管接口，如图 2-131 所示。

（7）拆下压力管接头，并取出流量控制阀，如图 2-132 所示。

图 2-131 拆下进油管接口

图 2-132 拆下压力管接头，并取出流量控制阀

4）转向油泵的装配

装配时，必须彻底清洗所有零件，更换密封圈和不合格零件。

（1）将新的泵密封圈涂上动力转向油，并将其嵌入泵盖凹槽内，然后将压板也涂上动力转向油，如图 2-133 所示。

（2）用动力转向油润滑泵壳体各摩擦部位和滚柱轴承，如图 2-134 所示。

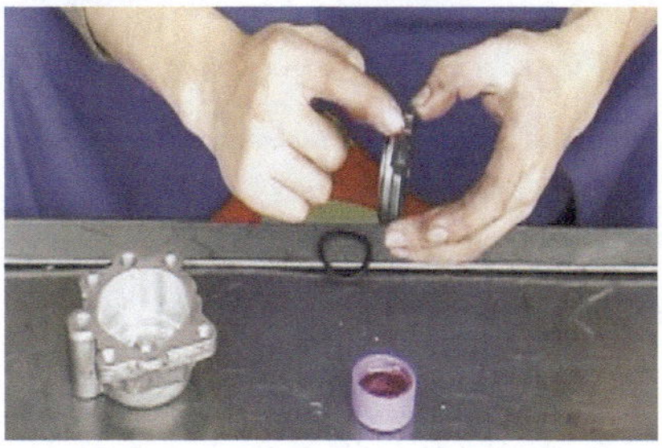

图 2-133 涂抹动力转向油

图 2-134 用动力转向油润滑泵壳体各摩擦部位和滚柱轴承

（3）装上定位销，如图 2-135 所示。

（4）装入凸轮环，如图 2-136 所示。

（5）安装转子时，转子有 EP 标记的一侧应朝向泵壳体，如图 2-137 所示。

图 2-135 装上定位销

图 2-136　装入凸轮环

图 2-137　安装转子

（6）将 10 个转子叶片按次序装入转子槽内，叶片的圆刃朝外，如图 2-138 所示。

（7）在凸轮环和转子上涂上转向动力油，如图 2-139 所示。

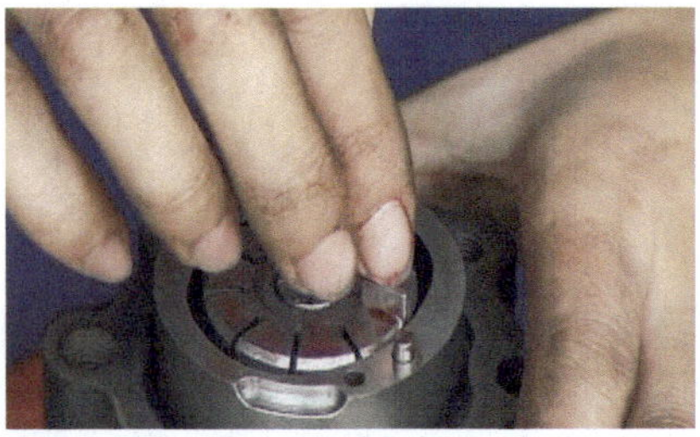

图 2-138　将 10 个转子叶片按次序装入转子槽内

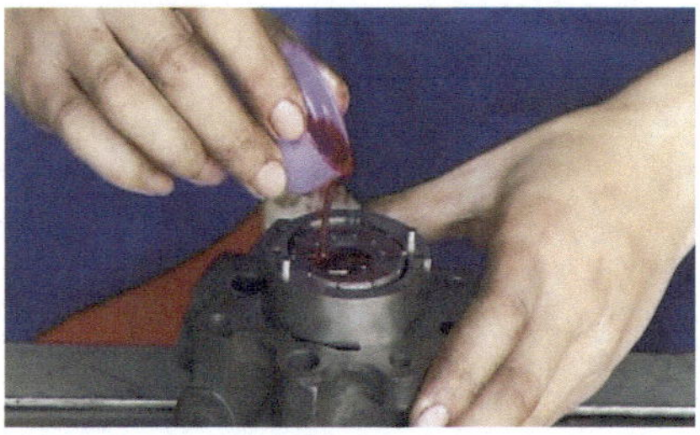

图 2-139　在凸轮环和转子上涂上转向动力油

（8）用转向动力油涂抹泵盖外部，然后将其装在泵壳体上，如图 2-140 所示。

（9）用规定的力矩拧紧端盖螺栓，如图 2-141 所示。

图 2-140　用转向动力油涂抹泵盖外部并将其装在泵壳体上

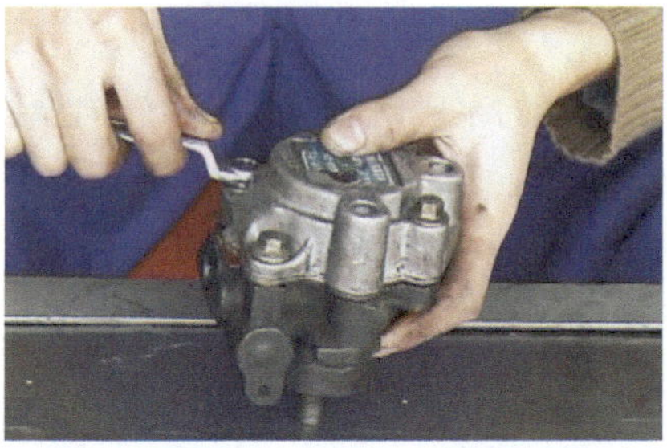

图 2-141　拧紧端盖螺栓

（10）在流量控制阀上涂上动力转向油，并将流量控制阀及其弹簧嵌入泵壳体中，然后将其以 49N · m 的拧紧力矩拧紧，如图 2-142 所示。

（11）在 O 形圈上涂上动力转向油，并将其装到流量控制阀盖上，然后将流量控制阀盖安装到泵壳体上，如图 2-143 所示。

图 2-142　将流量控制阀及其弹簧嵌入泵壳体中

图 2-143　将流量控制阀盖安装到泵壳体上

（12）在新的 O 形圈上涂上动力转向油，将 O 形圈装到管接头上，并用规定的力矩拧紧进油管接口，如图 2–144 所示。

（13）将转向油泵夹在钳口垫有软垫的台虎钳上，安装带轮，并利用长杆固定带轮，然后以 64N·m 的拧紧力矩拧紧带轮固定螺母，随后用手转动带轮检查是否转动自如，如图 2–145 所示。

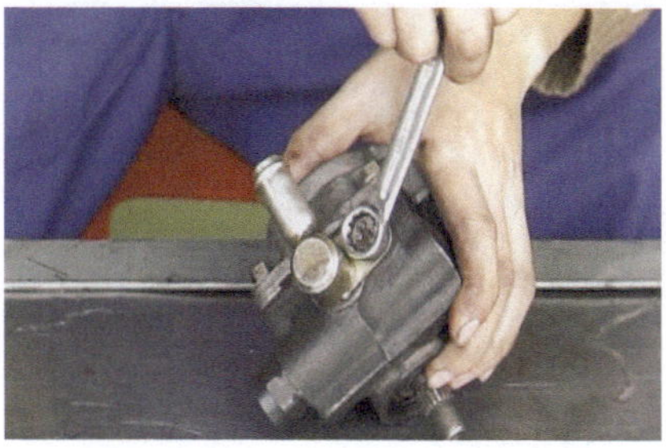

图 2–144　拧紧进油管接口

图 2–145　安装带轮

5. 实践总结

____

____

____

____

____

任务练习

一、填空题

1. 转向系统由 ________、________、________ 三个主要部分组成。

2. ________ 安装在固定转向盘与 ________ 的螺母之前。转向盘背后的螺栓把气囊的充气组件紧固在 ________ 上。

3. ________ 的作用是将转向盘的旋转运动传递到 ________，它通过轴承支承于 ________；转向柱管则固定在 ________ 上。

4. 转向盘自由行程是指转向轮在 ________ 位置时转向盘的 ________。

二、选择题

1. 下列不属于机械转向系统转向沉重原因的是（　　）。

A. 转向轮胎气压过大　　B. 转向器缺油

C. 转向器壳体变形　　D. 转向器主、从动部分啮合间隙过小

2. 动力转向系统转向时，出现过大噪声的原因不可能是（　　）。

A. 系统中渗入空气　　B. 管道不通

C. 传动皮带打滑　　D. 轮胎充气不当

3. 转向盘自由行程过大，不可能的原因是（　　）。

A. 纵、横拉杆臂与转向节连接松动　　B. 车轮轮毂轴承间隙过小

C. 纵、横拉杆球头连接部位松动　　D. 转向节主销与衬套磨损

三、问答题

1. 简述齿轮齿条式转向器的结构原理与调节方法。

2. 简述循环球式转向器的结构原理与调节方法。

3. 简述流量控制阀的工作原理。

任务三 传动系统

任务目标

完成本学习任务后，学生在基础知识和基本技能方面应达到以下要求。

●知识目标

（1）掌握传动系统的功用与组成。

（2）掌握传动系统的布置形式。

（3）掌握离合器的结构与工作原理。

（4）掌握变速器的结构与工作原理。

●能力目标

（1）能够独立完成变速器总成的拆装。

（2）能够独立完成差速器的拆装。

任务引入

汽车发动机所发出的动力靠传动系统传递到驱动轮。传动系统具有减速、变速、倒车、中断动力、轮间差速和轴间差速等功能，与发动机配合工作，能保证汽车在各种工况条件下正常行驶，并具有良好的动力性和经济性。下面进入传动系统的学习。

相关知识

一、传动系统的组成与功用

传动系统由离合器、变速器、万向节、传动轴、驱动桥（驱动桥一般包括主减速器、差速器、半轴及桥壳）组成，如图 2-146 所示。

汽车传动系统的基本作用是将发动机发出的动力按需要传给驱动轮，使汽车前进或倒退。任何形式的传动系统都具有以下功能。

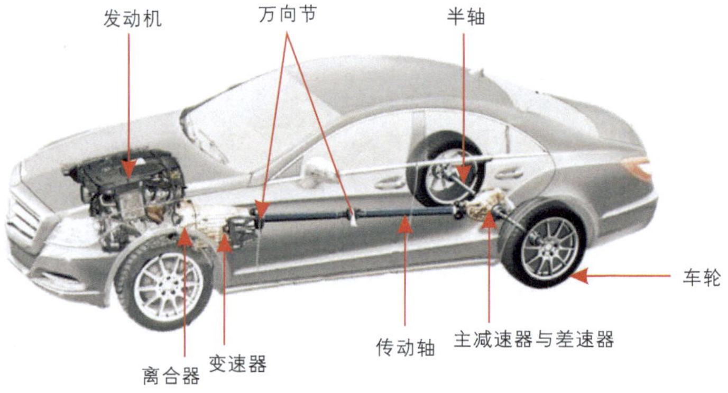

图 2-146 传动系统

1. 实现汽车减速增矩

在发动机功率不变的情况下，当汽车行驶阻力增加时，通过传动系统使驱动轮的转速降低，转矩增大，从而保证汽车在各种阻力下所需要的牵引力。当汽车在路况良好的路面上高速行驶时，通过传动系统提高驱动轮的转速，降低转矩。

2. 实现汽车倒车

汽车在某些情况下（如进入停车场或车库、在窄路上掉头时），需要倒向行驶。然而，发动机是不能反向旋转的，故与发动机共同工作的传动系统必须能够在发动机旋转方向不变的情况下，使驱动轮反向旋转。实现汽车倒车的一般措施是在变速器内加设倒挡（具有中间齿轮的减速齿轮副）。

3. 实现汽车变速

在发动机转速变化不大的条件下，传动系统可使汽车行驶速度有较大的变化范围，满足汽车在各种情况下对速度变化的要求。

4. 差速功能

当汽车转弯行驶时，左、右车轮在同一时间内转过的距离不同，如果两侧驱动轮仅用刚性轴驱动，则二者角速度必然相同，因而在汽车转弯时必然产生车轮相对于地面滑动的现象。这将使汽车转向困难，汽车的动力消耗增加，传动系统内某些零件和轮胎加速磨损。所以，需要在驱动桥内安装具有差速作用的部件—— 差速器，使左、右两驱动轮能以不同的角速度旋转。

5. 中断传动系统的动力传递

发动机只能在无负荷情况下启动，而且启动后的转速必须保持在最低稳定转速上，否则极可能熄火，所以在汽车起步之前，必须将发动机与驱动轮之间的传动路线切断，以便启动发动机。发动机进入正常怠速运转后，再逐渐恢复传动系统的传动能力，即从零开始逐渐对发动机曲轴加载，同时增大节气门开度，以保证发动机不会熄火，且汽车能平稳起步。

二、传动系统的布置形式

为满足不同的使用要求，汽车的总体构造和布置形式可以是不同的。按发动机和各个总成相对位置的不同，现代汽车的布置形式通常有如下几种。

1. 发动机前置后轮驱动（FR）

这是发动机传统的布置形式，如图 2–147 所示。国内外的大多数货车、部分轿车和部分客车都采用这种形式。其特点是前、后轮轴荷分配比较均衡，汽车动力性能得到充分发挥，但动力传递路线比较长，影响传动系统的工作效率。

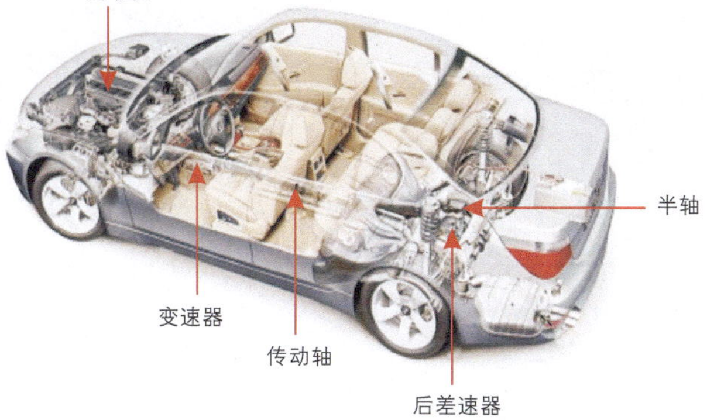

图 2–147　发动机前置后轮驱动

2. 发动机前置前轮驱动（FF）

这是发动机在轿车上普遍采用的布置形式，如图 2–148 所示。该形式具有结构紧凑、减小轿车的质量、降低地板高度、驾驶室内宽敞等优点。缺点是加速时，由于前轮轴荷减小，从而使驱动力不能增大；制动时，由于发动机在前轴，使前轴载荷比较大，不利于前、后轮制动力的平衡。

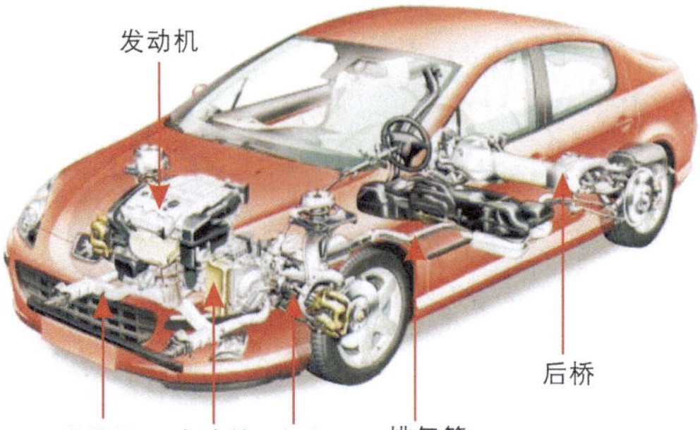

图 2-148 发动机前置前轮驱动

3. 发动机后置后轮驱动（RR）

这是目前在大、中型客车中盛行的发动机布置形式，如图 2-149 所示。该形式具有降低车内噪声、有利于车身内部布置等优点。特别是与发动机前置前轮驱动布置形式相比，在汽车加速时，驱动力可不受附着力制约而增大。

4. 发动机中置后轮驱动（MR）

这是目前在大多数运动型轿车和方程式赛车中所采用的发动机布置形式。由于这些车型都采用功率和尺寸很大的发动机，将发动机布置在驾驶员座椅之后和后桥之前，有利于获得最佳轴荷分配和提高汽车的性能，如图 2-150 所示。

此外，某些大、中型客车也采用这种布置形式，把配备的卧式发动机装在地板下面。

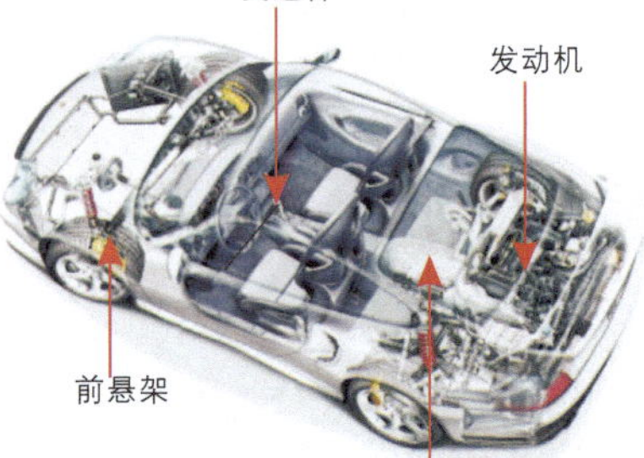

图 2-149 发动机后置后轮驱动

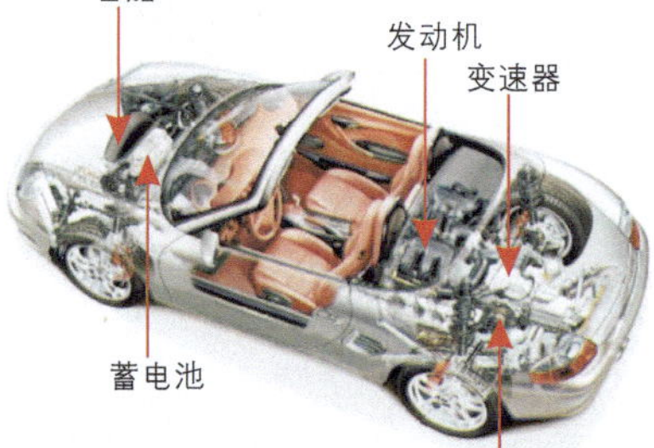

图 2-150 发动机中置后轮驱动

5. 四轮驱动（nWD）

这是越野汽车特有的发动机布置形式，通常将发动机前置，在变速器后装有分动器，以便将动力分别传递到每个车轮上，如图 2-151 所示。

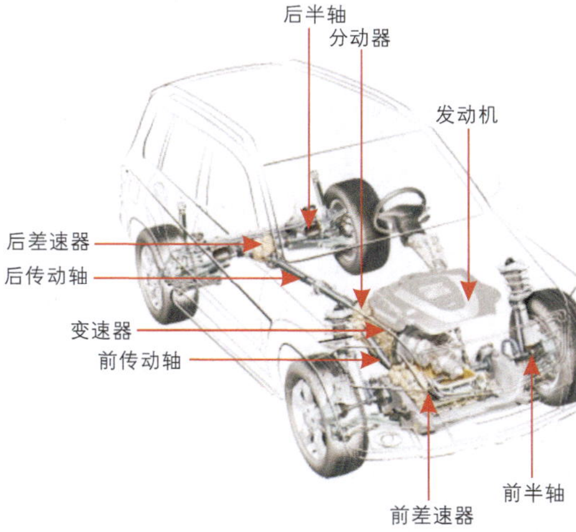

图 2-151　四轮驱动传动系统示意图

三、离合器

1. 离合器的功用

离合器位于发动机与变速器之间的飞轮壳内，一端被固定在飞轮的后平面上，另一端连接变速器的输入轴。离合器相当于一个动力开关，可以传递或切断发动机向变速器输入的动力，主要是为了使汽车平稳起步，适时中断传动系统的动力以配合换挡，还可以防止传动系统过载。离合器液压操作系统如图 2-152 所示。

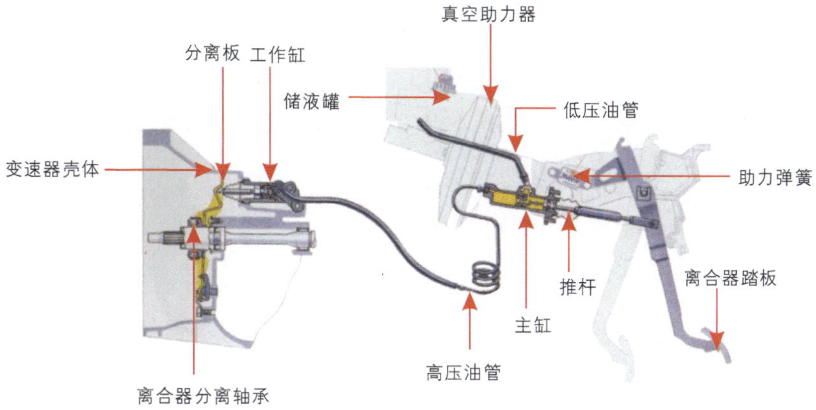

图 2-152　离合器液压操作系统

2. 离合器的分类

汽车离合器按传递转矩的方式分为摩擦式离合器、液力式离合器、电磁式离合器等。与手动变速器相配合的离合器绝大部分为干式摩擦式离合器，液力式和电磁式离合器普遍用于自动变速器中。这里重点介绍摩擦式离合器，如图 2-153 所示。

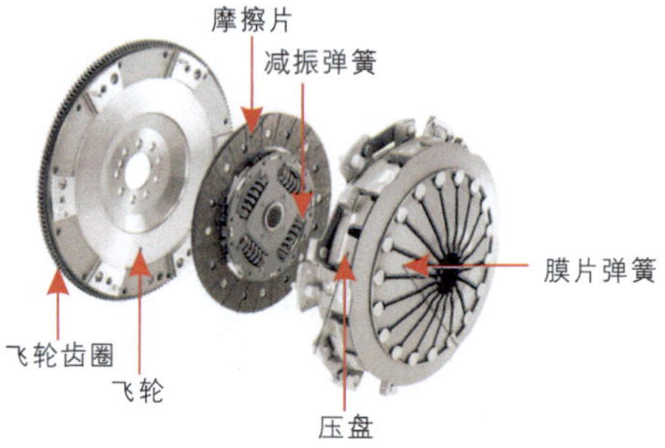

图 2-153　摩擦式离合器构造图

3. 摩擦式离合器的结构

摩擦式离合器主要由主动部分、从动部分、压紧机构和操纵机构四部分组成，如图 2-154 所示。

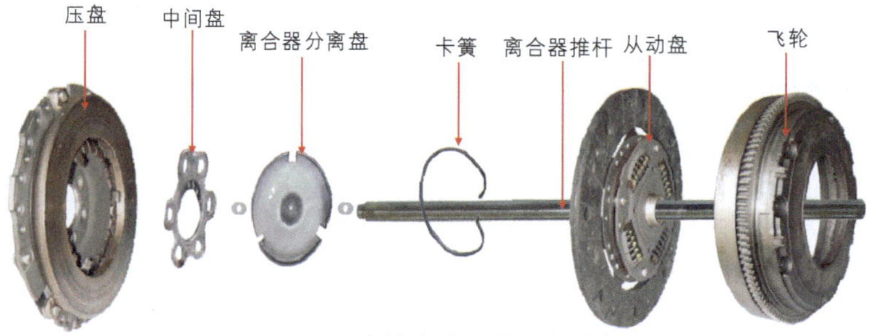

图 2-154　摩擦式离合器结构分解图

1）主动部分

主动部分由带有膜片弹簧的压盘（图 2-155）、飞轮、中间盘等组成。主动部分与发动机曲轴相连。离合器盖用螺钉固定于飞轮的后端面上，压盘通过传动片与离合器盖相连，可做轴向移动，飞轮与曲轴固定在一起，只要曲轴旋转，发动机动力便可通过飞轮、离合器盖带动压盘一起转动。

2）从动部分

从动部分包括从动盘（图 2-156）和从动轴。从动盘带有双面摩擦片，在离合器正常接合时分别与飞轮和压盘相连；它通过花键套装在变速器第一轴上，通过轴承支承于曲轴后端中心孔内。

3）压紧机构

压紧机构由若干压紧弹簧组成，安装于压盘与离合器盖之间，沿圆周均匀分布，将压盘和从动盘压向飞轮，使飞轮、从动盘和压盘三者压紧在一起。

4）操纵机构

操纵机构由分离杠杆、分离杠杆支承柱、摆动销、分离套筒、分离轴承和离合器踏板等组成。

离合器弹簧的强度、摩擦片的摩擦因数、离合器的直径、摩擦片的位置是决定离合器性能的关键因素。弹簧的强度越高，摩擦片的摩擦因数越大，离合器的直径越大，离合器性能就越好。

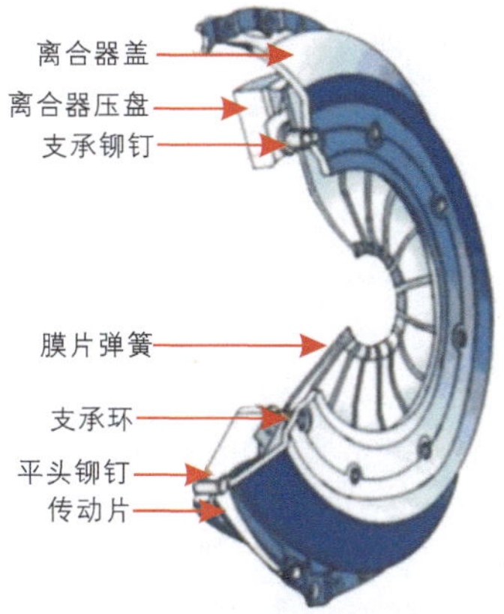

图 2-155　离合器压盘

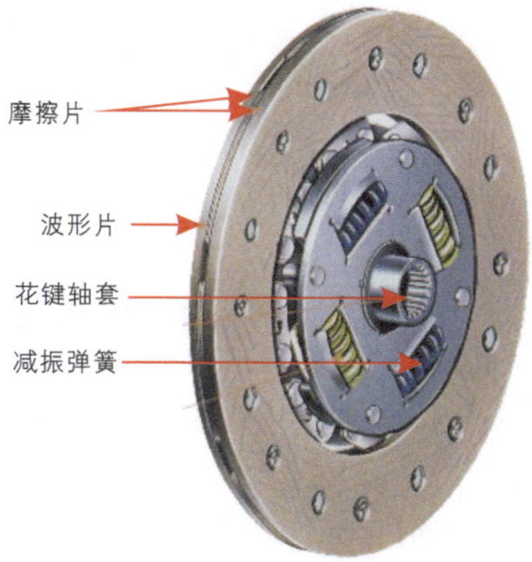

图 2-156　离合器从动盘

4. 摩擦式离合器的工作原理

自由间隙：离合器接合时，分离轴承前端面与分离杠杆端头之间的间隙。

分离间隙：离合器分离后，从动盘前、后端面与飞轮及压盘表面间的间隙。

离合器踏板自由行程：从踩下离合器踏板到消除自由间隙所对应的踏板行程是自由行程。

离合器踏板工作行程：消除自由间隙后，继续踩下离合器踏板，将会产生分离间隙，此过程所对应的踏板行程是工作行程。

离合器的工作过程：

在踩下离合器踏板前，摩擦片是紧压在飞轮端面上的，发动机的动力可以传递到变速器。当踩下离合器踏板后，通过操纵机构将力传递到分离叉和分离轴承，分离轴承前移将膜片弹簧往飞轮端压紧，膜片弹簧以支承环为支点向相反的方向移动，压盘离开摩擦片，这时发动机动力传递中断；当松开离合器踏板后，膜片弹簧重新回位，离合器重新接合，发动机动力继续传递，如图 2-157 所示。

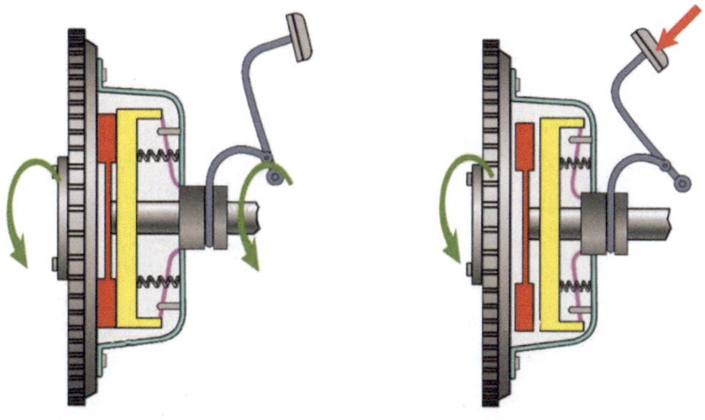

（a）踩离合器踏板前　　（b）踩离合器踏板后

图 2-157　离合器的工作原理

踩下离合器踏板前，摩擦盘在压盘的作用下与飞轮一起转动，传递动力。

踩下离合器踏板后，在分离器的作用下，压盘向右移动，摩擦盘与飞轮分离，中断动力传递。

四、手动变速器

1. 手动变速器的构造与工作原理

手动变速器（Manual Transmission，MT）必须通过拨动变速器杆改变变速器内的齿轮啮合状态，从而改变传动比，达到变速的目的。手动变速器主要由壳体、传动组件（主动轴、从动轴、齿轮、同步器等）、操纵组件（换挡拉杆、换挡拨叉等）组成，如图 2–158 所示。

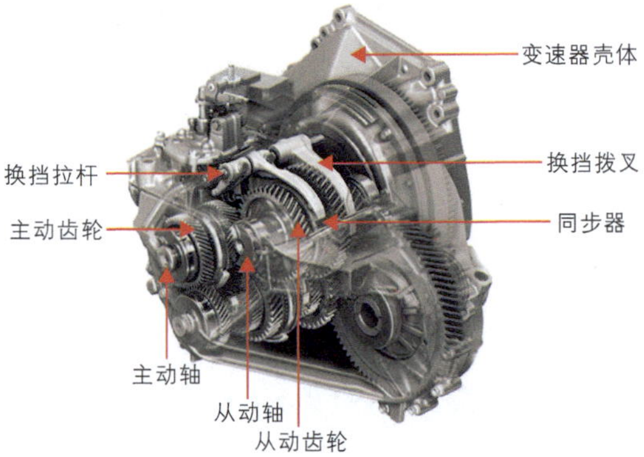

图 2–158　手动变速器的构造

车辆的驱动方式不同，变速器的外部形状差异较大，但其基本结构相同。

一对啮合传动的齿轮，设小齿轮齿数 $Z_1 = 12$，大齿轮齿数 $Z_2 = 24$，在相同的时间内小齿轮转过一圈时，大齿轮转过半圈。显然，当小齿轮是主动齿轮时，它的转速经大齿轮输出时就降低了；如果大齿轮是主动齿轮，它的转速经小齿轮输出时就提高了。这就是齿轮传动的变速原理，如图 2–159 所示。传动比大于 1 的为低速挡，传动比等于 1 的为直接挡，传动比小于 1 的为超速挡。

手动变速器是由不同传动比的齿轮组构成的，它的基本工作原理就是通过切换不同的齿轮组，来实现传动比的变换。作为分配动力的关键环节，变速器必须有动力输入轴和输出轴这两大部件。动力输入轴与离合器相连，从离合器传递来的动力直接通过输入轴传递给齿轮组，齿轮组是由直径不同的齿轮组成的，不同的传动比所达到的动力传输效果是完全不同的，平常驾驶中的换挡实际上是切换传动比。

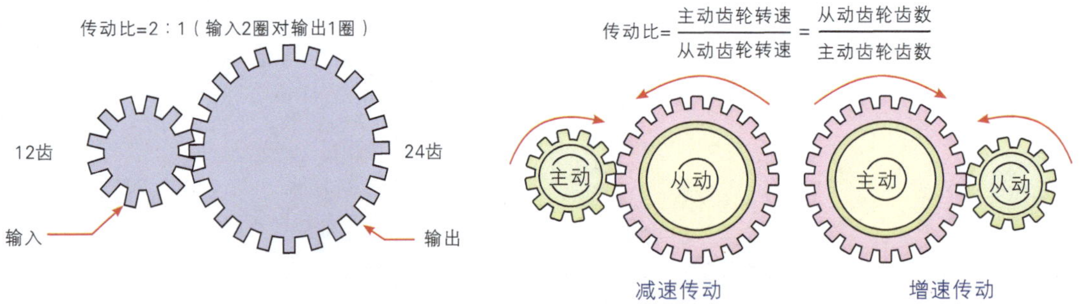

图 2–159　齿轮传动变速原理示意图

2. 手动变速器的分类

按变速器的轴数分，有两轴式和三轴式两种。

1）两轴式变速器

两轴式变速器只设有输入轴、输出轴和倒挡轴，而不设置中间轴，动力传递主要依靠输入轴和输出轴完成。倒挡轴用来实现汽车的倒退行驶。捷达轿车 02KA 型变速器就是两轴五挡式变速器，具有 5 个前进挡和 1 个倒挡，如图 2-160 所示。

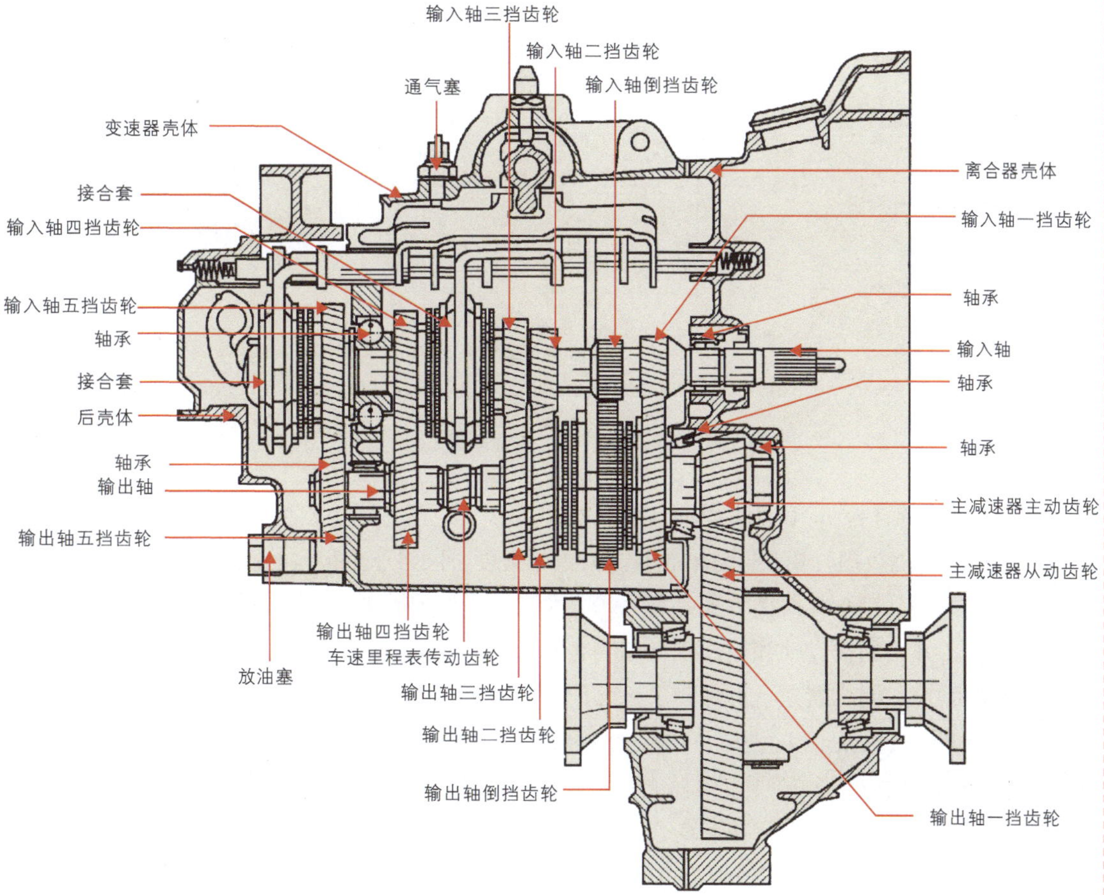

图 2-160 捷达轿车 02KA 型变速器结构

输入轴与离合器的从动盘通过花键相连，动力通过离合器从动盘进入变速器。在输入轴上从右向左分别装有一、倒、二、三、四、五挡主动齿轮。其中，一、倒、二挡主动齿轮与输入轴花键相连，与输入轴一起旋转；而三、四、五挡主动齿轮通过滚针轴承与输入轴相连，可以在输入轴上自由转动。与之相反，在输出轴上从右向左分别装有一、倒、二、三、四、五挡从动齿轮。其中，一、倒、二挡从动齿轮与输出轴通过滚针轴承相连，而三、四、五挡从动齿轮则采用花键配合。同时，在一、二挡从动齿轮间装有同步器。

捷达轿车采用齿轮常啮合同步器式手动变速器，通过拨叉机构使同步器接合，从而起到齿轮与输入或输出轴相连的作用。捷达轿车 02KA 型变速器传动示意图如图 2-161 所示。

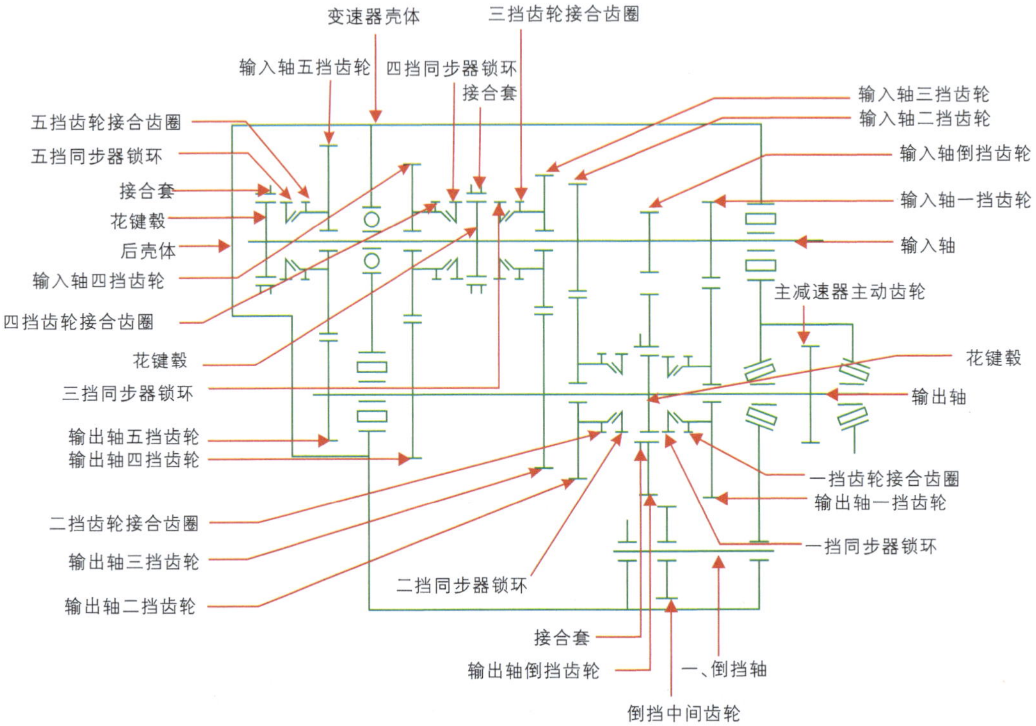

图 2-161　捷达轿车 02KA 型变速器传动示意图

变速器常用换挡方式有直齿滑动齿轮换挡、接合套换挡和同步器换挡。直齿滑动齿轮换挡方式结构简单，但换挡时相互接合的轮齿之间由于速度不同将产生很大的冲击，容易破坏齿轮，一般只用于倒挡。接合套换挡方式是利用接合套的内花键与齿轮接合齿圈相接合实现挂挡的，减少了冲击，并可用输入轴和输出轴上相啮合的传动齿轮制动常啮合的斜齿轮，从而减小变速器工作时的噪声。同步器是一种加装了一套同步装置的接合套换挡机构，其同步装置可使变速器在汽车行进中换挡而不发生齿间冲击。捷达轿车 02KA 型变速器除倒挡采用直齿滑动齿轮换挡外，其余各挡均采用同步器换挡。常啮合斜齿轮副的主动齿轮都是右旋的，从动齿轮都是左旋的。

在一挡时，发动机的动力按照离合器→输入轴→一挡主动齿轮→一挡从动齿轮→一、二挡同步器→输出轴的顺序传给减速输出机构。各挡动力传递路径如图 2-162 所示。

两个相互啮合的齿轮的传动方向是一定的，但在两个齿轮中间再加入一个中间轮，让三个齿轮相互啮合，则传动方向就发生了变化。手动变速器的倒挡就是利用这个原理来传递动力的，如图 2-163 所示。

在变速器输入轴与输出轴之间还有一个倒挡轴，轴上装有倒挡惰轮，惰轮与倒挡主动齿轮、从动齿轮为外啮合连接。拨叉机构将倒挡惰轮拨至与倒挡主动齿轮、从动齿轮相啮合的位置时，倒挡被挂上。

2）三轴式变速器

在传动系统中，客车或中重型载货汽车要求输出更大的转矩和实现较大的速度变动范围，

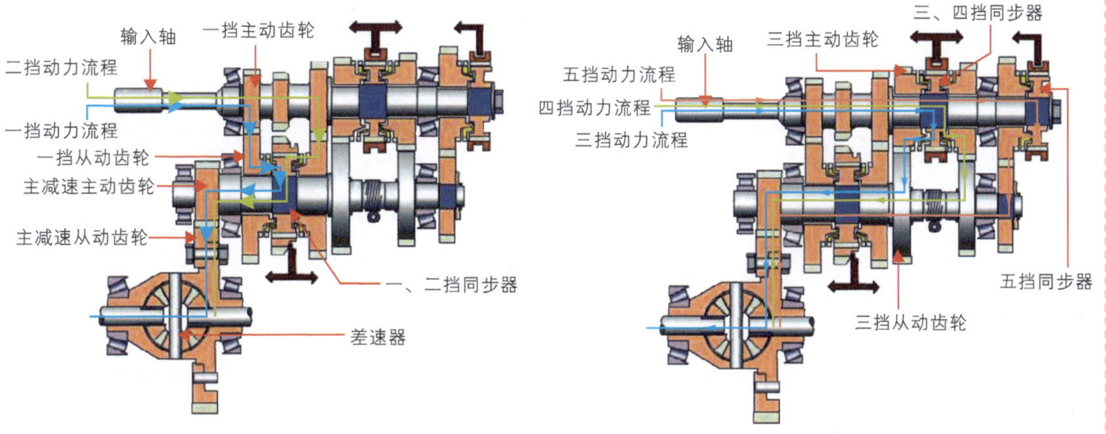

（a）一、二挡动力流程图　　（b）三、四、五挡动力流程图

图 2-162　动力传递路径

广泛采用三轴式变速器。三轴式变速器除设有输入轴、输出轴、倒挡轴之外，还另设了中间轴，如图 2-164 所示。

三轴五挡变速器的动力传递路线如图 2-165 所示。

一挡：第一轴→第一轴常啮合齿轮→中间轴常啮合齿轮→中间轴→中间轴一挡齿轮→第二轴一挡齿轮→一、二挡同步器→第二轴。

二挡：第一轴→第一轴常啮合齿轮→中间轴常啮合齿轮→中间轴→中间轴二挡齿轮→第二轴二挡齿轮→一、二挡同步器→第二轴。

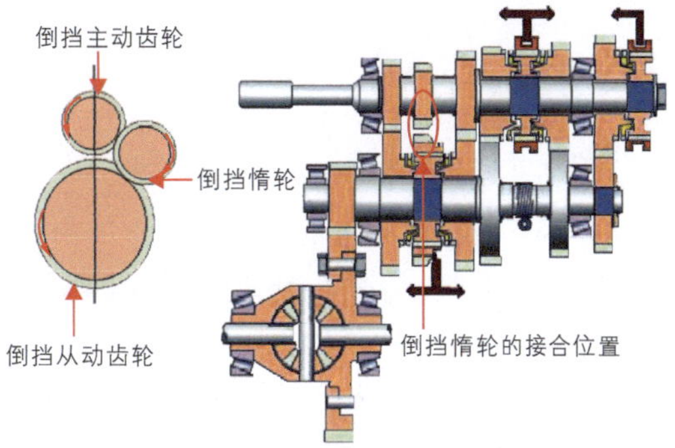

图 2-163　手动变速器的倒挡原理

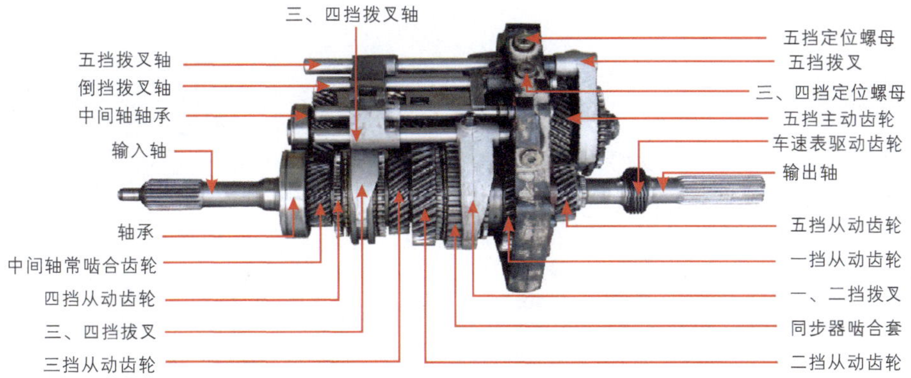

图 2-164　三轴式变速器结构示意图

三挡：第一轴→第一轴常啮合齿轮→中间轴常啮合齿轮→中间轴→中间轴三挡齿轮→第二轴三挡齿轮→三、五挡同步器→第二轴。

四挡：第一轴→第一轴常啮合齿轮→中间轴常啮合齿轮→中间轴→中间轴四挡齿轮→第二轴四挡齿轮→四挡同步器→第二轴。

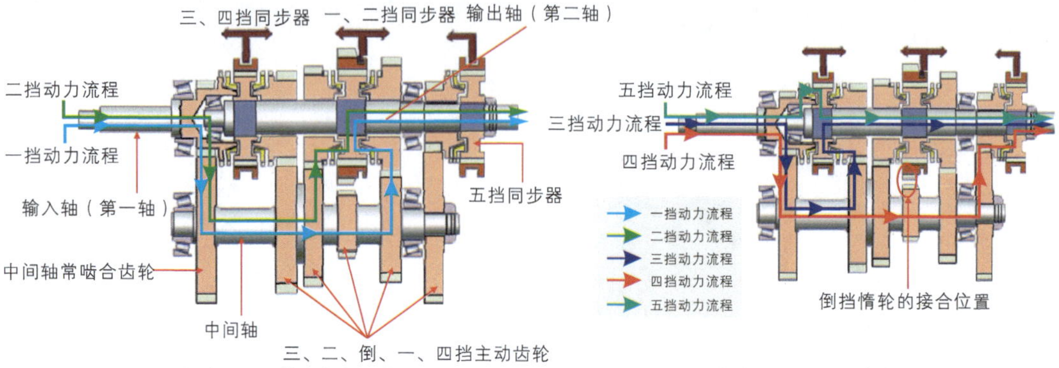

（a）一、二挡动力流程图　　（b）三、四、五挡动力流程图

图 2-165　动力传递路径

五挡：第一轴→三、五挡同步器→第二轴。

倒挡：第一轴→第一轴常啮合齿轮→中间轴常啮合齿轮→中间轴倒挡齿轮→倒挡轴倒挡惰轮→第二轴倒挡齿轮→第二轴。

3. 同步器

手动变速器的内部有一个非常重要的设备，那就是同步器。换挡时动力输出端齿轮转速高于将要换入的这个挡位的齿轮转速，如果没有同步器，将低速旋转的齿轮强行塞入高速旋转的齿轮中，肯定会发生打齿的现象。同步器分解图如图 2-166 所示。

同步器有常压式、惯性式和自行增力式等。这里仅介绍目前广泛采用的惯性式同步器。

惯性式同步器是依靠摩擦作用实现同步的，在其上有专设机构，以保证接合套与待接合的花键齿圈在达到同步之前不可能接触，从而避免了齿间冲击。

惯性式同步器按结构又分为锁环式和锁销式两种。锁环式惯性同步器主要由同步器齿毂、接合套、滑块、同步环等零件组成，如图 2-167 所示。

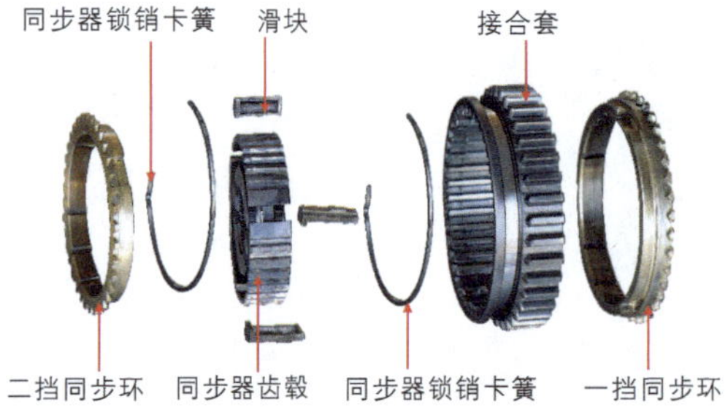

图 2-166　同步器分解图

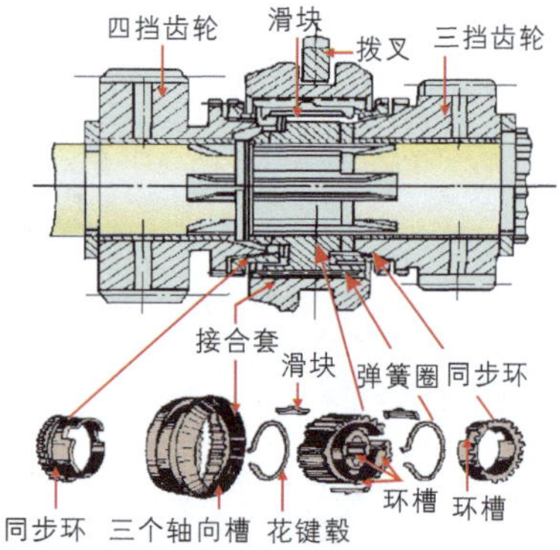

图 2-167　锁环式惯性同步器

桑塔纳三、四挡锁环式惯性同步器工作原理示意图如图 2-168 所示。当从三挡换入四挡时，接合套从三挡退出进入空挡，接合套与同步环在惯性作用下以不同的转速旋转。此时，四挡主动齿轮的转速高于接合套和同步环的转速，如图 2-168（a）所示。当要挂入四挡时，接合套在拨叉作用下带动滑块左移。当滑块推动同步环压向四挡主动齿轮时，同步环的内锥面与四挡主

动齿轮接合齿圈的外锥面产生摩擦力矩，如图 2-168（b）所示。在此力矩作用下，四挡主动齿轮带动同步环旋转，相对于接合套超前一个角度，超前角的大小正好对应同步环缺口的一侧靠在滑块一侧所留的间隙，即半个短齿。此时，由于四挡主动齿轮相对于同步环和接合套做减速旋转，使四挡主动齿轮与同步环、接合套的转速相同，达到同步旋转。拨叉作用在接合套上的力，使接合套上的短齿倒角压在同步环的短齿倒角上，使倒角面上的力 F 分解成 F_1 和 F_2 两个力，F_1 使同步环锥面更紧地压在四挡主动齿轮的锥面上，F_2 使同步环相对于接合套倒转一个角度，使两花键齿倒角不再抵触（滑块此时正好在同步环缺口的中间），同步环的锁止作用消除，于是接合套压下弹簧圈继续左移，从而与同步环的花键齿圈进入啮合，如图 2-168（c）所示。当接合套穿过同步环短齿与四挡主动齿轮接合齿圈的短齿倒角接触时，作用在短齿倒角上的力同样分解成两个力，一个力使接合套左移，另一个力使四挡主动齿轮相对于接合套转过一个角度，从而最终完成接合套与四挡主动齿轮接合齿圈上短齿的顺利啮合，如图 2-168（d）所示。

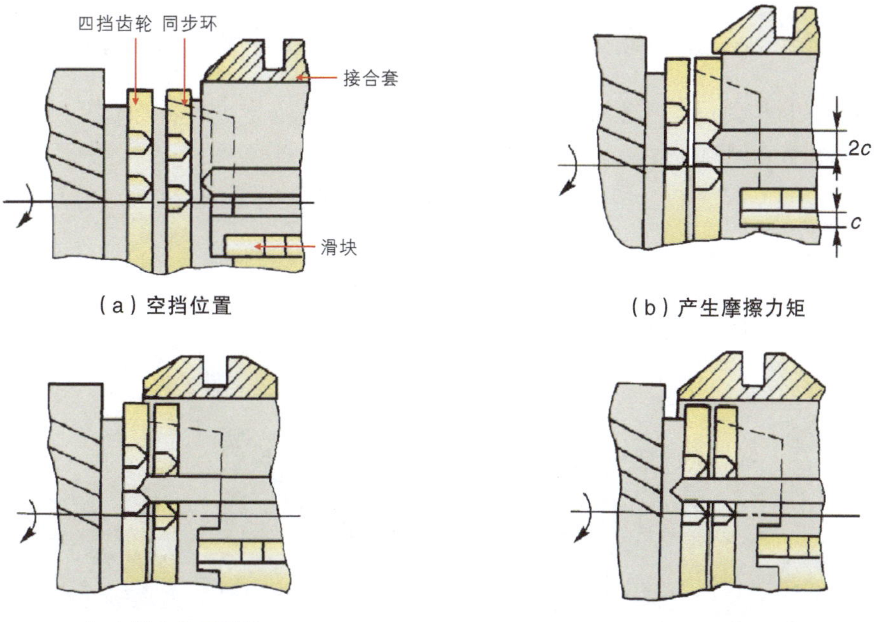

（a）空挡位置

（b）产生摩擦力矩

（c）锁止作用消除

（d）同步啮合

图 2-168 桑塔纳三、四挡锁环式惯性同步器工作原理示意图

4. 变速器操纵机构

按操纵杆与变速器的相互位置，变速器操纵机构分为远距离操纵式和直接操纵式。

1）直接操纵式

变速器的位置在驾驶员附近，变速杆从驾驶室地板伸出，驾驶员可直接操纵。这种操纵机构一般由变速杆、拨块、拨叉、拨叉轴及安全装置等组成，多装于变速器上盖或侧盖内。它具有换挡位置容易确定，换挡快、平稳等特点，主要应用于发动机前置后轮驱动的汽车。

2）远距离操纵式

发动机前置前轮驱动及发动机后置后轮驱动的汽车，由于变速器距离变速杆较远，通常在变速杆与拨叉之间增加若干传动杆件，组成远距离操纵机构，主要由支承杆、换挡杆接合器、外换挡杆、倒挡保险挡块、变速杆等组成。远距离操纵机构分为杆件式操纵机构（图 2–169）和拉索式操纵机构（图 2–170）。

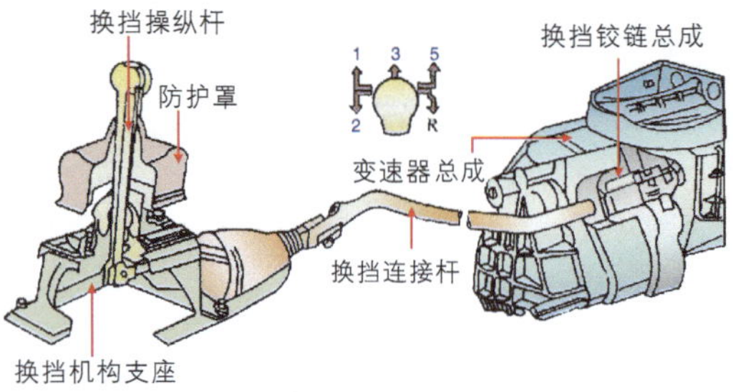

图 2–169　杆件式操纵机构

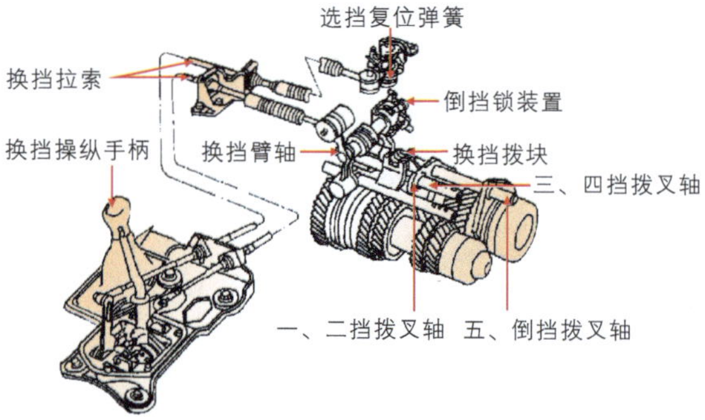

图 2–170　拉索式操纵机构

变速器操纵机构要保证变速器在任何情况下都能准确、安全、可靠地工作，因此设置了自锁装置、互锁装置和倒挡锁装置。

五、自动变速器

（a）后驱型（行星齿轮式）　　（b）前驱型（平行轴式）

图 2–171　自动变速器实物图

车辆的驱动方式不同，自动变速器的差异也较大，但其基本结构是相同的。与手动变速器相比，自动变速器同样可以分为动力输入部分、换挡执行部分和减速输出部分，不同的是手动变速器的动力输入部分是离合器，而自动变速器的动力输入部分为液力变矩器。

自动变速器由液力变矩器、变速机构（多采用行星齿轮）和液压控制系统三部分组成，自动变速器实物图如图 2–171 所示。

1. 行星齿轮式自动变速器

1）液力变矩器

液力变矩器主要由可旋转的泵轮、涡轮和导轮三个元件组成，如图 2-172 所示。

液力变矩器是装在发动机和自动变速器之间的液力元件，以液体作为传力介质，将发动机的动力传递给变速器。

液力变矩器的结构和性能决定着自动变速器的传动效率，相当于手动变速器的离合器装置，因其质量较大、惯性大，所以又起到飞轮的作用。液力变矩器的变矩原理如图 2-173 所示。

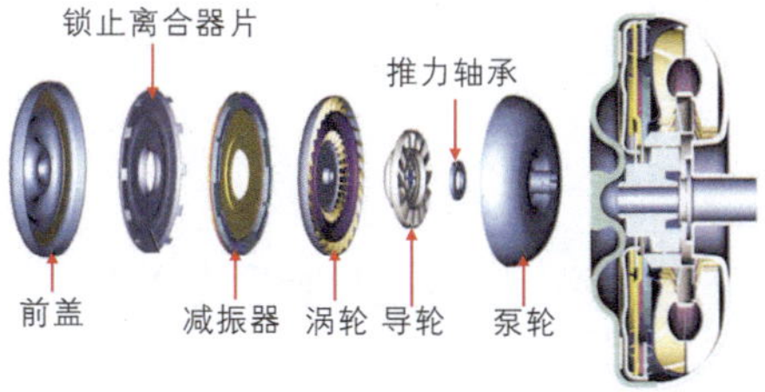

图 2-172 液力变矩器的组成

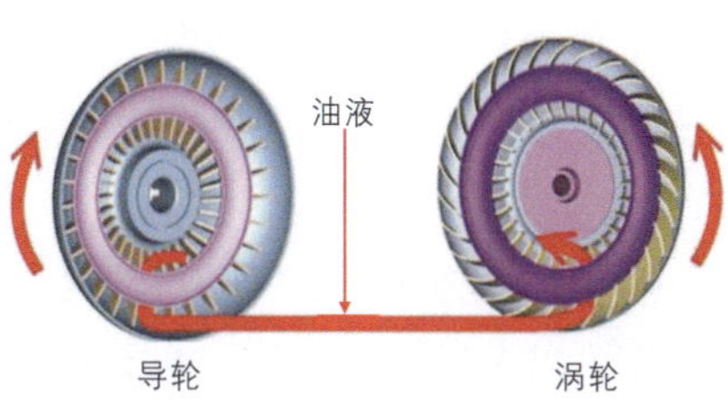

图 2-173 液力变矩器的变矩原理

导轮主要起动力传递作用和增矩作用，分别如图 2-174、图 2-175 所示。锁止离合器的作用如图 2-176 所示。

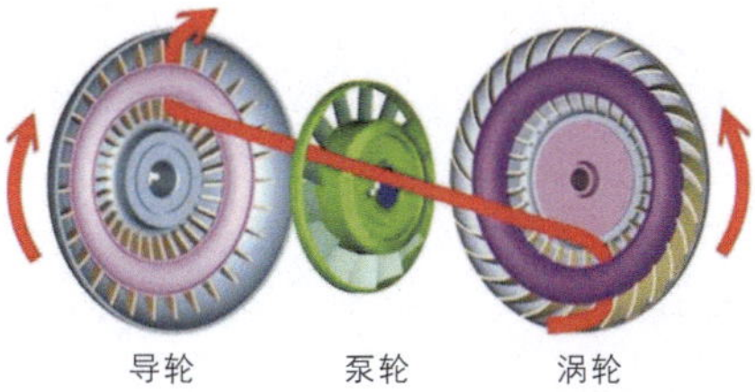

图 2-174 动力传递作用

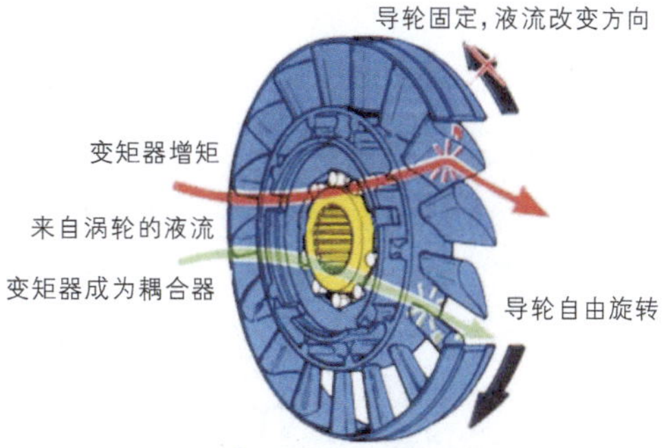

图 2-175 增矩作用

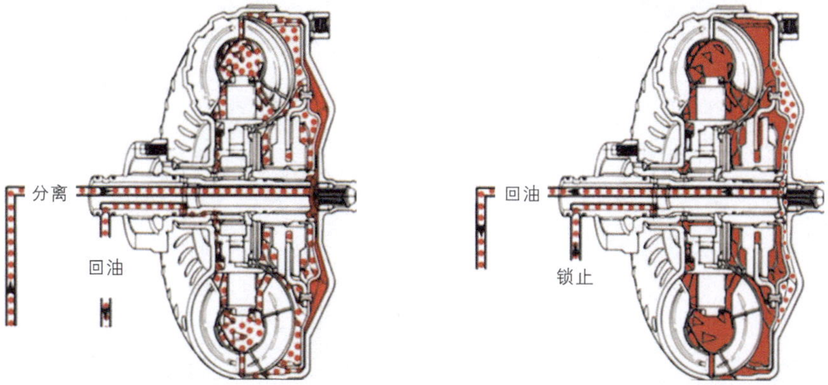

（a）锁止离合器分离　（b）锁止离合器锁止

图 2-176 锁止离合器的作用

（1）液力变矩器的优点。

目前，汽车自动变速器中所用的液力变矩器都是综合式液力变矩器，它综合利用了液力耦合器和液力变矩器的优点，传递动力更加平稳可靠，同时大大提高了工作效率。综合式液力变矩器在三元件液力变矩器的基础上增加了单向离合器和锁止装置。

①泵轮——主动部分，将发动机动力变成油液动能。

②涡轮——输出部分，将动力传至机械式变速器的输入轴。

③导轮——反作用元件，它对油液起反作用，达到增矩的目的。

当汽车行驶阻力大时，涡轮转速低于泵轮转速，从涡轮流入导轮的油液方向与泵轮旋转方向相反，导轮对油液起反作用，达到增矩的目的，克服增大的阻力。

当汽车行驶阻力小时，涡轮转速提高，与泵轮转速接近，此时从涡轮流入导轮的油液方向与泵轮旋转方向趋于一致，导轮开始自由旋转以减小阻力。

（2）锁止离合器的作用。

当汽车行驶阻力小时，发动机转速较高，此时不需要增矩，锁止离合器将变矩器的泵轮和涡轮锁住，可以提高传动效率，能节油 5% 左右。

在汽车行驶阻力大时，发动机转速降低，此时锁止离合器分离，实现增矩。

2）变速机构

行星齿轮式自动变速器的变速机构所采用的变速齿轮是行星齿轮。目前，绝大多数汽车的自动变速器采用的是行星齿轮变速机构，其齿轮总是处于啮合状态，可保证换挡迅速、平稳、准确，而不会产生齿轮碰撞或不完全啮合的现象。

行星齿轮式自动变速器通常采用两个行星齿轮排来实现各挡变速比。行星齿轮排由齿圈、行星齿轮、行星架、太阳轮等元件组成。多片式离合器和制动器是分别对这些元件进行接合、制动以实现换挡的装置。图 2-177 是自动变速器行星齿轮机构的配合示意图。

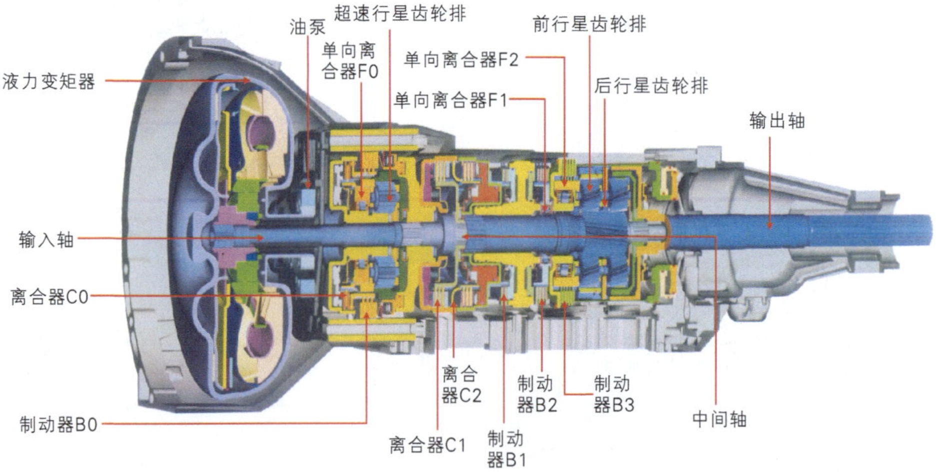

图 2-177　自动变速器行星齿轮机构的配合示意图

（1）行星齿轮机构。

行星齿轮机构中行星齿轮排的数量因挡位数的不同而异，一般情况下使用 2~3 个行星齿轮排。

单排的行星齿轮机构主要由一个太阳轮（中心轮）、一个行星架、一个齿圈和几个行星齿轮组成，如图 2-178 所示。

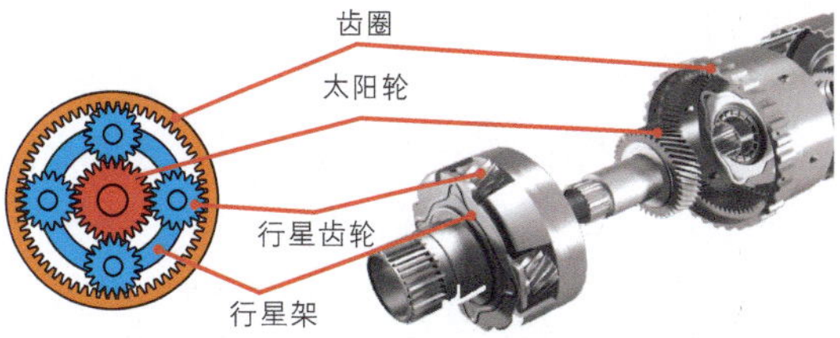

图 2-178　单排的行星齿轮机构

正常情况下，一个行星齿轮排有三个自由度，即将齿圈、太阳轮、行星架这三个元件中的任意一个作为动力输入部件时，其他元件都会旋转，不能起到传递动力的作用。若用行星齿轮机构传递动力，则必须将行星齿轮排中的一个元件加以固定，使其变为两个自由度。

如图 2-179 所示为行星齿轮机构元件被固定后的动力传递方式。行星齿轮机构各部件的工作状态见表 2-2。

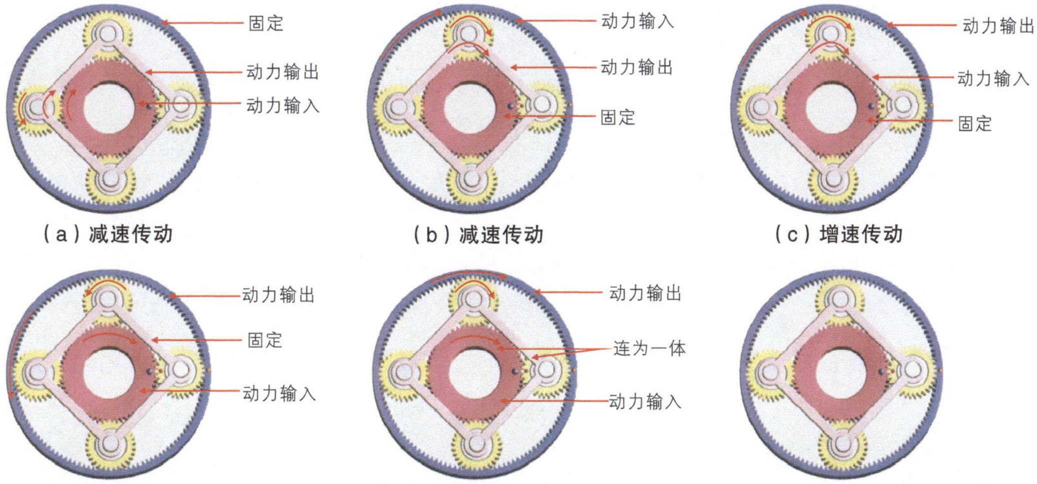

（a）减速传动　（b）减速传动　（c）增速传动

（d）反向减速传动（倒挡）　（e）等速传动（直接挡）　（f）不传递动力（空挡）

图 2-179　行星齿轮机构元件被固定后的动力传递方式

表 2-2　行星齿轮机构各部件的工作状态

状态	固定	动力输入部件	动力输出部件	传动状态	旋转方向
1	齿圈	太阳轮	行星架	减速传动	方向相同
2		行星架	太阳轮	增速传动	
3	太阳轮	齿圈	行星架	减速传动	
4		行星架	齿圈	增速传动	
5	行星架	太阳轮	齿圈	减速传动	方向相反
6		齿圈	太阳轮	增速传动	

由于行星齿轮机构处于常啮合状态，正常情况下，只要变速器保持良好润滑，一般不易损坏。损坏形式主要有：齿轮间隙超大，齿面硬伤、剥落、异常磨损、烧结或凹点，齿轮或齿架变形。由于行星齿轮机构是一个精密配合的机构，只要其中某个主要零件（如太阳轮、齿圈或行星架）发生损坏，就必须更换整个行星齿轮机构。

（2）换挡执行元件。

换挡执行元件是指行星齿轮机构中用于控制换挡的多片式离合器、制动器及换挡单向离合器。

①离合器。

自动变速器中通常使用的是多片式离合器，包括离合器毂、摩擦片、钢片、回位弹簧、回位弹簧座、油封、压盘和挡圈等。离合器结构与工作状态如图 2-180 所示。

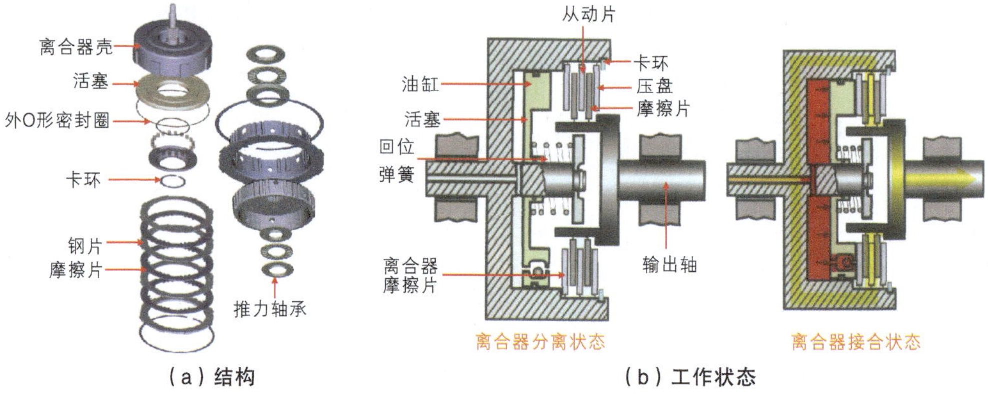

图 2-180　离合器结构与工作状态

离合器摩擦片的工作面上有粗糙的摩擦材料，而钢片的工作面是光滑的，没有摩擦材料。油液压力使离合器毂内的活塞把离合器摩擦片压紧在一起，使离合器处于接合状态。当油液被排出时，回位弹簧使活塞回位，从而使离合器处于分离状态。

②制动器。

常见的制动器有带式制动器和片式制动器两种，其作用是将行星齿轮排中太阳轮、齿圈、行星架这三个基本元件之一加以固定，使之不能旋转，从而产生不同的传动方向或变速比。

带式制动器如图 2-181 所示。

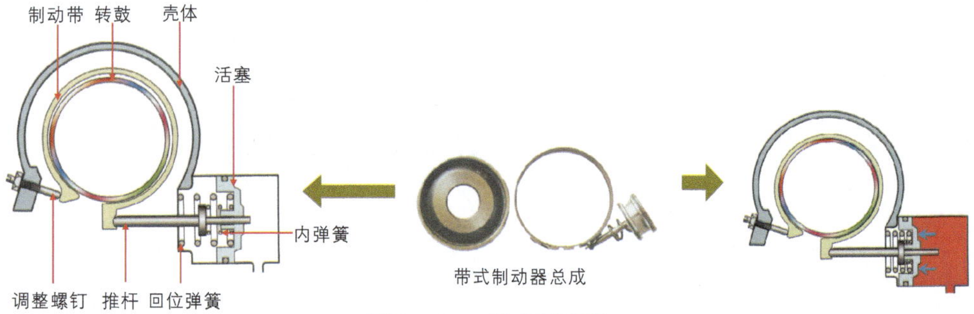

图 2-181　带式制动器

带式制动器的制动带夹紧驱动装置常见的有三种类型：直杆式、杠杆式、钳形杆式。

当控制油压加在活塞上时，活塞向左移，压缩回位弹簧，推杆推动制动带的一端，由于制动带的另一端固定在变速器壳体上，制动带的直径变小，箍紧在转鼓上。

当活塞缸中没有控制油压时，活塞和推杆在回位弹簧的作用下被推回，制动带松开。

注意：

更换新制动带时，要先将新制动带在自动变速器油中浸泡 1 小时以上。

片式制动器由活塞、回位弹簧、钢片、摩擦片等组成，如图 2-182 所示。

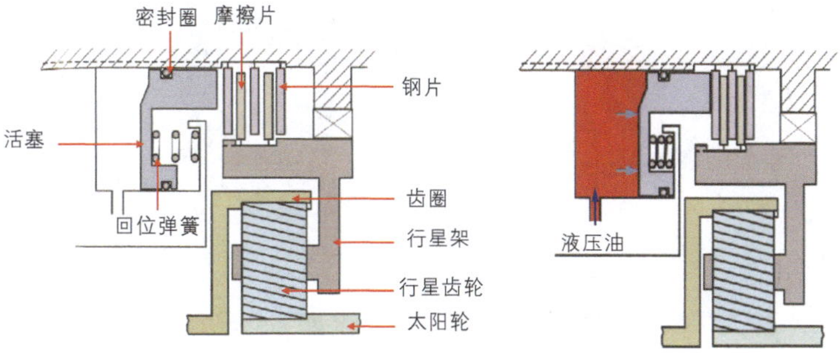

图 2-182 片式制动器

当活塞受到控制油压的作用时，活塞在活塞缸内运动，使摩擦片与钢片相互接触，结果在每个摩擦片与钢片之间产生很大的摩擦力，使行星架被锁定在变速器壳体上；当控制油压降低时，由于回位弹簧的作用，活塞回至原位，制动解除。

片式制动器的制动毂（相当于离合器毂）通过钢片的外花键固定在变速器壳体上，其工作原理与多片湿式摩擦片离合器基本相同。

3）液压控制系统

液压控制系统由阀体、滑阀、弹簧、钢球等组成，如图 2-183 所示。根据驾驶员的意图和行驶条件（节气门开度及车速信号等）的需要，利用液压控制阀等元件控制液压油的输出，通过操纵离合器和制动器，控制行星齿轮机构，从而实现自动升降挡。其结构主要分为油压控制装置、换挡控制装置、变矩器锁止控制装置三部分。

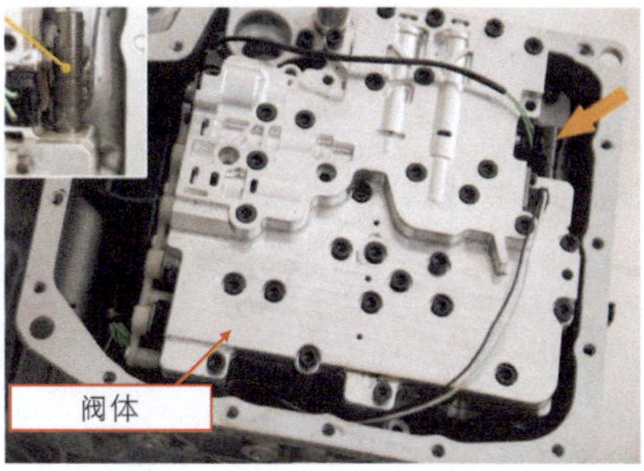

图 2-183 液压控制系统

液压控制系统的组成零件较多，按其功能分类如下。

①主油路：油泵、主调压阀、次调压阀。

②润滑冷却：散热器、冷却器。

③控制信号：节气门阀、速控阀、手动阀。

④换挡控制：换挡阀。

⑤换挡品质：节流阀、缓冲阀、正时阀、蓄压器等。

⑥锁止控制：锁止信号阀、中继阀等。

（1）油泵。

油泵为变速器液压系统提供压力油，从而为变速器中的元件提供传动压力，并且能够起到润滑和冷却的作用。

自动变速器上常见的油泵有三种形式：内啮合齿轮泵、转子泵、叶片泵。目前，内啮合齿轮泵应用最普遍，如图 2-184 所示。

（2）阀体。

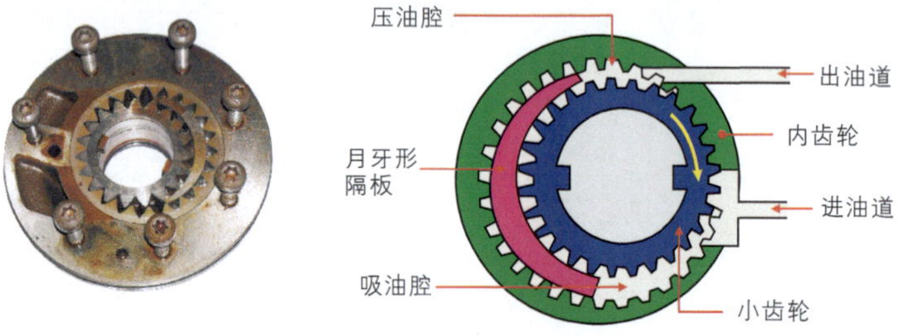

图 2-184　内啮合齿轮泵

液压控制系统中的大部分控制阀都集中安装在一块或几块组合在一起的阀板上，阀和阀板的总成称为阀体，如图 2-185 所示。电控变速器的电磁阀通常装在阀体上。阀体的作用：根据发动机和汽车的负荷及驾驶员的需要，控制输出到不同执行机构的油压。

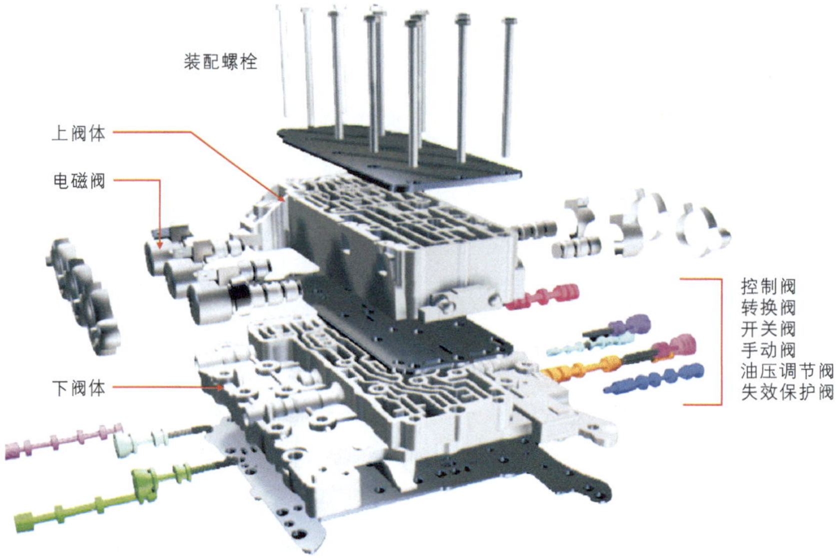

图 2-185　阀体分解图

阀体多数是由铝或铁铸造加工而成的。阀体有许多精加工的油孔和油道，油液通过一定的油道和油孔流入和流出阀体。虽然有一些油道和油孔加工在变速器壳和油泵壳上，但大多数还在阀体上。变速器的大部分阀安装在阀体上，其上也安装有许多不同的单向球阀。阀体上的阀的作用是控制通过变速器的油液的通断或调节油液的流量。可以通过一个阀或多个阀控制流经油道和油孔的油液。

（3）油冷却系统。

为了保证自动变速器的液压系统在适宜的温度范围内正常工作，防止因油温过高导致机械部分烧坏，一般情况下，汽车自动变速器均配置了油冷却系统。油冷却系统一般由散热器、进出加油管组成，有的自动变速器单独配备了散热器冷却风扇，有的自动变速器则使用发动机冷却系统的冷却风扇。

（4）自动变速器油。

自动变速器油的作用包括传递动力转矩，控制自动变速器的离合器和制动器工作，以及润滑、清洁和冷却自动变速器。由于自动变速器在高温、高速的环境下工作，工作状况比较恶劣，为了保证自动变速器正常工作，必须认真执行车辆制造厂家的规定，确保自动变速器油的选用、加油方法、用油量、检查方法和换油间隔等符合规定。否则，自动变速器很容易发生故障，甚至会影响自动变速器的使用寿命。

4）变速操纵机构

自动变速器的变速操纵机构相对于手动变速器要简单得多。由于自动变速器在换挡过程中并不需要驾驶员进行干涉，只需要根据情况选择合适的挡位模式，在行驶的过程中通过调节加速踏板的位置，换挡控制系统就会根据加速踏板的位置和各种传感器返回的信号进行判断、换挡。

自动变速操纵机构由操纵杆、操纵拉索、防护装置及操纵面板等组成。自动变速操纵面板如图 2-186 所示。

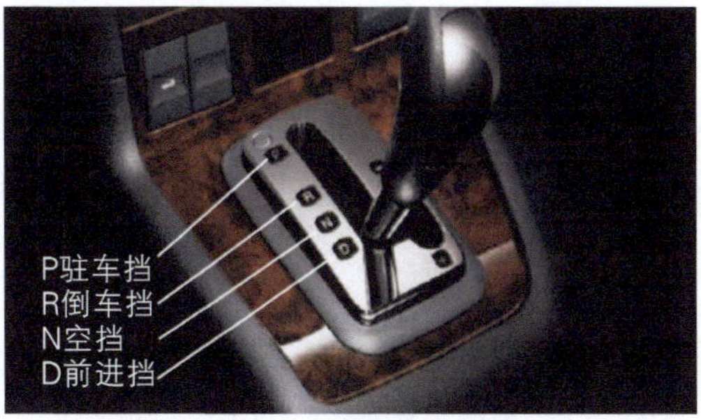

图 2-186　自动变速操纵面板

2. 平行轴式自动变速器

平行轴式自动变速器与行星齿轮式自动变速器一样，也由机械传动部分和电控液压部分组成。平行轴式自动变速器由三根相互平行的轴，即输入轴、输出轴、中间轴组成，轴上分别安装着几对常啮合齿轮。如图 2-187 所示是平行轴式自动变速器的结构示意图。

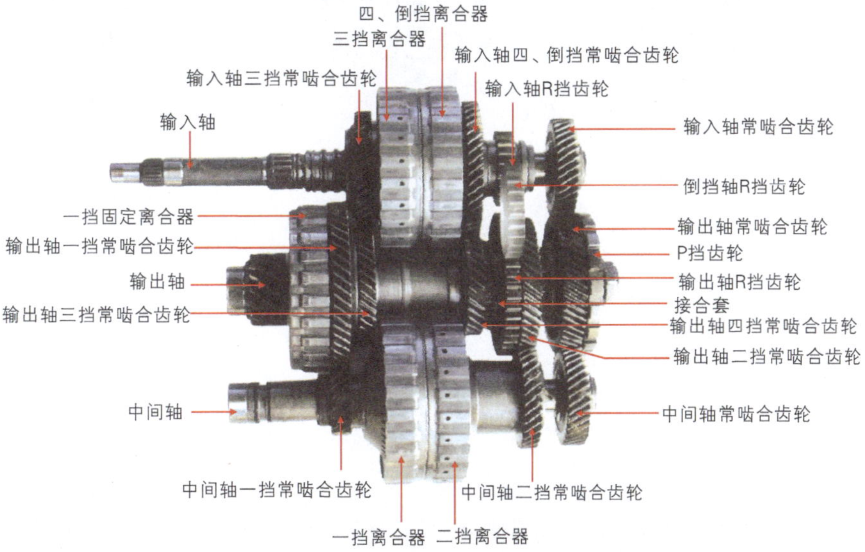

图 2-187　平行轴式自动变速器的结构示意图

1）输入轴

输入轴（主轴）通过轴上的花键与涡轮配合，液力变矩器的涡轮旋转时，输入轴便旋转，它是自动变速器的动力输入元件，轴上装有主动轴惰轮，它与输出轴上的惰轮常啮合。

2）输出轴

输入轴通过常啮合齿轮或主动轴驱动中间轴，再由中间轴通过常啮合啮轮把主动轴动力传递给输出轴，最后由输出轴传递给驱动轮。输出轴上套装着一个输入轴惰轮，它既与主动轴惰轮常啮合，又与中间轴上的惰轮常啮合，主动轴惰轮旋转，输出轴上的惰轮也旋转，于是带动中间轴上的惰轮一同旋转，因中间轴与中间轴惰轮配合，中间轴便顺时针旋转。由此可知，只要主动轴旋转，中间轴便旋转。

3）中间轴

中间轴（副轴）通过花键配合一惰轮，只要发动机运转，该惰轮便通过与之常啮合的输出轴惰轮在主动轴惰轮的带动下做与主动轴旋转方向相同的旋转运动，于是带动中间轴旋转。

动力传递流程如图 2–188 所示。

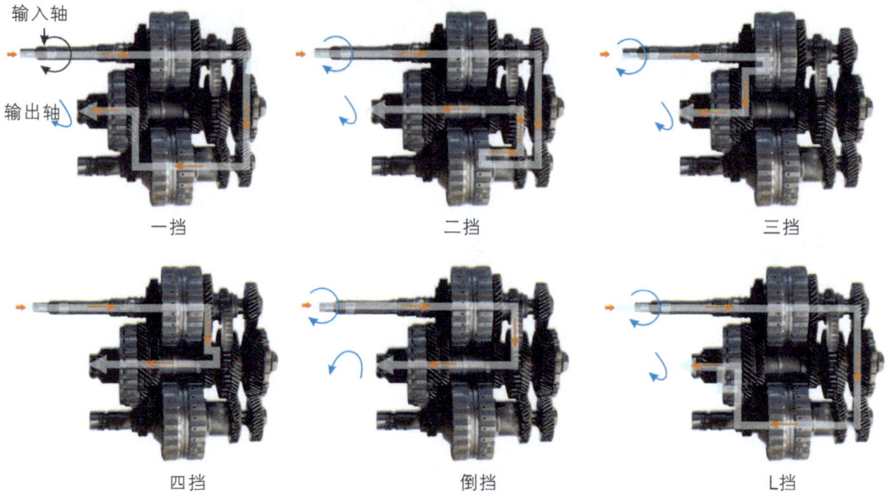

图 2–188 动力传递流程

（1）一挡。

输入轴→输入轴常啮合齿轮→输出轴常啮合齿轮→一挡离合器→中间轴常啮合齿轮→中间轴一挡常啮合齿轮→输出轴一挡常啮合齿轮→输出轴。

（2）二挡。

输入轴→输入轴常啮合齿轮→输出轴常啮合齿轮→中间轴常啮合齿轮→二挡离合器→中间轴二挡常啮合齿轮→输出轴二挡常啮合齿轮→输出轴。

（3）三挡。

输入轴→三挡离合器→输入轴三挡常啮合齿轮→输出轴三挡常啮合齿轮→输出轴。

（4）四挡。

输入轴→四、倒挡离合器→输入轴四、倒挡常啮合齿轮→输出轴四挡常啮合齿轮→输出轴。

（5）倒挡。

输入轴→四、倒挡离合器→输入轴四、倒挡常啮合齿轮→倒挡轴 R 挡齿轮→输出轴四挡常啮合齿轮→输出轴。

（6）L 挡。

输入轴→输入轴常啮合齿轮→输出轴常啮合齿轮→一挡离合器→中间轴一挡常啮合齿轮→输出轴一挡常啮合齿轮→一挡固定离合器→输出轴。

六、万向传动装置

1. 万向传动装置的功用与组成

万向传动装置的功用是在轴线相交且相对位置经常变化的两转轴间传递动力。万向传动装置的结构和作用有点像人体四肢上的关节，它允许被连接的零件之间的夹角在一定范围内变化。在发动机前置后轮驱动的车辆上，万向传动装置安装在变速器输出轴与驱动桥主减速器输入轴之间，如图 2–189 所示；而发动机前置前轮驱动的车辆省略了传动轴，将万向节安装在既负责驱动又负责转向的前桥半轴与车轮之间。

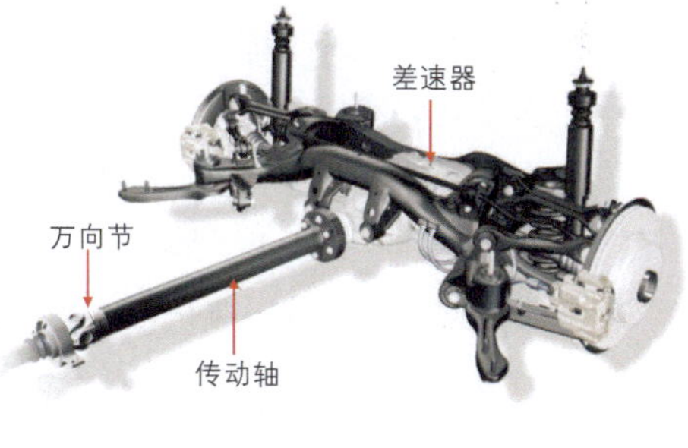

图 2–189　万向传动装置

万向传动装置一般由万向节和传动轴组成，有时还有传动轴中间支承。

2. 万向节

万向节是实现变角度动力传递的机件，用于需要改变传动轴线方向的位置。

1）万向节的分类

按万向节在扭转方向上是否有明显的弹性可分为刚性万向节和挠性万向节。刚性万向节又可分为不等速万向节（常用的为十字轴式）、准等速万向节（如双联式万向节）和等速万向节（如球笼式万向节）三种。等速、不等速万向节结构图如图 2–190、图 2–191 所示。

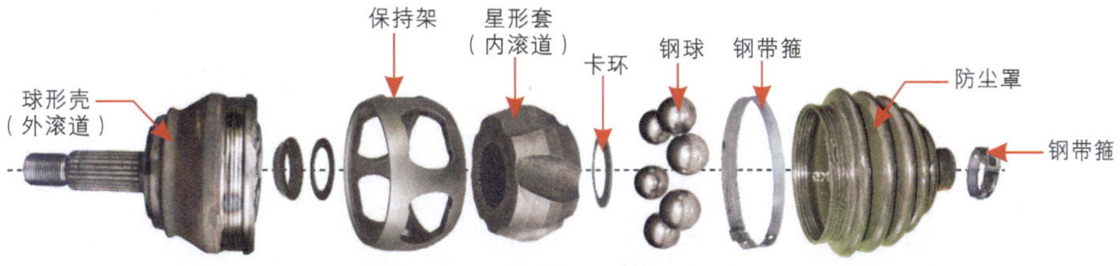

图 2–190　等速万向节结构图

2）不等速万向节

十字轴式刚性万向节为汽车上广泛使用的不等速万向节，允许相邻两轴的最大交角为15°~20°，由一个十字轴、两个万向节叉和四个滚针轴承等组成。两万向节叉和传动轴叉上的孔分别套在十字轴的两对轴颈上。当主动轴转动时，从动轴既可随之转动，又可绕十字轴中心在任意方向摆动。在十字轴轴颈和万向节叉孔间装有滚针轴承，滚针轴承外圈靠卡环轴向定位。为了润滑轴承，十字轴上一般安装有注油嘴，并有油路通向轴颈。润滑油可从注油嘴注到十字轴轴颈的滚针轴承处。

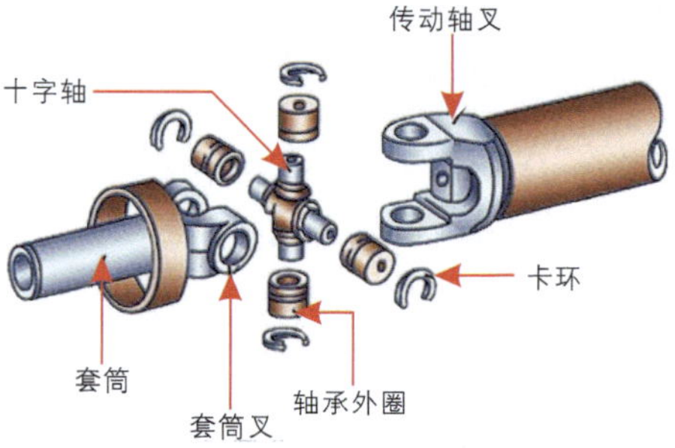

图2-191　不等速万向节结构图

3. 传动轴

在有一定距离的两部件之间采用万向传动装置传递动力时，一般需要在万向节之间安装传动轴。有些轿车没有传动轴，由变速器输出轴直接驱动左右半轴。有些汽车的传动轴是两段式的，在连接处装有中间轴承，这种类型的传动轴可有效避免因共振造成的破坏。

传动轴将变速器的转矩传递到驱动桥。常见的传动轴有管式的，也有实心的，管式传动轴质量轻，应用较广，一般由无缝钢管或低碳钢板焊接而成。

若传动轴仅为一根高转速长轴，当转速达到某一数值时它就会受到破坏，称该转速为该轴的临界转速（危险转速）。临界转速的高低取决于轴的长度、断面尺寸、轴间夹角、形状及轴平衡情况。所以，传动轴一般为两段且有平衡要求。传动轴的运动状态如图2-192所示。

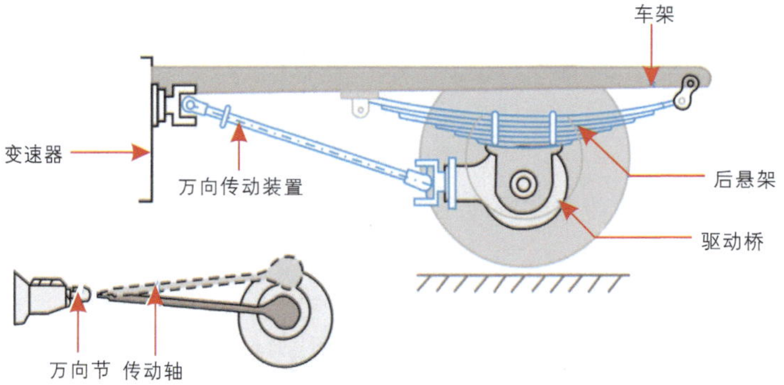

图2-192　传动轴的运动状态

若两部件之间的距离发生变化，而万向节又没有伸缩功能，则要将传动轴做成两段，用滑动花键相连接。为减小传动轴花键连接部分的轴向滑动阻力和摩损，须加注润滑脂进行润滑，也可以对花键进行磷化处理或喷涂尼龙层，或者在花键槽内设置滚动元件。

4. 传动轴中间支承

如图2-193所示为一种中间支承结构，它实际上是一个通过支承座和缓冲垫安装在车身（或车架）上的轴承，用来支承传动轴的一端。缓冲垫可以消除车身（或车架）变形和发动机振动对传动轴位置的影响。

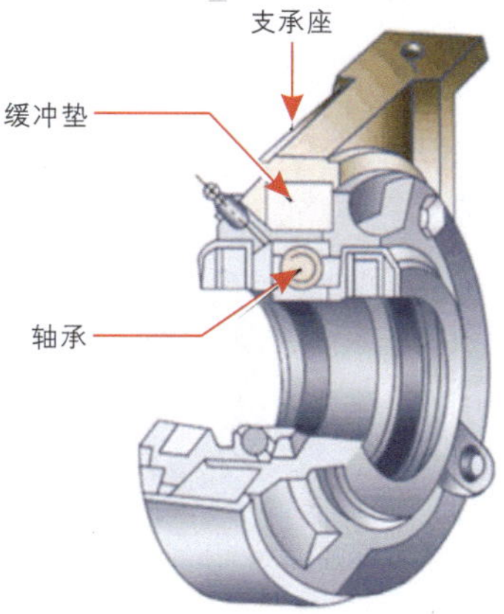

图 2-193　中间支承结构

七、驱动桥

1. 驱动桥的组成与分类

驱动桥由主减速器、差速器、半轴和驱动桥壳等组成。其主要功用是对万向传动装置传来的发动机动力进行降速增矩，并将增大的转矩分配给驱动车轮。

驱动桥按结构形式一般可分为非断开式和断开式两种。

1）非断开式驱动桥

非断开式驱动桥（图 2-194）也称整体式驱动桥，它由驱动桥壳、主减速器、差速器和半轴等组成。

驱动桥壳由中间的主减速器壳和两边与之刚性连接的半轴套管组成，通过悬架与车身或车架相连。两侧车轮安装在此刚性桥壳上，半轴与车轮不可能在横向平面内做相对运动。

输入驱动桥的动力首先传到主减速器主动小齿轮，经主减速器减速后转矩增大，再经差速器分配给左右两半轴，最后传至驱动车轮。

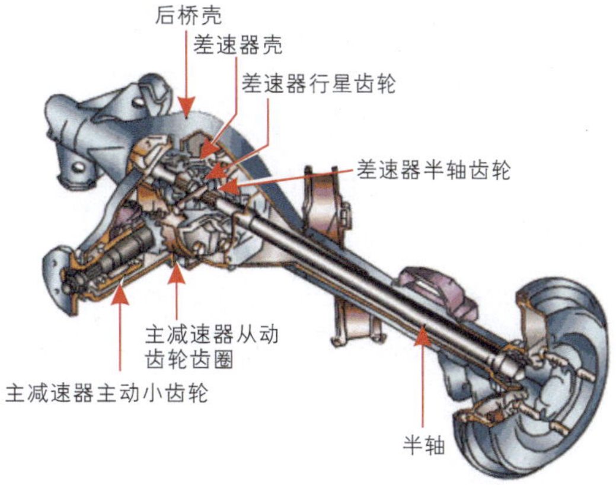

图 2-194　非断开式驱动桥的构造

2）断开式驱动桥

断开式驱动桥（图 2-195）由车轮、摆臂、主减速器、减振器、弹性元件和半轴等组成。

为了与独立悬架相适应，驱动桥壳需要分为用铰链连接的几段，更多的是只保留主减速器壳部分（或带有部分半轴套管），主减速器壳固定在车架或车身上。为了满足驱动车轮独立上下跳动的需要，差速器与车轮之间的半轴也要分段，各段之间用万向节连接。

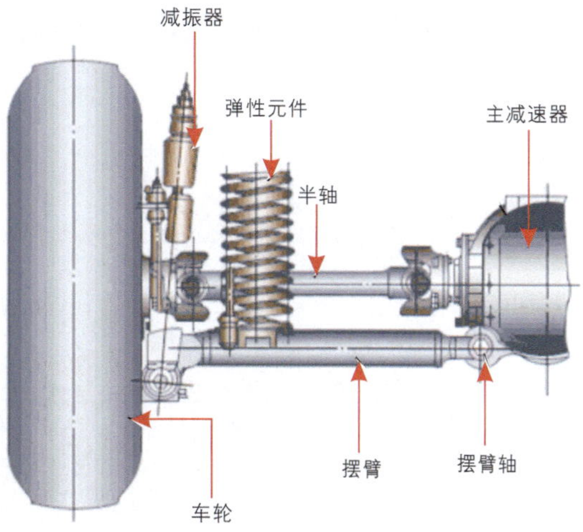

图 2-195　断开式驱动桥的构造

2. 主减速器

主减速器由一对啮合斜齿轮构成，小齿轮与输出轴制成一体，大齿轮用铆钉与差速器的外壳连在一起，如图 2-196 所示。

图 2-196 主减速器

主减速器是在传动系统中起降低转速、增大转矩作用的主要部件，当发动机纵置时还具有改变转矩旋转方向的作用。它是依靠齿数少的齿轮带动齿数多的齿轮来实现减速的，采用圆锥齿轮传动则可以改变转矩旋转方向。将主减速器布置在动力向驱动车轮分流之前的位置，有利于减小其前面的传动部件（如离合器、变速器、传动轴等）所传递的转矩，从而减小这些部件的尺寸和质量。

（1）按参加传动的齿轮副数目分类。

主减速器按参加传动的齿轮副数目可分为单级式主减速器和双级式主减速器。

（2）按传动比挡数分类。

主减速器按传动比挡数可分为单速式和双速式两种。

（3）按减速齿轮副结构分类。

主减速器按减速齿轮副结构可分为圆柱齿轮式、圆锥齿轮式和准双曲面齿轮式等。

3. 差速器

汽车差速器是一个差速传动机构，用来保证各驱动车轮在各种运动条件下的动力传递，能自动使两侧驱动车轮以不同转速行驶，避免轮胎与地面间打滑。差速器的结构与零件拆解如图 2-197 所示。

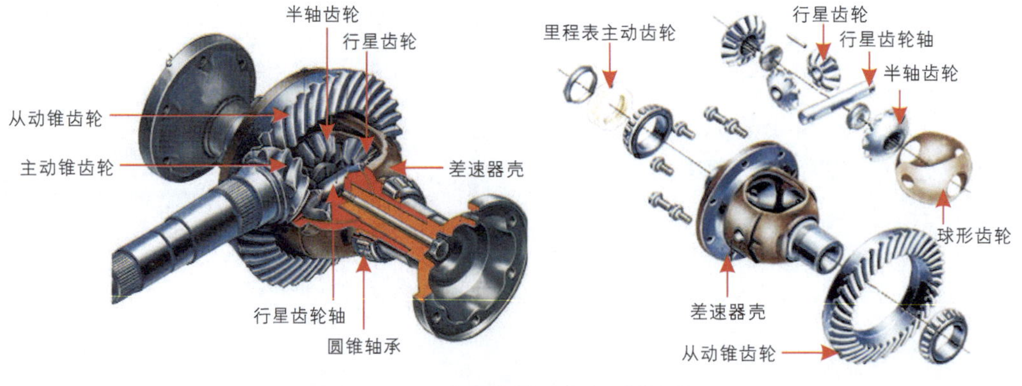

图 2-197 差速器的结构与零件拆解

当汽车转弯行驶时，外侧车轮比内侧车轮所走过的路程长；汽车在不平路面上直线行驶时，两侧车轮走过的曲线长短也不相等；即使路面非常平直，但由于轮胎制造存在尺寸误差，轮胎磨损程度不同，承受的载荷不同或充气压力不等，也会导致各个轮胎的滚动半径不等，若两侧车轮都固定在同一刚性转轴上，两轮角速度相等，则车轮必然会出现边滚动边滑动的现象。两轮不等距离运动如图 2–198 所示。

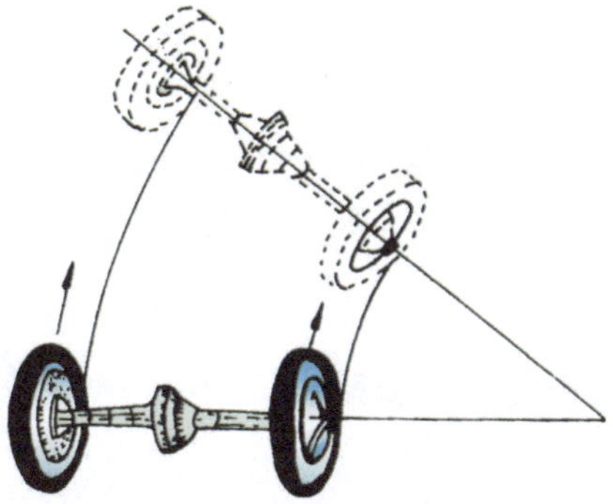

图 2–198　两轮不等距离运动

车轮滑动不仅会加速轮胎磨损，增加汽车的动力消耗，而且可能导致转向和制动性能的恶化。若主减速器从动齿轮通过一根整轴同时带动两侧驱动车轮，则两侧车轮只能以同样的转速转动。为了保证两侧驱动车轮处于纯滚动状态，就必须改用两根半轴分别连接两侧车轮，而由主减速器从动齿轮通过差速器分别驱动两侧半轴和车轮，使它们能以不同角速度旋转。这种装在同一驱动桥两侧驱动车轮之间的差速器称为轮间差速器。

差速器可分为普通齿轮式和防滑式。普通齿轮式又分为圆锥齿轮式和圆柱齿轮式两种。目前，国产轿车及其他类汽车基本都采用对称式圆锥齿轮差速器。对称式圆锥齿轮差速器由行星齿轮、半轴齿轮推力垫片、行星齿轮轴（十字轴或直销轴）和差速器壳等组成，如图 2–199 所示。与差速器壳一起转动（公转）的行星齿轮拨动两侧的半轴齿轮转动，当两侧车轮所受阻力不同时，行星齿轮还要绕自身轴线转动（自转），实现对两侧车轮的差速驱动。

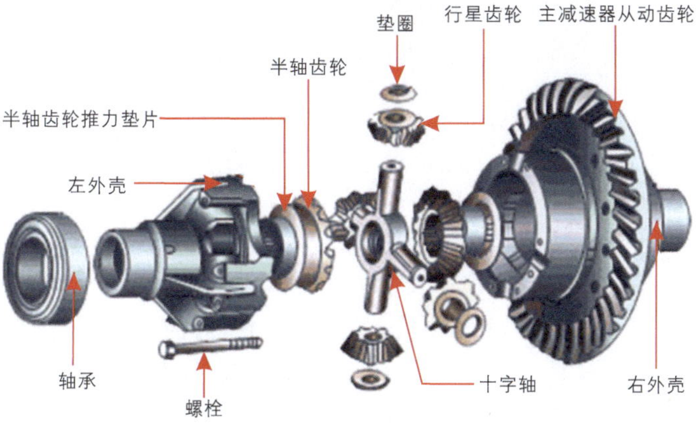

图 2–199　对称式圆锥齿轮差速器的结构

4. 半轴与驱动桥壳

半轴是在差速器与驱动车轮之间传递动力的实心轴，用来将差速器半轴齿轮的输出转矩传到驱动车轮或轮间减速器上，如图 2-200 所示。其内端用花键与差速器的半轴齿轮连接，而外端用凸缘与驱动车轮的轮毂相连，半轴的轴颈支承于差速器壳两侧轴颈的孔内，而差速器壳又以其两侧轴颈借助轴承直接支承在主减速器壳上。

驱动桥壳支承并保护主减速器、差速器和半轴等，使左右驱动车轮的轴向相对位置固定；同从动桥一起支承车架及其上的各总成；汽车行驶时，承受由车轮传来的路面反作用力和力矩，并经悬架传给车架。驱动桥壳如图 2-201 所示。

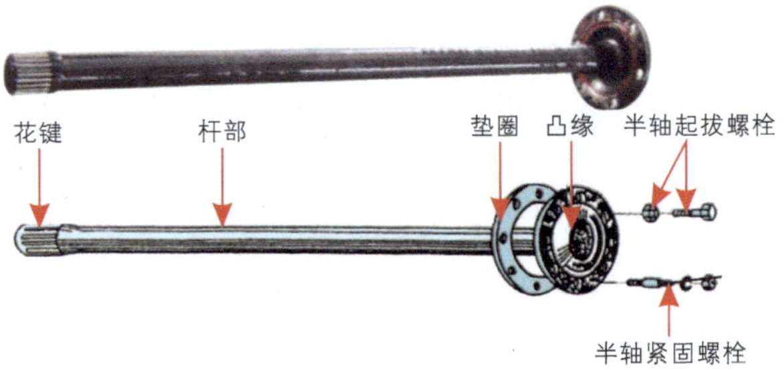

图 2-200　半轴

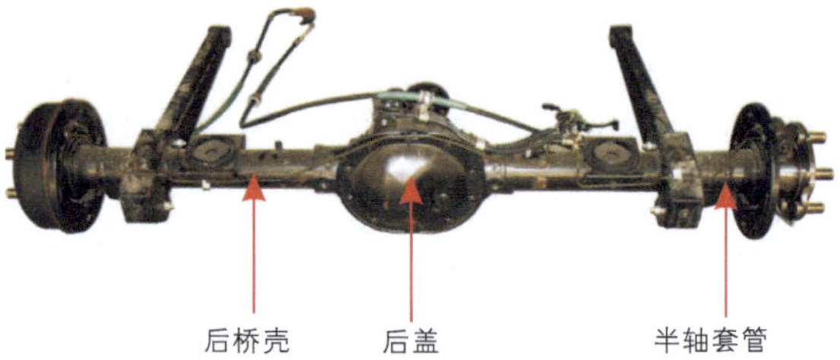

图 2-201　驱动桥壳

任务练习

一、填空题

1. 传动系统由__________、__________、__________、__________、__________组成。

2. 离合器位于__________与__________之间的飞轮壳内，一端被固定在__________的后平面上，另一端连接__________的输入轴。

3. 汽车离合器按传递转矩的方式分为__________、__________、__________等。

4. 摩擦式离合器主要由__________、__________、__________和__________四部分组成。

二、选择题

1. 换挡操纵机构调整不当可能造成（　　）故障。

A. 齿轮撞击　　B. 换挡困难
C. 齿轮锁止　　D. 都可能

2. 两轴式变速器的特点是输入轴与输出轴（　　），且无中间轴。

A. 重合　　B. 垂直
C. 平行　　D. 斜交

3. 三轴式变速器不包括（　　）。

A. 输入轴　　B. 输出轴
C. 中间轴　　D. 倒挡轴

4. 互锁装置的作用是（　　）。

A. 防止变速器自动换挡或自动脱挡　　B. 防止同时换入两个挡
C. 防止误换倒挡　　D. 减小零件磨损和换挡噪声

三、问答题

1. 简述摩擦式离合器的工作过程。
2. 简述传动比的定义。
3. 简述同步器的结构与工作原理。

任务四
制动系统

任务目标

完成本学习任务后，学生在基础知识和基本技能方面应达到以下要求。

●知识目标

（1）掌握制动系统的功用和组成。

（2）掌握盘式制动器和鼓式制动器的区别和工作原理。

（3）掌握制动传动装置的组成与功用。

●能力目标

（1）能够独立完成盘式制动器的拆装。

（2）能够独立完成鼓式制动器的拆装。

（3）能够独立完成制动传动装置的拆装。

任务引入

制动系统是汽车的一个重要组成部分，直接影响汽车的安全性。有数据统计，在由汽车自身故障造成的交通事故中，制动系统故障引起的事故占事故总量的45%。可见，制动系统是保证行车安全的极为重要的一个系统。下面进入制动系统的学习。

相关知识

一、制动系统的作用

汽车制动系统的作用是根据需要使行驶中的汽车减速或在最短距离内停车，使下坡行驶的汽车车速稳定，使已停驶的汽车在各种道路条件下稳定驻车。

二、制动系统的组成与分类

1. 制动系统的组成

任何制动系统都具有以下四个基本组成部分。

1）供能装置

供能装置包括供给、调节制动所需能量，以及改善传能介质状态的各种部件。其中，产生制动能量的部分称为制动能源。人的肌体也可作为制动能源。

2）控制装置

控制装置包括产生制动动作和控制制动效果的各种部件，如制动踏板。

3）传动装置

传动装置包括将制动能量传输到制动器的各个部件，如制动主缸、轮缸。

4）制动器

制动器是产生阻碍车辆运动或运动趋势的力（制动力）的部件，其中包括辅助制动系统中的缓速装置。

较为完善的制动系统还具有制动力调节装置、报警装置、压力保护装置等附加装置，如图 2-202 所示。

2. 制动系统的分类

1）按制动系统的作用分类

①行车制动系统：使行驶中的汽车减速或停车，如图 2-203 所示。

②驻车制动系统：使停驶的汽车驻留原地不动。

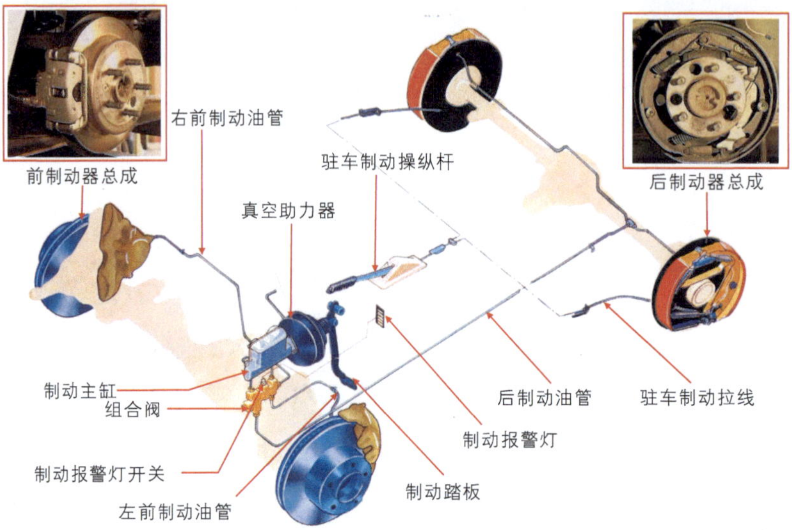

图 2-202　汽车制动系统的组成

③应急制动系统：在行车制动系统失效后使用的制动系统。

④辅助制动系统：增设的制动装置，以适应山区行驶及特殊用途汽车需要。

图 2-203　行车制动系统

2）按制动系统的制动能源分类

①人力制动系统：以驾驶员的肌体作为制动能源的制动系统。

②动力制动系统：完全靠由发动机的动力转化而成的气压或液压形式的势能进行制动的制动系统。

③伺服制动系统：兼用人力和发动机动力进行制动的制动系统。

3）按制动能量的传输方式分类

①机械制动系统：以机械传输制动能量的制动系统。

②液压制动系统：以液压传输制动能量的制动系统。

③气压制动系统：以气压传输制动能量的制动系统。

④电磁制动系统：以电磁力传输制动能量的制动系统。

⑤组合制动系统：以多种方式传输制动能量的综合制动系统。

4）按制动回路分类

①单回路制动系统：全车制动用一条制动回路的制动系统。

②双回路制动系统：全车制动用两条制动回路的制动系统。

三、盘式制动器

1. 盘式制动器概述

图 2-204 盘式制动器

大部分汽车采用前盘后鼓式制动器，不过高级轿车的前、后轮都采用盘式制动器。盘式制动器如图 2-204 所示。

如图 2-205 所示，盘式制动器采用两个制动片和一个制动盘来产生车辆制动所需要的摩擦力。

盘式制动器的活塞安装在制动钳里或固定在制动钳上，制动钳不转动，因为它与汽车底盘相连接。

制动压力垂直作用于转动的制动盘上，如图 2-206 所示。与鼓式制动器不同，盘式制动器没有自增力作用，也就是说，盘式制动器需要比鼓式制动器更大的作用力才能达到同样的制动效果。因此，盘式制动器通常应用于助力制动系统。

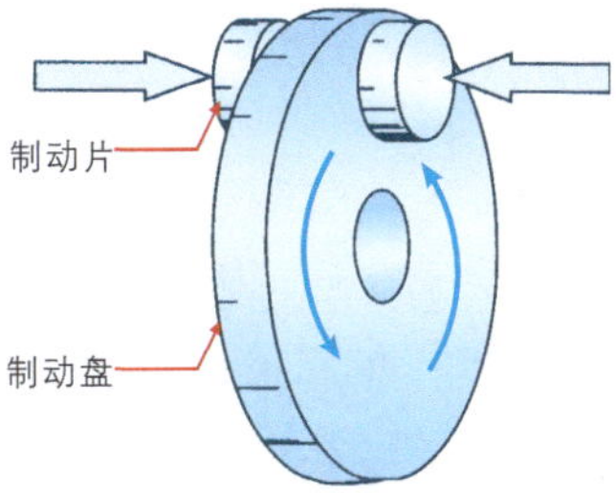

图 2-205 制动片的安装位置

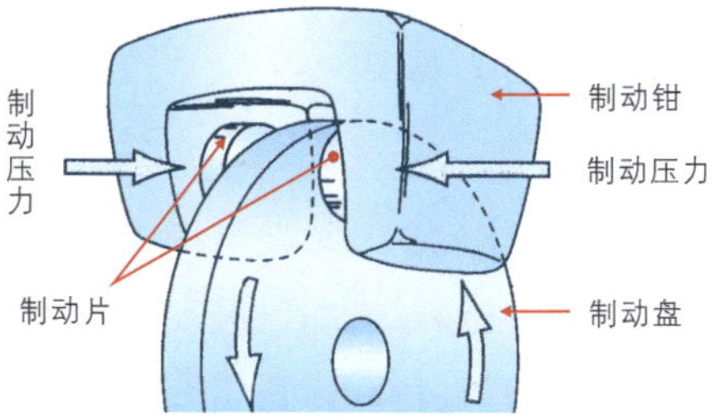

图 2-206 制动压力的方向

由制动盘和制动钳组成的制动器称为钳盘式制动器。钳盘式制动器按制动钳固定在支架上的结构形式又可分为定钳盘式和浮钳盘式两类。

2. 定钳盘式制动器

定制动钳总成直接安装在车架或转向节上，每个制动片由一个活塞推动。定钳盘式制动器的工作原理如图 2-207 所示。

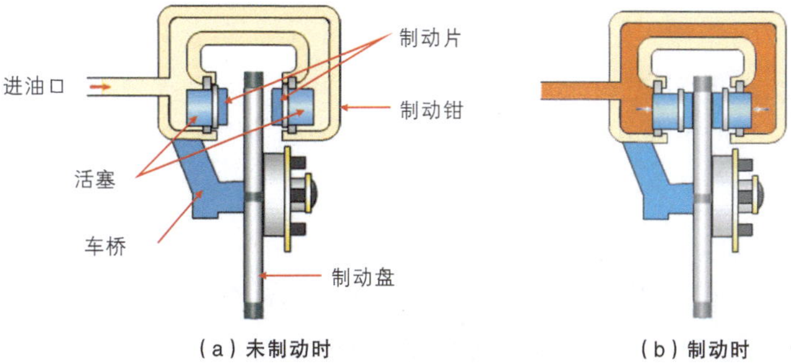

图 2-207 定钳盘式制动器的工作原理

制动盘固定在轮毂上。制动钳固定在车桥上，它不能旋转，也不能沿制动盘轴线方向移动。制动钳内装两个轮缸活塞，分别压住制动盘两侧的制动块。

制动时，制动液由制动总泵（制动主缸）经进油口进入钳体中两个相通的液压腔中，将两侧的制动块压向与车轮固定连接的制动盘，从而产生制动作用。

3. 浮钳盘式制动器

在浮钳盘式制动器中，制动钳的壳体允许在支架上轻微滑动。只有一侧有活塞，另一侧只有一个摩擦制动片。浮钳盘式制动器的工作原理如图 2–208 所示。

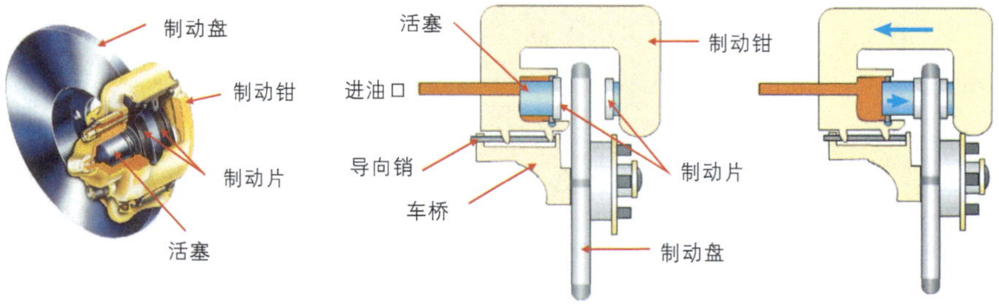

（a）捷达轿车浮钳盘式制动器　（b）未制动时　（c）制动时

图 2–208　浮钳盘式制动器的工作原理

制动时，液压油通过进油口进入制动油缸，推动活塞及其上的摩擦块向右移动，并压到制动盘上，使得油缸连同制动钳整体沿销钉向左移动，直到制动盘右侧的摩擦块也压到制动盘上夹住制动盘并使其制动。

与定钳盘式制动器相比，浮钳盘式制动器的轴向尺寸和径向尺寸更小，而且制动液受热汽化的机会较少。此外，浮钳盘式制动器在兼作行车和驻车制动器的情况下，在行车制动钳油缸附近加装一些用以推动油缸活塞的驻车制动机械传动零件即可。浮钳盘式制动器已逐渐取代定钳盘式制动器。

四、鼓式制动器

1. 鼓式制动器的分类

1）按制动蹄促动装置的形式分类

鼓式制动器按制动蹄促动装置的形式可分为轮缸式车轮制动器和凸轮式车轮制动器，前者以液压轮缸作为制动蹄促动装置（图 2–209），后者以凸轮作为制动蹄促动装置（图 2–210）。凸轮式车轮制动器一般用在采用气压制动系统的汽车上，而且大多设计成领从蹄式。

图 2-209　轮缸式车轮制动器

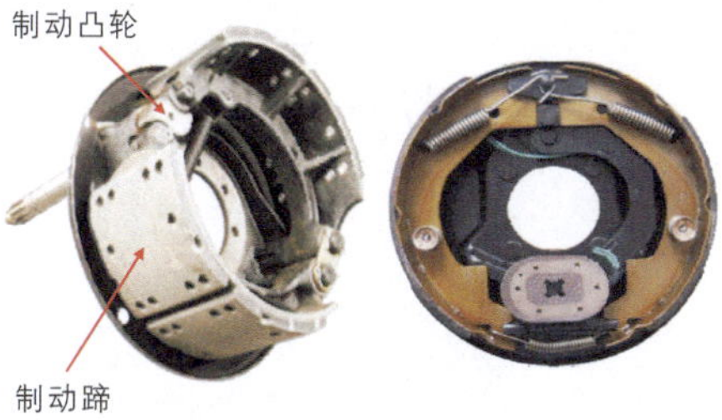

图 2-210　凸轮式车轮制动器

2）按制动蹄的受力情况分类

鼓式制动器按制动蹄的受力情况可分为领从蹄式（轮缸促动、凸轮促动）、双领蹄式（双向作用、单向作用）、自增力式等。

（1）领从蹄式制动器。

领从蹄式制动器如图 2-211 所示，制动蹄促动装置为一双活塞轮缸，制动蹄在弹簧拉力作用下与轮缸活塞靠紧。两个制动蹄各有一个支点，一个蹄在轮缸促动力作用下张开时的旋转方向与制动鼓的旋转方向一致，称为领蹄；另一个蹄张开时的旋转方向与制动鼓的旋转方向相反，称为从蹄。领蹄在摩擦力的作用下，蹄和鼓之间的正压力较大，制动作用较强。从蹄在摩擦力的作用下，蹄和鼓之间的正压力较小，制动作用较弱。

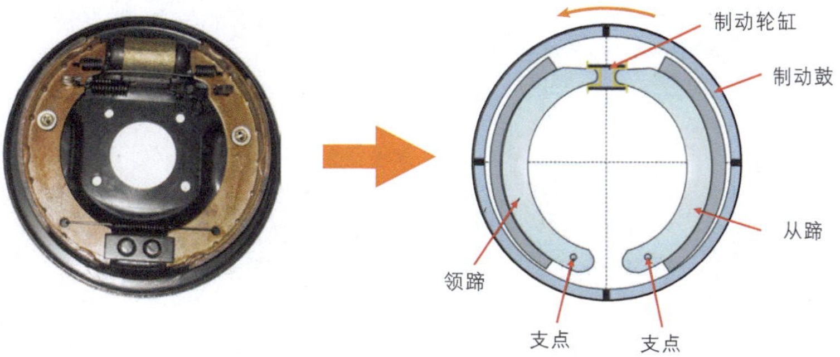

图 2-211　领从蹄式制动器（轮缸促动）

（2）双领蹄式制动器。

双领蹄式制动器又分为单向双领蹄式和双向双领蹄式两种。

①单向双领蹄式制动器。

单向双领蹄式制动器（图 2-212）的两个制动蹄各用一个单活塞制动轮缸，且前后制动蹄与其轮缸、调整凸轮等零件在制动底板上的布置是中心对称的，两轮缸用油管连接。其性能特点是：前进制动时两蹄均为“领蹄”，有较强的增力；倒车制动时两蹄均为“从蹄”，制动力较小。

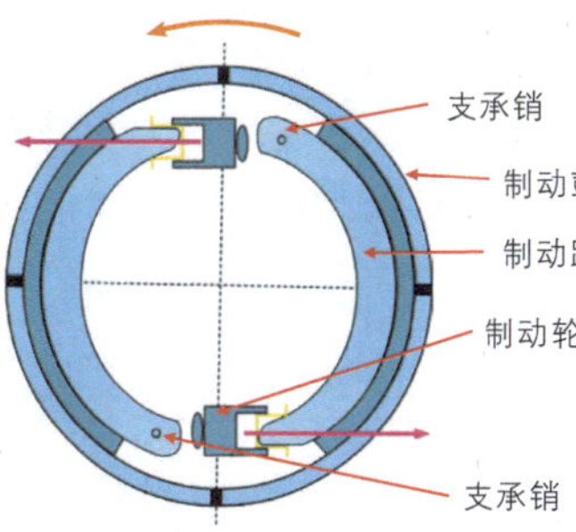

图 2-212　单向双领蹄式制动器

②双向双领蹄式制动器。

双向双领蹄式制动器（图 2-213）使用了两个双活塞轮缸，制动蹄、制动轮缸、回位弹簧均成对地对称布置，两个制动蹄的两端采用浮式支承，且支点在径向位置浮动，用回位弹簧拉紧。其性能特点是：汽车前进或倒车制动时，两个制动蹄均为“领蹄”，均有较强的增力，制动效果好，蹄片磨损均匀。

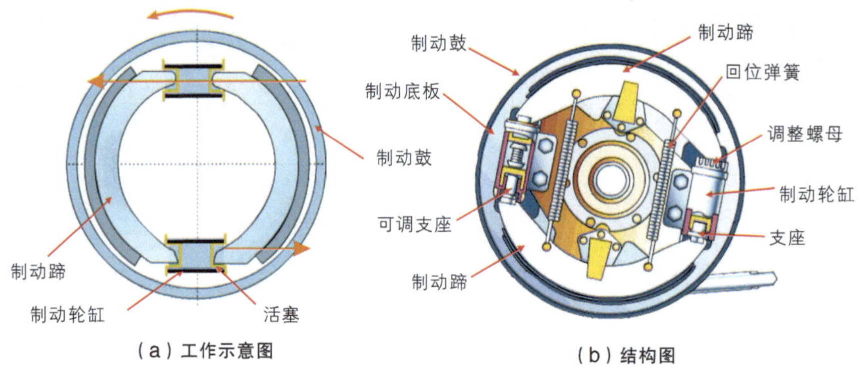

图 2-213 双向双领蹄式制动器

（3）自增力式制动器。

自增力式制动器又分为单向自增力式制动器和双向自增力式制动器。

①单向自增力式制动器。

单向自增力式制动器（图 2-214）的两个制动蹄只有一个单活塞制动轮缸，第二制动蹄的促动力来自第一制动蹄对顶杆的推力，两个制动蹄在汽车前进时均为领蹄，但倒车制动时，第一制动蹄虽为领蹄，但制动力大为减少，而第二制动蹄则不起制动作用，故制动效能很低。

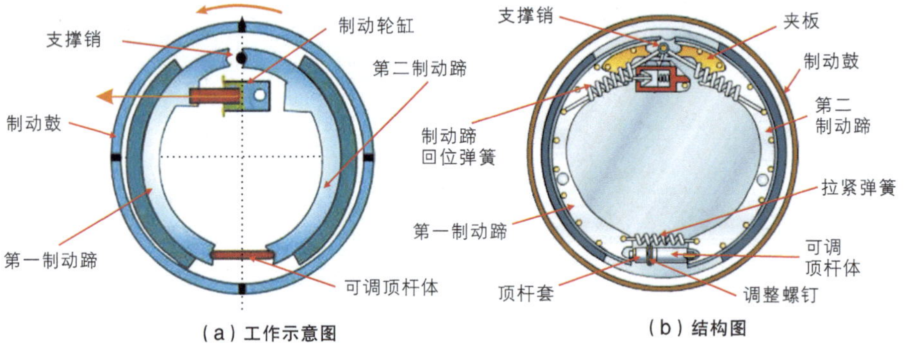

图 2-214 单向自增力式制动器

②双向自增力式制动器。

双向自增力式制动器（图 2-215）采用一个双活塞轮缸，两个制动蹄上端贴靠在一个支承销上，下端分别浮支在浮动的顶杆的两端。其工作特点是：制动鼓正向和反向旋转时均能借蹄与鼓之间的摩擦起自增力作用；其制动效能高，且制动效能对称。

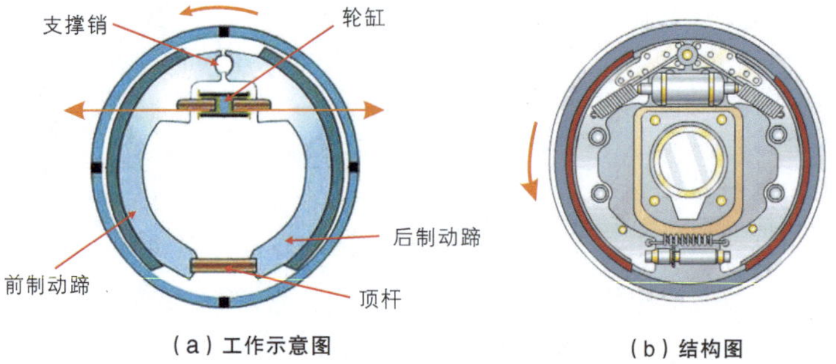

图 2-215 双向自增力式制动器

2. 鼓式制动器的结构及工作原理

鼓式制动器有一个铸造的制动鼓，制动鼓由螺栓连接在车轮上并随车轮转动。在制动鼓内，有一组制动蹄安装在制动底板上，如图 2–216 所示。

鼓式制动器的工作原理如图 2–217 所示。

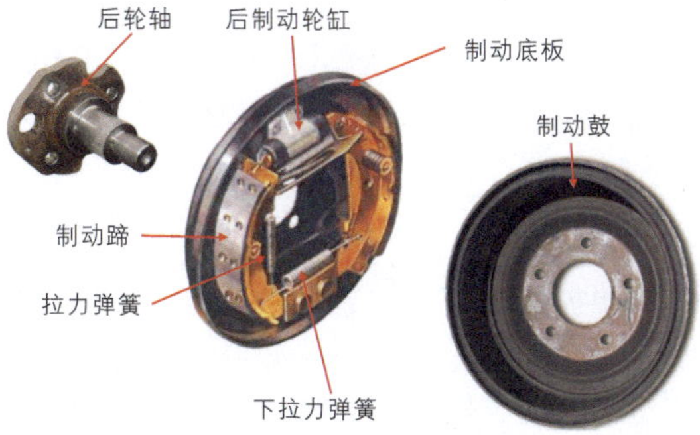

图 2–216 鼓式制动器的结构

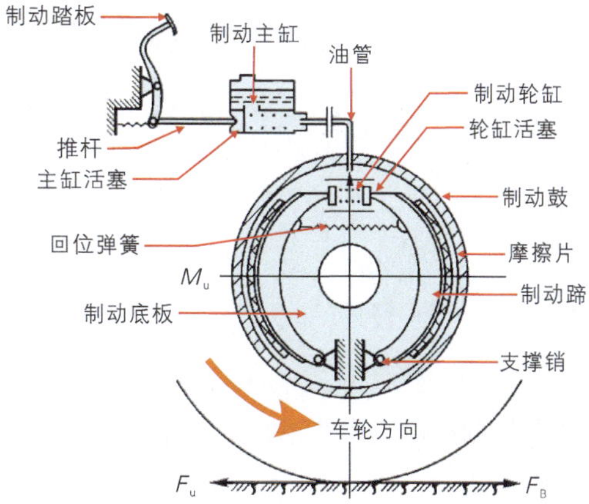

图 2–217 鼓式制动器的工作原理

（1）制动系统不工作时。

制动鼓与制动蹄之间保持一定的间隙，车轮和制动鼓可自由旋转。

（2）制动时。

驾驶员踩下制动踏板时，通过推杆和主缸活塞使主缸油液在一定压力下流入轮缸，并通过两个轮缸的活塞推动两个制动蹄绕支承销转动，上端向两边分开而以其摩擦片压紧在制动鼓的内圆面上。不转的制动蹄对旋转的制动鼓产生摩擦力矩，从而产生制动力。

（3）解除制动时。

松开制动踏板时，制动蹄回位弹簧将制动蹄拉回原位，摩擦力矩和制动力消失，制动作用即解除。

五、驻车制动器

驻车制动器俗称手制动器，它可使停驶的汽车驻留原地不动，便于在坡道上起步；可在行车制动器失效后临时使用或配合行车制动器进行紧急制动。

驻车制动器按其安装位置可分为中央制动式和车轮制动式两种。前者安装在变速器或分动器的后面，制动力矩作用在传动轴上；后者和行车制动装置共用一套制动器（只有传动机构是相互独立的），结构简单、紧凑，已在轿车上得到普遍应用。如图 2–218 所示为拉索式机械操纵驻车制动系统。

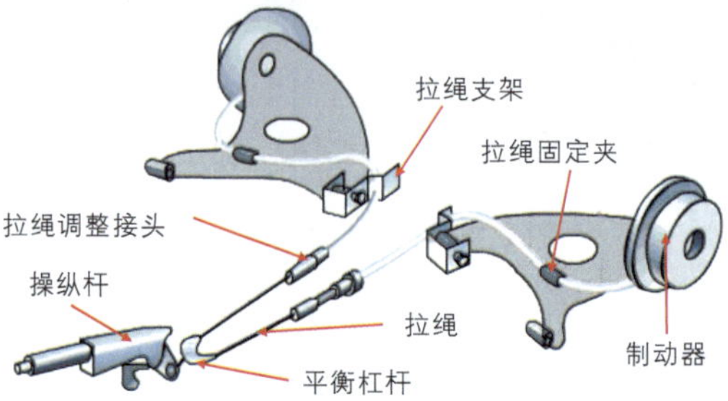

图 2-218　拉索式机械操纵驻车制动系统

六、制动传动装置

液压制动传动装置利用特制油液作为传力介质，将制动踏板力转换为液压力，并通过管路传至车轮制动器，再将液压力转变为制动器工作的机械力。

液压制动传动装置主要由制动踏板、推杆、真空助力器、储液罐、制动主缸、制动轮缸、管路、接头等组成，如图 2-219 所示。

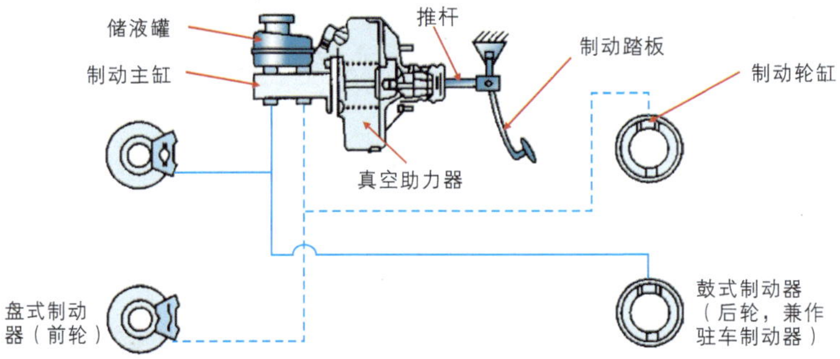

图 2-219　液压制动传动装置的组成

制动时，驾驶员踩下制动踏板，通过助力器助力后，使主缸内的活塞移动，将制动液自主缸内压出，并经管路分别进入前、后轮制动轮缸内，使轮缸活塞移动，将制动蹄压靠在制动鼓、制动盘上，从而产生制动作用。解除制动时，驾驶员松开制动踏板，制动蹄和轮缸活塞在回位弹簧的作用下回位，将制动液压回制动主缸，制动作用解除。

1. 制动主缸

制动主缸的作用是将踏板输入的机械力转换成液压力。双回路液压制动传动装置中的制动主缸一般采用串联双腔制动主缸，如图 2-220 所示。

正常状态下操纵制动踏板，经推杆推动后活塞左移，在其橡胶碗遮盖住旁通孔之后，工作腔油液压力升高，油液一方面经出油阀流入制动管路，另一方面推动前活塞左移。在后腔油液压力和弹簧弹力的作用下，前活塞向左移动，前腔油液压力也随之升高，油液推开出油阀流入管路，于是两个制动管路在等压下对汽车制动。

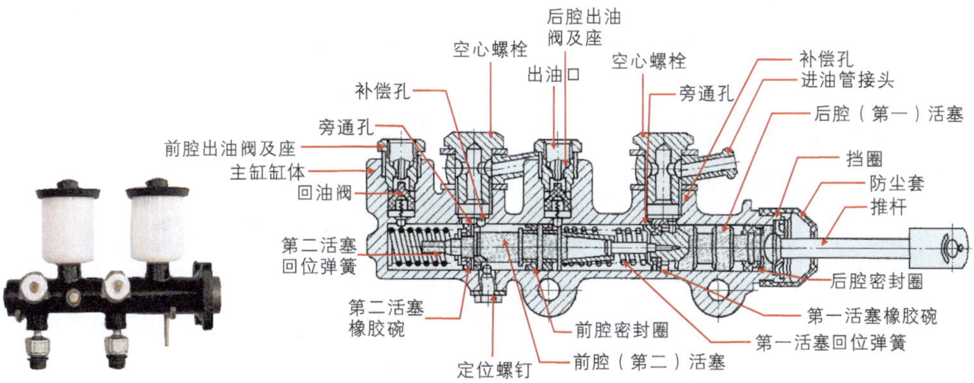

（a）实物图　　（b）结构示意图

图 2-220　串联双腔制动主缸

当迅速放开制动踏板时，由于油液的黏性和管路阻力的影响，油液不能及时流回主缸填充因活塞右移而让出的空间，因而在旁通孔开启之前，压油腔中产生一定的真空度。此时，进油腔液压高于压油腔，进油腔的油液便从前、后腔活塞的前密封橡胶碗的边缘与缸壁间的间隙流入各自的压油腔以填补真空。与此同时，储液罐中的油液经补偿孔流入各自的进油腔。活塞完全回位后，旁通孔已开放，油液由制动管路继续流回主缸，而油液泄漏及因温度变化引起的制动液膨胀或收缩，都可以通过补偿孔和旁通孔得到补偿。当制动间隙过大或液压系统中进入空气，致使踏板踩到极限位置仍感到制动力不足时，可迅速放松踏板后随即再踩下，如此反复几次，使压入管路中的油液增多，油压升高，以进一步增大制动力。

若与前腔连接的制动管路损坏漏油，则在踩下制动踏板时，只有后腔中能建立液压，前腔中无压力。此时在液压差作用下，前活塞迅速前移，前缸活塞前端顶到主缸缸体上。此后，后缸工作腔中的液压方能升高到制动所需的值。

若与后腔连接的制动管路损坏漏油，则在踩下制动踏板时，起先只是后缸活塞前移，而不能推动前活塞，原因是后缸工作腔中不能建立液压。但在后缸活塞直接顶触前活塞时，前活塞前移，使前缸工作腔建立必要的液压而制动。

由此可见，双回路液压制动系统中任一回路失效时，主缸仍能工作，只是所需踏板行程增大，导致汽车的制动距离增长，制动效能降低。

2. 制动轮缸

制动轮缸的作用是把主缸传来的油液压力转变为轮缸活塞的推力，推动制动蹄压靠在制动鼓上，产生制动作用。制动轮缸有双活塞式和单活塞式两种。

图 2-221 为双活塞式制动轮缸，缸体用螺栓固定在制动底板上，缸内有两个活塞、两个皮碗。活塞外端的凸台孔内压有顶块，与制动蹄的上端抵紧。制动时，来自制动主缸的制动液经油管接头和进油孔进入两个活塞之间的油腔，将活塞向外推开，通过顶块推动制动蹄，引起车轮的制动。

图 2-221 双活塞式制动轮缸

3. 真空助力器

在普通的液压制动系统中加装真空助力器，可以减小驾驶员施加于制动踏板上的力，增大车轮制动力，达到操纵轻便、制动可靠的目的。真空助力器是利用发动机工作时在进气管中形成的真空度（或利用真空泵）作为力源的动力制动传动装置。真空助力器分为单膜片式和串联膜片式两种。国产轿车一般采用单膜片式真空助力器，如图 2-222 所示。

真空助力器的工作过程如下。

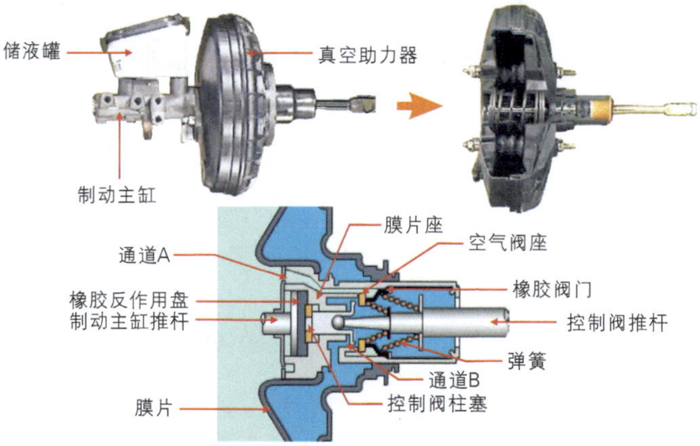

图 2-222 真空助力器

1）真空助力器不工作时

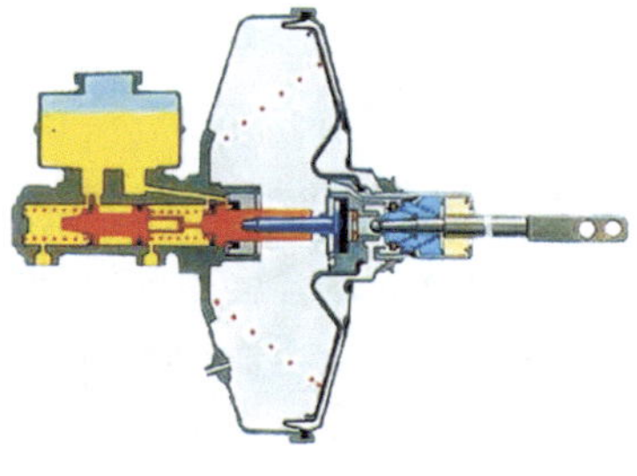

图 2-223 不工作时

如图 2-223 所示，弹簧将推杆连同控制阀柱塞推到后极限位置（即真空阀开启），橡胶阀门则被弹簧压紧在空气阀座上（即空气阀关闭）。伺服气室前、后腔经通道 A、控制阀腔和通道 B 互相连通，并与大气隔绝。在发动机开始工作且真空阀被吸开后，伺服气室左、右两腔内都产生一定的真空度（因为前腔接真空管）。

2）踩下制动踏板时

当踩下制动踏板时，起初气室膜片座固定不动，来自踏板机构的操纵力推动控制阀推杆和控制阀柱塞相对于膜片座前移。当柱塞与橡胶反作用盘间的间隙消除后，操纵力便经反作用盘传给制动主缸推杆（图 2–224）。同时，橡胶阀门随同控制阀柱塞前移，直到与膜片座上的真空阀座接触为止。此时，伺服气室前、后腔隔绝。

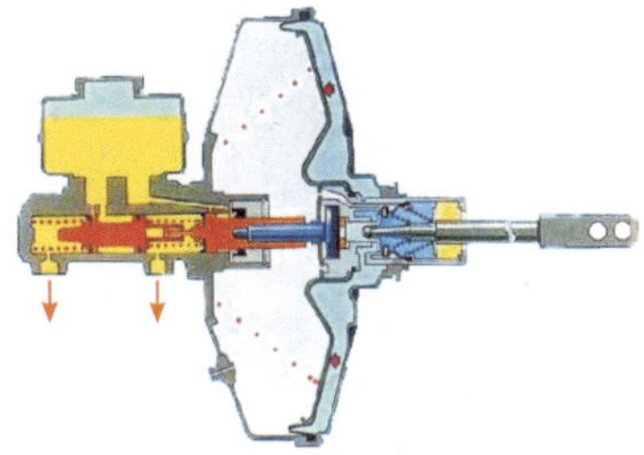

图 2–224　踩下制动踏板时

3）真空助力器充分工作时

控制阀推杆继续推动控制阀柱塞前移，直到其上的空气阀座离开橡胶阀门一定距离。外界空气充入伺服气室后腔（图 2–225），使其真空度降低。在此过程中，膜片与阀座也不断前移，直到阀门重新与空气阀座接触为止。因为橡胶反作用盘具有传递压力的作用，制动主缸推杆与橡胶反作用盘接触的面积比控制阀柱塞与橡胶反作用盘接触的面积大，所以作用于制动主缸推杆的力比作用于控制阀柱塞的力大。

解除制动时，放松制动踏板，真空助力器恢复原始位置，等待下一次制动的到来。

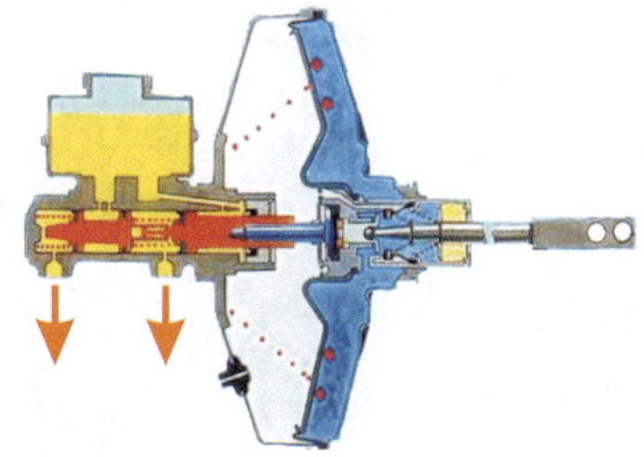

图 2–225　充分工作时

任务实践

1. 实践名称

制动系统的拆装。

2. 实践准备

实训车辆、举升机、风动拆装工具、螺丝刀、液压顶、橡胶软管、常用拆装工具等。

3. 实践要求与注意事项

（1）明确操作规范和职责范围，预防潜在危险。

（2）实践操作过程中保持场地卫生及安全，不嬉戏打闹。

（3）在使用举升机的过程中应上好保险后再开始工作。

（4）使用维修手册时，要注意避免破损，手册与使用车型相对应。

4. 操作步骤及检修

1）盘式制动器的拆装

（1）拆卸。

①停放好车辆，拉起驻车制动手柄，如图 2–226 所示。

②拧松轮胎固定螺栓，安置好举升机支撑臂，如图 2–227 所示，将举升机升至工作位置。

图 2–226　拉起驻车制动手柄

图 2–227　安置举升机支撑臂

③拆下轮胎螺栓，取下轮胎，如图 2–228 所示。

④拆下制动分泵固定螺栓，如图 2–229 所示。

图 2–228　取下轮胎

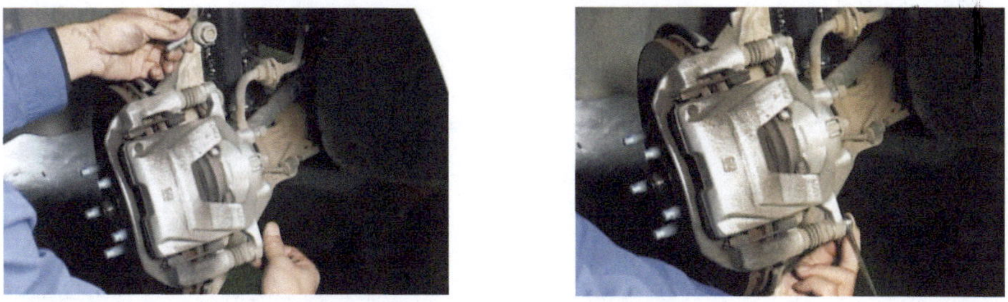

图 2-229　拆下制动分泵固定螺栓

⑤向上拉起制动分泵，用挂钩固定好，如图 2-230 所示。

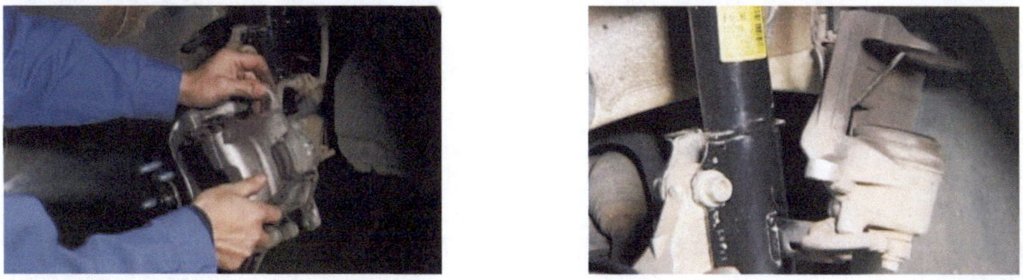

图 2-230　拉起制动分泵

⑥取出制动片，如图 2-231 所示。

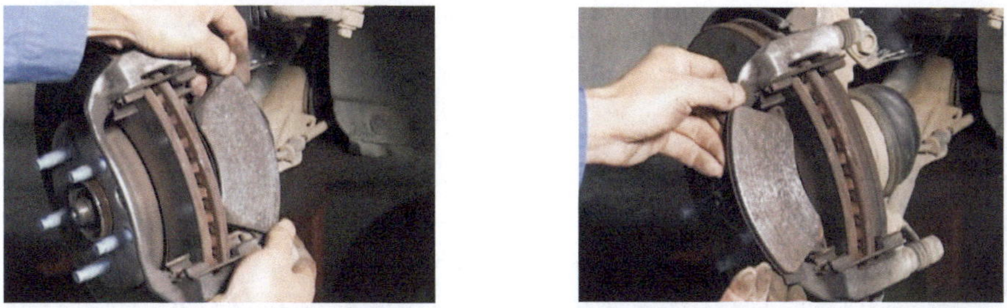

图 2-231　取出制动片

⑦拆卸分泵固定螺栓，取下支架，如图 2-232 和图 2-233 所示。

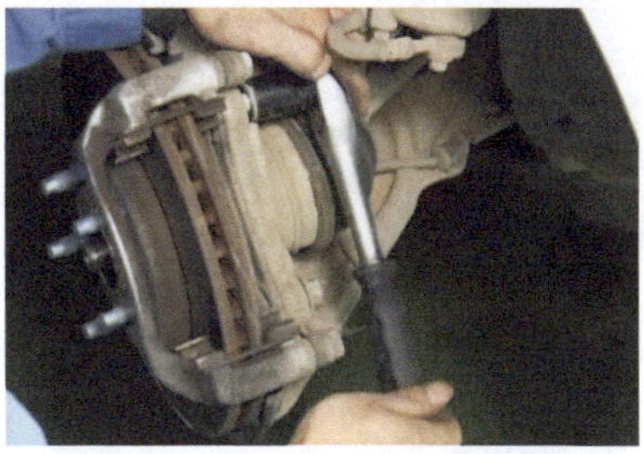

图 2-232　拆卸分泵固定螺栓

图 2-233　取下支架

⑧拆下制动盘固定螺栓，取下制动盘，如图 2-234 和图 2-235 所示。拆卸完毕。

（2）盘式制动器的安装。

按拆卸过程的相反顺序安装。

2）鼓式制动器的拆装

（1）拆卸。

①用举升机将车辆升至工作位置，用风炮松开轮胎螺栓，取下轮胎，如图 2-236 所示。

图 2-234　拆下制动盘固定螺栓

图 2-235　取下制动盘

图 2-236　取下轮胎

②用螺钉旋具松开定位螺栓，取下制动鼓，如图 2-237 和图 2-238 所示。

图 2-237　松开定位螺栓

图 2-238　取下制动鼓

③取下上下两个回位弹簧，如图 2-239 所示。

图 2-239　取下上下两个回位弹簧

④用钳子取下压簧座圈，如图 2-240 所示。

⑤取下制动蹄，如图 2-241 所示。

（2）鼓式制动器的安装。

按照拆卸过程的相反顺序安装。

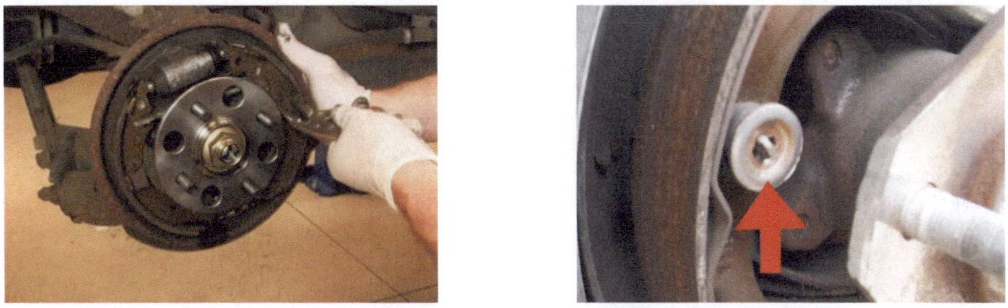

图 2-240　取下压簧座圈

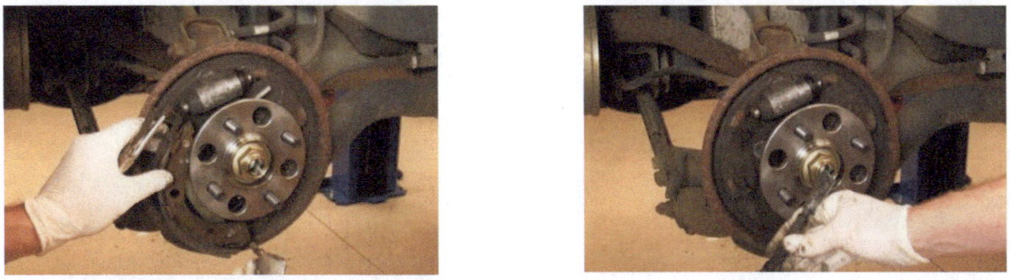

图 2-241　取下制动蹄

3）制动传动装置的拆装

（1）拆卸。

①车辆入位，打开发动机舱盖并安装防护垫，如图 2-242 所示。

②断开电源，解开发动机冷却液副水箱卡扣，如图 2-243 所示。

图 2-242　安装防护垫

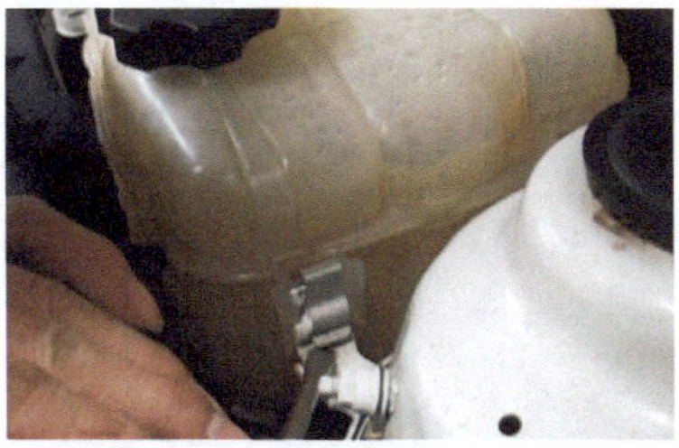

图 2-243　解开发动机冷却液副水箱卡扣

③拆下发动机冷却液副水箱，如图 2-244 所示。

④取下制动液液位传感器插头，如图 2-245 所示。

图 2-244　拆下发动机冷却液副水箱

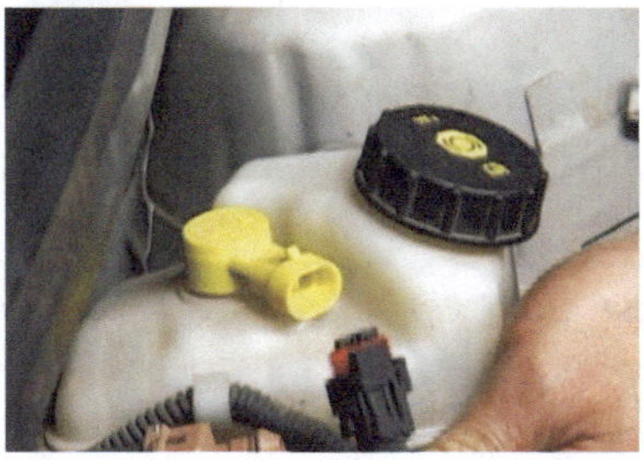

图 2-245　取下制动液液位传感器插头

⑤吸出储液罐内的制动液，如图 2-246 所示。

⑥拆下制动总泵前后的制动管，如图 2-247 所示。

图 2-246　吸出制动液

图 2-247　拆下制动管

⑦取下制动总泵与助力泵固定螺母，如图 2-248 所示。

⑧取出带储液罐的制动总泵，如图 2-249 所示。

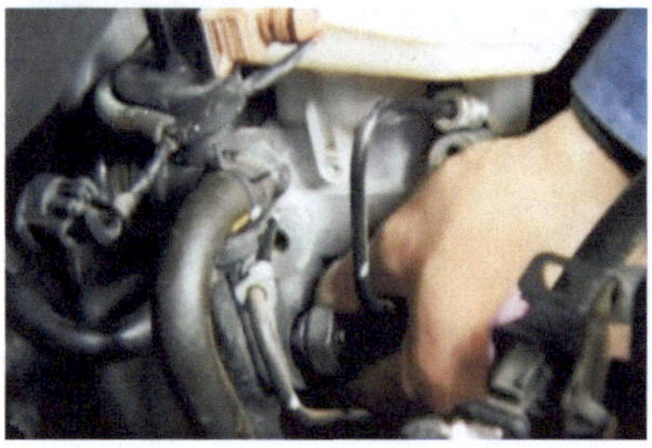

图 2-248　取下固定螺母

图 2-249　取出制动总泵

⑨拆卸 ABS 泵线束插头，如图 2-250 所示。

⑩拧松 ABS 泵各制动管的接头螺母，取下各制动管，如图 2-251 和图 2-252 所示。

⑪ 取下 ABS 泵固定支架，如图 2-253 所示。

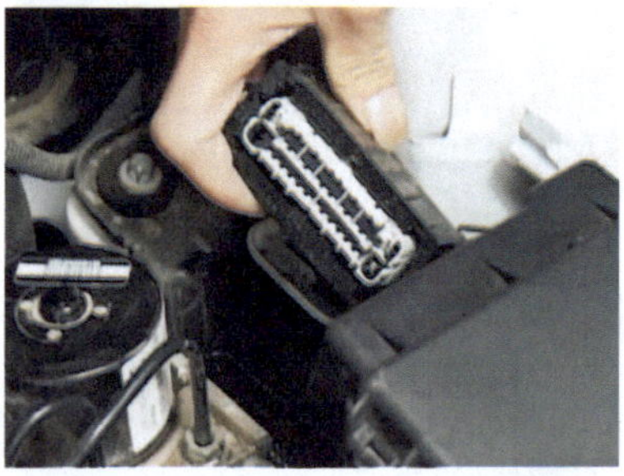

图 2-250　拆卸 ABS 泵线束插头

图 2-251　拧松 ABS 泵各制动管的接头螺母

图 2-252　取下各制动管

图 2-253　取下 ABS 泵固定支架

⑫ 拔出真空助力阀压力传感器线束插头，如图 2-254 所示。

⑬ 从助力器上拆下助力器真空管，如图 2-255 所示。

图 2-254 拔出真空助力阀压力传感器线束插头

图 2-255 拆下助力器真空管

⑭ 松开紧固螺栓（图 2-256），将制动踏板杆从制动踏板上断开，取下真空助力器，如图 2-257 所示。

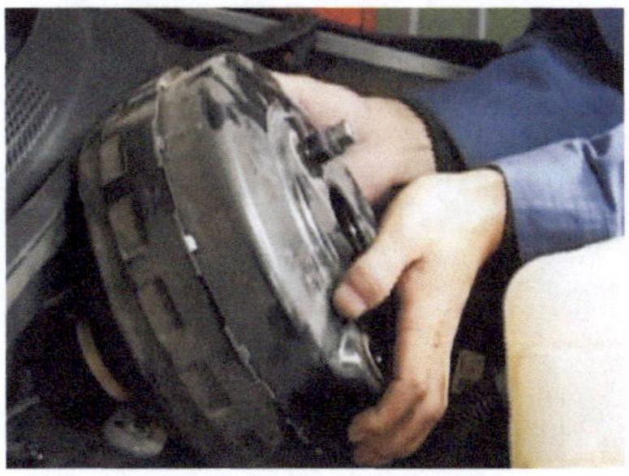

图 2-256 松开紧固螺栓

图 2-257 取下真空助力器

（2）制动传动装置的安装。

按照拆卸过程的相反顺序安装。

5. 实践总结

任务练习

一、填空题

1. 任何制动系统都由 ____________、____________、____________、____________ 四部分组成。

2. 在 ____________ 制动器中，制动钳的壳体允许在支架上 ____________。只有一侧有 ____________，另一侧只有一个摩擦 ____________。

3. 与 ____________ 制动器相比，浮钳盘式制动器的 ____________ 和 ____________ 更小，而且 ____________ 受热汽化的机会较少。

4.____________ 按制动蹄促动装置的形式可分为 ____________ 车轮制动器和 ____________ 车轮制动器，前者以 ____________ 作为制动蹄促动装置，后者以 ____________ 作为制动蹄促动装置。

二、选择题

1. 不属于制动失效原因的是（　　）。

A. 制动主缸油液缺失　　B. 管路故障

C. 制动器制动间隙过小　　D. 机械连接松脱

2. 下面不属于真空助力器检测项目的是（　　）。

A. 油量检测　　B. 工作检测

C. 气密性检测　　D. 真空检测

3. 不会引起制动力不足的是（　　）。

A. 制动液不足　　B. 制动管路中有空气

C. 制动主缸泄漏　　D. 制动踏板无自由行程

三、问答题

1. 简述制动主缸的功用与工作原理。

2. 简述真空助力器的结构与工作过程。

项目三

汽车电器构造与拆装

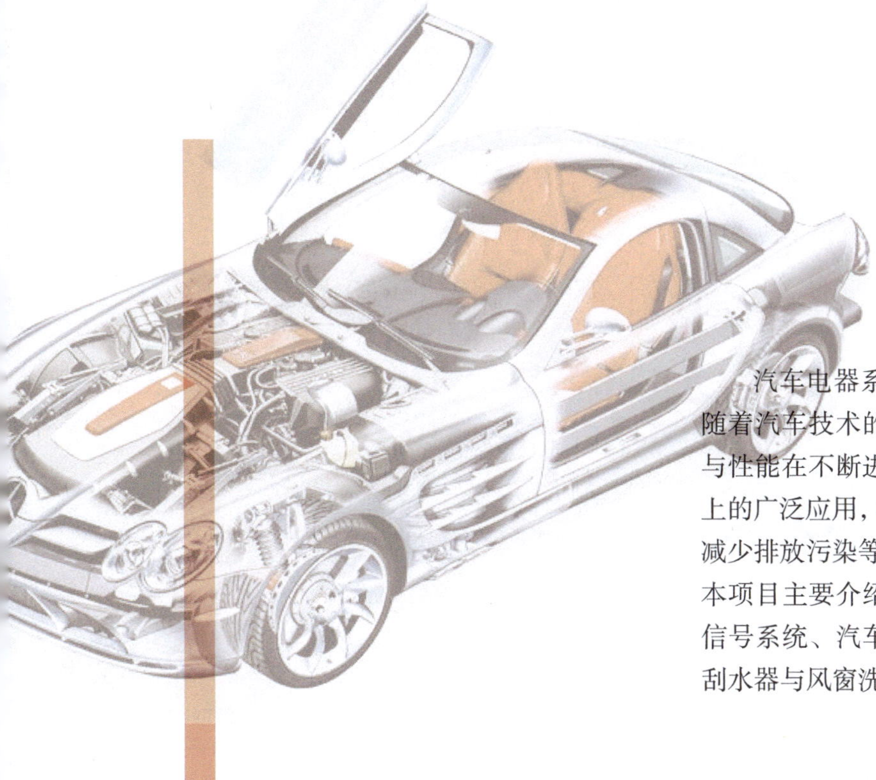

项目描述

汽车电器系统是汽车的重要组成部分，随着汽车技术的进步，汽车电器系统的结构与性能在不断进步，特别是电子技术在汽车上的广泛应用，在解决汽车能耗、行程安全、减少排放污染等方面起着越来越重要的作用。本项目主要介绍汽车电源系统、汽车照明与信号系统、汽车电动车窗与天窗、汽车电动刮水器与风窗洗涤器等知识。

任务一　汽车电源系统

任务目标

完成本学习任务后，学生在基础知识和基本技能方面应达到以下要求。

●知识目标

（1）掌握蓄电池的功用与分类。

（2）掌握蓄电池的结构与工作原理。

（3）掌握蓄电池的充电方法。

（4）掌握发电机的结构与工作原理。

●能力目标

能够独立完成发电机的拆装。

任务引入

电源系统是全车电气设备能源的主要来源，当电源系统出现故障时，汽车将无法正常行驶。汽车电源系统主要由交流发电机、电压调节器、蓄电池等部分组成。下面进入汽车电源系统的学习。

相关知识

蓄电池和发电机是汽车上的两大电源。发电机是主要电源，在正常工作时，对除起动机以外的所有用电器供电，并向蓄电池充电。现代汽车上普遍使用三相交流发电机，利用硅二极管组成的整流器，把定子绕组产生的三相交流电整流成直流电。为使发电机在转速变化时输出稳定的电压，必须使用电压调节器。

一、蓄电池

1. 蓄电池的功用

蓄电池俗称“电瓶”，是一种将化学能转换为电能的装置，是一种可逆的直流电源，在汽车上与发电机并联，向全车用电设备供电，它的功用如下。

启动发动机时，向起动机供电。

当发电机过载时，协助发电机向用电设备供电。

当发电机不发电或电压较低（低于蓄电池端电压）时，向用电设备供电。

当发电机端电压高于铅酸蓄电池的电压时，将一部分电能转变为化学能储存起来，也就是进行充电。

2. 蓄电池的分类

汽车上广泛应用的是铅酸蓄电池，铅酸蓄电池又分为普通铅酸蓄电池、免维护蓄电池、干荷电蓄电池、湿荷电蓄电池、胶体电解质蓄电池等。

1）普通铅酸蓄电池

如图 3-1 所示，这种蓄电池启用时须加电解液再经初充电后才能使用。

图 3-1　普通铅酸蓄电池

2）免维护蓄电池

免维护蓄电池也叫 MF 蓄电池，目前在汽车上得到广泛应用，外观如图 3-2 所示，蓄电池盖上有检查指示器，它实际是蓄电池内装的比重计，能随时了解电解液的密度、存电情况及液面高度。免维护蓄电池在合理使用过程中不用添加蒸馏水，同时电桩腐蚀轻，内阻小，自行放电少，低温启动性能好，比常规蓄电池使用寿命长，在车上或存储时不需要补充充电。

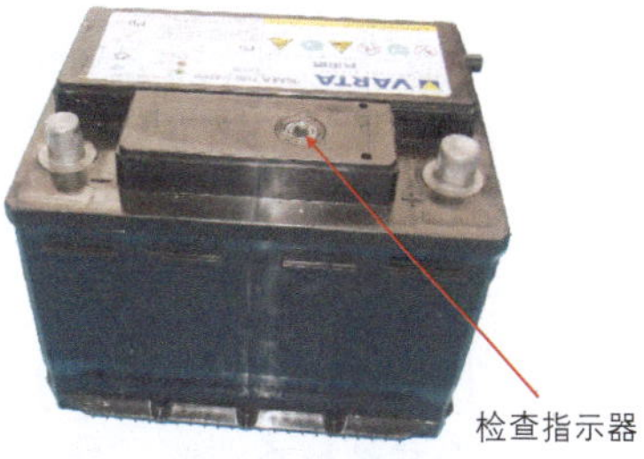

图 3-2　免维护蓄电池

3）干荷电蓄电池

干荷电蓄电池在干燥状态下能够长期（一般两年）保存在制造过程中所得到的电荷，在规定的保存期内如要使用，只要灌入符合规定相对密度的电解液，静置 30min，即可使用，不需要初充电。干荷电蓄电池外观如图 3-3 所示。

图 3-3　干荷电蓄电池

4）湿荷电蓄电池

存放期内极板呈湿润状态而保持其荷电性的蓄电池称为湿荷电蓄电池。湿荷电蓄电池在存放期（约 6 个月）内，加注标准密度的电解液至规定的高度即可使用，首次放电量可达到额定容量的 80%。若存放时间过长，则须经过短时间的补充充电才能正常使用。

5）胶体电解质蓄电池

胶体电解质蓄电池如图 3-4 所示，其电解质用经过净化的硅酸钠溶液和硫酸水溶液混合后，凝结成稠厚的胶状物质，故而得名。胶体电解质蓄电池的主要优点是电解质呈胶状，不流动，无溅出，使用时只需要加蒸馏水，不需要调整和测量相对密度；使用、维护、保管、运输都比较安全和方便，极板活性物质不易脱落，寿命比一般铅酸蓄电池长 20%以上。其缺点是内阻较大，启动容量较小，自放电程度较高，所以现代汽车上较少采用。

图 3-4　胶体电解质蓄电池

3. 蓄电池的结构

汽车蓄电池由 3 只或 6 只单格电池串联而成，每只单格电池电压约为 2V，串联成 6V 或 12V 以供汽车选用，普通铅酸蓄电池主要由极板、隔板、电解液、外壳、联条等组成，如图 3-5 所示。

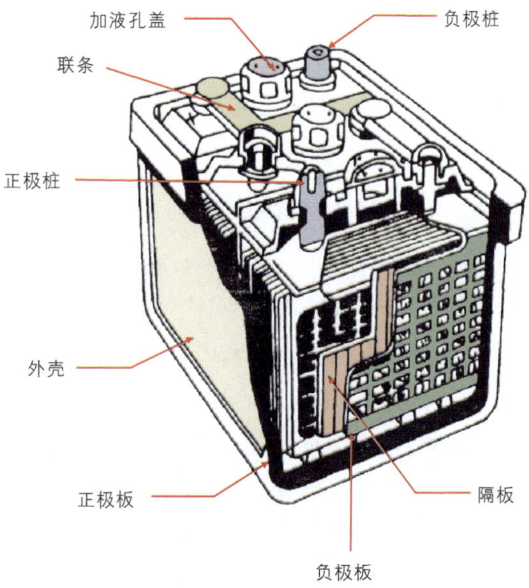

图 3-5　蓄电池的结构

1）极板

极板是蓄电池的核心，分正极板和负极板。蓄电池极板由栅架和活性物质组成，如图 3-6 所示，活性物质填充在铅锑合金铸成的栅架上。蓄电池充、放电过程中，电能和化学能的相互转换是依靠极板上活性物质和电解液的化学反应来实现的。

2）隔板

隔板的作用是将相互紧靠的正负极板隔开，防止相互接触而短路，如图 3-7 所示。隔板材料应具有良好的耐酸性和抗氧化性。常用的隔板有木质隔板、微孔橡胶隔板、微孔塑料隔板、玻璃纤维隔板和纸板等。隔板通常一面带有沟槽，安装时，有沟槽面应对着正极板，且与底部垂直，以便于电解液的流通、脱落活性物质的下沉及气泡的逸出。

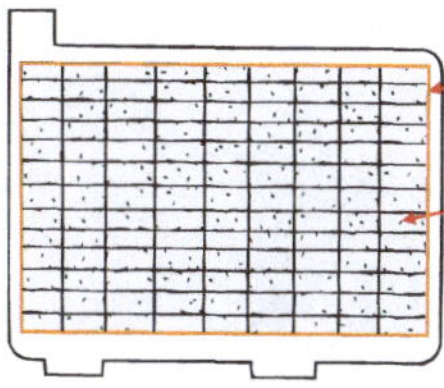

图 3-6　极板的组成

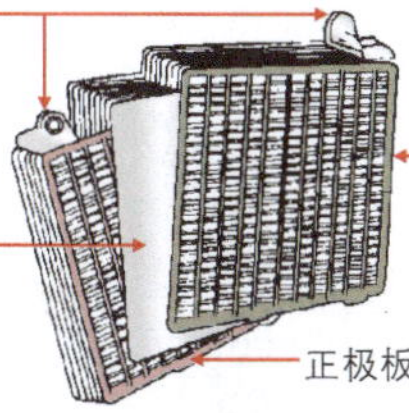

图 3-7　单体电池极板组

3）电解液

电解液是蓄电池内部发生化学反应的主要物质，由纯净硫酸和蒸馏水按一定的比例配制而成。蓄电池电解液的密度一般为 1.23~1.30g/cm^3，使用中密度应根据地区、气候条件和制造厂的要求而定，见表 3-1。对于透明塑料容器的蓄电池，可以通过观察液面高度指示线检查电解液的液面高度，如图 3-8 所示。

表 3-1　不同气温下电解液密度的选择

使用地区最低温度（℃）	冬季（g/cm^3）	夏季（g/cm^3）
< -40	1.30	1.26
-40~-30	1.28	1.25
-30~-20	1.27	1.24
-20~0	1.26	1.23

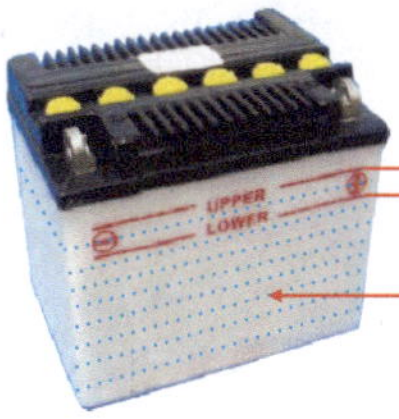

图 3-8　电解液

4）外壳

蓄电池的外壳是用来盛放电解液和极板组的。它必须耐酸、耐温、耐寒、抗振，并具有足够的机械强度，一般采用橡胶或塑料制成。

一个完整的外壳分成若干个单格。汽车用蓄电池电压多为 6V 和 12V 两种规格，6V 蓄电池分为三个单格，12V 蓄电池分为六个单格。

5）联条

联条的作用是将单体电池串联起来，提高整个蓄电池的端电压。单体电池的串联方式有传统外露式、内部穿壁式和跨越式三种，如图 3-9 所示。

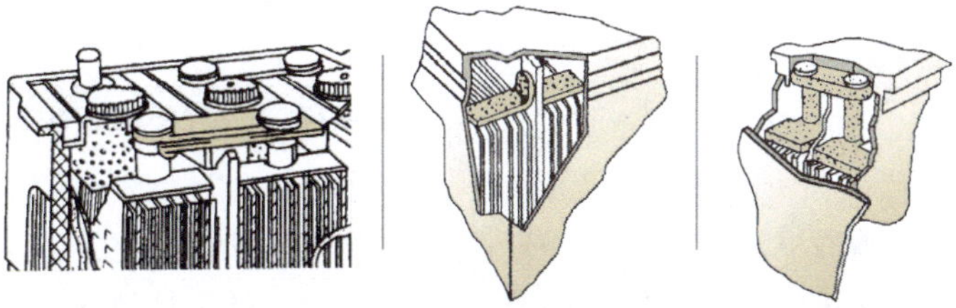

（a）传统外露式　（b）内部穿壁式　（c）跨越式

图 3-9　单体电池的串联方式

6）极桩

极桩有圆锥形和L形等形式，如图3-10所示。为便于识别，在正极桩的上方或旁边标有“+”（或P），负极桩的上方或旁边标有“-”（或N），或者在正极桩上涂红色油漆。

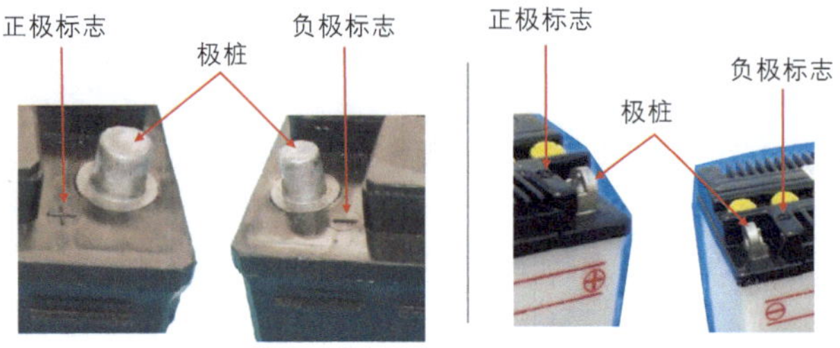

（a）圆锥形极桩　（b）L形极桩

图3-10 极桩

4. 蓄电池的工作原理

蓄电池的工作过程就是化学能与电能相互转化的过程：当蓄电池将化学能转化为电能时，蓄电池向外供电，称为放电过程；而当蓄电池与外部直流电源相连时，将电能转化为化学能，称为充电过程。蓄电池的基本工作原理如图3-11所示。

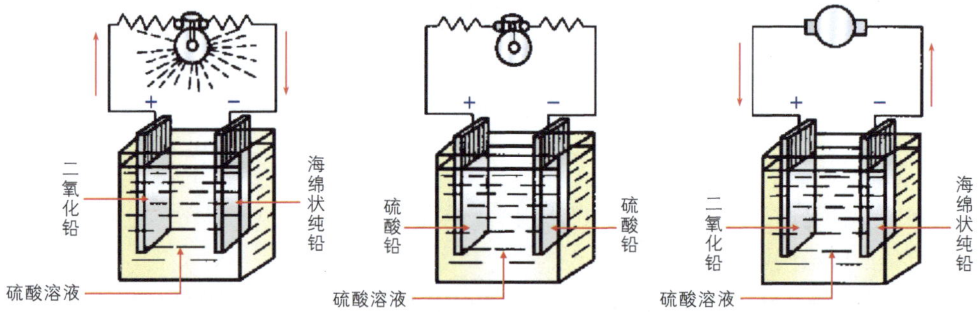

（a）放电开始　（b）放电结束　（c）充电结束

图3-11 蓄电池的基本工作原理

1）放电过程

放电时，蓄电池与外电路接通后，在极板电位差的作用下，电流从正极流出，经过灯泡流回负极，使灯泡发光。

在放电过程中，正极板的铅离子得到来自负极的两个电子后，变成二价铅离子与电解液中的硫酸根离子反应生成硫酸铅（附着在正极板上）；负极板上每个铅原子放出两个电子后，生成的铅离子与电解液中的硫酸根离子反应，生成硫酸铅（附着在负极板上）。

如果电路不中断，上述化学反应将继续进行。电解液中的硫酸被消耗，生成了水。所以，放电后电解液的密度是逐渐下降的，这个过程一直进行到化学反应不能再继续进行，灯泡不能正常发光为止。

2）充电过程

把放电后的蓄电池接一个直流电源。当电源电压高于蓄电池电动势时，电流将从蓄电池正极流入，负极流出。这时正负极板发生的反应与放电过程相反。

在充电过程中，正极板上的活性物质由硫酸铅转变为二氧化铅，负极板上的活性物质由硫酸铅转变为纯铅，电解液中消耗了水，生成了硫酸，电解液密度逐渐上升。只要充电过程不中断，上述电化学反应就不断进行。当极板上的物质全部转变完成后，蓄电池就充足了电。

总结：蓄电池充放电过程中的化学反应是可逆的，可用下式表示。

$$PbO_2+2H_2SO_4+Pb \underset{\text{充电}}{\overset{\text{放电}}{\rightleftharpoons}} 2PbSO_4+2H_2O$$

5. 蓄电池的充电

1）充电种类

蓄电池的充电种类有初充电、补充充电和去硫化充电等。

（1）初充电。

新蓄电池或更换极板修复后的蓄电池在使用之前的首次充电为初充电。具体操作步骤如下。

按规定将一定密度的电解液加注到蓄电池中，加入电解液的温度不得超过 35℃，加入电解液后要静置 3~6h，再将电解液液面调整到高出极板 10~15mm。

待蓄电池内温度低于 30℃时，将充电机正极与蓄电池的正极相连，充电机负极与蓄电池的负极相连，准备充电。

充电时容易过热，所以初充电的电流选用得较小，充电分两个阶段进行。

第一阶段：充电电流约为蓄电池额定容量的 1/15，充电至电解液中有气泡析出，蓄电池单格端电压达到 2.4V。

第二阶段：充电电流约为蓄电池额定容量的 1/30（第一阶段电流的一半）。

充电过程中，应经常测量电解液的密度和温度。充电初期密度会有降低情况，不需要调整，当液面高度低于规定值时，用相同密度的电解液调至规定值。如果充电时电解液的温度上升到 40℃，则应将充电电流减半。如果温度继续上升到 45℃，则应停止充电，采用人工降温，待冷却至 35℃以下时再继续充电。整个初充电过程大约需 60h，充电过程中，如减小充电电流，则应适当延长充电时间。

初充电接近终了时，如果电解液密度不符合规定，应用蒸馏水或密度为 1.40g/cm^3 的稀硫酸进行调整，再充电 2h，若密度仍不符合规定，应再调整并充电 2h，直至密度符合要求为止。

（2）补充充电。

蓄电池在使用中，如果发现下列情况之一，必须进行补充充电：

①起动机运转无力，灯光比平时暗淡，电喇叭声音小；

②冬季放电超过 25%，夏季放电超过 50%；

③蓄电池电解液密度下降到 1.15g/cm^3 以下；

④存储不用已近一个月的普通蓄电池。

另外，由于在汽车上使用的蓄电池进行的是定电压充电，不可能使蓄电池充电充足，为了有效防止硫化，最好 2~3 个月进行一次补充充电。补充充电的过程和方法与初充电相同，也分两个阶段。

第一阶段：充电电流约为蓄电池额定容量的 1/10，充至冒气泡，单格电压为 2.3~2.4V 为止。

第二阶段：充电电流约为容量的 1/20，充至蓄电池内产生大量气泡，电解液呈“沸腾”状态，单格电压为 2.5~2.7V，电解液密度达到规定值，并且在 2~3h 内基本不变，此时表示电池电已充足，时间约为 15h。

（3）去硫化充电。

蓄电池发生极板轻度硫化时，可用去硫化充电法加以消除。具体操作如下。

首先倒出原有的电解液，并用蒸馏水清洗两次，然后加入足够的蒸馏水。

接通充电电路，用初充电电流进行充电，当密度上升到 1.15g/cm^3 时倒出电解液，加入蒸馏水再进行充电，如此反复多次，直到电解液密度不再增加为止。

以 10h 放电率放电检查蓄电池容量，如果蓄电池容量达到额定值 80% 以上，说明硫化已基本消除，可上车使用。

2）充电方法

蓄电池的充电方法有定流充电、定压充电和脉冲快速充电三种。

（1）定流充电。

蓄电池在充电过程中，充电电流保持恒定不变的充电方法称为定流充电。由于充电过程中蓄电池电动势逐渐升高，因此充电过程中要不断调整充电电压。当充到蓄电池单格电压升到 2.4V（电解液开始冒气泡）时，将充电电流减小一半后保持恒定，直到蓄电池完全充足。

定流充电时，被充电的蓄电池采用串联的方式进行充电，如图 3-12 所示。

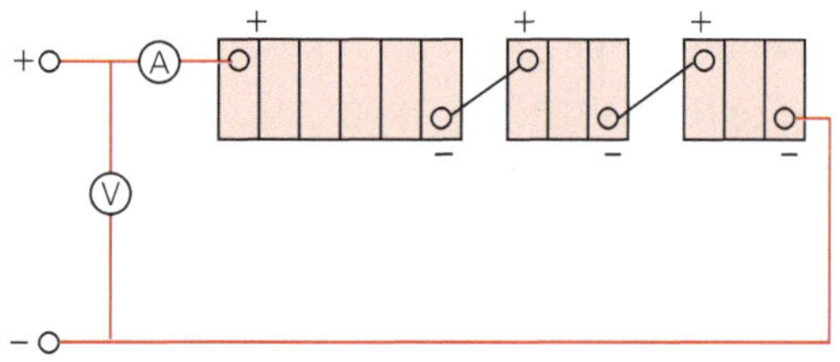

图 3-12　定流充电时蓄电池的连接

（2）定压充电。

在充电过程中，加在蓄电池两端的充电电压保持恒定不变的充电方法称为定压充电。

定压充电的特点是：充电开始，充电电流很大，随着蓄电池电动势的不断提高，充电电流逐渐减小；充电终了，充电电流将自动减小到零。

定压充电具有充电时间短、充电过程中不用调整充电电压等优点，因此适合于蓄电池的补充充电。定压充电时，蓄电池采用并联接法，如图 3-13 所示。

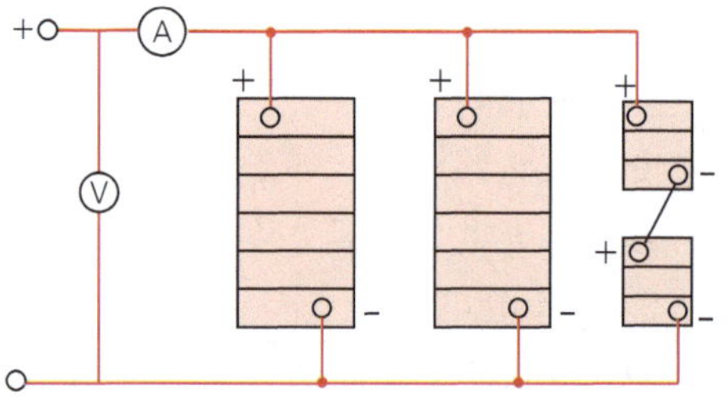

图 3-13　定压充电时蓄电池的连接

（3）脉冲快速充电。

脉冲快速充电也称分段充电。充电初期采用大电流，使电池在较短的时间内达到额定容量的60%左右，当单格电压上升到2.4V，电解液开始分解冒出气泡时，在充电设备的控制下，进行脉冲充电。

脉冲快速充电的优点是：充电速度快，可缩短充电时间；增加蓄电池容量，极板去硫化明显。缺点是：出气率高，即充电过程中产生大量的气泡，对极板活性物质的冲刷力强，易使活性物质脱落，对蓄电池的使用寿命有一定的影响。

6. 蓄电池的检查与维护

1）普通铅酸蓄电池性能的检查

（1）电解液液面高度的检测。

检测电解液液面高度的方法有三种，即：液面高度指示线法、玻璃管测量法、加液孔观察判断法。

①液面高度指示线法。

对于使用透明工程塑料壳体的蓄电池，可以通过观察液面高度指示线来检查电解液的液面高度，如图3-14所示。正常液面高度应介于两线之间，低于下线为液面过低，应加蒸馏水进行补充。

图3-14　液面高度指示线

②玻璃管测量法。

用一空心玻璃管插入蓄电池电解液内极板的上平面处，用手指按紧玻璃管上端使管口密封，提起玻璃管，玻璃管内所吸取的电解液的高度即液面高度，标准值应为10~15mm，如图3-15所示。

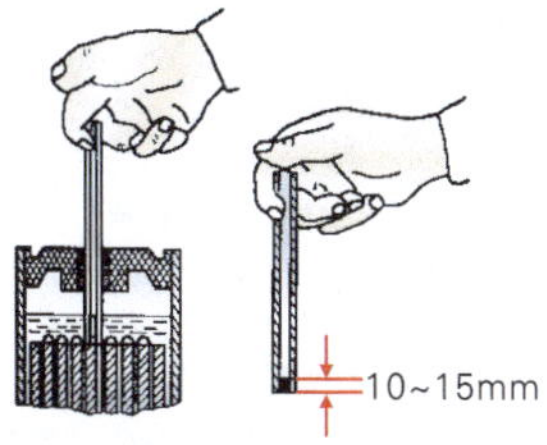

图3-15　用玻璃管检查

③加液孔观察判断法。

部分进口汽车在电解液加液孔内侧的标准液面位置处开有方孔，如图3-16所示。可通过观察液面在方孔的位置来检视液面高度。液面在方孔下面为液面过低，正好与方孔平齐时为标准，液面满过方孔而充满加液口底部以上为过多。

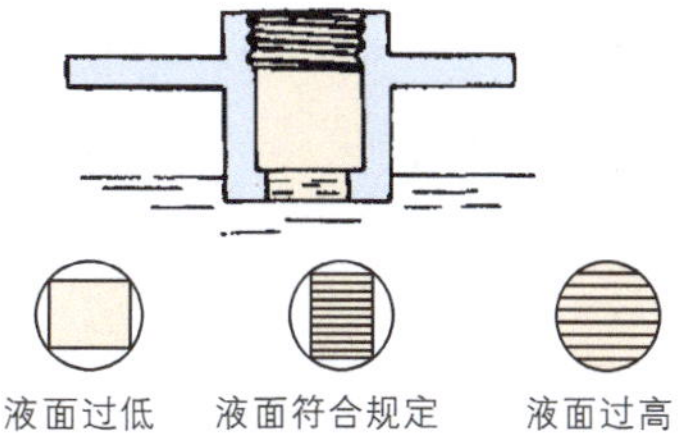

图3-16　根据加液孔液位判定液面高度

（2）蓄电池端电压的检测。

用蓄电池高功率放电计测量蓄电池端电压。

方法如下：关闭点火开关；将高功率放电计的红色鳄鱼夹与蓄电池的正极相连，黑色鳄鱼夹与蓄电池的负极相连，如图3-17所示；按压高功率放电计测试开关并保持5~10秒后放开，待测试仪上的指针静止不动后读出读数（图3-18），此读数即蓄电池的端电压。

如电压大于11.5V，则表明蓄电池状态良好；

如电压在9.5~11.5V，则说明蓄电池状态较好；

如电压小于9.5V，则说明蓄电池需要充电或存在故障。

图 3-17　连接高功率放电计

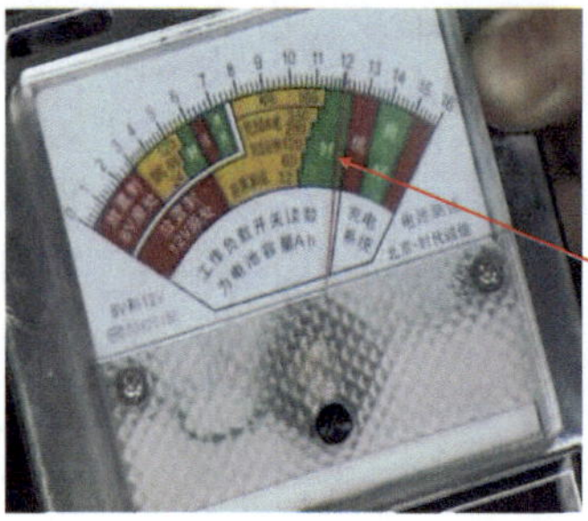

图 3-18　读取蓄电池端电压值

（3）电解液密度的检测。

测量前紧捏密度计的橡皮头，排出空气，将橡皮管插入电解液，慢慢放松橡皮球，吸取蓄电池中的电解液，直到浮子浮起，如图 3-19 所示。

根据浮子高度和浮子刻线之间的关系，可读出高度的数值，如图 3-20 所示。

也可通过浮子彩色标记来粗略估计密度值，判断蓄电池放电程度。

电解液处于黄色区域：电解液密度值为 1.25~1.30g/cm^3，说明电量充足（图 3-21）。

电解液处于绿色区域：电解液密度值为 1.15~1.25g/cm^3，说明电量比较充足。

电解液处于红色区域：电解液密度值为 1.1~1.15g/cm^3，说明蓄电池必须充电。

图 3-19　用密度计吸蓄电池中的电解液

图 3-20　读取高度值

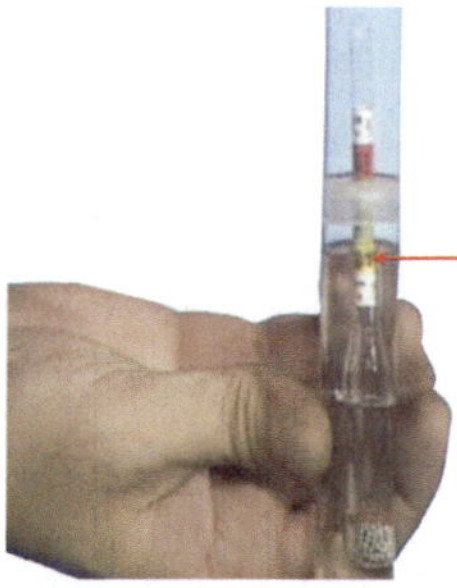

图 3-21　观察浮子彩色标记

2）免维护蓄电池的检查

对于全密封型免维护蓄电池，由于无加液孔，所以不能采用传统的密度计来测量电解液密度以判断其技术状况，为此，通过顶端的检查孔观察其颜色来判断蓄电池的技术状况，如图 3-22 所示。

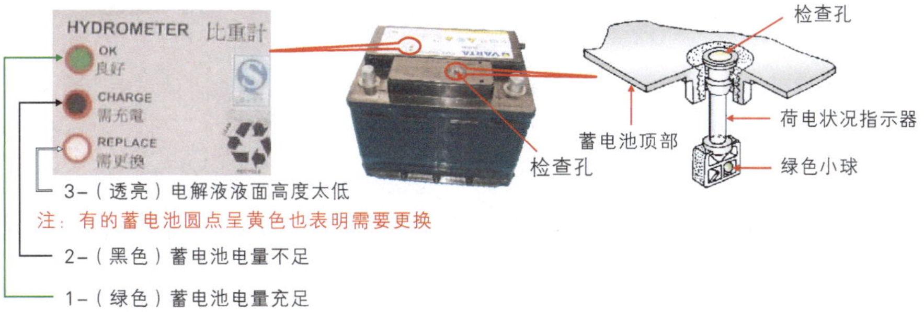

图 3-22　免维护蓄电池的检查

二、发电机

1. 发电机的功用

交流发电机是汽车的主要电源，其功用是：在发动机正常工作时，向用电设备供电；当蓄电池存量不足时，向蓄电池及时地充电。

2. 汽车发电机的结构

三相同步交流发电机主要由转子、定子、电刷与电刷架、风扇、皮带轮、前后端盖等组成，如图 3-23 所示。

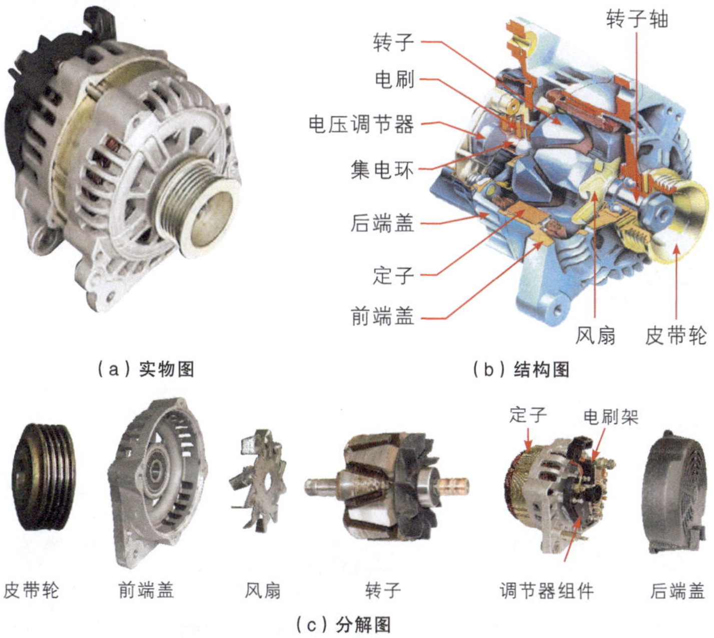

图 3-23　交流发电机

1）转子

转子的作用是产生磁场。转子主要由两块爪极、励磁绕组、转子轴和集电环（也称滑环）等组成，如图 3–24 所示。

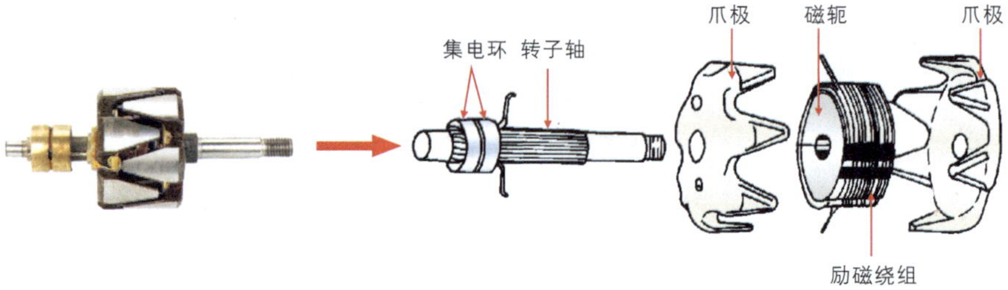

图 3–24　转子的构造

转子轴上压装有两块爪极，每块爪极上有六个鸟嘴形磁极，在两块爪极的空腔内装有导磁用的铁芯（称为磁轭），铁芯上绕有励磁绕组（又称磁场绕组或转子线圈）。励磁绕组的两引出线分别焊在与轴绝缘的两个集电环上，集电环与装在后端盖上的两个电刷接触。当两电刷与直流电源接通时，励磁绕组中便有磁场电流通过，产生轴向磁通，使得一块爪极被磁化为 N 极，另一块爪极为 S 极，从而形成了相互交错的磁极。

2）定子

定子又称电枢，其作用是产生交流电动势。定子由定子铁芯和定子绕组组成，如图 3–25 所示。定子铁芯由相互绝缘的内圆带嵌线槽的圆环状硅钢片叠成。三相定子绕组对称地安放在定子铁芯槽内。绕组的接法有星形（即 Y 形）、三角形两种，如图 3–26 所示。汽车交流发电机大多采用星形连接。

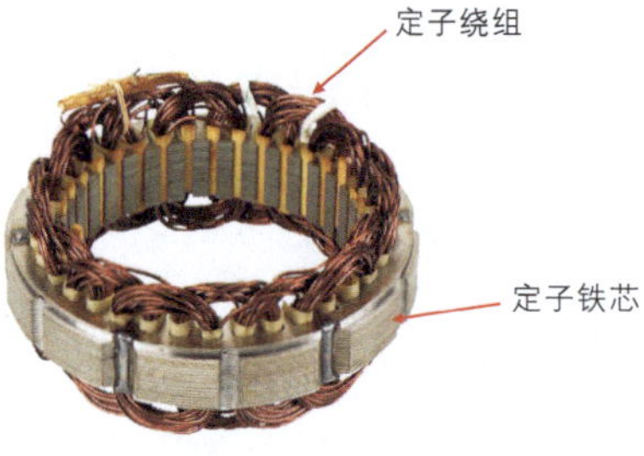

图 3–25　定子的结构

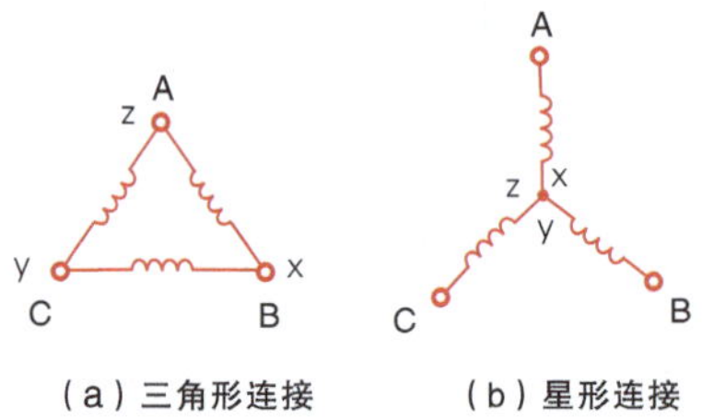

图 3–26　定子绕组连接图

3）电刷与电刷架

在发电机的后端盖上装有电刷和电刷架，如图 3–27 所示，两个电刷分别装在电刷架的孔内。电刷的作用是与集电环接触，将直流电引入励磁绕组。电刷架的结

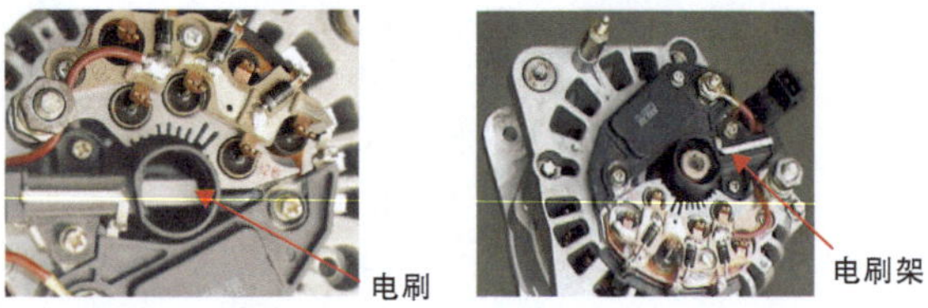

图 3–27　电刷与电刷架

构有外装式和内装式两种，如图 3-28 所示。

外装式：电刷架可直接从发电机的外部拆装，拆装维修方便，目前应用广泛。

内装式：不能直接从发电机外部进行拆装，如要更换电刷，须将发电机拆开，故这种结构将逐渐被淘汰。

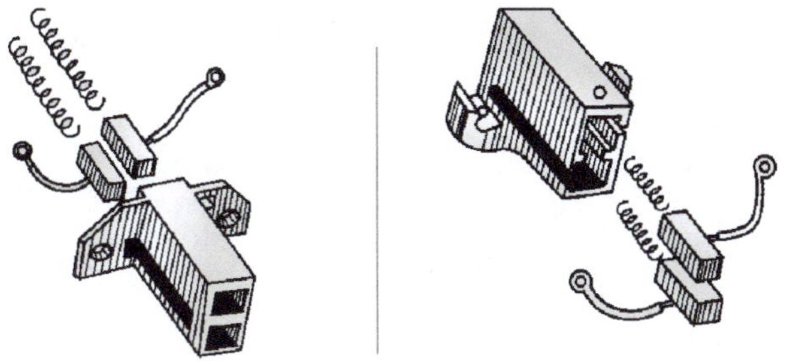

（a）外装式　（b）内装式

图 3-28　电刷架的结构

4）前、后端盖

前、后端盖如图 3-29 所示，均由非导磁材料的铝合金制成，漏磁少，并具有轻便、散热性能好等优点。汽车发电机的前、后端盖上一般设有通风口，以便发电机内部散热。另外，后端盖内装有电刷和电刷架。

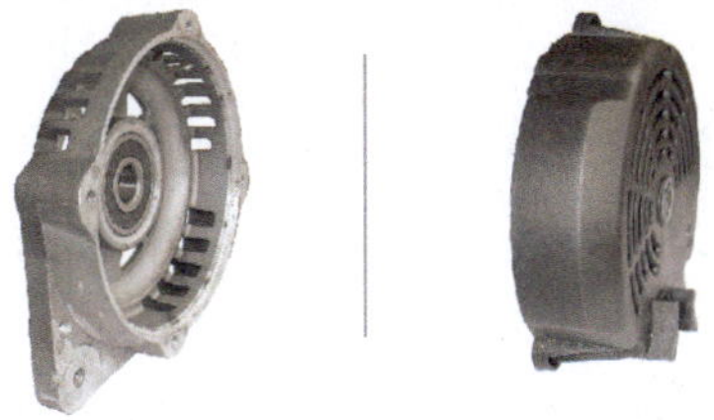

（a）前端盖　（b）后端盖

图 3-29　前、后端盖

5）皮带轮

皮带轮如图 3-30 所示，通常用铸铁或铝合金制成，安装在交流发电机的前端。发动机通过皮带轮驱动发电机旋转。

6）风扇

风扇如图 3-31 所示，一般由钢板冲制或用铝合金压铸而成，其作用是在发电机工作时，强制通风，对发电机进行冷却。目前新型的发电机将外装单风叶改装为两个风叶并分别固定在发电机的转子极爪两侧，增强了冷却效果。

图 3-30　皮带轮

图 3-31　风扇

7）整流器

整流器的作用是将发电机定子绕组产生的三相交流电转换为直流电，一般由 6 只硅整流二极管接成三相桥式全波整流电路，如图 3-32 所示。

交流发电机整流二极管有正极管和负极管之分。外壳为负极、中心引线为正极的二极管，称为正极管，管壳底有红色标记。3 只正极管的外壳压装或焊接在元件板上，由一个与后端盖绝缘的元件板固定螺栓通至机壳外，成为发电机的电枢接线柱“B”或“+”极。外壳为正极、中心引线为负极的二极管，称为负极管，管壳底注有黑色标记。3 只负极管的外壳压装或焊接在另一元件板上（有些压装在后端盖的 3 个孔内），和发电机外壳一起成为发电机的负极。其安装如图 3-33

所示。

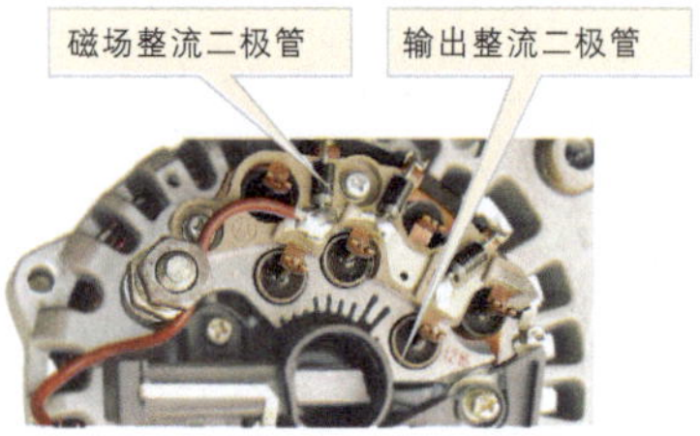

图 3-32　整流器

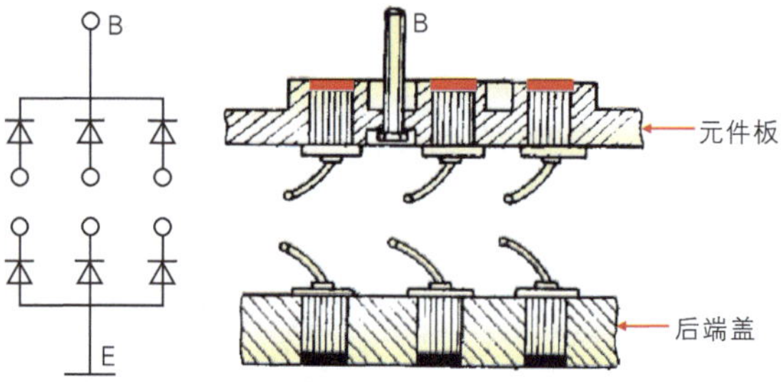

图 3-33　硅整流二极管安装图

3. 交流发电机的工作原理

1）发电原理

交流发电机产生交流电的基本原理是电磁感应原理，交流发电机工作原理如图 3-34 所示。当励磁绕组中有电流通过时，便产生磁场，而当产生磁场的转子旋转时，磁力线和定子绕组之间产生相对的切割运动，在定子绕组内便会产生交流感应电动势。感应电动势的大小与每相绕组串联的匝数及转子的转速有关，即匝数越多，转速越高，感应电动势越大。

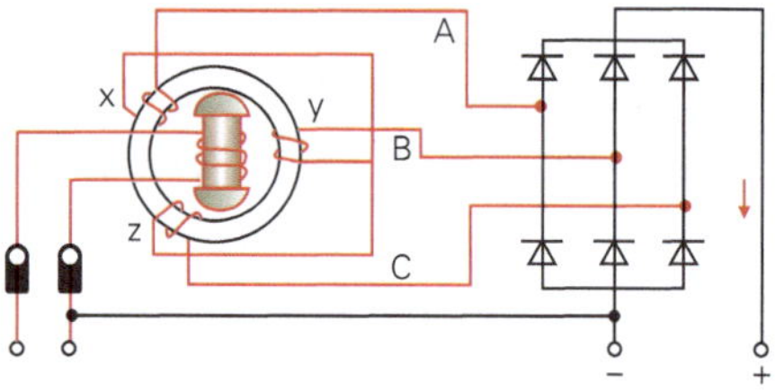

图 3-34　交流发电机工作原理图

2）整流原理

整流器是利用二极管的单向导电性，将交流电转换为直流电的。

图 3-35 是以六管构成的三相桥式整流电路，其中 3 只正极管（VD_1、VD_3、VD_5）的负极连接在一起，在某一瞬间，正极电位最高的管子导通；而 3 只负极管（VD_2、VD_4、VD_6）的正极连接在一起，在某一瞬间，负极电位最低的管子导通。所以每个时刻有两个二极管同时导通，同时导通的两个管子总是将发电机的电压加在负载的两端。

当 $t=0$ 时，C 相电位最高，而 B 相电位最低，所对应的二极管 VD_5、VD_4 均处于正向导通，在 $0\sim t_1$ 时间段内电流流向如图 3-35（a）所示。

在 $t_1\sim t_2$ 时间段内，A 相的电位最高，而 B

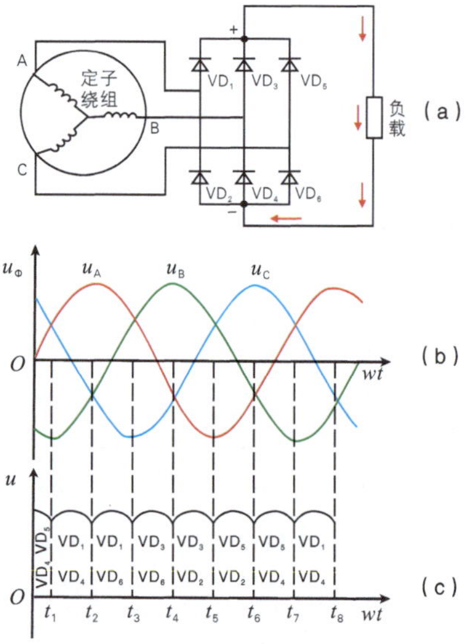

图 3-35　三相桥式整流电路

相电位最低，故对应 VD_1、VD_4 处于正向导通。

在 t_2~t_3 时间段内，A 相电位最高，而 C 相电位最低，故 VD_1、VD_6 处于正向导通。

以此类推，周而复始，在负载上便可获得一个比较平稳的直流脉动电压，各时间段内电流流向如图 3–36 所示。

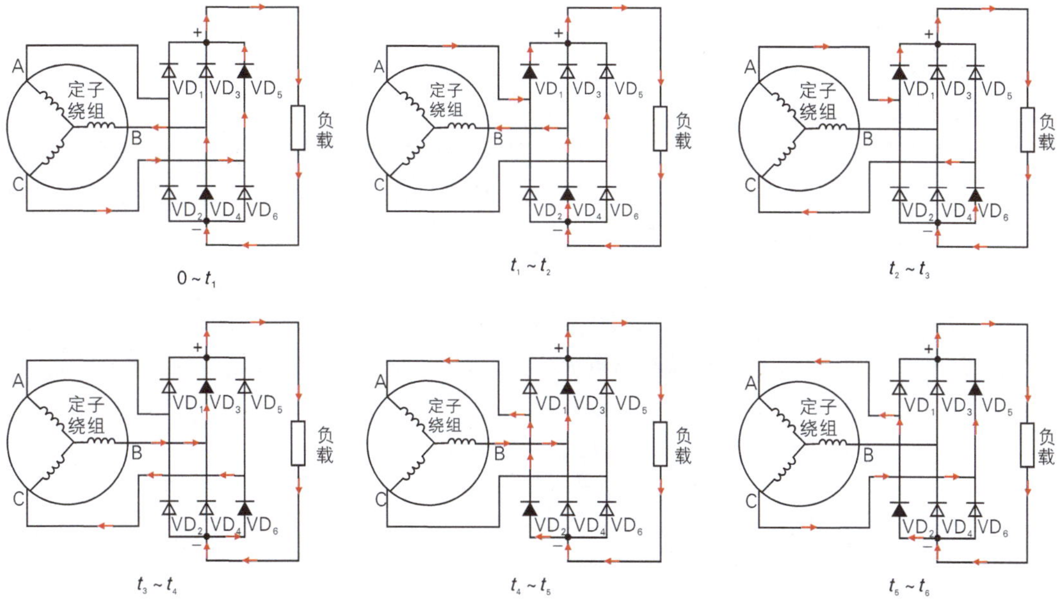

图 3–36　三相桥式整流电路电流流向

3）励磁方式

交流发电机的励磁方式是：先他励、后自励。

交流发电机开始发电时，由于转子上磁极的剩磁很弱，在低转速下仅靠剩磁产生的电动势不能使二极管导通，发电机不能自励发电，此时必须由蓄电池提供励磁电流，增强磁场，使发电机在低速转动时电压能够迅速上升。

当发电机转速达到一定值后，发电机发电产生的电压达到或超过蓄电池电压时，发电机自己供给励磁电流，此时，发电机就由他励转变为自励发电。

4. 电压调节器

1）电压调节器的作用

电压调节器的作用是在发电机转速变化时，自动控制发电机电压，使其保持恒定，防止发电机电压过高而烧坏用电设备和导致蓄电池过量充电，同时也防止发电机电压过低而使用电设备工作失常和蓄电池充电不足。

2）电压调节器的分类

电压调节器按元件性质来分可分为触点式（也称电磁振动式）电压调节器和电子式电压调节

器。电子式电压调节器又分为晶体管调节器和集成电路调节器。

电子式电压调节器按其搭铁形式又可分为内搭铁式和外搭铁式两种。

3）电压调节器的工作原理

当交流发电机的转速改变时，调节器通过调节发电机的励磁电流来改变磁极磁通量，从而控制发电机输出电压，使之保持恒定。

触点式电压调节器由于结构复杂、可靠性差，目前已被淘汰。下面分别对晶体管调节器和集成电路调节器的工作原理进行讲解。

（1）晶体管调节器的工作原理。

晶体管调节器是将三极管作为一只开关串联在发电机的磁场电路中，根据发电机输出电压的高低，控制三极管的导通和截止，以调节发电机的励磁电流，使发电机输出电压稳定在规定的范围之内。晶体管调节器有内搭铁式和外搭铁式两种。

①内搭铁式晶体管调节器。

内搭铁式晶体管调节器与内搭铁式发电机配套使用，其电路原理图如图 3-37 所示。调节器内的功率三极管串联在发电机励磁绕组与点火开关之间，发电机励磁绕组有一端搭铁。

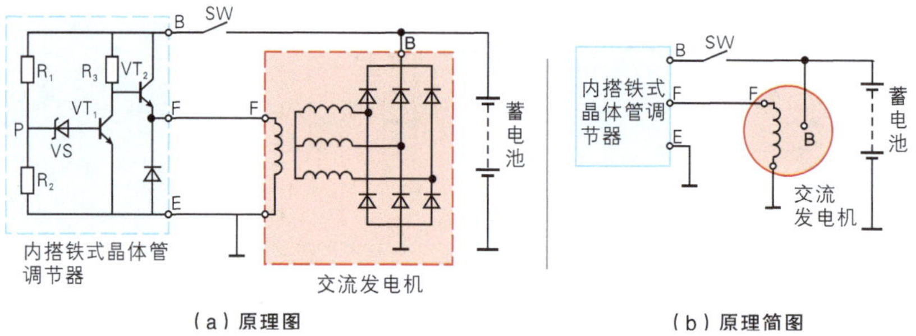

图 3-37　内搭铁式晶体管调节器电路原理图

a. 点火开关 SW 刚接通时，蓄电池电压加在分压器 R_1、R_2 上，R_2 上的分压 U_P 通过晶体管 VT_1 的发射极加到稳压管 VS 上，此时因 U_P 较低不能使稳压管 VS 反向击穿，VT_1 截止。而由于 R_3 的分压作用，使得 VT_2 导通，此时由蓄电池经 VT_2 给发电机励磁绕组提供励磁电流，电路为：蓄电池正极→点火开关 SW →调节器 B 接柱→三极管 VT_2 →调节器 F 接柱→发电机 F 接柱→励磁绕组→发电机 E 接柱→搭铁→蓄电池负极。

随着发动机的启动，发电机转速升高，发电机电压上升，当发电机输出电压高于蓄电池电压时，发电机开始自励发电。

b. 当发电机输出电压超过规定值时，调节器对电压的调节开始。此时电阻 R_1、R_2 上的分压 U_P 达到 VS 击穿电压，VS 导通，VT_1 导通，VT_2 截止，发电机磁场电路被切断，由于磁场被断路，磁通下降，发电机输出电压下降。

c. 当发电机电压下降到低于规定值时，电阻 R_1、R_2 分压减小，U_P 下降到 VS 截止电压，VS 截止，VT_1 截止，VT_2 重新导通，磁场电路重新被接通，发电机电压上升。

重复 b、c 两步，如此周而复始，发电机输出电压就被控制在一定范围内。

②外搭铁式晶体管调节器。

外搭铁式晶体管调节器与外搭铁式交流发电机配套使用，其电路原理与接线方式如图 3–38 所示。调节器内的功率三极管串联在发电机励磁绕组与搭铁之间，发电机励磁绕组无搭铁端，调节器控制励磁绕组搭铁。

外搭铁式晶体管调节器电路工作原理与前述内搭铁式晶体管调节器类似。

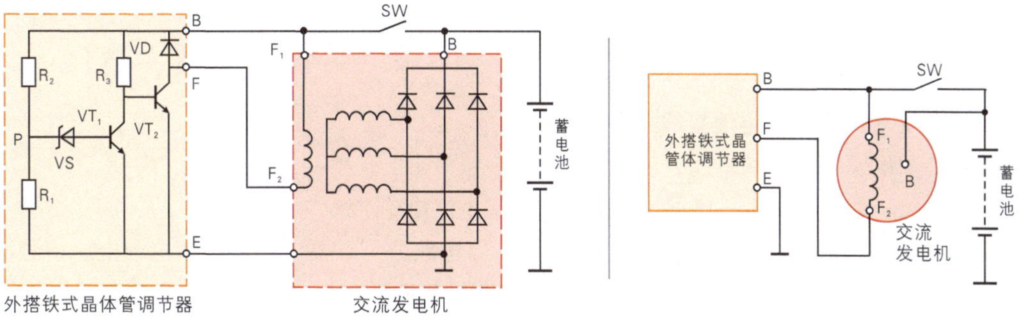

（a）原理图　（b）原理简图

图 3–38　外搭铁式晶体管调节器原理图

（2）集成电路调节器的工作原理。

集成电路调节器也称 IC 调节器，其工作原理与晶体管调节器相同。由于集成电路调节器具有体积小、质量轻、性能可靠、使用寿命长等优点，现代汽车大量采用集成电路调节器。

集成电路调节器装在发电机上，根据电压检测点的不同，可分为发电机电压检测法和蓄电池电压检测法两种。

①发电机电压检测法（图 3–39）。

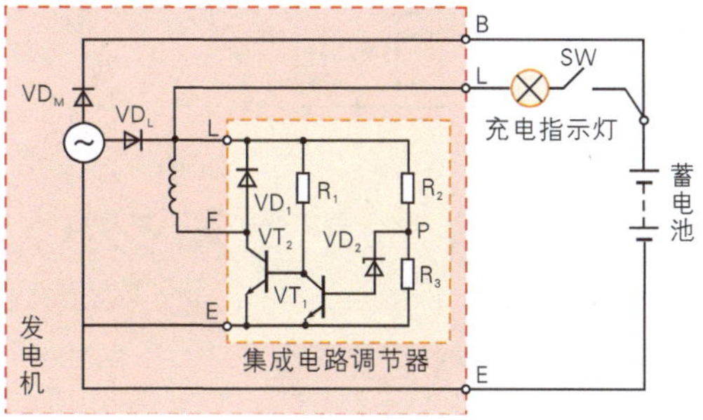

图 3–39　发电机电压检测法

发电机电压检测法的特点是直接在发电机上检测发电机的输出电压，加在分压器 R_2、R_3 上的电压是磁场二极管输出端 L 的电压 U_L，U_L 和发电机 B 端的电压 U_B 相等，检测点 P 的电压为 U_P，由于检测点 P 加在稳压管 VD_2 两端的反向电压与发电机的端电压 U_B 成正比，所以称为发电机电压检测法。

发电机电压检测法的优点是发电机的引出线可以少一根；缺点是在“B”到蓄电池接线柱之间导线的电压降较大（因发电机输出电流大）时，蓄电池的充电电压将会偏低，使蓄电池充电不足。因此，一般大功率发电机宜采用蓄电池电压检测法。

②蓄电池电压检测法。

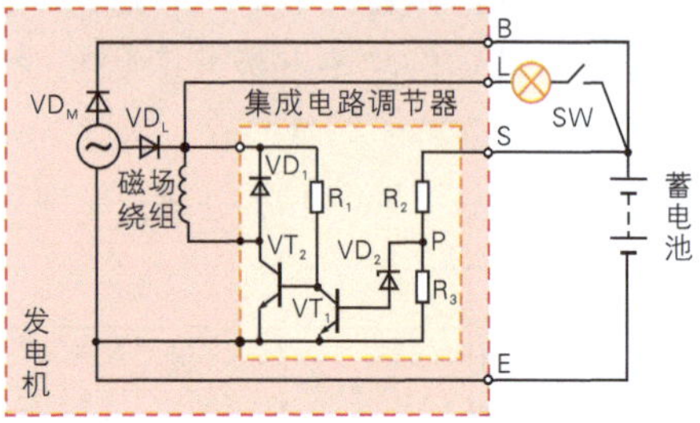

图 3-40 蓄电池电压检测法

蓄电池电压检测法的特点是通过连接导线检测蓄电池端电压的变化来调节发电机的输出电压。如图 3-40 所示，加到分压器 R_2 和 R_3 上的电压为蓄电池端电压，由于检测点 P 加在稳压管 VD_2 上的反向电压与蓄电池端电压成正比，所以称为蓄电池电压检测法。

采用蓄电池电压检测法时，如“B”到蓄电池接线柱之间或“S”到蓄电池接线柱之间断线，由于不能检测出发电机的端电压，发电机的输出电压将会失控。为了克服这一缺点，电路上应采取一定措施。

如图 3-41 所示为日产蓝鸟轿车集成电路调节器电路，调节器电路采用蓄电池电压检测法。为了防止接于检测点 S 和蓄电池正极间的电压检测导线断路时，由于不能检测蓄电池电压而造成发电机电压失控现象发生，在发电机的输出端 B 与检测点 S 之间又接入了一只电阻 R_4，这样，当蓄电池电压检测线断路时，由于 R_4 的存在，仍能检测出发电机的端电压，即当蓄电池电压检测法失效时，调节器转为发电机电压检测法控制，从而使调节器正常工作。

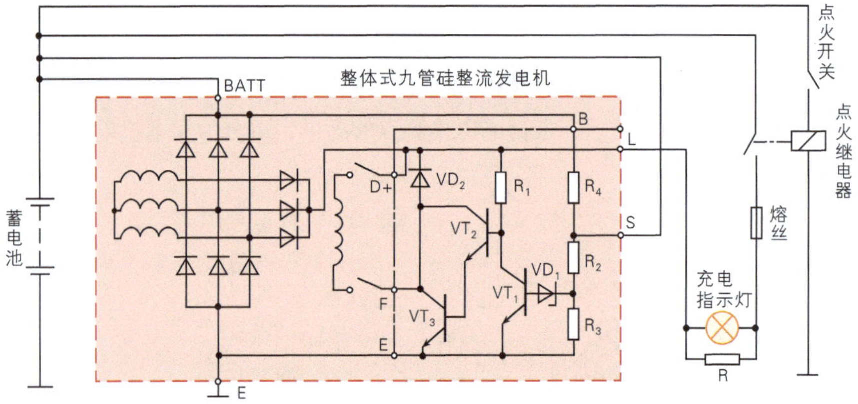

图 3-41 日产蓝鸟轿车集成电路调节器电路

任务实践

1. 实践名称

发电机的拆装。

2. 实践准备

发电机、拆装工作台、橡胶锤、拉器、常用拆装工具等。

3. 实践要求与注意事项

（1）明确操作规范和职责范围，预防潜在危险。
（2）实践操作过程中保持场地卫生及安全，不嬉戏打闹。
（3）在使用举升机的过程中应上好保险后再开始工作。
（4）使用维修手册时，要注意避免破损，手册与使用车型相对应。

4. 操作步骤及检修

1）发电机总成的更换

①松开发电机的固定螺栓，松开张紧轮，如图 3–42 所示。

②取下多楔带，如图 3–43 所示。

图 3–42　松开发电机的固定螺栓

图 3–43　取下多楔带

③取下紧固螺栓，将发电机摇松。

④将发电机倒置，拧下发电机输出接线柱，如图 3–44 所示，取下发电机。

图 3–44　拧下发电机输出接线柱

⑤按相反的顺序安装发电机总成。

⑥检查传动皮带是否偏斜，检查皮带松紧度。

2）发电机的分解与装配

①用扭力扳手拧出发电机皮带轮的紧固螺母，取出螺母垫圈。

②用拉器拉出发电机皮带轮，如图 3–45 所示。

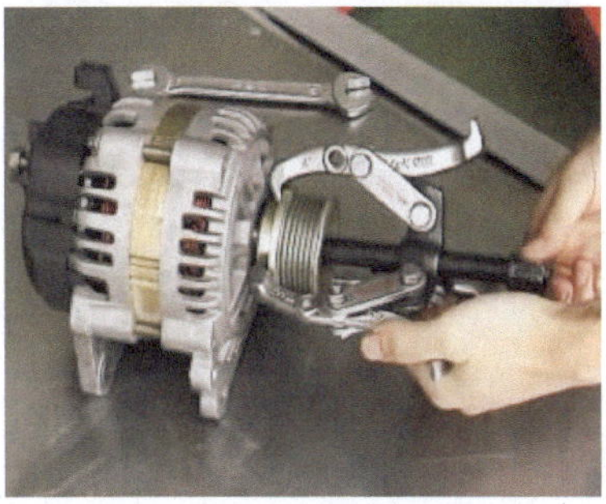

图 3–45　拉出发电机皮带轮

③拧下发电机后端盖的整流器罩盖螺栓，取下后端盖。

④拧下发电机前后端壳体紧固螺栓，用橡胶锤敲击转子轴，如图 3–46 所示。

⑤取出前端盖，如图 3–47 所示。

⑥取出止推垫圈，取出风扇叶轮，如图 3–48 所示。

⑦取出转子绕组总成，如图 3–49 所示。

⑧按拆解的相反顺序装复。装复后，转动发电机皮带轮，转子应转动平顺，无摩擦及碰击声。

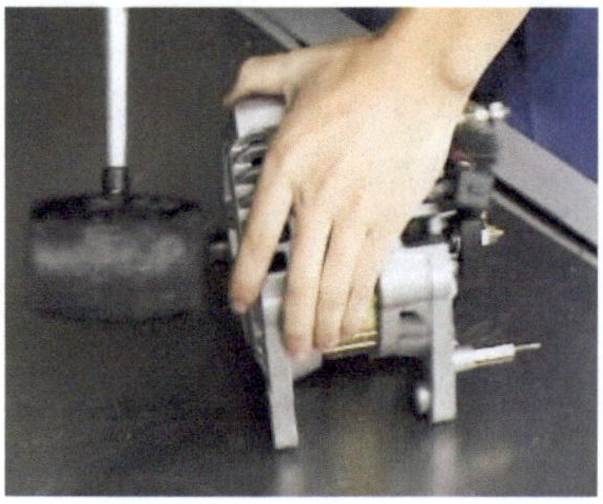

图 3-46　敲击转子轴

图 3-47　取出前端盖

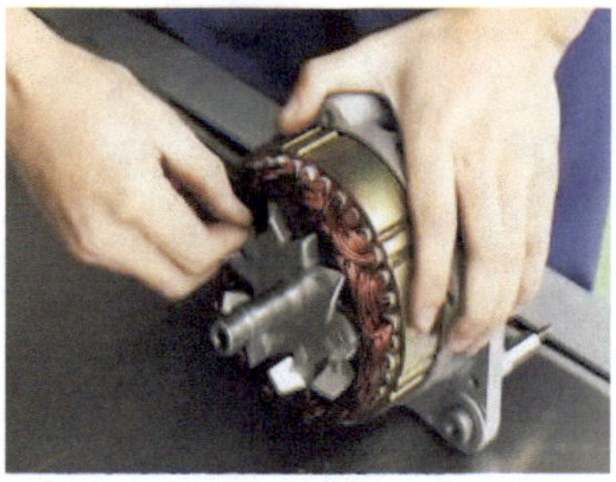

图 3-48　取出止推垫圈和风扇叶轮

图 3-49　取出转子绕组总成

5. 实践总结

____

____

____

____

____

任务练习

一、填空题

1. 汽车上广泛应用的是 ____________，铅酸蓄电池又分为 ___________、______________、______________、______________、______________ 等。

2. 普通铅酸蓄电池主要由 ____________、____________、____________、_____________、______________ 等组成。

3. 三相同步交流发电机主要由 ___________、____________、____________、___________、______________、______________ 等组成。

4. 蓄电池的充电种类有 ______________、______________ 和 ______________ 等。

二、选择题

1. 电解液处于红色区域则蓄电池必须（　　）。

A. 充电　　B. 加蒸馏水

C. 加电解液　　D. 加硫酸

2. 经常烧毁灯泡和分电器触点的故障原因是（　　）。

A. 调节器调节电压过高　　B. 发电机皮带打滑

C. 充电电流不稳　　D. 发动机转速过高

3. 交流发电机电刷在其架内卡滞或磨损过大，将使发电机（　　）。

A. 不发电　　B. 充电电流过大

C. 发出响声　　D. 充电电流过小

4. 如电压（　　）9.5V，则说明蓄电池需要充电或存在故障。

A. 大于　　B. 小于

C. 等于

三、问答题

1. 简述蓄电池的结构与工作原理。
2. 简述蓄电池的充电方法。
3. 简述发电机的构造与工作原理。

任务二
汽车照明与信号系统

任务目标

完成本学习任务后，学生在基础知识和基本技能方面应达到以下要求。

●知识目标

（1）掌握照明系统的组成。

（2）掌握前照灯的结构与组成。

（3）掌握灯光信号系统的结构与特点。

●能力目标

能够独立完成照明系统的拆装。

任务引入

汽车灯按用途分为照明灯和信号灯两大类。照明灯犹如汽车的“眼睛”，在黑暗中照亮汽车行驶方向上的道路，延伸和拓宽驾驶员的视野；信号灯如同汽车的“嘴巴”，车辆可通过灯光信号同其他车辆进行“语言”交流，向其他汽车司机明示本车的存在及行驶的状态，以使汽车在道路上能够安全快捷行驶。下面进入汽车照明与信号系统的学习。

相关知识

汽车照明与信号系统主要由照明系统与信号系统组成，照明系统又分为外部照明系统和内部照明系统。外部照明系统主要由前照灯、雾灯、牌照灯等组成，内部照明系统主要由顶灯、仪表照明灯、车厢灯、车门灯等组成。

信号系统又分为灯光信号系统和声音信号系统两部分。灯光信号系统主要包括转向灯、倒车灯、制动灯、后尾灯等，各种照明与信号灯位置如图 3–50 所示。

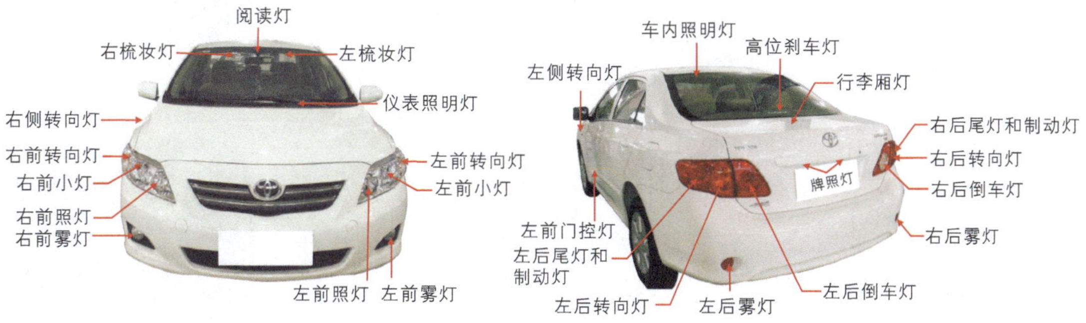

图 3–50　轿车各种照明与信号灯位置图

一、照明系统

1. 汽车外部照明系统的组成

1）前照灯

前照灯（俗称大灯）安装在汽车头部的两侧，如图 3–51（a）所示，主要用于夜间行车道路照明，用远近光的变换，在超车时告知前方车辆避让。灯光为白色，有两灯制和四灯制两种配置方式，功率一般为 40~60W。

2）雾灯

雾灯有前雾灯和后雾灯两种，如图 3–51（b）所示。

前雾灯位于汽车头部，在雾天、雨雪天或尘埃弥漫的情况下，用来改善车前道路的照明，灯光为黄色，功率为 45W。

后雾灯位于汽车尾部，用来警示尾随车辆保持一定的安全距离，灯光为红色，功率为 6W 或 21W。

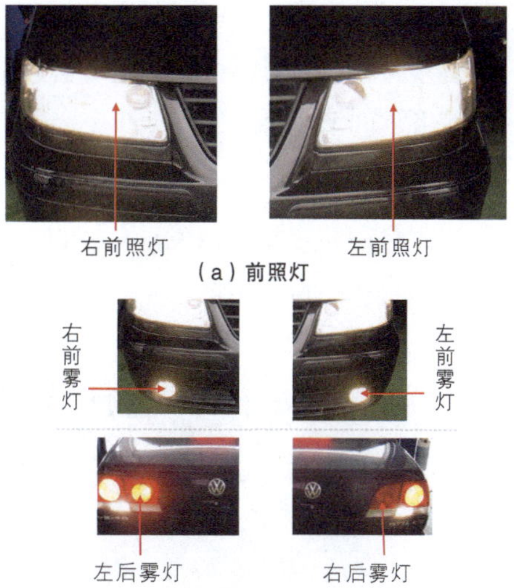

图 3–51　轿车前照灯和雾灯

3）牌照灯

牌照灯装于汽车尾部的牌照上方，如图 3-52 所示，用于夜间照亮汽车牌照，灯光为白色，功率为 5~10W。

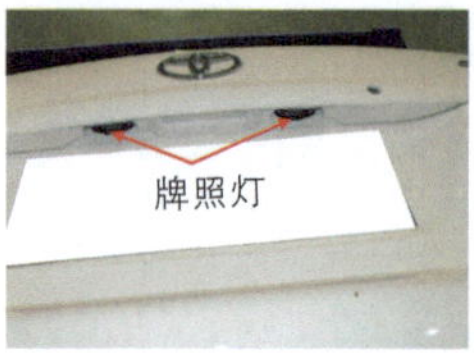

图 3-52　牌照灯

2. 汽车内部照明系统的组成

1）阅读灯

阅读灯装于乘员席前部或顶部，如图 3-53 所示，聚光时乘员看书不会让驾驶员产生眩目现象，照明范围小，有的还有光轴方向调节机构。

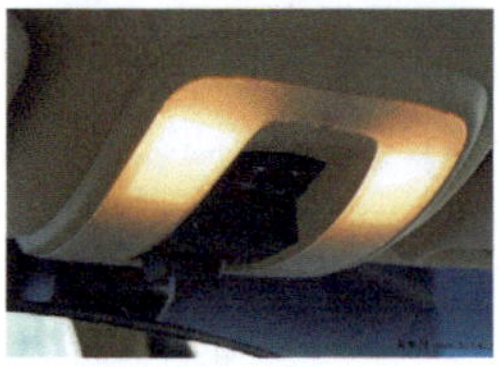

图 3-53　阅读灯

2）行李厢灯

行李厢灯装于轿车或客车行李厢内，如图 3-54 所示，当开启行李厢盖时，自动发亮，照亮行李厢空间，功率为 5W。

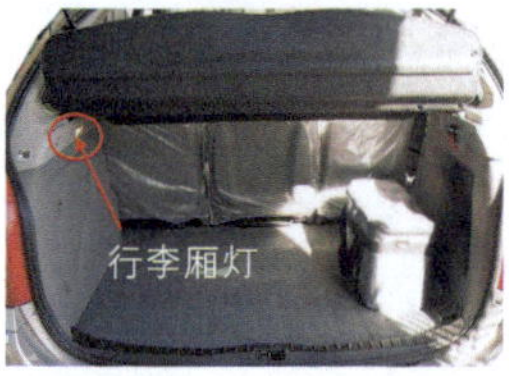

图 3-54　行李厢灯

3）顶灯

顶灯安装在驾驶室的顶部，如图 3-55 所示，其作用是驾驶室内部照明及监视车门是否可靠关闭，灯光为白色，功率为 5~15W。

图 3-55　顶灯

4）门控灯

门控灯装于轿车外张式车门内侧底部，如图 3-56 所示，夜间开启车门时，门灯发亮，以告示后来行人、车辆注意避让。光色为红色，功率为 5W。

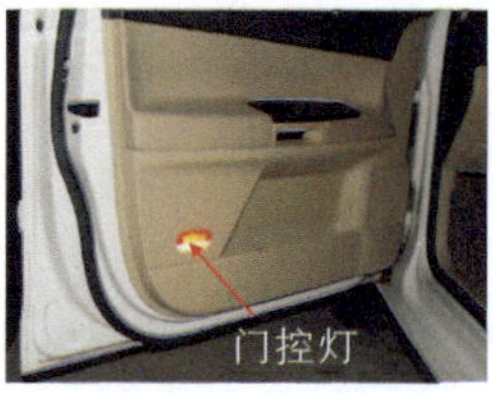

图 3-56　门控灯

5）仪表照明灯

仪表照明灯安装在汽车仪表上，如图 3-57 所示，用于夜间照亮仪表指针及刻度板，灯光为白色，功率为 2~8W。

6）踏步灯

踏步灯装在大中型客车乘员门内的台阶上，如图 3-58 所示，以方便乘客夜间上下车。

7）工作灯

工作灯用于夜间检修发动机，以插座与电源相接，常带有挂钩或夹钳，功率一般为 21W。

图 3-57　仪表照明灯

图 3-58　踏步灯

3. 前照灯的结构

前照灯的照明效果直接影响夜间行车安全，它具有较特殊的光学结构，主要由灯泡、反射镜和配光镜三部分组成。

1）灯泡

灯泡有白炽灯泡和卤钨灯泡两种，如图 3–59 所示。

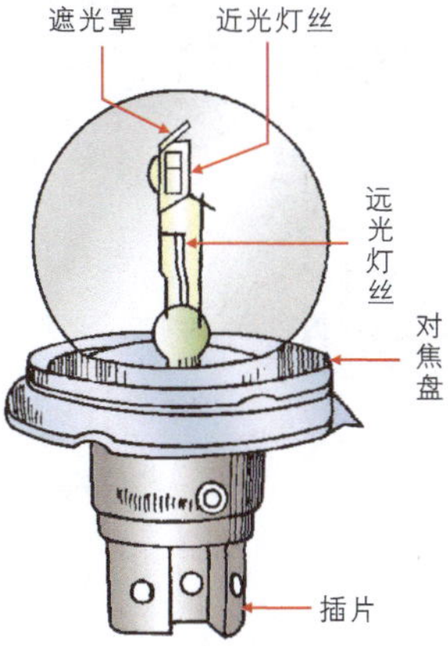

（a）白炽灯泡

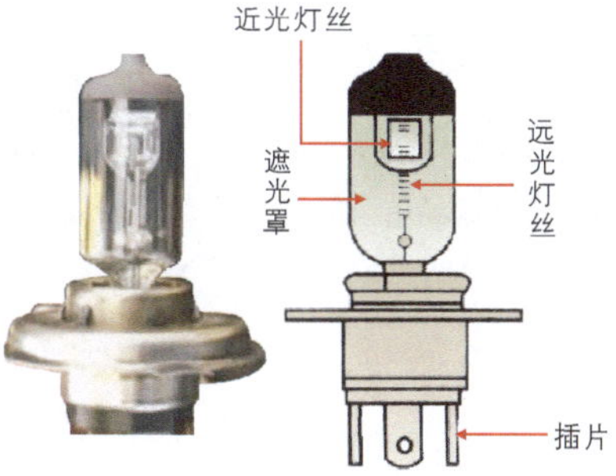

（b）卤钨灯泡

图 3–59　前照灯灯泡

白炽灯泡：灯丝由钨丝制成，制造时，先从玻璃泡中抽出空气，再充以氩和氮的混合惰性气体，以减少钨的蒸发，提高灯丝的温度，增大发光效率，从而延长灯泡的使用寿命。

卤钨灯泡：就是在充入灯泡的气体中掺入某一卤族元素，如氟、氯、溴、碘等，利用卤钨再生循环反应的原理，防止钨的蒸发和灯泡的黑化现象。

2）反射镜

反射镜的作用是收集灯泡发出的光线，并将这些光线聚合成很强的光束射向远方。反射镜的表面形状呈旋转抛物面，如图 3–60 所示，反射镜一般用薄钢板冲压而成，其内表面镀银、镀铝或镀铬，然后抛光。

图 3–60　反射镜

3）配光镜

配光镜又称散光玻璃，其作用是将反射镜反射出的平行光束进行扩散分配，以扩大光线的照射范围，并使路面的照明更加均匀。配光镜一般用透光玻璃压制而成，是很多特殊棱镜和透镜的组合体，外形一般为圆形或矩形，如图 3–61 所示。

图 3–61　配光镜

4. 各种类型的前照灯

前照灯根据灯光组的结构不同可分为半封闭式前照灯、全封闭式前照灯、投射式前照灯、氙气灯等。

1）半封闭式前照灯

半封闭式前照灯的配光镜由反射镜边缘的齿簧固定在反射镜上，二者之间由橡胶圈或密封胶密封，灯泡可从反射镜后端进行拆装，结构如图 3-62 所示。半封闭式前照灯的缺点是密封性能不良，优点是维修方便，因此得到广泛使用。

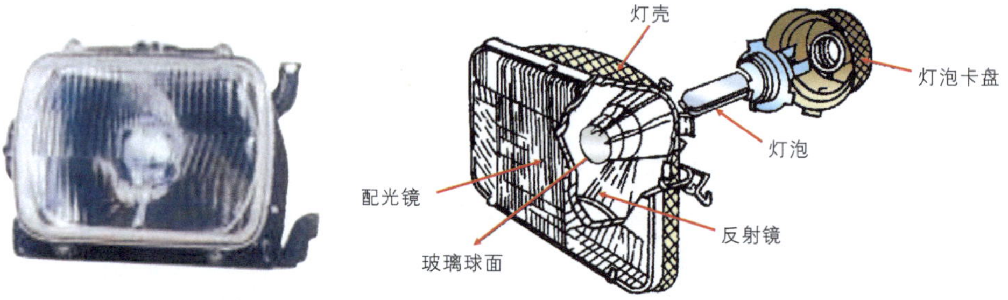

（a）实物图　　（b）结构图

图 3-62　半封闭式前照灯

2）全封闭式前照灯

全封闭式前照灯又称真空灯，反射镜和配光镜玻璃制成一体，形成灯泡，里面充以惰性气体。灯丝焊在反射镜底座上，如图 3-63 所示。全封闭式前照灯的优点是可防止反射镜被污染，反射效率高，照明效果好，使用寿命长；缺点是当灯丝烧断后，需要更换整个总成，成本高。为使前照灯更美观、照射效果更好，目前许多轿车上都采用了投射式前照灯和氙气灯。

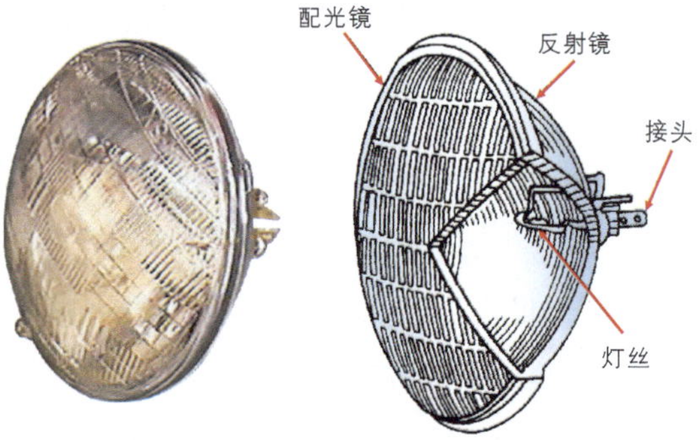

（a）实物图　　（b）结构图

图 3-63　全封闭式前照灯

3）投射式前照灯

投射式前照灯采用卤素灯泡，它的反射镜近似于椭圆形状，有两个焦点。在第一焦点处放置灯泡，第二焦点在灯光中形成。凸形配光镜的焦点与第二焦点是一致的。来自灯泡的光利用反射镜聚成第二焦点，再通过散光镜将聚集的光投射到前方。其结构如图 3-64 所示。

在第二焦点附近设有遮光板，可遮挡向上的光线，形成明暗分明的配光。由于这种配光特性，投射式前照灯除了用作近光灯、远光灯外，还可用作雾灯。

4）氙气灯

氙气灯也称高亮度弧光灯，这种灯没有传统的灯丝，取而代之的是装在石英管内的两个电极，管内充有氙气及微量金属（或金属卤化物），结构如图 3-65 所示。弧光灯由弧光灯组件、电子控制器和升压器三部分组成。其光色成分和日光灯相似，亮度是目前卤素灯泡的 3 倍左右，寿命可达卤素灯泡的5倍。

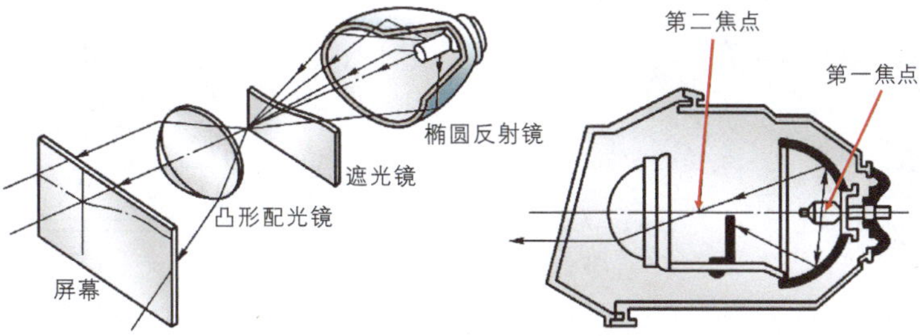

图 3-64 投射式前照灯结构

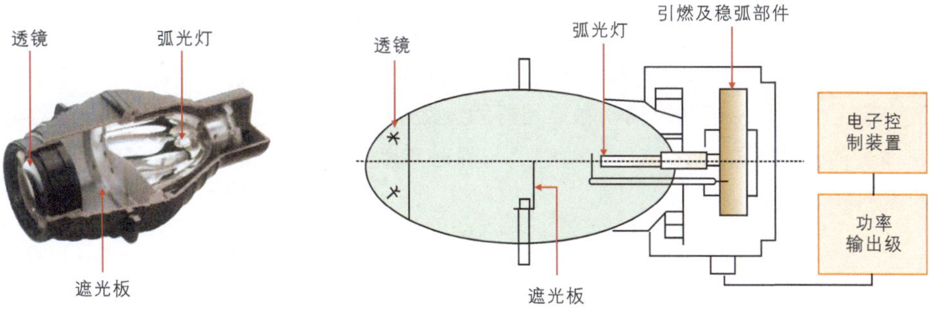

图 3-65 氙气灯

5. 前照灯电路

前照灯电路主要由灯光开关、变光开关、前照灯继电器及前照灯组成。

1）灯光开关

灯光开关的形式有拉钮式、旋转式和组合式等多种，目前汽车上使用较多的是组合开关，它将前照灯、尾灯、转向灯及变光等开关制成一体。

如图 3-66 所示为丰田卡罗拉轿车使用的组合开关，转动开关端部，便可依次接通尾灯（包括前小灯）和前照灯，将开关向下压，由近光变为远光，此时将开关向上扳，由远光变为近光，向前扳动开关，可使右转向灯工作，向后扳动开关，可使左转向灯工作。

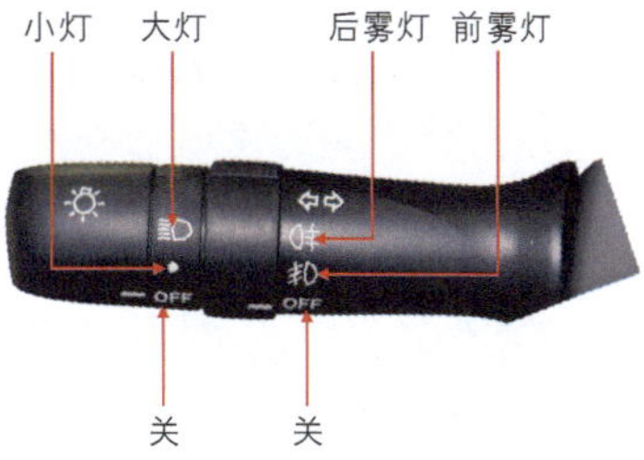

图 3-66 轿车组合开关

2）变光开关

变光开关可以根据汽车行驶的需要切换近光和远光。变光开关有组合开关和脚踏开关两种。目前汽车采用较多的是组合开关，该开关安装在转向盘下方，以便驾驶员操作。

丰田卡罗拉轿车组合开关位置如图 3-67 所示。普通脚踏变光开关结构如图 3-68 所示，当用脚踏动按钮时，推杆推动转轮向一个方向转动 60°，从而交替接通远光、近光。

图 3-67　轿车组合开关位置

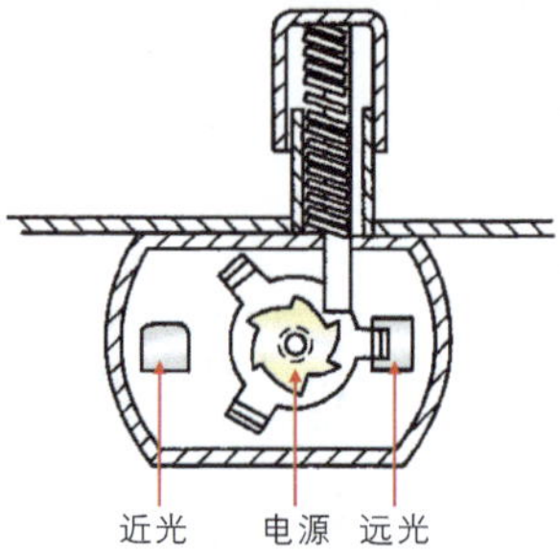

图 3-68　普通脚踏变光开关结构

3）前照灯继电器

前照灯的工作电流较大，若用车灯开关直接控制前照灯，车灯开关易烧坏，因此在前照灯电路中设有灯光继电器，如图 3-69 所示为常开式前照灯继电器。SW 端子与前照灯开关相连，E 端子搭铁，B 端子与电源相连，L 端子与变光开关相连。当接通前照灯开关时，继电器线圈通电，电磁铁产生磁力，使衔铁带动动触点与静触点接通；当切断线圈电流时，由于电磁力消失，衔铁就在弹簧的作用下迅速回位，使动触点与静触点断开。利用触点的开、闭，从而实现对灯光电路的控制。

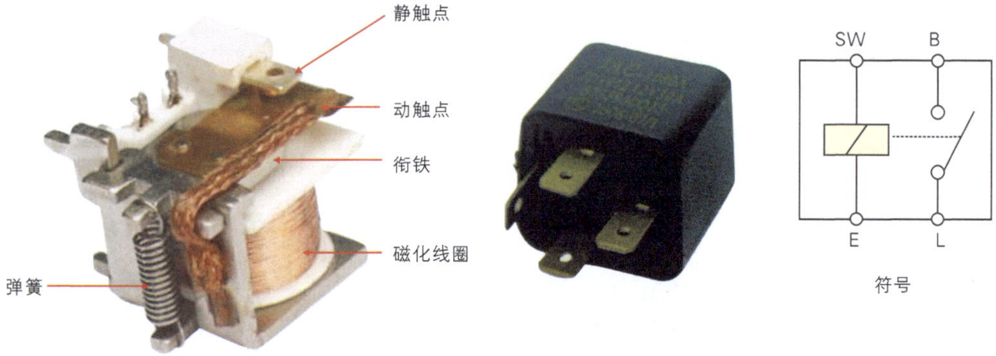

图 3-69　常开式前照灯继电器

4）前照灯电路识读

因车型的不同，前照灯控制电路按继电器控制方式分为继电器控制火线式和继电器控制搭铁式两种，如图 3-70 所示。

目前，汽车中运用较多的是继电器控制火线式，下面以丰田卡罗拉前照灯电路为例进行分析。卡罗拉的前大灯电路是继电器控制火线式电路，如图 3-71 所示。

（1）远光灯电路。

当前大灯变光开关 E60 置于远光挡时，E60 的 9 脚与 11 脚导通。

蓄电池电压→ 50A 主前大灯熔丝→调光继电器线圈→前大灯变光开关 E60 的 9 脚→前大灯变光开关 E60 的 11 脚→ E1 搭铁。此时，调光继电器线圈得电，其触点闭合。

蓄电池电压→ 50A 主前大灯熔丝→调光继电器触点后分两路，一路经 10A 左前大灯远光熔丝→左侧前大灯远光灯 A38 → A1 搭铁；另一路经 10A 右前大灯远光熔丝后又分两路，一路到右侧前大灯远光灯 A37 → A3 搭铁，另一路到组合仪表 E46 的 4 脚→组合仪表内远光灯指示灯→ E1 搭铁。此时，左、右前大灯远光灯及仪表内远光指示灯均亮。

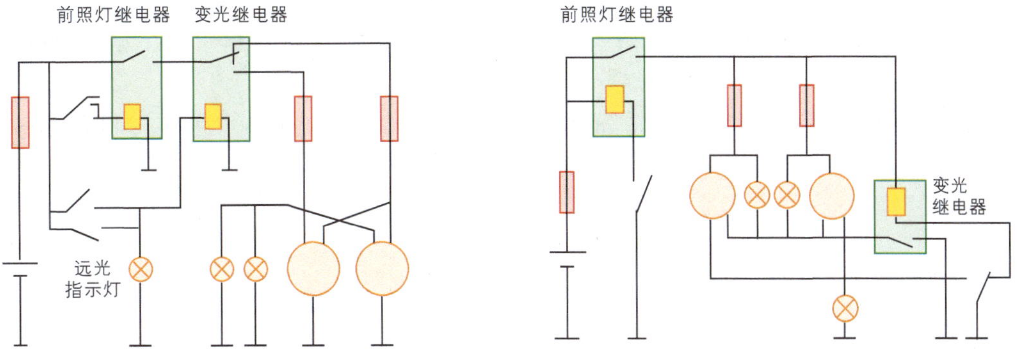

（a）继电器控制火线式电路　　（b）继电器控制搭铁式电路

图 3-70　前照灯控制电路

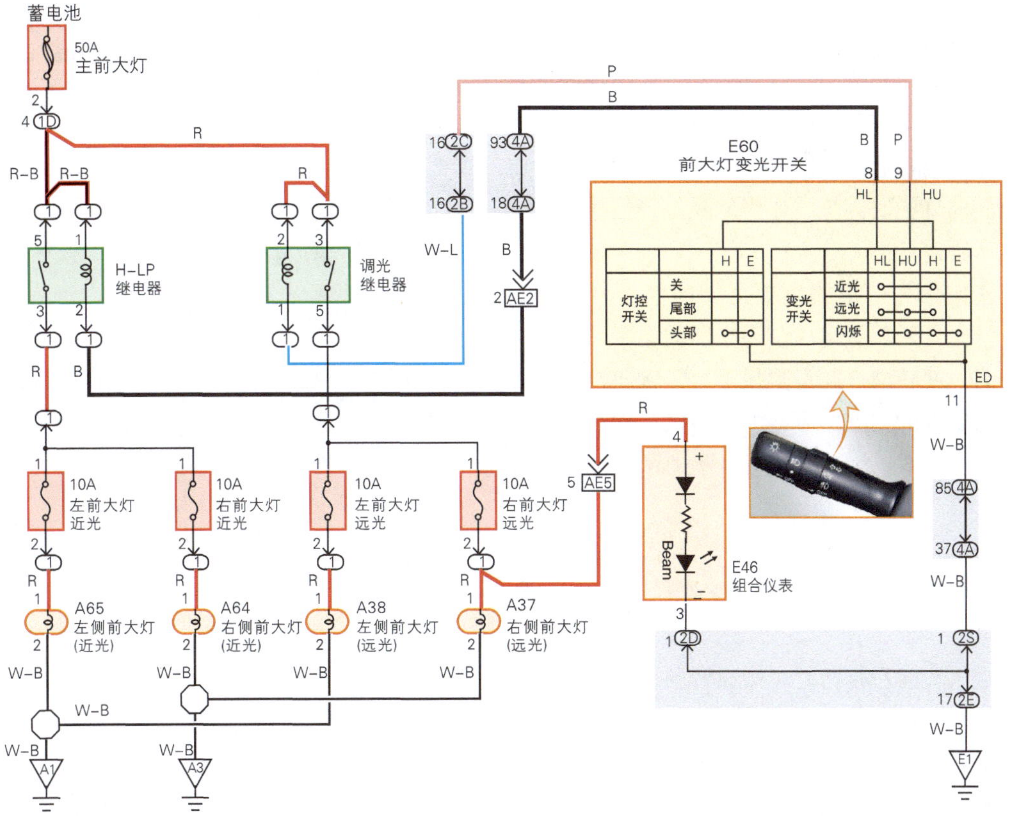

图 3-71　前大灯电路

（2）近光灯电路。

当前大灯变光开关 E60 置于近光挡时，E60 的 8 脚与 11 脚导通。

蓄电池电压→ 50A 主前大灯熔丝→前照灯继电器线圈→前大灯变光开关 E60 的 8 脚→前大灯变光开关 E60 的 11 脚→ E1 搭铁。此时，前照灯继电器线圈得电，其触点闭合。

蓄电池电压→ 50A 主前大灯熔丝→前照灯继电器触点后分两路：一路经 10A 左前大灯近光熔丝→左侧前大灯近光灯 A65 → A1 搭铁，另一路经 10A 右前大灯近光熔丝→右侧前大灯近光灯 A64 → A3 搭铁。此时，左、右前大灯近光灯均亮。

当前大灯变光开关 E60 置于闪烁挡时，组合开关的 9 脚与 11 脚导通，8 脚与 11 脚也导通，此时远光灯、近光灯、仪表内远光指示灯均亮。

二、信号系统

1. 汽车灯光信号系统

汽车灯光信号系统主要指转向信号灯与危险报警灯装置、倒车灯装置、制动灯装置等。

1）转向信号灯与危险报警灯装置

汽车需要转弯时，灯光信号采用闪烁的方式指示车辆将向左转或向右转，以引起行人及车辆的注意。当遇危险情况时，可使前、后、左、右四个转向灯同时闪烁，作为危险报警信号，请求其他车辆避让。

转向信号灯电路主要由转向信号灯、闪光器、转向灯开关等组成。闪光器的作用是在汽车转向时，使转向灯与危险报警灯、转向指示灯发出明暗交替的闪烁信号，闪光器按结构和工作原理可分电容式、翼片式、晶体管式等，如图 3-72 所示。

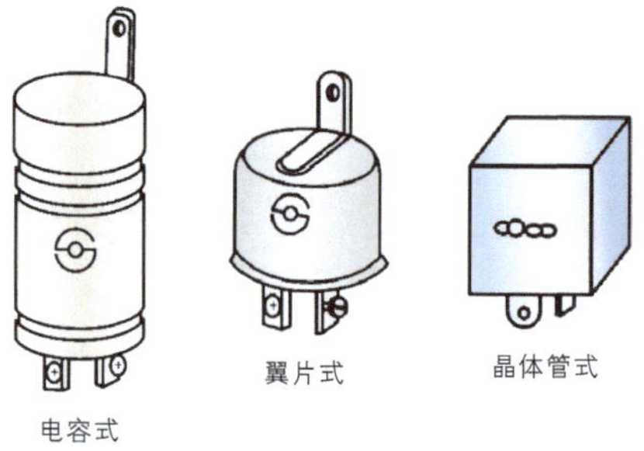

图 3-72　常见闪光器类型

（1）电容式闪光器。

电容式闪光器的结构与工作原理如图 3-73 所示。

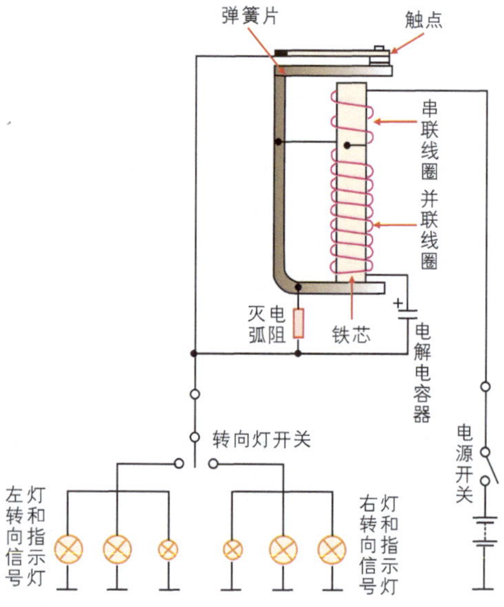

图 3-73　电容式闪光器的结构与工作原理

当汽车向左转弯时，接通转向灯开关，左转向信号灯就被串入电路中。此时并联线圈、电容器及电阻被触点短路，而电流通过串联线圈产生的电磁吸力大于弹簧片的作用力，触点迅速被打开，转向信号灯处于暗的状态（转向信号灯和指示灯尚未来得及亮）。触点打开后，蓄电池经串联线圈、并联线圈向电容器充电，由于并联线圈电阻较大，充电电流很小，不足以使转向信号灯亮，故转向信号灯仍处于暗的状态。同时，充电电流通过串联线圈和并联线圈产生的电磁吸力方向相同，使触点继续打开，随着电容器的充电，电容器两端的电压逐渐升高，其充电电流逐渐减小，串联线圈和并联线圈的电磁吸力减小使触点重新闭合。触点闭合后，转向信号灯和指示灯处于亮的状态。与此同时，电容器通过并联线圈和触点放电，其放电电流通过并联线圈时产生的磁场方向与串联线圈相反，所产生的电磁吸力减小，故触点仍保持闭合，左转向信号灯和指示灯继续发亮。随着电容器的放电，电容器两端电压逐渐下降，其放电电流减小，则并联线圈的退磁作用减弱，串联线圈的电磁吸力增强，触点重新打开，灯变暗。如此反复，继电器的触点不断开闭，使转向信号灯和指示灯发出闪光。

（2）翼片式闪光器。

如图 3–74 所示为直热翼片式闪光器的结构原理图。接通转向灯开关时，转向信号灯通电，电流回路为：蓄电池正极→闪光器接线柱 B→翼片→热胀条→活动触点→固定触点→闪光器接线柱 L→转向灯开关→转向指示灯和转向信号灯→搭铁→蓄电池负极，此时，转向信号灯和转向指示灯都变亮。

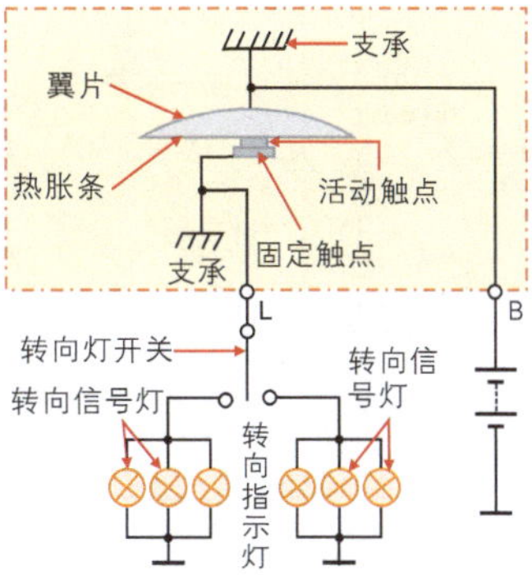

图 3–74　直热翼片式闪光器的结构原理图

由于电路的导通，热胀条因通电受热而伸长，当热胀条伸长到一定长度时，翼片突然绷直，使活动触点与固定触点分开，转向信号灯电流被切断，转向信号灯熄灭；触点断开后，热胀条将逐渐冷却收缩，当翼片收缩成弓形后，触点又闭合，接通转向信号灯电路，转向信号灯又变亮。如此交替变化，使转向信号灯闪烁。

（3）电子闪光器。

如图 3–75 所示为无触点电子闪光器结构原理图，其工作原理如下。

接通转向开关，T_3 通过 R_2 得到正向偏置电压而饱和导通，T_2、T_1 截止。由于 T_3 的发射极电流很小，此时转向灯较暗。同时，电源通过 R_3 对 C 充电（上 + 下 –），使得 T_3 的基极电位下降，当低于其导通所需正向偏置电压时，T_3 截止。T_3 截止后，T_2 通过 R_1 得到正向电流而饱和导通，转向灯中有较大电流通过而变亮。同时，C 经 R_3、R_2 放电，使 T3 仍保持截止，转向信号灯继续发亮。随着 C 放电电流减小，T_3 基极电位又逐渐升高，当高于其正向导通电压时，T_3 又导通，T_2、T_1 又截止，转向信号灯由亮变暗。如此循环，使转向灯闪烁。转向灯闪烁的频率由电容 C 的充放电时间决定。

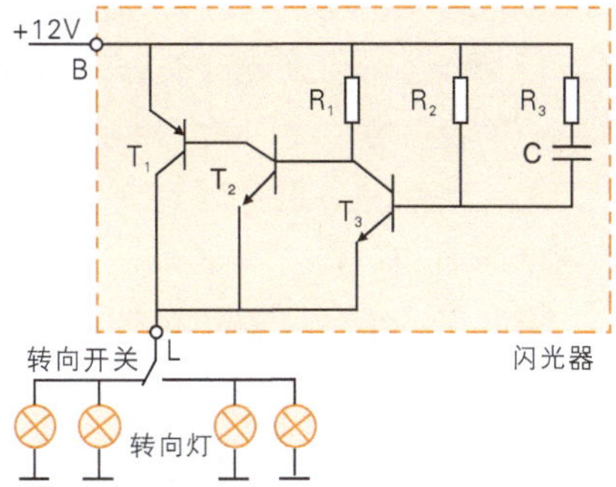

图 3–75　无触点电子闪光器结构原理图

（4）集成电路式闪光器。

如图 3–76 所示为桑塔纳轿车装用的集成电路式闪光器的工作原理图。其中 U243B 是一个低功耗、高精度的汽车电子闪光器专用集成块。其内部电路主要由输入检测器、电压检测器、振荡器及输出级四部分组成。

输入检测器用来检测转向信号灯开关是否接通；振荡器由一个电压比较器、外接电阻 R_4 和电容器 C_1 构成；电压检测器用来识别取样电阻 R_S 上的压降，该压降经电压检测器识别后，控制振荡器中电压比较器的参考电压，从而改变振荡频率。

当转向灯开关闭合时，电路工作，转向信号灯和转向指示灯闪烁，频率为 80 次 /min。如果某只转向灯损坏，则转向指示灯的闪光频率会加快一倍，以示报警。当打开危险报警开关时，汽车的前、后、左、右转向信号灯将同时闪烁。

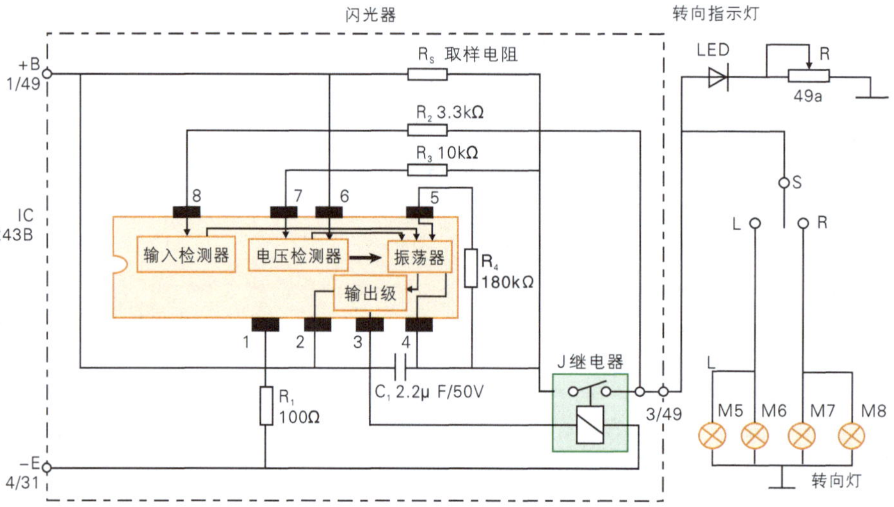

图 3-76 集成电路式闪光器工作原理图

（5）转向信号灯与危险报警灯电路举例。

下面以卡罗拉转向信号灯与危险报警灯电路为例进行分析，电路如图 3-77 所示。

闪光灯继电器的 5 脚、6 脚外接前照灯变光开关总成 E8（E60）。当 E8 置于“左”挡时，E8（E60）的 A15 脚与 A12 脚接通，信号经转向信号灯继电器的 5 脚→前照灯变光开关总成 E8（E60）的 A15 脚→前照灯变光开关总成 E8（E60）的 A12 脚→ E1 搭铁，此时，闪光灯继电器内部左转向触点闭合，电压经闪光灯继电器的 3 脚输出分为三路：

第一路经左后组合灯 L7 →连接器 L34 的 4 脚→连接器 L34 的 1 脚→ L3 搭铁，左后组合灯 L7 中的转向灯闪烁；

第二路经组合仪表 E46 的 6 脚→组合仪表内部的左转向指示灯→组合仪表内部搭铁，组合仪表上的左转向指示灯闪烁；

第三路到连接器 A48（A49）的 A1 脚后又分为两路，一路从连接器 A48（A49）的 B5 脚→左前转向信号灯 A7 → A1 搭铁，另一路从连接器 A48（A49）的 B6 脚→左侧转向信号灯 A6 → A1 搭铁，此时左前转向信号灯和左侧转向灯均闪烁。

当 E8 置于“右”挡时，E8（E60）的 A13（B6）脚与 A12（B7）脚接通，信号经转向信号闪光灯继电器的 6 脚→前照灯变光开关总成 E8（E60）的 A13（B6）脚→前照灯变光开关总成 E8（E60）的 A12（B7）脚→ E1 搭铁，此时，闪光灯继电器内部右转向触点闭合，电压经闪光灯继电器的 2 脚输出分三路：

第一路经右后组合灯 L29→连接器 L34 的 11 脚→连接器 L34 的 1 脚→L3 搭铁，右后组合灯 L29 中的转向灯闪烁；

第二路经组合仪表 E46 的 5 脚→组合仪表内部的右转向指示灯→组合仪表内部搭铁，组合仪表上的右转向指示灯闪烁；

第三路到连接器 A48（A49）的 B1 脚后又分两路，一路从连接器 A48（A49）的 A5 脚→右前转向信号灯 A18→A3 搭铁，另一路从连接器 A48（A49）的 A6 脚→右侧转向信号灯 A26→A3 搭铁，此时右前转向信号灯和右侧转向灯均闪烁。

闪光灯继电器的 8 脚外接危险报警信号开关，按下危险报警信号开关时，闪光灯继电器的 8 脚搭铁，闪光灯继电器收到危险报警信号，此时，前、后、左、右及侧向转向灯将同时闪烁。

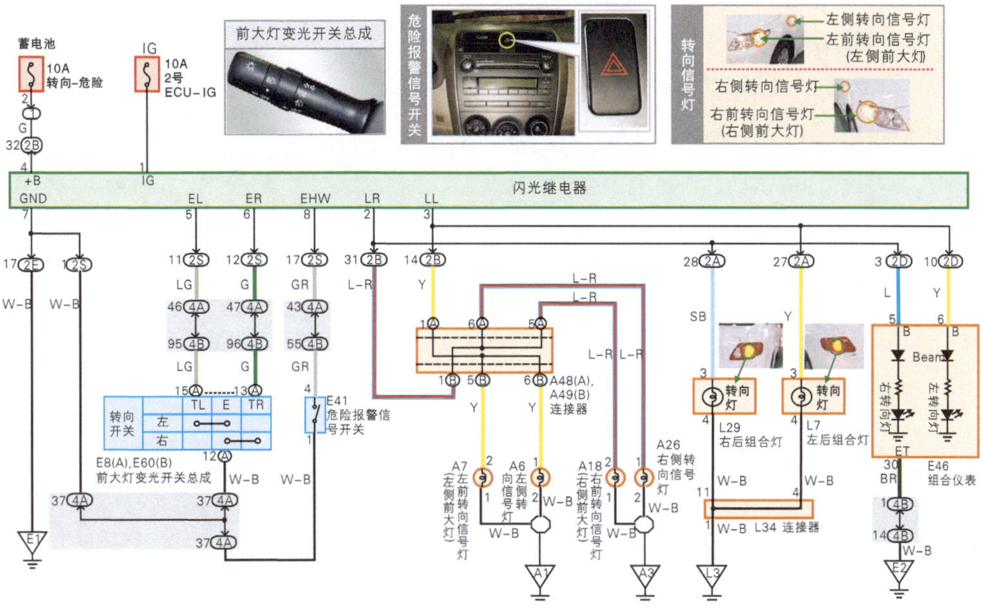

图 3-77 转向信号灯和危险报警灯电路图

2）倒车灯装置

（1）倒车灯开关及倒车灯电路。

倒车灯及倒车报警器主要用于在汽车倒车时提醒行人及其他车辆注意，它们均由安装在变速器上的倒车灯开关控制。

倒车灯开关结构如图 3-78 所示。

未挂倒挡时，倒车灯开关钢球被顶起，开关处于断开状态；而当变速杆拨至倒挡时，钢球被松开，在弹簧的作用下，触点闭合，将倒车灯电路接通，使倒车灯点亮。

倒车灯电路如图 3-79 所示。

倒车时，倒车灯开关闭合，倒车灯亮，此时倒车蜂鸣器也得电，蜂鸣器发出声响。同时蓄电池还通过线圈 L_2 对电容进行充电，由于流入线圈 L_1 和 L_2 的电流大小相等、方向相反，产生的电磁吸力互相抵消，因此继电器触点继续闭合。随着电容器两端的电压逐渐上升，流入线圈 L_2

中的电流变小，当 L_1 与 L_2 产生的吸力差大于触点的弹簧拉力时，触点打开，蜂鸣器停止发声。

继电器触点打开后，电容器通过线圈 L_2 和 L_1 放电，触点继续打开。当电容器两端电压下降到一定值时，线圈磁力减弱，继电器触点又重新闭合，蜂鸣器通电发出声响，电容器又开始充电，如此反复，继电器触点不断打开、闭合，蜂鸣器发出断续的声响，以示倒车。

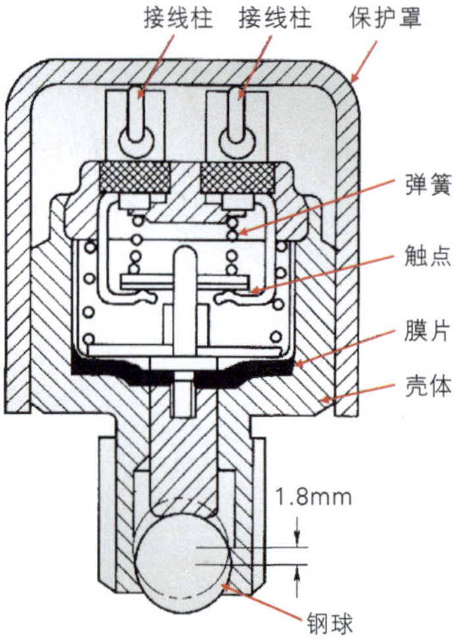

图 3-78　倒车灯开关结构图

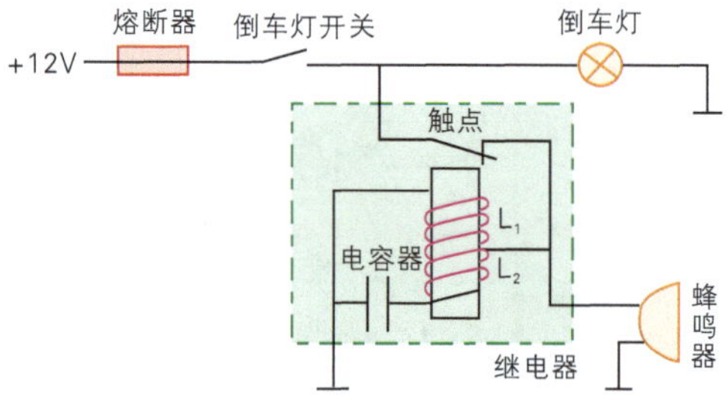

图 3-79　倒车灯电路图

（2）倒车灯电路举例。

下面以卡罗拉倒车灯电路为例进行分析，电路如图 3-80 所示。

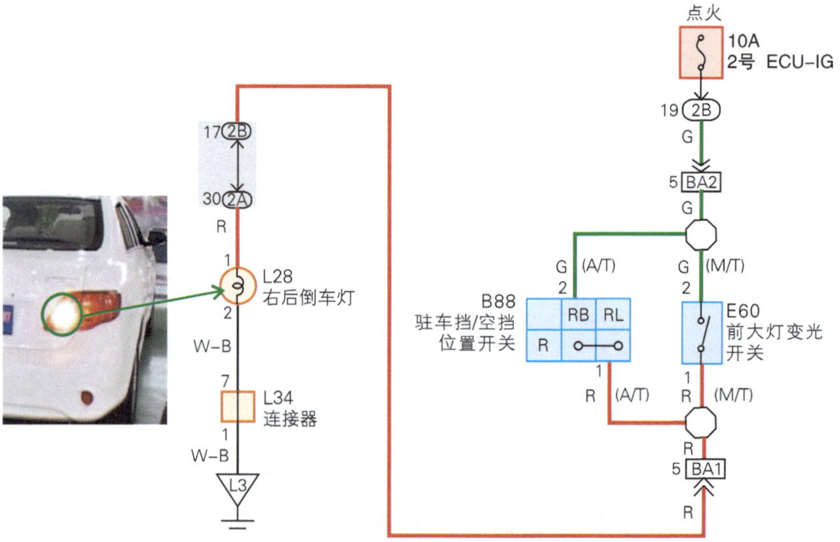

图 3-80　卡罗拉倒车灯电路图

当按下前大灯变光开关中的倒车灯开关（或变速器的驻车挡 / 空挡位置开关打在 R 挡）时，来自点火开关的电压经 10A 2 号 ECU-IG 熔丝→前大灯变光开关 E60（或驻车挡 / 空挡位置开关 B88）→右后倒车灯 L28 →连接器 L34 → L3 搭铁，此时右后倒车灯亮，如图 3-80 所示。

3）制动灯装置

（1）制动灯开关及制动灯电路。

制动灯电路一般不受点火开关的控制，直接由电源、熔丝到制动灯开关，如图 3-81 所示。制动灯开关通常有机械式、液压式和气压式三种。

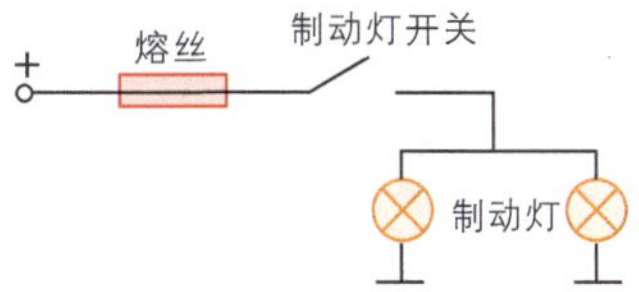

图 3-81 制动灯电路

①气压式制动灯开关：用于采用气压制动系统的汽车，通常被安装在制动系统的气压管路上，结构如图 3-82 所示。固定触点接线柱与蓄电池正极相连，活动触点接线柱与指示灯相连。

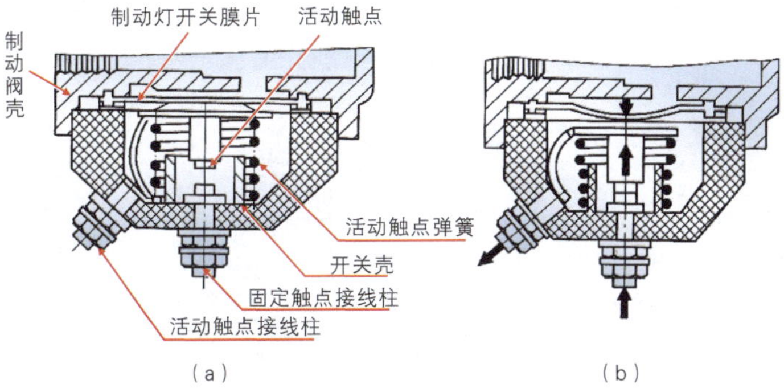

图 3-82 气压式制动灯开关

未踩下制动踏板时，无气压作用在膜片上方，活动触点与固定触点分离，如图 3-82（a）所示；当踩下制动踏板时，膜片上方的气压增大，膜片压缩活动触点弹簧下移，带动活动触点下移与固定触点接触，如图 3-82（b）所示，接通制动灯电路。

②液压式制动灯开关：用于采用液压制动系统的汽车上，装在液压制动主缸的前端，其结构如图 3-83 所示。其工作原理与气压式基本相同。

③机械式制动灯开关：一般装于制动踏板下方，如图 3-84 所示。踩下制动踏板时，制动开关内的活动触点将两接线柱接通，接通制动灯电路；松开踏板后，断开制动灯电路。

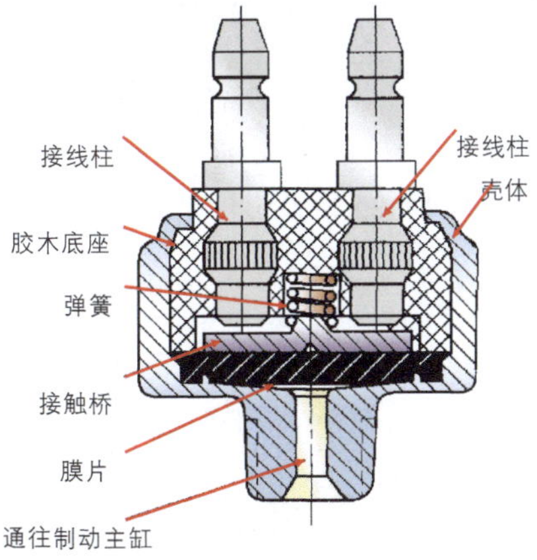

图 3-83 液压式制动灯开关

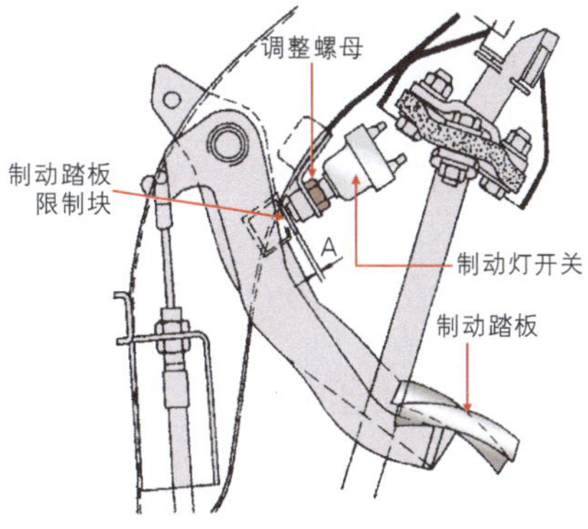

图 3-84 机械式制动灯开关

（2）制动灯电路举例。

以卡罗拉制动灯电路为例进行分析，电路如图 3-85 所示。

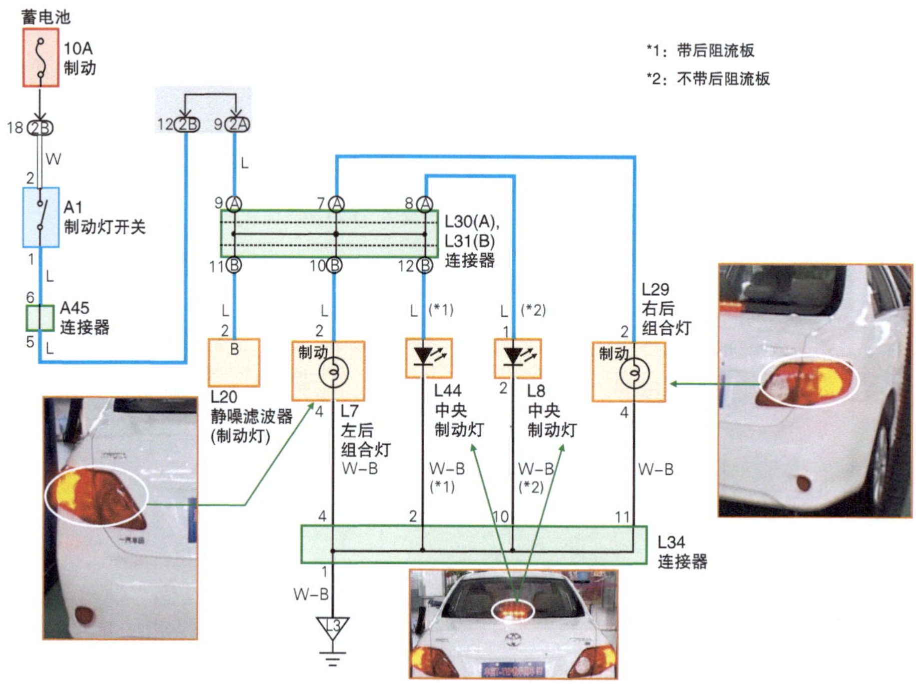

图 3-85　卡罗拉制动灯电路图

蓄电池电压经 10A 制动熔丝后，供电给制动灯电路，按下制动灯开关，蓄电池电压→ 10A 制动熔丝→制动灯开关 A1 →连接器 A45 →连接器 L30（A）的 A9 脚后分五路：

第一路从连接器 L30（A）的 B10 脚→左后组合灯 L7 中的制动灯→连接器 L34 → L3 搭铁，此时左后组合灯 L7 中的制动灯亮起；

第二路从连接器 L30（A）的 A7 脚→右后组合灯 L29 中的制动灯→连接器 L34 → L3 搭铁，此时右后组合灯 L29 中的制动灯亮起；

第三路从连接器 L30（A）的 A8 脚→中央制动灯 L8 →连接器 L34 → L3 搭铁，此时中央制动灯 L8 亮起；

第四路从连接器 L30（A）的 B12 脚→中央制动灯 L44 →连接器 L34 → L3 搭铁，此时中央制动灯 L44 亮起；

第五路从连接器 L30（A）的 B11 脚→制动灯静噪滤波器 L20。

2. 汽车喇叭电路

1）汽车喇叭结构与工作原理

现代轿车使用的喇叭多为电喇叭，电喇叭又可分为螺旋形电喇叭和盆形电喇叭。

（1）螺旋形电喇叭。

螺旋形电喇叭实物及内部结构如图 3-86 所示，工作原理如下：当按下按钮时，励磁线圈通电，电流回路为蓄电池正极（+）→按钮→励磁线圈→触点→搭铁→蓄电池负极（-）。电流通过线圈时，产生电磁吸力，吸下衔铁，通过中心螺杆使膜片拱曲，中心螺杆上的调整螺母压下活动触点臂，触点分开，切断电路。此时，励磁线圈电流中断，电磁吸力消失，在弹片和膜片的作用下，衔铁又返回原位，膜片也复位，触点又闭合，电路又接通。此后，上述过程反复不断地进行，膜片不断振动，从而发出一定频率的音波，由传声筒传出。

（a）实物图

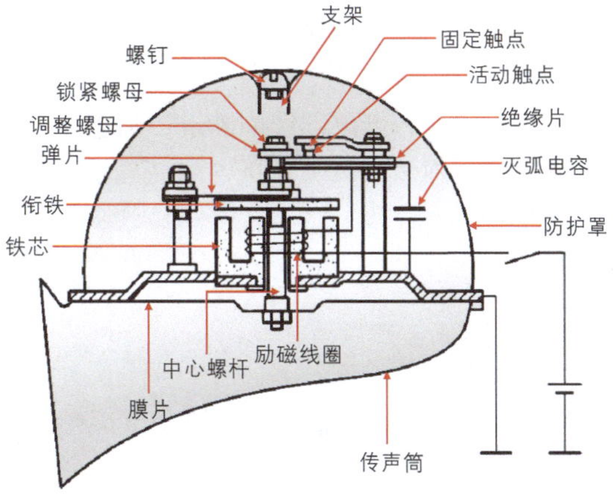

（b）结构图

图 3-86　螺旋形电喇叭

（2）盆形电喇叭。

如图 3-87 所示，电磁铁采用螺管式结构，铁芯上绕有励磁线圈，上、下铁芯间的气隙在线圈中间，所以能产生较大的吸力。上铁芯、膜片和共鸣板装在中心轴上。当电路接通时，励磁线圈产生吸力，上铁芯被吸下与下铁芯撞击，产生较低的基本频率，并激励膜片及与膜片连成

（a）实物图

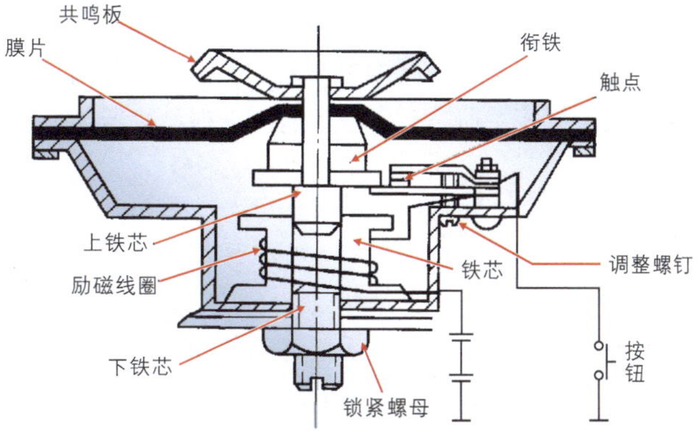

（b）结构图

图 3-87　盆形电喇叭

一体的共鸣板产生共鸣，从而发出比基本频率强得多且分布又比较集中的谐音。

2）电喇叭控制电路

电喇叭控制电路如图 3–88 所示。

按下电喇叭按钮时，线圈通电，使继电器铁芯产生电磁吸力，将继电器触点闭合，接通了双音电喇叭，电喇叭发音。

电流回路为蓄电池正极→熔丝→接线柱 B→触点臂→触点→接线柱 H→电喇叭→搭铁→蓄电池负极。

松开电喇叭按钮时，继电器线圈断电，铁芯电磁吸力消失，触点在自身弹力作用下断开，切断了电喇叭电路，电喇叭停止发音。

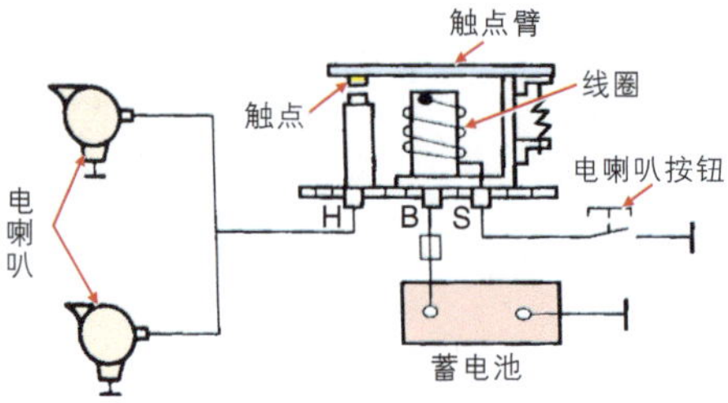

图 3–88 电喇叭控制电路

任务实践

1. 实践名称

照明系统的拆装。

2. 实践准备

实训车辆、螺丝刀、常用拆装工具等。

3. 实践要求与注意事项

（1）明确操作规范和职责范围，预防潜在危险。

（2）实践操作过程中保持场地卫生及安全，不嬉戏打闹。

（3）在使用举升机的过程中应上好保险后再开始工作。

（4）使用维修手册时，要注意避免破损，手册与使用车型相对应。

4. 操作步骤及检修

1）前照灯的拆装

①拆下前保险杠总成位于挡泥板处的紧固螺钉，如图 3–89 所示。

②将汽车举升到一定高度，并拆下保险杠横梁上四个紧固螺钉，如图 3–90 所示。

图 3–89 拆下前保险杠总成位于挡泥板处的紧固螺钉

③拔下前保险杠上两雾灯的线束插头，取下前保险杠总成。

④拧下前照灯总成螺钉，拔下连接线束端口后取出前照灯（左、右前照灯拆卸方法相同），如图 3–91、图 3–92 所示。

⑤按与拆卸相反的顺序进行安装。

图 3–90 拆下保险杠横梁上四个紧固螺钉

图 3–91 拧下前照灯总成螺钉

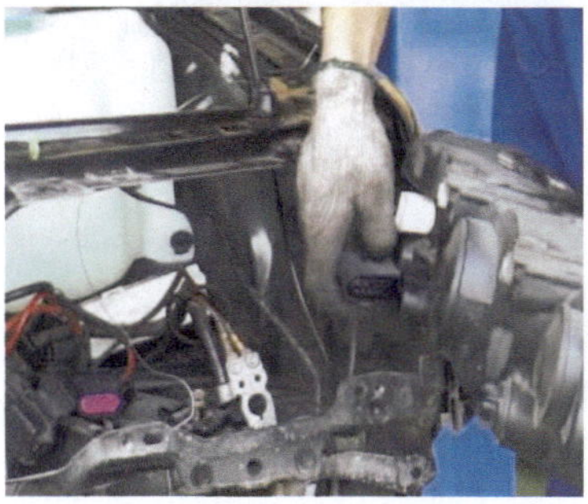

图 3–92 拔下前照灯连接线束端口

2）后雾灯的拆装

①拧下行李厢盖上左、右后雾灯的紧固螺钉，拔下线束端子，如图 3–93、图 3–94 所示。

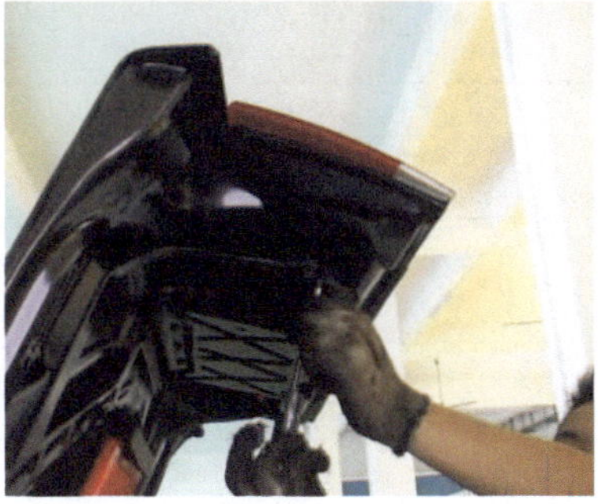

图 3–93 拧下后雾灯的紧固螺钉

图 3–94 拔下后雾灯线束端子

②取出后雾灯总成，如图 3–95 所示，右边为灯饰，没有线束连接。

③按与拆卸相反的顺序进行安装。

3）后组合灯的拆装

①揭下位于行李厢中尾灯后部的罩盖，拧下后组合灯总成紧固螺钉，如图 3–96 所示。

图 3–95 取出后雾灯总成

②拔下连接线束，取出后组合灯总成，如图 3–97 所示。

③按与拆卸相反的顺序进行安装。

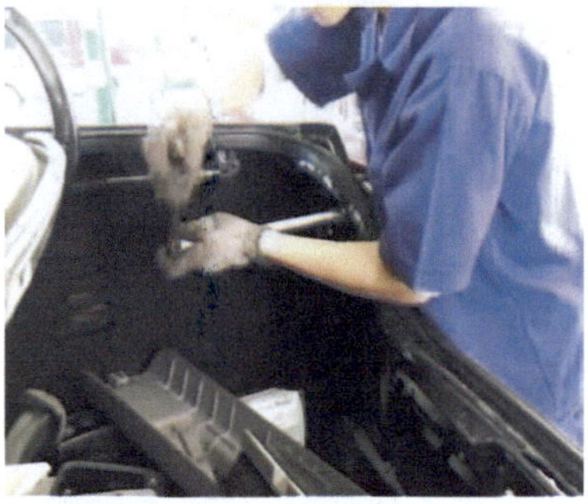

图 3–96 拧下后组合灯总成紧固螺钉

图 3–97 取出后组合灯总成

5. 实践总结

____

____

____

____

____

任务练习

一、填空题

1. 外部照明系统主要由 ________、________、________ 等组成，内部照明系统主要由 ________、________、________、________ 等组成。

2.________ 又称示宽灯、位置灯，安装在汽车 ________、________ 和 ________，夜间行车或停车时以标志车辆的 ________。

3. 反射镜的作用是 ________ 灯泡发出的 ________，并将这些光线聚合成很强的 ________ 射向远方。

二、选择题

1. 汽车倒车灯不起作用的故障原因可能是（　　）。

A. 前照灯开关有关故障　　B. 变速器中空挡安全开关失调

C. A、B 均正确　　D. A、B 均不正确

2. 倒车灯的灯光颜色为（　　）色。

A. 红　　B. 黄

C. 白　　D. 橙

3.（　　）将前照灯、尾灯、转向灯及变光等开关制成一体。

A. 组合开关　　B. 大灯开关

C. 变光开关　　D. 前照灯继电器

4. 前照灯的近光灯丝位于（　　）。

A. 焦点上方　　B. 焦点处

C. 焦点下方　　D. 焦点前

三、问答题

1. 简述汽车外部照明系统的组成部分。

2. 简述配光镜的功用与特点。

3. 简述汽车喇叭的结构与工作原理。

任务三 汽车电动车窗与天窗

任务目标

完成本学习任务后，学生在基础知识和基本技能方面应达到以下要求。

● 知识目标

（1）掌握电动车窗的结构与工作原理。

（2）掌握电动天窗的结构与工作原理。

● 能力目标

（1）能够独立完成电动车窗的拆装。

（2）能够独立完成电动天窗的拆装。

任务引入

电动车窗就是用伺服电动机驱动玻璃的升降，它取代了传统的转动摇柄升降玻璃，使得玻璃的升降更加轻便化、舒适化、自动化；电动天窗是安装于汽车顶部、主体材料为玻璃的车身部件，该部件由电动机驱动并通过传动机构将天窗玻璃沿滑槽前后移动、倾斜开闭，且能按要求停留在任意位置。下面进入汽车电动车窗与天窗的学习。

相关知识

一、电动车窗的组成及工作原理

1. 电动车窗的组成

电动车窗又称电动门窗，驾驶员或乘客在座位上操纵控制开关，利用电动机驱动玻璃升降器实现车窗玻璃的升降。电动车窗主要由玻璃升降器、直流电动机、控制开关（主控开关、分控开关）等组成。

1）玻璃升降器

常用的玻璃升降器有齿扇式和钢丝滚筒式两种，如图 3–98 所示。

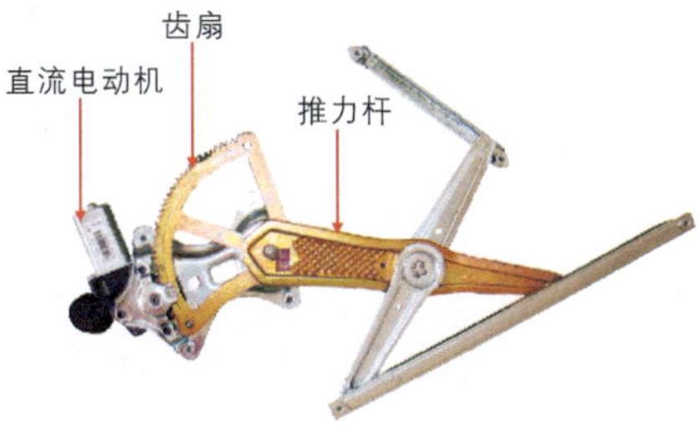

（a）齿扇式玻璃升降器

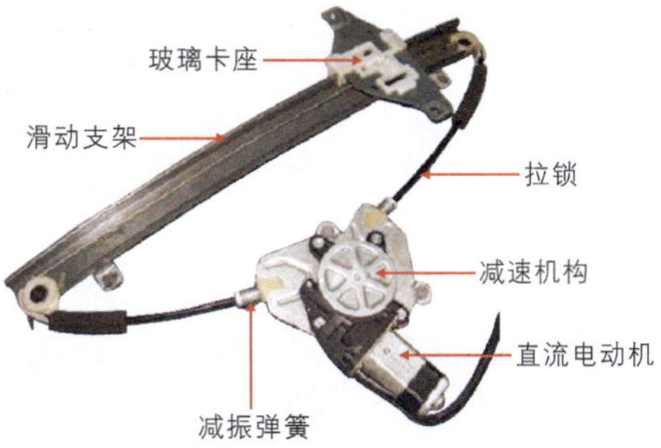

（b）钢丝滚筒式玻璃升降器

图 3–98　玻璃升降器

齿扇式玻璃升降器通过齿扇来实现换向作用。齿扇上安有螺旋弹簧，当车窗上升时，螺旋弹簧伸展，释放弹性能量，以减轻电动机负荷；当车窗下降时，螺旋弹簧收缩，吸收能量，从而使车窗无论是上升还是下降，电动机的负荷基本相同。

钢丝滚筒式玻璃升降器：在直流电动机前端安装有减速机构，其上安装一个绕有钢丝的滚筒，玻璃卡座固定在钢丝上且可在滑动支架上移动。

2）直流电动机

电动车窗上采用的电动机有永磁式和双绕组串励式两种。

采用永磁式电动机时，电动机不直接搭铁，电动机的搭铁受开关控制，通过改变电动机的电流方向改变电动机的转向，从而实现车窗的升降，控制电路如图 3–99 所示。

采用双绕组串励式电动机时，电动机一端直接搭铁，电动机有两个绕组，通过接通不同的磁场绕组，使电动机的转向不同，实现车窗的升降，控制电路如图 3–100 所示。

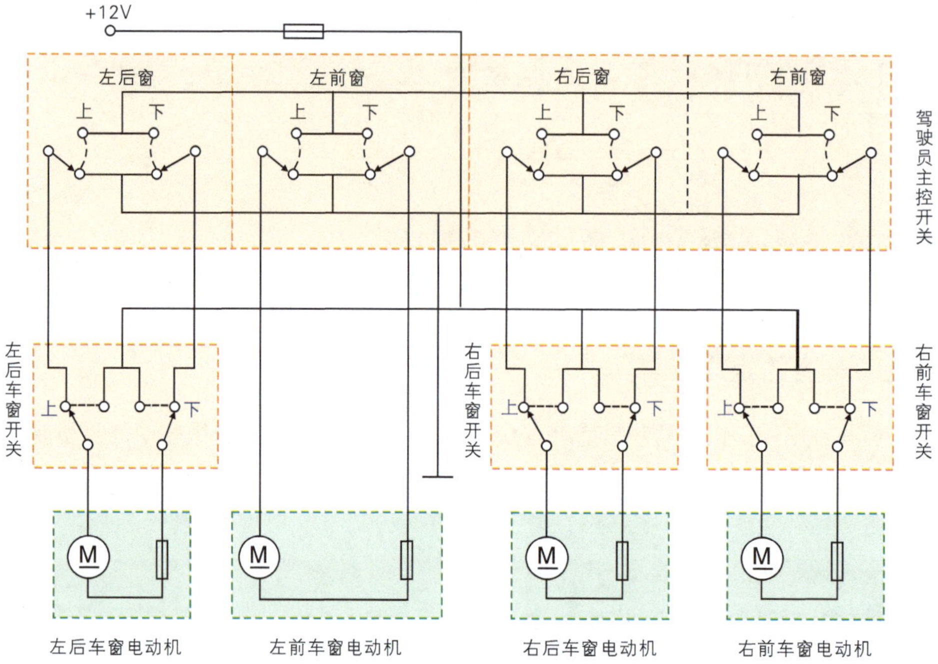

图 3-99　采用永磁式电动机的电动车窗控制电路

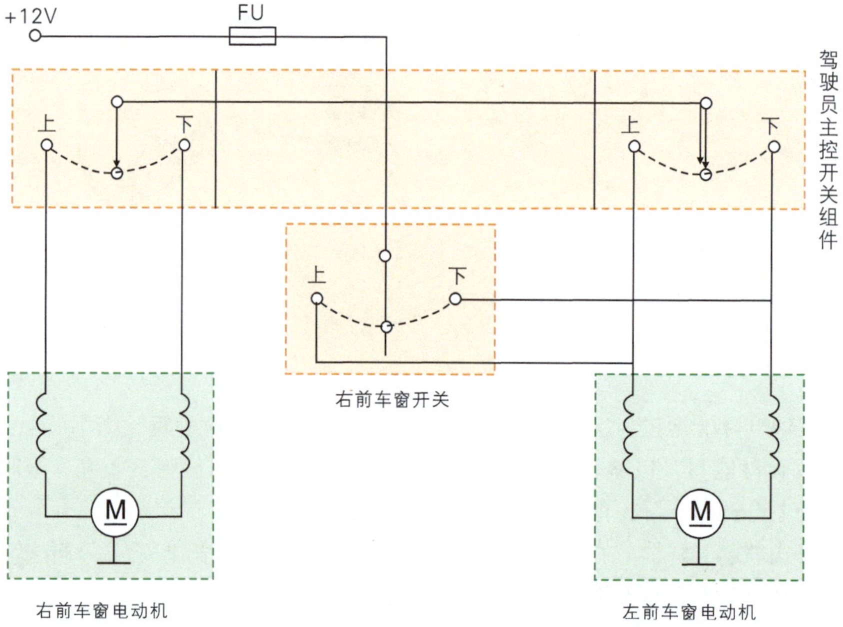

图 3-100　采用双绕组串励式电动机的电动车窗控制电路

3）控制开关

所有车窗系统都有两套控制开关：一套是主控开关，安装在驾驶员侧车门扶手上或仪表板上，如图 3-101 所示，由驾驶员控制玻璃升降；另一套为分控开关，安装在乘客侧车窗中部，如图 3-102 所示，可由乘客操纵。主控开关上还安装有控制分控开关的安全开关，如果断开它，分控开关就不起作用了。

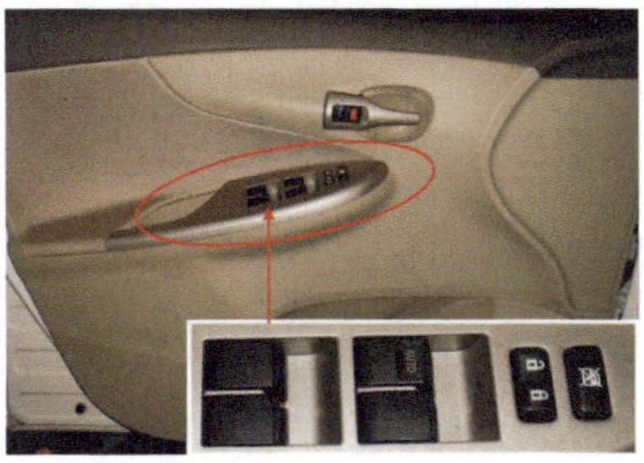

图 3–101 轿车车窗主控开关

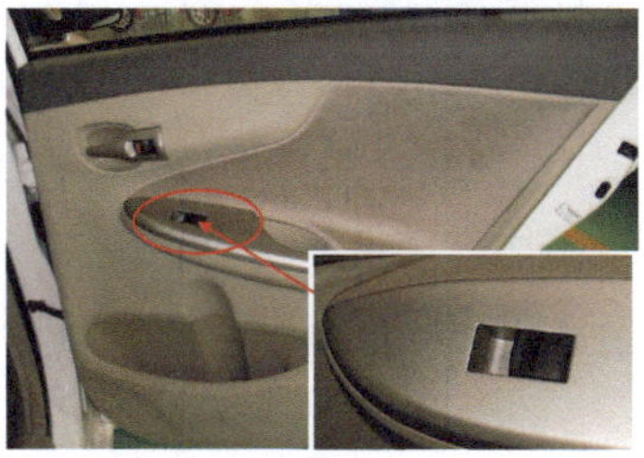

图 3–102 轿车右前乘客侧车窗分控开关

2. 电动车窗的工作原理

如图 3–103 所示为本田飞度轿车电动车窗控制系统线路图，采用永磁式直流电动机驱动车窗玻璃升降。

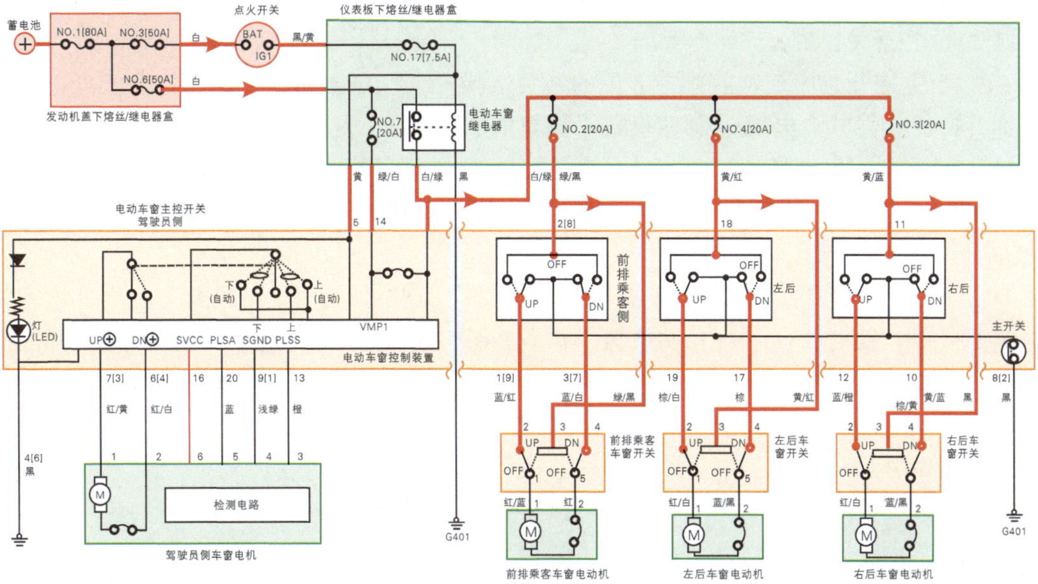

图 3–103 本田飞度轿车电动车窗控制系统线路图

当点火开关处于 IG1 位置时，电动车窗继电器线圈得电，吸合常开开关，接通蓄电池电源至各车窗控制电动机的线路。位于驾驶员侧的主控开关能控制驾驶员侧车窗的动作，也能控制其他各车窗的动作。其他车窗控制开关只能控制相应的车窗动作。同时，驾驶员侧车窗具有自动升降功能。

1）驾驶员侧车窗的控制

驾驶员侧车窗由主控开关内的电动车窗控制装置控制。电动车窗控制装置接收驾驶员侧车窗的开关信号，控制电动机的运转。飞度自动车窗带有防夹功能，当选择自动升降模式时，检测电路随时检测电动机控制电流的变化，并反馈给电动车窗控制装置以控制电动机正转或反转。

2）乘客侧车窗的控制

乘客侧车窗的控制前提条件是主开关须闭合，接通至搭铁的通路。以前排乘客车窗控制为例，前排乘客车窗的控制方式可分为前排乘客车窗开关控制和主控开关控制。

（1）前排乘客车窗开关控制。

UP：当前排乘客车窗开关选择“UP”时，开关端子 3–1、5–4 接通。蓄电池电源→发动机盖下熔丝 NO.1（80A）及 NO.6（50A）→电动车窗继电器→ NO.2（20A）→前排乘客车窗开关 #3 →前排乘客车窗开关 #1 →车窗电动机 #1 →车窗电动机 #2 →前排乘客车窗开关 #5 →前排乘客车窗开关 #4 →主开关→主控开关 #8[2] →接地。电动机控制回路接通，电动机正转工作，带动车窗玻璃升降器向上运动。

DN：前排乘客车窗开关选择“DN”时，前排乘客开关端子 3–5、1–2 接通。蓄电池电源→发动机盖下熔丝 NO.1（80A）及 NO.6（50A）→电动车窗继电器→ NO.2（20A）→前排乘客车窗开关 #3 →前排乘客车窗开关 #5 →车窗电动机 #2 →车窗电动机 #1 →前排乘客车窗开关 #1 →前排乘客车窗开关 #2 →主开关→主控开关 #8[2] →接地。电动机控制电流反向，电动机反转工作，带动车窗玻璃升降器向下运动。

（2）主控开关控制。

UP：当主控开关内控制前排乘客侧的开关选择“UP”位置时，主控开关端子 2[8]–1[9]、3[7]–8[2] 接通。蓄电池电源→发动机盖下熔丝 NO.1（80A）及 NO.6（50A）→电动车窗继电器→ NO.2（20A）→主控开关 #2[8] →主控开关 #1[9] →车窗电动机 #1 →车窗电动机 #2 →主控开关 #3[7] →主开关→主控开关 #8[2] →接地。电动机控制回路接通，电动机正转工作，带动车窗玻璃升降器向上运动。

DN：当主控开关内控制前排乘客侧的开关选择“DN”位置时，主控开关端子 2[8]–3[7]、1[9]–8[2] 接通。蓄电池电源→发动机盖下熔丝 NO.1（80A）及 NO.6（50A）→电动车窗继电器→ NO.2（20A）→主控开关 #2[8] →主控开关 #3[7] →车窗电动机 #2 →车窗电动机 #1 →主控开关 #1[9] →主开关→主控开关 #8[2] →接地。电动机控制电流反向，电动机反转工作，带动车窗玻璃升降器向下运动。

左后车窗及右后车窗的控制电路分析可参考前排乘客侧车窗控制电路分析。

二、电动天窗的组成及工作原理

1. 电动天窗的组成

现在越来越多的中高档轿车都装备了电动天窗，汽车电动天窗依靠汽车行驶过程中气流在汽车顶部的快速流动，有效地使车内空气流通，增加新鲜空气进入，为车主带来健康、舒适的享受。

电动天窗主要由天窗控制开关、限位开关、天窗电动机、天窗控制模块等组成，如图 3–104 所示。

1）天窗电动机

天窗电动机通过传动装置为天窗的开闭提供动力，能双向转动，即通过改变电流的方向来改变电动机的旋转方向，实现天窗的开闭。

图 3-104　电动天窗

2）控制开关

控制开关主要包括滑动开关和斜升开关。滑动开关有滑动打开、滑动关闭和断开（中间位置）3 个挡位。斜升开关有斜升、斜降和断开（中间位置）3 个挡位。通过操作这些开关，令天窗驱动机构的电动机实现正反转，在不同状态下正常工作。

3）限位开关

限位开关主要用来检测天窗所处的位置。限位开关靠凸轮转动来实现断开和闭合。凸轮安装在驱动机构的动力输出端。当电动机将动力输出时，通过驱动齿轮和滑动螺杆减速以后带动凸轮转动，于是凸轮周边的凸起部位触动开关使其开闭，以实现对天窗的自动控制。

4）控制模块

控制模块是一个数字控制电路，并设有定时器、蜂鸣器和继电器等，其作用是接收开关输入的信息，通过数字电路进行逻辑运算，确定继电器的动作，控制天窗开闭。

2. 电动天窗的控制电路

电动天窗的控制电路如图 3-105 所示。

①天窗打开：接通点火开关且天窗开关按至“OPEN”位置时，信号从天窗开关送到天窗控制模块，此时天窗 2 号限位开关接通，继电器工作，电动机转动，打开天窗。

②天窗关闭：接通点火开关，天窗打开且 1 号限位开关和 2 号限位开关均接通，当天窗开关被按至“CLOSE”位置时，信号从天窗开关送到天窗控制模块，继电器工作，电动机转动，关闭天窗。

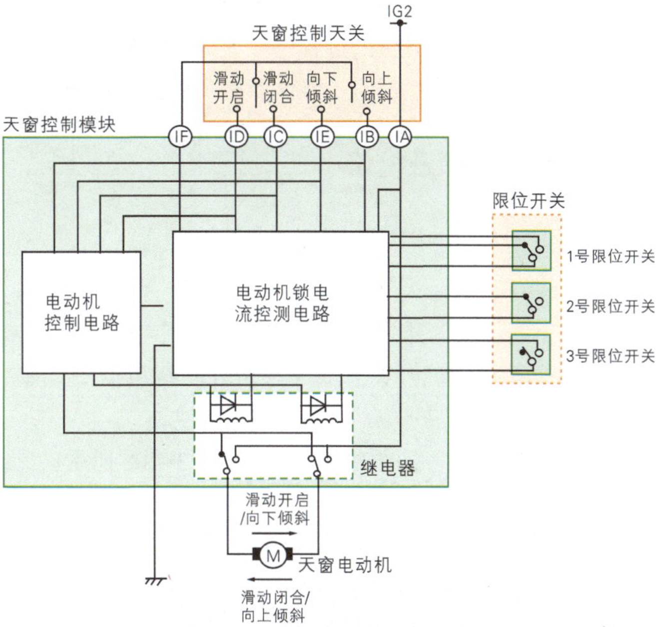

图 3-105　电动天窗的控制电路

③向上倾斜：接通点火开关，天窗关闭，当天窗开关按在向上倾斜位置时，信号从天窗开关送到天窗控制模块，继电器工作，电动机转动，天窗向上倾斜。

④向下倾斜：接通点火开关，1 号限位开关和 2 号限位开关均断开，当天窗开关按在向下倾斜位置时，信号从天窗开关输送给天窗控制模块，继电器工作，电动机转动，天窗下倾。

⑤倾斜提示系统：天窗处于向上倾斜状态时，将点火开关从 ON 挡转至 ACC 挡或 OFF 挡，则天窗控制模块接通蜂鸣器，蜂鸣器响起以提醒驾驶员天窗处于倾斜状态。

任务实践

1. 实践名称

车窗与天窗的拆装。

2. 实践准备

实训车辆、一字螺丝刀、梅花螺丝刀、鲤鱼钳、塑料撬棒、常用拆装工具等。

3. 实践要求与注意事项

（1）明确操作规范和职责范围，预防潜在危险。

（2）实践操作过程中保持场地卫生及安全，不嬉戏打闹。

（3）在使用举升机的过程中应上好保险后再开始工作。

（4）使用维修手册时，要注意避免破损，手册与使用车型相对应。

4. 操作步骤及检修

1）车窗玻璃升降器的拆装

（1）拆卸。

①拧下车窗玻璃开关的紧固螺钉，如图 3–106 所示。

②取出车窗玻璃开关总成，并断开其线束插头，如图 3–107 所示。

③拧下车门内把手的固定螺钉，如图 3–108 所示。

④取下车门护板总成。

⑤拆下车门内把手，如图 3–109 所示。

⑥拆下车门护板支撑架，取下车门护垫。

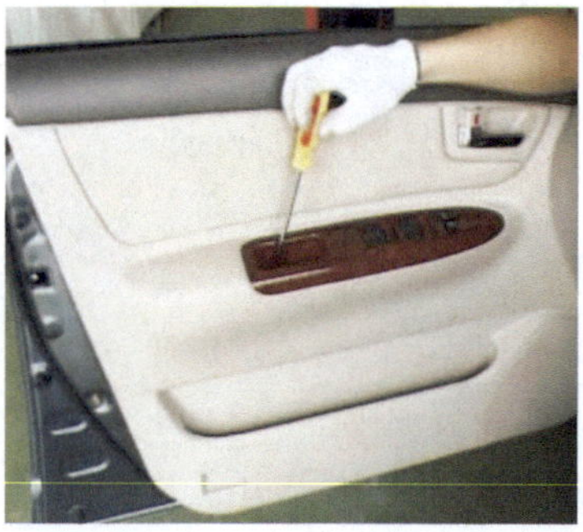

图 3–106　拧下车窗玻璃开关紧固螺钉

⑦将玻璃升降开关与线束重新连接好，然后将车窗玻

璃升到相应位置。

⑧拧下车窗玻璃升降器与车门的紧固螺钉，如图 3–110 所示。取出车窗玻璃。

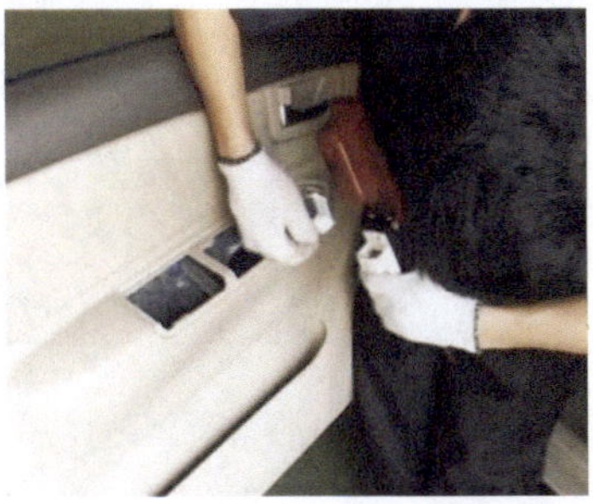

图 3–107　取出车窗玻璃开关总成

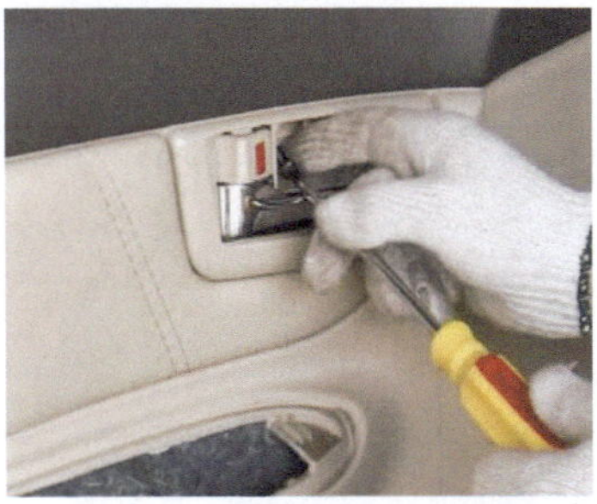

图 3–108　拧下车门内把手固定螺钉

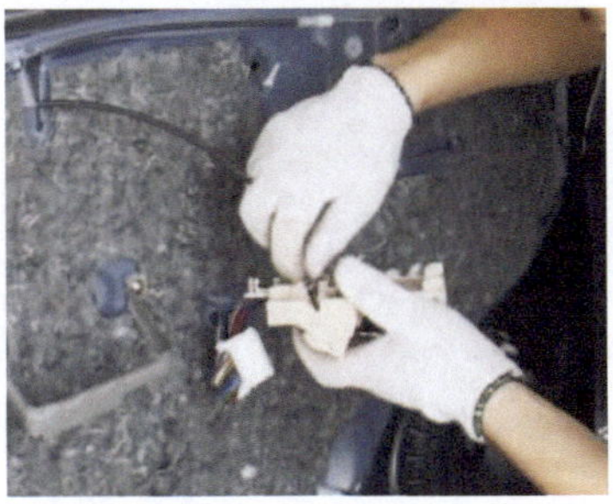

图 3–109　拆下车门内把手

图 3–110　拧下车窗玻璃升降器与车门的紧固螺钉

⑨断开车窗玻璃升降器线束插头，如图 3–111 所示。

⑩取出车窗玻璃升降器，如图 3–112 所示。

图 3–111　断开车窗玻璃升降器线束插头

图 3–112　取出车窗玻璃升降器

（2）安装。

按拆卸相反的顺序进行安装。

注意：

安装、调整完后，应确保车窗玻璃能平稳、顺利地上升或下降。

2）天窗的拆装

（1）拆卸。

注意：

拆装前必须断开蓄电池，以免在拆卸的过程中出现短路。

应提前拆卸车顶拉手、阅读灯、后视镜支架和吸顶显示屏等天窗组件（图 3-113）。

①拆卸车顶拉手。用一字螺丝刀撬开如图 3-114 所示的车顶拉手盖子，使用工具分别拧下两颗螺钉，取下车顶拉手。

②拆卸遮阳板，如图 3-115 所示，将遮阳板上的几颗螺钉分别拆下并取下遮阳板。

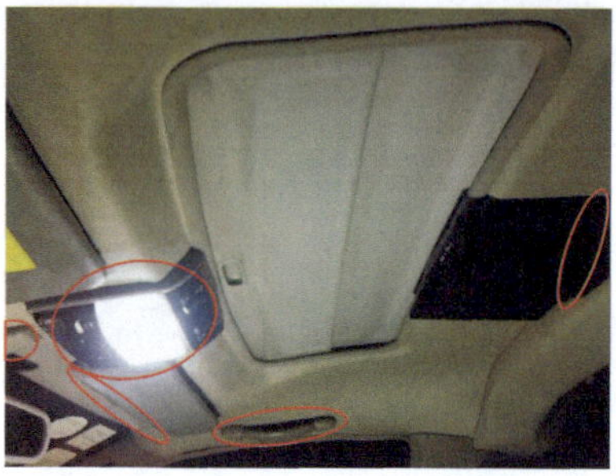

图 3-113　拆卸天窗组件

图 3-114　车顶拉手盖子

图 3-115　遮阳板螺钉位置

注意：

主、副驾驶位的遮阳板都需要拆卸。

③拆卸阅读灯。先用塑料撬棒将如图 3-116 所示的阅读灯盖子撬开并取下，取下盖子后的阅读灯组件如图 3-117 所示，由于阅读灯由 3 颗螺钉固定在车顶，因此拆下 3 颗螺钉即可取下阅读灯。

图 3-116　阅读灯盖子

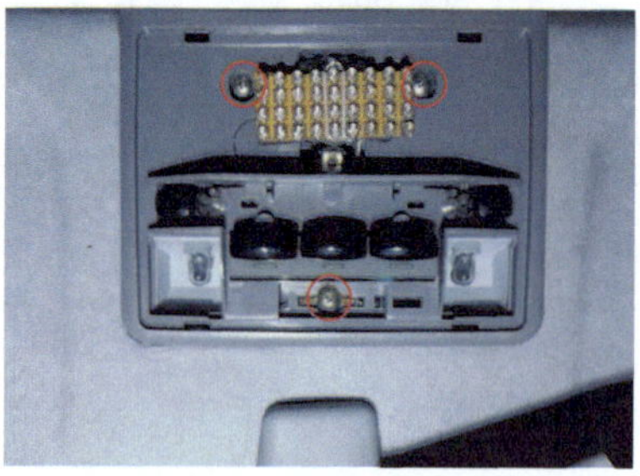

图 3-117　阅读灯组件

注意：

在拆装阅读灯的过程中，不能使用蛮力，以免损坏阅读灯。

④取下阅读灯总成，断开线缆接头，拆卸后视镜支架，如图 3-118 所示。

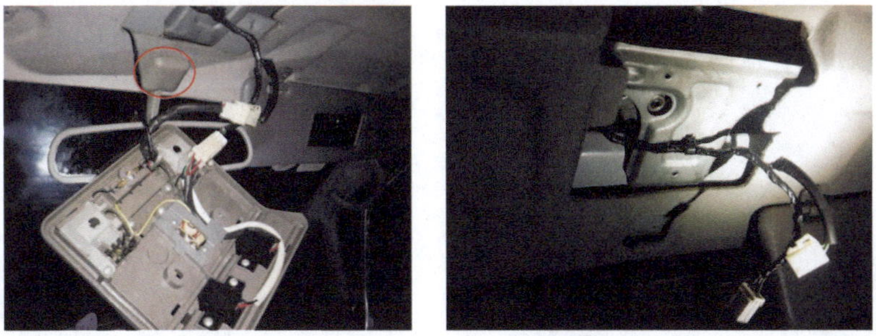

图 3-118　拆卸阅读灯总成与后视镜支架

⑤拆卸顶棚。顶棚通过塑料卡子与车顶，拆卸时将顶棚向外拉，分离卡子与车顶，如图 3-119 所示。

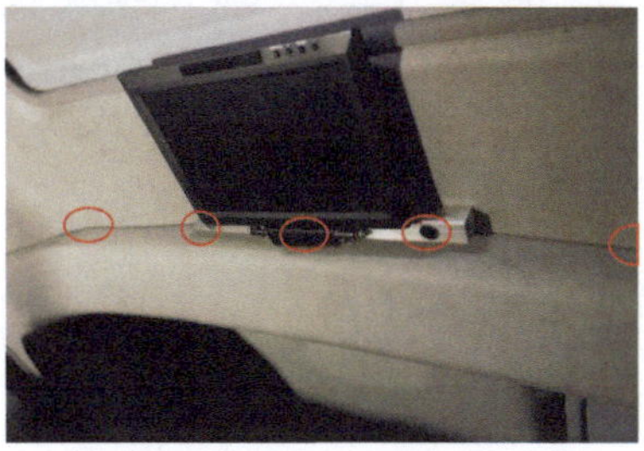

图 3-119　顶棚的拆卸

⑥拆卸汽车 B 柱上的挡板。挡板是由卡子卡紧的，如图 3-120 所示。拆卸挡板时只需要将其往外拉即可取下。取下挡板后整个顶棚就可以取下了。

⑦接下来，使用工具将天窗上的 6 颗固定螺帽及 4 个排水管拆下，如图 3-121 所示。

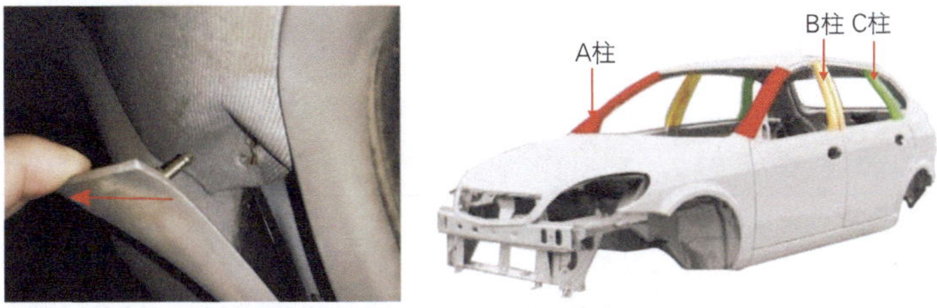

图 3-120　B 柱上的挡板位置

图 3-121　拆卸天窗固定螺帽与排水管

⑧拆卸天窗电动机护板。使用 8~10 号扳手分别将 3 颗螺帽拧松，取下电动机总成并拆下连接线束，如图 3-122 所示。

⑨取下天窗总成，如图 3-123 所示。

注意：

取下天窗总成时，应两人同时操作，以免损坏天窗。

（2）安装。

按拆卸步骤的相反顺序安装。

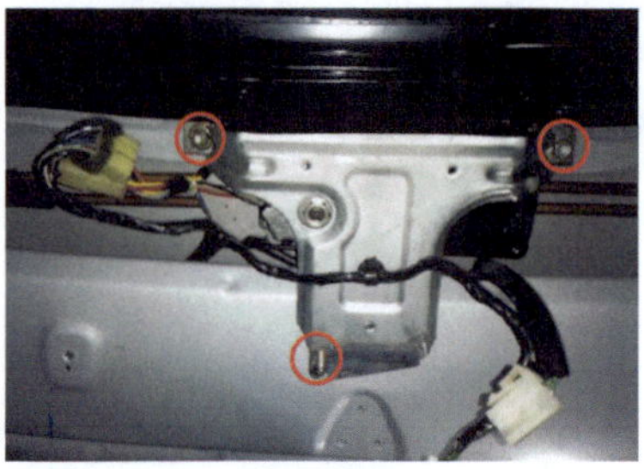

图 3–122　拆卸天窗电动机护板

图 3–123　取下天窗总成

5. 实践总结

____

____

____

____

____

任务练习

一、填空题

1. 电动车窗主要由 ________、________、________ 等组成。

2. 电动车窗上采用的电动机有 ________ 和 ________ 两种。

3. 所有电动车窗系统都有两套控制开关：一套是 ________，安装在 ________ 车门扶手上或 ________ 上，由 ________ 控制玻璃升降；另一套为 ________，安装在 ________ 中部，可由 ________ 操纵。

二、选择题

1. 电动车窗电动机是（　　）电动机。

A. 直流单向　　B. 直流双向

C. 交流　　D. 都可以

2. 将电动车窗电动机拆下后，在其位置接 12V 试灯，开关在“上升”位置时，灯不亮；在“下降”位置时，灯亮，这表明（　　）。

A. 搭铁故障　　B. 电动机故障

C. 电源短路　　D. 开关或开关之间的线路不正常

三、问答题

1. 简述电动车窗的工作原理。

2. 简述电动天窗的工作原理。

任务四
汽车电动刮水器与风窗洗涤器

任务目标

完成本学习任务后，学生在基础知识和基本技能方面应达到以下要求。

● 知识目标

（1）掌握电动刮水器的结构与工作原理。

（2）掌握风窗洗涤器的结构与工作原理。

● 能力目标

能够独立完成刮水器电动机的拆装。

任务引入

汽车在风沙或尘土较多的环境中行驶时，会由于灰尘落在挡风玻璃上而影响驾驶员的视线。因此，一般汽车的刮水系统中都安装了清洗装置，必要时向挡风玻璃喷水或专用清洗液，在雨刷器的配合下，保持挡风玻璃洁净。下面进入汽车电动刮水器与风窗洗涤器的学习。

相关知识

刮水器的功用是确保驾驶员在雨天、雪天和雾天有良好的视线。一般汽车的前风窗玻璃上都装有两个刮水片，部分汽车在后风窗玻璃上还装有一个刮水片，许多汽车还安装有风窗清洗装置和除霜装置。

一、电动刮水器的组成及工作原理

1. 电动刮水器的组成

电动刮水器主要由直流电动机、减速机构、拉杆、摆杆、刮臂、雨刮片等组成，如图 3-124 所示。

直流电动机旋转，带动蜗轮减速机构，使与蜗轮轴相连的摇臂带着两侧拉杆做往复运动，拉杆则通过摆杆带动左、右刮臂做往复摆动，安装在刮臂上的雨刮片便刮去玻璃上的雨水、雪水和灰尘。

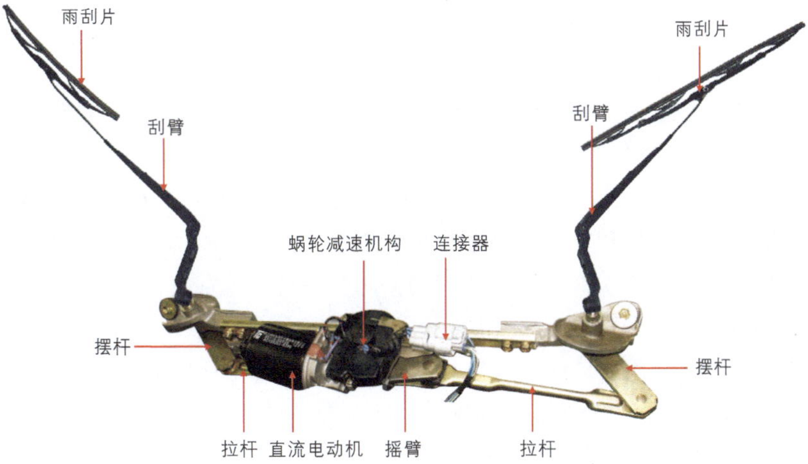

图 3-124 电动刮水器的组成

2. 刮水器的变速原理

刮水电动机按其磁场结构不同分为绕线式和永磁式两种。目前永磁式刮水电动机应用广泛，下面就以永磁式刮水电动机为例讲解其变速原理。

永磁式刮水电动机是通过改变电刷间的导体数目来实现变速的。如图 3-125 所示，它采用三电刷式结构，B_1 为低速运转电刷，B_2 为高速运转电刷，B_3 为公共电刷。

当电动机工作时，在电枢线圈内同时产生与电枢电流方向相反的反电动势，其大小与转速成比例。只有当外加电压等于反电动势时，电枢的转速才趋于稳定。

低速运转：当开关拨向 L（低速挡）时，如图 3–125（a）所示，电源电压加在 B_1 与 B_3 电刷之间。在电刷 B_1 和 B_3 之间有两条并联的电枢绕组支路，一条是由绕组 1、2、3、4 串联的支路，另一条是由绕组 5、6、7、8 串联的支路。每条回路中串联的有效线圈各四个，串联线圈（导体）数相对较多，故反电动势较大，电动机以较低转速运转。

高速运转：当开关拨向 H（高速挡）时，如图 3–125（b）所示，电源电压加在 B_2 和 B_3 电刷之间，其间同样有两条并联的电枢绕组支路，一条是由绕组 1、2、3、4、8 串联的支路，另一条是由绕组 5、6、7 串联的支路。由于绕组 8 和绕组 4 的绕线方向相反，而流经其中的电流方向相同，故绕组 8 产生的反电动势与绕组 4 的反电动势互相抵消，只有三个绕组的反电动势与电源电压平衡，故反电动势较小，电动机以较高转速运转。

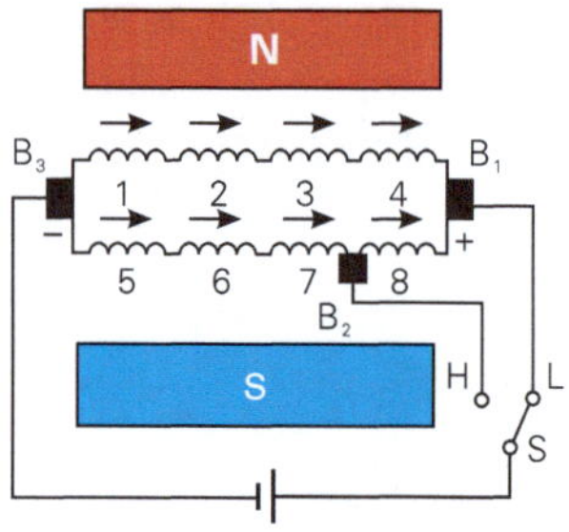

（a）低速运转

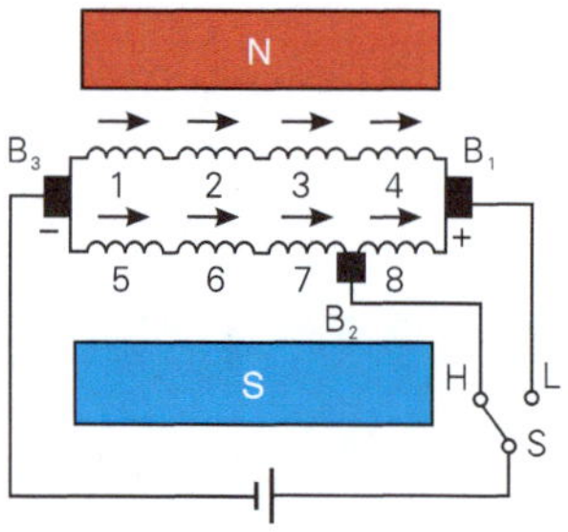

（b）高速运转

图 3–125　永磁式刮水电动机的变速原理

3. 刮水器的自动复位

刮水器的自动复位是指在任何时刻切断刮水电动机电路，刮水片都能自动停止在风窗玻璃的下部而不影响驾驶员的视线。如图 3–126 所示，在直流电动机减速机构的蜗轮上嵌有铜环，此铜环分为两部分，其中面积较大的一片与电动机外壳相连接（搭铁）。

当把刮水器开关退回到 R 位时，如果刮水片没有停到规定位置，由于触点 B 与铜环相接触，如图 3–126（b）所示，则电流继续流入电枢，其电路为蓄电池正极→电源开关→熔丝→电刷 B_3→电枢绕组→电刷 B_1→接线柱Ⅱ→接触片→接线柱Ⅰ→触点臂→触点 B→铜环→搭铁→蓄电池负极，电动机仍以低速运转，直至蜗轮旋转到图 3–126（a）所示的特定位置，电路中断。由于电枢的运动惯性，电动机不能立即停止转动，此时电动机以发电机方式运行，其电路为电刷 B_3→触点臂→触点 A→铜环→触点 B→触点臂→接线柱Ⅰ→接触片→接线柱Ⅱ→电刷 B_1→电枢绕组，形成回路。电枢绕组所产生的反电动势的方向与外加电压的方向相反，产生制动扭矩，电动机迅速停止转动，使刮水片复位到风窗玻璃的下部。

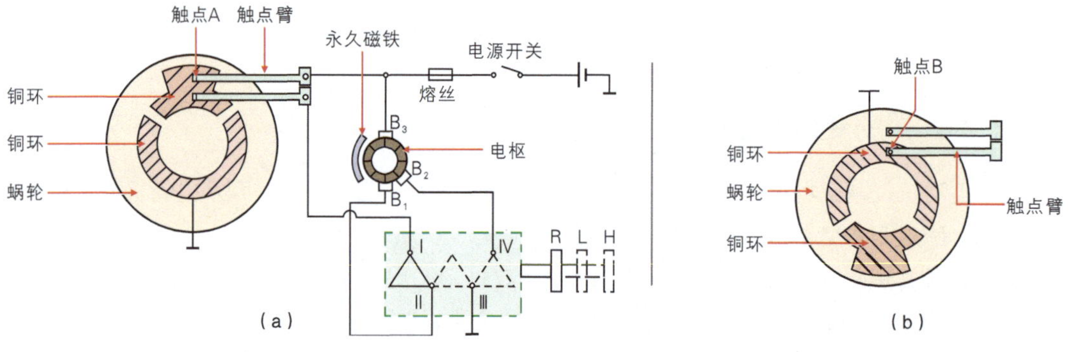

图 3–126　刮水器自动复位装置

4. 刮水器间歇控制

当汽车在毛毛细雨或浓雾天行驶时，因风窗玻璃表面形成的不是连续水滴，如果刮水片仍按一定的速度连续刮拭，微量的水分和灰尘就会形成发黏的表面，使玻璃模糊不清，影响驾驶员的视线。为此现代汽车刮水器都装有间歇控制系统，使刮水器能按一定的周期停止和刮水，以使驾驶员获得更好的视线。

电动刮水器的电子间歇控制按其间歇时间能否调节可分为可调式和不可调式。下面以同步振荡电路控制的间歇刮水器为例介绍其工作过程。

电路如图 3-127 所示。当刮水开关置“0”挡，且间歇开关闭合时，电流由蓄电池“+”→点火开关→熔丝→复位开关常闭触点→电阻 R_6→电容 C →搭铁→蓄电池“-”形成充电回路，使电容 C 两端电压上升，达一定值时，T_1 导通，T_2 随之导通。继电器 J 中有电流通过，回路为蓄电池“+”→点火开关→熔丝→ R_4 → T_2 → J →间歇开关→搭铁→蓄电池“-”；继电器磁化线圈通电使其常闭触点断开（实线位置）、常开触点闭合（虚线位置），使刮水电动机电路被接通，回路为蓄电池“+”→点火开关→熔丝→公共电刷 B_3→电枢绕组→低速电刷 B_1→刮水开关“0”位→继电器常开触点→搭铁→蓄电池“-”，形成供电回路，使刮水电动机低速工作。当复位开关常闭触点被复位装置顶开至常开位置时，电容 C →二极管 D →复位开关常开位置→搭铁；电容快速放电，一段时间后，T_1 截止，T_2 截止，继电器断电，其触点复位，但这时电动机仍运转，回路为蓄电池“+”→点火开关→熔丝→公共电刷 B_3→电枢→低速电刷 B_1→刮水开关“0”位→继电器常闭触点→复位开关常开触点→搭铁→蓄电池“-”，只有当复位开关常开触点被复位装置顶回至常闭位置时电动机才停止。电容 C 再次充电，如此周而复始。

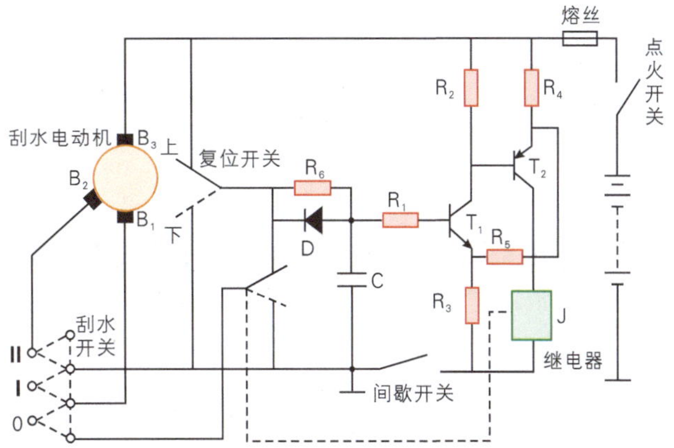

图 3-127　刮水器间歇控制电路

5. 电动刮水器电路分析

以丰田卡罗拉电动刮水器电路为例进行分析，如图 3-128 所示。当点火开关处于 IG1 时，电源通过挡风玻璃刮水器开关，控制前雨刮器电动机及洗涤电动机的动作。组合开关 HI 为高速挡，LO 为低速挡，INT 为间歇挡，OFF 为关闭，MIST 为喷洗挡。

1）当挡风玻璃刮水器开关打在 HI 挡时

前雨刮开关的 +B 端子和 +2 端子导通，经点火开关后的蓄电池电压→ 25A 雨刮熔丝→挡风玻璃刮水器开关 B2 端子→前雨刮开关→挡风玻璃刮水器开关 B4 端子→挡风玻璃刮水器电动机 3 号端子→刮水器电动机→挡风玻璃刮水器电动机 4 号端子→ A3 搭铁→蓄电池负极。此时雨刮电动机高速运转。

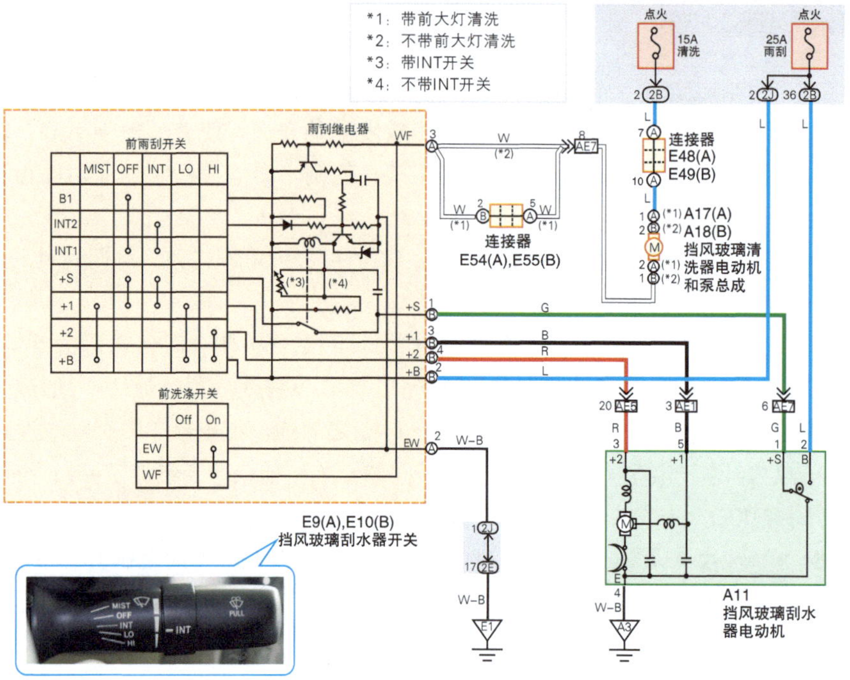

图 3-128　丰田卡罗拉电动刮水器电路

2）当挡风玻璃刮水器开关打在 LO 挡时

前雨刮开关的 +B 端子和 +1 端子导通，经点火开关后的蓄电池电压→ 25A 雨刮熔丝→挡风玻璃刮水器开关 B2 端子→前雨刮开关→挡风玻璃刮水器开关 B3 端子→挡风玻璃刮水器电动机 5 号端子→刮水器电动机→挡风玻璃刮水器电动机 4 号端子→ A3 搭铁→蓄电池负极。此时雨刮电动机低速运转。

3）当挡风玻璃刮水器开关打在 INT 挡时

前雨刮开关的 +S 端子和 +1 端子导通，INT1 端子和 INT2 端子导通，雨刮继电器内部线圈得电，其常开触点闭合，常闭触点断开，蓄电池电压→ 25A 雨刮熔丝→挡风玻璃刮水器开关 B2 端子→雨刮继电器常开触点→前雨刮开关 +S 端子→前雨刮开关 +1 端子→挡风玻璃刮水器开关 B3 端子→挡风玻璃刮水器电动机 5 端子→刮水器电动机→挡风玻璃刮水器电动机 4 端子→ A3 搭铁→蓄电池负极。此时雨刮电动机低速运转。几秒钟后，雨刮继电器线圈失电，其常开触点断开，常闭触点闭合，雨刮电动机停止运行，等待下一个循环的开始。

当雨刮电动机未停在停止位置时，电动机凸轮盘开关动作，挡风玻璃刮水器电动机 2 号端子与 1 号端子导通，此时，蓄电池电压→ 25A 雨刮熔丝→挡风玻璃刮水器 2 号端子→电动机内部凸轮盘开关→挡风玻璃刮水器 1 号端子→挡风玻璃刮水器开关 B1 端子→雨刮继电器常闭触点→前雨刮开关 +S 端子→前雨刮开关 +1 端子→挡风玻璃刮水器开关 B3 端子→挡风玻璃刮水器电动机 5 号端子→刮水器电动机→挡风玻璃刮水器电动机 4 号端子→ A3 搭铁→蓄电池负极。此时雨刮电动机低速运转到停止位置后，电动机凸轮盘开关动作，前雨刮电动机 2 号端子与 1 号端子断开，电动机停止，等待间隙启动下一个循环。

4）当挡风玻璃刮水器开关打在 MIST 挡时

前雨刮开关的 +B 端子和 +1 端子导通，经点火开关后的蓄电池电压→ 25A 雨刮熔丝→挡风玻璃刮水器开关 B2 端子→挡风玻璃刮水器开关→挡风玻璃刮水器 B3 端子→挡风玻璃刮水器 5 号端子→刮水器电动机→挡风玻璃刮水器 4 号端子→ A3 搭铁→蓄电池负极。此时雨刮电动机低速运转。

当前洗涤开关在 ON 挡时，接通洗涤电动机电路，此时洗涤电动机得电运转。

5）当挡风玻璃刮水器开关打在 OFF 挡时

前雨刮电动机不运转。

二、风窗洗涤器的组成及工作原理

1. 风窗洗涤器的组成

风窗洗涤器的作用是向风窗玻璃表面喷洒专用清洗液或水，在刮水片配合下，保持风窗表面洁净。

风窗洗涤器的结构如图 3-129 所示，主要由储液箱、洗涤泵、软管与喷嘴等组成。

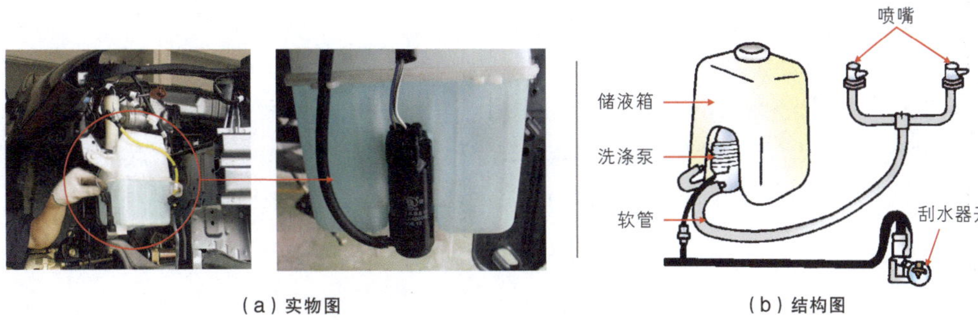

图 3-129　风窗洗涤器的结构

储液箱用塑料制成，内装有用水、酒精或洗涤剂等配制的清洗液。洗涤泵俗称喷水电动机，由直流电动机和离心泵组成，其作用是将清洗液加压，通过软管和喷嘴喷洒到挡风玻璃表面。

2. 风窗洗涤器的工作原理

风窗洗涤器与刮水器配合工作，二者采用同一控制电路，如图 3-128 所示。

当前洗涤开关在 ON 挡时，挡风玻璃刮水器开关的 A3 端子与 A2 端子导通，经点火开关后的蓄电池电压→ 10A 清洗熔丝→挡风玻璃清洗器电动机和泵总成→挡风玻璃刮水器开关的 A3 端子→前洗涤开关→挡风玻璃刮水器开关的 A2 端子→ E1 搭铁→蓄电池负极。此时洗涤电动机得电运转，位于发动机盖下的两个喷嘴向风窗玻璃喷射清洗液。当驾驶员松开控制手柄时，开关将自动复位回到 OFF 挡，挡风玻璃刮水器开关的 A3 端子与 A2 端子断开，切断洗涤泵的控制电路，洗涤电动机停止运转，喷嘴停止喷射清洗液。

三、除霜装置的结构及工作原理

在雨雪天气下，由于气温较低，风窗玻璃上易结霜，加上车厢内外温差较大，车厢内的水蒸气也易凝结于风窗玻璃上而结霜，霜层严重会影响驾驶员视线，因此汽车上安装有除霜装置。

对于汽车前挡风玻璃上的霜层，通常利用空调系统中产生的暖气达到除霜的目的，后挡风玻璃多使用除霜热线。

自动控制除霜装置由开关、传感器、控制器、电热丝、连接线路组成。传感器安装在后风窗玻璃上，采用热敏电阻，结霜越厚，阻值越小。电热丝采用正温度系数的细小镍铬丝，自身具有一定电流调节功能。后风窗玻璃除霜装置电路如图 3-130 所示。

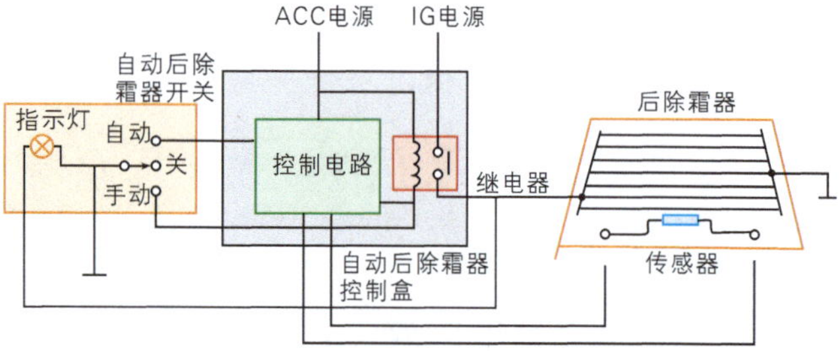

图 3-130　后风窗玻璃除霜装置电路

工作过程如下。

①除霜开关置“关”位置时，控制电路及指示灯电路被断开，除霜装置及指示灯均不工作。

②除霜开关置“手动”位置时，继电器线圈可经手动开关直接搭铁，继电器触点闭合，使除霜电路及指示灯接通，除霜装置及指示灯均工作。

③除霜开关置“自动”位置时，若结霜达到一定厚度，传感器电阻值急剧减小到某一设定值，控制电路使继电器线圈通电，继电器触点闭合。由点火开关 IG 接线柱向电阻丝供电，同时点亮仪表板上的指示灯，表示除霜装置正在工作。当玻璃上结霜减少到某一程度后，传感器电阻值增大，控制电路切断继电器线圈回路，触点断开，电阻丝断电，除霜装置停止工作，同时指示灯灭。

任务实践

1. 实践名称

刮水器电动机的拆装。

2. 实践准备

实训车辆、螺丝刀、常用拆装工具等。

3. 实践要求与注意事项

（1）明确操作规范和职责范围，预防潜在危险。

（2）实践操作过程中保持场地卫生及安全，不嬉戏打闹。

（3）在使用举升机的过程中应上好保险后再开始工作。

（4）使用维修手册时，要注意避免破损，手册与使用车型相对应。

4. 操作步骤及检修

1）刮水器电动机的拆卸

①拆下挡风玻璃刮水器臂罩和前右臂，如图 3–131 所示。

②拆下发动机罩密封条上的罩板，拆下发动机罩左、右侧通风孔百叶窗，如图 3–132 所示。

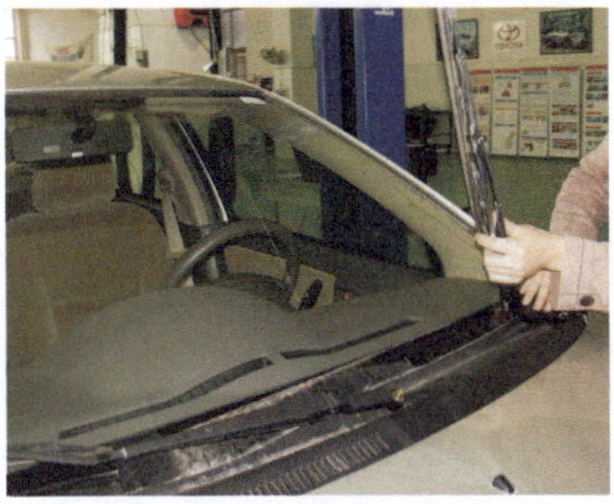

图 3–131　拆下刮水器臂罩和前右臂

图 3–132　拆下发动机的罩板和通风孔百叶窗

③断开连接器，拆下两个螺栓，向车辆乘客侧滑动刮水器连接总成，松开橡皮销，拆下刮水器连接总成，如图 3–133 所示。

④用螺丝刀松开挡风玻璃刮水器电动机总成曲轴臂转轴上的两个销子，拆下挡风玻璃刮水器电动机总成，如图 3–134 所示。

图 3–133　拆下刮水器连接总成

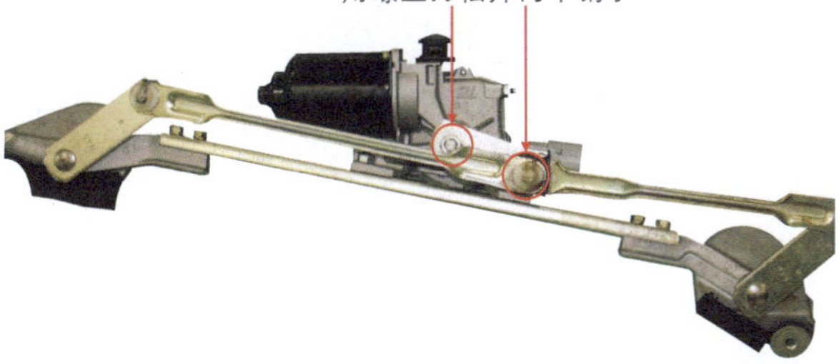

图 3–134　拆下挡风玻璃刮水器电动机总成

2）安装

按与拆卸相反的顺序进行安装。

5. 实践总结

____

____

____

____

____

任务练习

一、填空题

1. 电动刮水器主要由 ________、________、________、________、________、________ 等组成。

2. 刮水电动机按其磁场结构不同分为 ________ 和 ________ 两种。

3. 刮水器的自动复位是指在任何时刻 ________ 刮水电动机 ________，________ 都能自动停止在风窗玻璃的 ________ 而不影响 ________ 的视线。

4. 风窗洗涤器主要由 ________、________、________ 与 ________ 等组成。

二、选择题

1. 间歇刮水继电器损坏会引起（ ）。

A. 间歇刮水不正常　　B. 刮水器所有挡位不工作

C. 风窗洗涤器不工作　　D. 刮水力度不够

2. 下列不属于风窗洗涤器主要组成部件的是（ ）。

A. 储液箱　　B. 洗涤泵

C. 输液软管　　D. 阀门

3. 汽车电动刮水器由（ ）驱动。

A. 发电机　　B. 发动机

C. 直流电动机　　D. 起动机

三、问答题

1. 简述电动刮水器的组成与工作原理。

2. 简述风窗洗涤器的组成与工作原理。

附录 Appendix

参考答案

项目一　汽车发动机构造与拆装

任务一

一、填空题

1. 曲柄连杆机构、配气机构、启动系统、点火系统、燃油供给系统、润滑系统、冷却系统
2. 机体组、活塞连杆组、曲轴飞轮组
3. 往复直线、最低、曲轴旋转、下止点
4. 四冲程、进气、压缩、做功、排气

二、选择题

D、C、D、C

三、问答题

（略）

任务二

一、填空题

1. 机体组、曲柄连杆机构、配气机构、发动机、装配基体
2. 气缸顶部、汽缸壁、燃烧室
3. 活塞连杆组、曲轴
4. 气缸数、气缸排列形式、工作顺序

二、选择题

B、C、C

三、问答题

（略）

任务三

一、填空题

1. 气门侧置式、气门顶置式
2. 气门、气门座、气门导管、气门弹簧
3. 气门锥角、45° 、30°
4. 气门关闭、气门座圈、配气机构、凸轮控制

二、选择题

D、B、A、A

三、问答题

（略）

任务四

一、填空题

1. 冷却液、不断循环、多余热量、蒸发式、自然循环、强制循环

2. 升温过程、保温过程、散热过程

3. 散热器芯、流量、散热效果、冷却液

4. 冷却液加压、循环流动

5. 节温器、工作温度、循环路线

二、选择题

D、B、B、A、A

三、问答题

（略）

任务五

一、填空题

1. 润滑、清洗、冷却、密封、防锈

2. 压力润滑、飞溅润滑、定期润滑

3. 温度、黏度小、黏度大

4. 机油泵、机油滤清器、机油集滤器、机油冷却器、机油压力表、温度表、机油管道

二、选择题

B、A、A、A

三、问答题

（略）

任务六

一、填空题

1. 燃油箱、电动燃油泵、燃油滤清器、油压调节器、喷油器、燃油管路

2. 油箱、油箱外、外装式、油箱内

3. 滚柱式、叶片式、齿轮式

4. 电控单元、雾状、进气管

二、选择题

C、D、A、D、D

三、问答题

（略）

任务七

一、填空题

1. 起动机、启动继电器、点火开关、蓄电池

2. 启动电流电路、控制电流电路

3. 电能、机械能、飞轮、发动机

4. 直流电动机、传动机构、控制机构

二、选择题

A、A、C

三、问答题

（略）

项目二　汽车底盘构造与拆装

任务一

一、填空题

1. 车架、车桥、悬架、车轮

2. 边梁式、中梁式、综合式、无梁式

3. 弹性元件、减振器、导向机构

4. 钢板弹簧、螺旋弹簧、扭杆弹簧、油气弹簧

二、选择题

C、A、A、B、D

三、问答题

（略）

任务二

一、填空题

1. 转向操纵机构、转向器、转向传动机构

2. 安全气囊、传动轴、转向盘

3. 转向轴、转向器、转向管柱、车身

4. 直线行驶、空转角度

二、选择题

A、D、B

三、问答题

（略）

任务三

一、填空题

1. 离合器、变速器、万向节、传动轴、驱动桥

2. 发动机、变速器、飞轮、变速器

3. 摩擦式离合器、液力式离合器、电磁式离合器

4. 主动部分、从动部分、压紧机构、操纵机构

二、选择题

B、C、D、B

三、问答题

（略）

任务四

一、填空题

1. 供能装置、控制装置、传动装置、制动器

2. 浮钳盘式、轻微滑动、活塞、制动片

3. 定钳盘式、轴向尺寸、径向尺寸、制动液

4. 鼓式制动器、轮缸式、凸轮式、液压轮、凸轮

二、选择题

C、A、D

三、问答题

（略）

项目三　汽车电器构造与拆装

任务一

一、填空题

1. 铅酸蓄电池、普通铅酸蓄电池、免维护蓄电池、干荷电蓄电池、湿荷电蓄电池、胶体电解质蓄电池

2. 极板、隔板、电解液、外壳、联条

3. 转子、定子、电刷与电刷架、风扇、皮带轮、前后端盖

4. 初充电、补充充电、去硫化充电

二、选择题

A、A、A、B

三、问答题

（略）

任务二

一、填空题

1. 前照灯、雾灯、牌照灯、顶灯、仪表照明灯、车厢灯、车门灯

2. 示位灯、前面、后面、侧面、形位

3. 收集、光线、光束

二、选择题

D、C、A、A

三、问答题

（略）

任务三

一、填空题

1. 玻璃升降器、直流电动机、开关

2. 永磁式、双绕组串励式

3. 主控开关、驾驶员侧、仪表板、驾驶员、分控开关、乘客侧车窗、乘客

二、选择题

B、D

三、问答题

（略）

任务四

一、填空题

1. 直流电动机、减速机构、拉杆、摆杆、刮臂、雨刮片

2. 绕线式、永磁式

3. 切断、电路、刮水片、下部、驾驶员

4. 储液箱、洗涤泵、软管、喷嘴

二、选择题

A、D、C

三、问答题

（略）

反侵权盗版声明